복 있는 사람

오직 여호와의 율법을 즐거워하여 그 율법을 주야로 묵상하는 자로다.
저는 시냇가에 심은 나무가 시절을 좇아 과실을 맺으며 그 잎사귀가 마르지 아니함 같으니
그 행사가 다 형통하리로다. (시편 1:2-3)

"윤리도 복음이다." 이 말은 윤리가 실종된 값싼 은혜의 복음에 익숙한 귀에는 생소하게 들릴 수도 있다. 본서는 복음 안에 담긴 윤리라는 보석을 캐내어 그 진가를 맛보게 해준다. 하나님의 말씀에 뿌리내리고 성령의 능력에 의해 작동되는 윤리가 무엇인지를 성경의 가르침뿐 아니라 교의학적이고 철학적인 논의를 아우르는 통전적인 관점에서 탐색한다. 아우구스티누스, 루터, 칼뱅 등 기독교 고전으로부터 섭렵한 다양한 자료를 깔끔하게 정리하여 그 핵심을 잘 짚어 준다. 어렵고 복잡할 수 있는 내용을 누구나 읽고 이해할 수 있을 정도로 쉽게 풀어놓아 설교자뿐 아니라 일반 성도들을 위한 기독교 윤리학 입문서로도 매우 적합한 책이다. 특별히 한국 교회가 처한 윤리적인 상황에서 그리스도인은 어떻게 살아야 하는가에 대해 고민하며 신학적인 지혜를 찾는 이들에게 큰 유익이 될 것이다. **박영돈** 작은목자들교회 목사, 고려신학대학원 교의학 은퇴교수

'복음에 나타난 윤리'라는 이 책의 첫마디가 인상적이었다. 그리스도의 복음을 단순히 지적인 차원에만 머물러 인식하는 것에는 한계가 있다. 복음을 진정으로 안다는 것은 다름이 아닌, 예수님의 삶을 본받는 것이며, 그 복음의 가치를 온몸으로 직접 헤아리는 것이다. 하지만 줄곧 우리는 어려움에 직면한다. 교회에서 듣고 배운 복음을 일상의 구체적인 상황에 적용하는 것이 결코 쉬운 문제가 아니기 때문이다. 복음과 일상 사이에서 적지 않은 괴리를 느끼고 있는 그리스도인들에게 이 책은 분명히 명쾌하고 정교한 답변을 건네줄 것이다. 성경을 충분하고 공정하게 인용하며 교의학자의 면모를 유감없이 보여준 우병훈 교수의 글은 기독교 윤리학의 가치를 정확히 보여주었다. 이 책은 그리스도를 향한 '앎'과 '삶'의 균형이 절실하게 필요한 한국 교회에 흔치 않은 소중한 한 권이 될 것이다. 이 책을 독자분들께 정성 들여 추천하는 바이다. **이찬수** 분당우리교회 담임목사

그리스도인들은 말씀을 개인적 신앙에 적용하고자 부단히 노력했지만, 정작 기독교 윤리의 중요성은 심각하게 고려하지 못했다. 그 결과 교회의 도덕적 비전은 현대 사회의 복잡하고 다양한 도전에 부딪혀 금세 흔들리고 혼란에 빠져 버리고 말았다. 이와 같은 상황에 대한 개탄의 목소리는 커져만 갔다. 이러한 문제를 의식적으로든 무의식적으로든 느끼고 있었던 사람이라면 우병훈 교수의 신간 『기독교 윤리학』을 통해 놀라움과 만족감을 얻을 수 있을 것이다. 무엇보다 이 책은 그리스도인의 윤리적 상상력과 실천이 성서와 전통이라는 토대 위에 탄탄하면서도 유연하게 정초 되어야 함을 설득력 있게 가르쳐 준다. 또한, 현실을 제대로 반영하지 못했던 사변적이고 공허한 여러 윤리학 이론서와 달리 이 책의 내용은 연구와 강의, 토론과 사색을 통해 다져졌으며, 교회를 향한 헌신과 사랑으로 이루어져 있을 뿐 아니라 하나님께서 사랑하시는 인간과 세계에 대한 공감적 시선이 따뜻하게 삼투된 신학적·실천적 성찰을 풍성히 담고 있다. 교리 없는 윤리가 맹목적이고, 윤리 없는 교리가 공허하다는 사실을 탁월하게 보여준 이 책으로 인해 한국 기독교에 개인과 공동체의 윤리를 성서와 전통의 '반석 위에' 세우려는 지혜로운 그리스도인들이 더욱 많아지기를 기대한다. **김진혁** 횃불트리니티신학대학원대학교 조직신학 조교수

우병훈 교수는 경건한 학자다. 성경 중심적인, 진리 주도적인, 말씀 의존적인 사색을 기독교 윤리학에 적용하기 때문이다. 교회의 전통에도 충실하다. 탁월한 교부들과 중세의 건전한 박사들, 종교개혁 인물들과 정통주의 시대의 신학적 거인들은 물론 신앙의 표준 문서를 꼼꼼하게 분석하여 기독교 윤리학의 두툼한 밑천으로 사용했다. 그는 우리 시대에 불거진 예민한 윤리적 이슈들에 대해서도 현대의 걸출한 학자들과 대화를 나누며, 성경의 목소리에 경청하고 이를 현대적

언어로 전달한다. 우병훈 교수는 균형의 신학자다. 이론과 실천, 앎과 삶의 통합, 균형과 조화를 도모하는 기독교 진리의 특성을 언급하며, 교리와의 단절 속에서 발생할 기독교 윤리학의 위험성을 사전에 차단한다. 그의 문장은 논지를 설명하는 어법과 문체가 쉬워 폭넓은 이해를 가능하게 하면서도 결코 학문적인 객관성과 사상적인 깊이를 포기하지 않는다. 목회자의 심장, 철학자의 이성, 신학자의 경건이 골고루 버무려진 기독교 윤리학의 교본이 교회에 공급되는 것이 심히 기쁘다. 이 책을 필독서로 추천한다.

한병수 전주대학교 교의학 교수

신앙과 삶, 믿는 것과 사는 것의 괴리를 어떻게 줄일 수 있을까? 목회의 큰 과제 중 하나다. 저자는 기독교 역사 속에서 찾아낸 뿌리 깊은 윤리 사상을 어려운 주제이지만 밀도 높게 소개할 뿐 아니라, 오늘날의 삶으로 연결시킨다. 특히 기독교 윤리를 한국적 상황에 접목하고자 하는 우병훈 교수의 열정을 통해 그의 학자적 면모뿐 아니라 목회자적 마음까지도 여실히 느낄 수 있었다. 삶이 실종된 신앙, 깊이 없는 신앙으로 위기를 맞고 있는 한국 교회의 상황 속에서 그리스도인들을 역사성과 객관성을 갖춘 수준 높은 신앙으로 한 단계 끌어 올리는 일에 이 책이 기여할 것이 많으리라 믿는다.

이규현 수영로교회 담임목사

윤리학 저서는 성경신학 혹은 교의학에 관한 저서와 비교했을 때 '기근'이라 해도 무방할 정도로 그 수가 적다. 게다가 적은 수의 출간된 책들은 대부분 단편적이거나 천편일률적인 접근만 보여주어, 세상에 윤리적 비전을 제시해야 하는 교회의 필요를 충족시켜 주지 못했다. 반면 이 책은 세 가지 측면에서 교회의 필요를 흡족히 충족시킨다. 첫째, 저자는 윤리학을 여러 신학 분과 중 하나로 고립시키지 않고 교리, 성경 주해, 역사신학의 교훈을 통해 실천적 결론으로서의 윤리학을 전개한다. 둘째, 저자는 철학적 윤리학과의 대화를 통해 기독교 윤리학의 고유성과 탁월성을 드러냄으로 세상과 소통하며 기독교를 변증해야 하는 교회의 필요를 돕는다. 셋째, 고도로 복잡한 신학적 전개 속에서도 저자는 성경 주해의 과정을 자주 드러내고, 교리문답 등의 해설을 사용하여 교회 교육과 설교에 직접적인 도움이 될 수 있도록 독자들을 세심히 배려한다. 본래 탁월한 저술이 늘 그랬듯, 나는 이 책을 통해 쉬운 경건서적을 읽을 때의 감동뿐 아니라 수준 높은 신학책을 읽을 때의 지성적 쾌감까지도 동시에 느낄 수 있었다.

이정규 시광교회 담임목사

교리는 하나님에 대한 지식뿐 아닌, 세계와 인간을 만드신 하나님의 뜻을 품고 있다. 하나님을 아는 지식이란 결국 인간을 아는 지식이다. 하지만 19-20세기에 접어들면서 서구 사회는 합리주의에 지대한 영향을 받았고, 기독교는 초월성을 제거당해 윤리적인 기능을 하는 종교로 추락하게 되었다. 이때는 윤리와 교리가 구별되는 시기였으며, 윤리적 기준과 원리가 초월성이라는 불변하는 진리에서 분리된 시점이었다. 이러한 분리는 실제로 기독교가 과거 이천년 동안 견지해 왔던 윤리적인 입장들의 후퇴라는 결과로 나타났다. 다양한 윤리적 문제에 대한 지난 50년 동안의 현대 교회의 입장 변화는 과거 이천년 동안에 교회의 윤리적인 입장 변화와 비교할 수 없을 정도로 크게 나타난다. 이러한 현실 속에서 최근 탄탄한 신학적 기초와 안목으로 뛰어난 글들을 왕성히 생산해 내고 있는 신진 교의학자 우병훈 교수의 이번 책은, 기존 기독교 윤리학 저서들의 약점을 벗고 기독교 윤리를 확고한 교리적 기초 위에 세우고 전개시킨 통전적 저작이다. 기독교 윤리학을 교리와 교회 역사를 통해 탐구하고 바르게 이해하며 살아내고자 하는 모든 신학생과 목회자, 성도에게 이 책을 강력하게 추천한다.

신원하 고려신학대학원 원장, 기독교윤리학 교수

기독교 윤리학

기독교 윤리학

2019년 6월 13일 초판 1쇄 발행
2022년 6월 9일 초판 3쇄 발행

지은이 우병훈
펴낸이 박종현

(주) 복 있는 사람
주소 서울특별시 마포구 연남동 246-21 (성미산로23길 26-6)
전화 02-723-7183(편집), 7734(영업·마케팅)
팩스 02-723-7184
이메일 hismessage@naver.com
등록 1998년 1월 19일 제1-2280호

ISBN 978-89-6360-297-4 03230

이 도서의 국립중앙도서관 출판예정도서목록(CIP)은
서지정보유통지원시스템 홈페이지(http://seoji.nl.go.kr)와 국가자료공동목록시스템
(http://www.nl.go.kr/kolisnet)에서 이용하실 수 있습니다. (CIP 제어번호: 2019021100)

ⓒ 우병훈 2019

우병훈

기독교 윤리학

성경과 기독교 전통의 반석 위에 세워진 기초 윤리학

복 있는 사람

일러두기

1 이 책에 인용된 성경은 개역개정판이다. 필요한 경우 저자가 직접 히브리어와 헬라어에서 사역(私譯)하였다.
2 별다른 언급이 없는 한, 이 책에서 인용된 영어, 독일어, 프랑스어, 라틴어 원전들의 번역은 모두 저자 자신의 번역이다.

머리말

이 책은 기독교 윤리의 기초를 포괄적으로 다루는 것을 목표로 한다. 신학의 기초를 다루는 과목을 '기초 신학'fundamental theology 이라고 부르듯이, 윤리의 신학적 기초를 다루는 이 책을 '기초 윤리학'fundamental ethics 이라고 부를 수 있다. 이 책의 특징은 다음과 같다.

첫째, 기독교 윤리의 근거를 성경적, 교의학적, 철학적 관점에서 다룬다. 이것은 윤리에 대한 통전적 접근을 시도한 것이다. 특히 교의학과 윤리학의 상관성에 많은 주의를 기울였다. 이것은 아리스토텔레스가 말했던 아크라시아[앎과 실천의 괴리 현상]를 극복하고자 하는 노력의 일환이다.

둘째, 교회사에 나타난 탁월한 윤리 사상들을 소개하고 차용한다. 주로 16세기 이후로 등장한 개신교, 특히 개혁주의 관점에서 많은 주제를 다루겠지만, 교부들의 윤리학이나 중세 사상가들도 필요한 경우에 소개하였다. 특히 아우구스티누스의 사상이 갖는 윤리적 중요성에 대한 강조는 이 책이 특별하게 기여한 바이다.

셋째, 윤리의 성경적 근거를 최대한 많이 제시하여 일반 성도들과 설교자들에게 도움이 되고자 했다. 이 책 여러 곳에서 윤리적 관점으로 성경 주석을 시도한 이유는 성경적 신앙과 윤리의 밀접한 관련성을 보여 주기 위해서이다.

넷째, 21세기 한국사회를 늘 염두에 두면서 기술하였다. 기존의 윤리학 교재들은 주로 서양 사람들이 저술한 경우가 많았다. 이 책은 서양 신학자들과 윤리학자들의 작품을 자주 소개하지만, 한국적 상황을 의식하면서 저술하였다.

다섯째, 다양한 1차 자료를 두루 섭렵하여 기독교 고전이 지니는 윤리적 힘을 보여주고자 했다. 그 안에는 신조들도 포함된다. 이 책에서 소개하는 기독교 고전들은 기독교 신앙이 마땅히 지녀야 할 윤리적 측면에 대해 오늘날의 그리스도인들이 일반적으로 생각하는 것보다 훨씬 더 예리하고 분명하게 인식하고 있다. 이 사실을 독자들에게 전달하고자 했다.

필자에게 기독교 윤리의 중요성을 가르쳐 주신 많은 분이 있다. 먼저 손봉호 교수님, 강영안 교수님, 신원하 교수님, 밴 레켄 교수님께 많은 교훈을 배웠음을 말씀드리고 싶다. 그리고 내가 보다 윤리적으로, 그리고 영적으로 올바르게 살 수 있도록 귀한 설교를 들려주셨던 원종록 목사님, 박은조 목사님, 정현구 목사님, 장희종 목사님, 나해주 목사님, 제프 매니언 목사님께 감사를 드린다. 아울러 필자의 까다로운 요구들을 마다하지 않고 책에 반영해 준 최병인 편집자와 늘 친절하게 대화해 주었던 문신준 팀장, 그리고 필자가 쓰고 있는 원고들에 대해 통찰력을 가지고 조언을 해주셨던 박종현 대표님께 감사를 전한다.

마지막으로, 부족한 아들을 변함없이 사랑해 주시는 존경하는 부모님께 이 책을 바친다.

2019년 6월
태양이 유난히 빛나는 미시간 주 그랜드 래피즈에서
저자 씀

서론: 복음에 나타난 윤리

그러므로 형제들아, 내가 하나님의 모든 자비하심으로 너희를 권하노니 너희 몸을 하나님이 기뻐하시는 거룩한 산 제물로 드리라. 이는 너희가 드릴 영적 예배니라. 너희는 이 세대를 본받지 말고 오직 마음을 새롭게 함으로 변화를 받아 하나님의 선하시고 기뻐하시고 온전하신 뜻이 무엇인지 분별하도록 하라(롬 12:1-2).

복음으로서 교리와 윤리

바울 서신의 구조는 전반적으로 두 부분으로 형성되어 있다. 크게 볼 때 앞에서는 **기독교 교리**, 뒤에서는 **기독교 윤리**가 나온다.[1] 전체 16장으로 된 로마서 역시 1-11장에는 '교리'가 나오고, 12-16장에서는 '윤리'가 나온다. 물론 교리를 논하면서 윤리를 다루지 않거나, 윤리를 논하면서 교리를 다루지 않는 것은 아니다. 하지만 대체적으로 바울 서신의 큰 구조는 교리와 윤리로 나뉜다. 그런데 중요한 것은 교리와 윤리, 두 가지 모두 '복음'이라는 사실이다.[2] 교리가 직설법으로 된 복음이라면, 윤리는 명령법으로 된 복음이다.[3] 기독교 신앙에는 이 두 가지 모두가 있어야 한다. '교리'와 '윤리' 모두가 복음이라는 사실은 예수 그리스도를 통하여 실현되었다.

'복음' 즉 헬라어로 '유앙겔리온'εὐαγγέλιον이라는 단어가 로마 사회에서 사용되었을 당시 이는 황제와 관련된 좋은 소식을 가리켰다.[4] 황제는 인간의 구원에 필요한 모든 것을 가지고 있고, 공급해 줄 수 있는 신성한 존재로 여겨졌다. 따라서 황제의 출생, 성장, 등극을 비롯해서, 황제가 전쟁에서 승리했다는 소식 등은 모두 '복음'이었다. 신약성경은 '유앙겔리온'이라는 단어의 긍정적인 측면을 취했고, '복음'의 모든 메시지를 오직 예수 그리스도에게 집중시켰다(막 1장, 롬 1장).

로마의 '복음'과 기독교의 '복음' 사이에는 중대한 차이들이 있었다. 우선, 로마의 '복음'에는 백성들에게 구원과 안녕을 가져다주는 황제가 여럿이다. 한 사람이 죽으면 다른 사람이 그를 이어 황제가 될 것이기 때문이다. 그러나 기독교의 '복음'에는 구원자가 오직 한 분 예수 그리스도뿐이다. 그 외에 다른 구원자는 없다. 신약성경에서 '복음'과 관련한 개념은 여럿 등장한다. 가령, 하나님의 나라[통치], 하나님의 의, 구원, 화해, 대속 등이 그것이다. 하지만 이 모든 주제는 오직 한 분 예수 그리스도와 관련해서만 의미를 지닌다.

로마의 황제가 주는 '복음'과 기독교의 예수 그리스도께서 주시는 '복음' 사이에는 다른 차이가 하나 더 있는데, 로마 황제의 복음은 힘, 권력, 번영, 영광, 권세와만 관련되었다면 예수 그리스도의 복음은 오히려 수치와 죄인의 죽음, 가난, 낮아짐, 겸손 등과 관련되어 있다. 따라서 유대인들과 이방인들에게 예수 그리스도의 복음은 "거치는 것"이 되었다(롬 1:16, 고전 1:18-2:5 참조). 하지만 여기에 복음의 비밀이 있다. 복음은 잃어버린 자를 찾아 구원하시는 예수 그리스도에 대한 이야기다. 복음은 세상에서 미련한 자들을 택하여 지혜 있는 자들을 부끄럽게 하시고, 세상의 약한 자들을 택하여 강한 자들을 부끄럽게 하시며, 세상의 천한 자들과 멸시 받는 자들과 없는 자들을 택하여 있는 자들을 폐하시는 하나님의 역사다(고전 1:26-29, 눅 15장 참조).[5] 이러한 복음을 경험한 사람은 가만히 있을 수 없다. 이전과 동일한 삶을 살 수 없다는 것이다. 그리스도의 복음을 경험한 사람은 그리스도의 길을 따라 살게 된다.

따라서 기독교 신앙에는 그리스도에 대한 가르침으로서의 **교리**와 그리스도의 길로서의 **윤리**, 이 모두가 있어야 한다. 윤리를 축소하고 교리만을 강조하는 사람의 삶은 공허하며, 교만해지거나 율법주의에 빠지기 쉽다. 그들은 교리적 지식을 남을 정죄하는 데 사용할 가능성이 크다. 반대로 윤리만을 추구하고 교리를 소홀히 여기는 사람은 맹목적이며, 방향성을 상실한 채 길을 잃게 될 것이다. 이 사람들은 그저 시대의 유행을 따를 뿐, 자신에게 주어진 사명을 찾지 못한 자들이다. 그렇기에 우리는 바른 교리^{orthodox}와 바른 실천^{orthopraxis} 모두를 붙잡아야 한다. 그것이 바로 복음이다.

윤리적 권면의 서론

1-11장을 통해 웅대한 하나님의 구원과 예수 그리스도의 의라는 충격적인 복음을 선포한 바울은 로마 교회 성도들에게 "그렇다면 이제 우리는 어떻게 살 것인가?"라는 질문의 답을 준다.[6] 그 가르침의 서론이 12:1-2이다. 이 안에는 기독교 윤리학의 **정의**, **목표**, **방법**이 들어 있다.

기독교 윤리학의 정의: 살아 있는, 거룩한, 하나님께서 기뻐하시는 제사
먼저 기독교 윤리학의 정의를 살펴보자. 바울은 그리스도인의 삶을 가리켜 "너희 몸을 하나님이 기뻐하시는 거룩한 산 제물로 드리라. 이는 너희가 드릴 영적 예배니라"라고 말한다. 몸의 구속은 로마서의 중요한 주제다. 우리는 이미 복음으로 죄의 세력에서 벗어났다. 더 이상 죄의 지배를 받지 않는다. 그리스도와 연합한 자가 되었기 때문이다(롬 6장). 그럼에도 불구하고 우리는 몸의 연약성 때문에 여전히 죄에 빠진다(롬 7장). 바울은 이러한 우리의 몸을 하나님께 드리라고 명령한다. 이것은 우리의 전인全人을 하나님께 바치라는 것이다. 그가 이렇게 명령하는 것은 그렇게 살 수 있기 때문이다. 하나님은 불가능한 것을 명령하시지 않는다. 명령하시는 하나님은 그것을 이룰 수 있는 힘 또한 우리에게 건네주신다.[7] 바울은 우리 몸을 하나님께 드리는 것을 구약의 제사로 비유한다. "하나님이 기뻐하시는 거룩한 산 제물로 드리라." 우리가 하나님께 드리는 제물은 세 가지의 특징이 있다. 헬라어 어순에 따르면, "살아 있는, 거룩한, 하나님이 기뻐하시는 제사"이다.

첫째, 살아 있는 제사[혹은 제물]라는 표현을 먼저 생각해 보자.[8] 이것은 정말 놀라운 표현이다. 이 한 마디 말은 구약의 제사 제도가 종결되고 새로운 시대가 열렸다는 사실을 함축하고 있다.[9] 구약 시대의 제사라고 하면, 식물 제사도 있었지만 우선적으로는 동물 제사를 떠올렸다. 동물 제사는 그 어떤 제사건 죽은 것을 하나님께 드린다. 일단 짐승이 죽어야 불에 태울 수 있고, 그 피를 뿌릴 수 있기 때문이다. 그런데 여기서 바울은 죽은 것을 하나님께 바치던 시대는 끝났다고 선언한다. 예수 그리스도께서 우리 대신 죽으심으로 새로운 제사의 시대를 여셨기 때문이다. 이제는 죽음을 통해 하나님께 나아가던 시대가 끝나고, 생명을 통하여 하나님께 나아가는 시대가 열렸다.[10] 신약 시대 성도들은 자신의 몸을 하나님께 살아 있는 제물로 드린다. 그것이 윤리적 삶이요, 우리가 드려야 할 참된 제사다.

둘째, 그 제사는 또한 거룩한 제사다. 성경에서 말하는 거룩의 일차적 의미는 어떠한 도덕 법칙을 지키는 것에 있지 않다. 성경이 가르치는 거룩이란 하나님의 영광을 위해 바쳐지는 것이다. 여기에 '거리 개념'으로서의 거룩이 포함될 수 있다. 성경에는 하나님과 가까울수록 거룩한 것이고, 하나님과 멀어질수록 부정한 것이라는 인식이 표현된 곳이 많다. 이처럼 거룩을 '분리'의 개념으로 생각할 수 있다. 이에 대하여 뮐러는 "다만 추론적으로 생각할 수 있는 의미"라고 말한다.[11] 그리고 하틀리도 역시 '분리'의 개념이 거룩의 본질적 의미를 제대로 반영하지 못한다고 주장한다.[12] 하지만 '거룩'이 성경의 많은 곳에서 '분리'의 개념으로 사용되고 있는 것은 사실이다. 무엇보다 타락한 세상에서 윤리적 삶의 모습으로 거룩을 말할 때에는 반드시 '죄로부터의 분리'를 생각해야 한다.

따라서 데이빗 라이트가 적절하게 요약하듯이, '거룩'이 하나님과 연관되어 나타날 때 그것은 하나님의 '영예나 영광'과 거의 동의어로 쓰이지만, '거룩'이 피조물과 연관되어 사용될 때에는 '구분됨'의 개념을 포함한다고 보는 것이 좋다. '구분됨'의 개념이 '거룩'과 관련되는 본문은, 안식일(창 2:3, 출 20:11), 이스라엘 백성들과 제사장들(출 29:44; 31:13, 레 21:8, 15; 22:9, 16, 민 3:3, 겔 20:12; 22:26; 37:28; 48:11), 나실인(민 6:5, 8), 처음 난 것(출 13:2, 민 3:13; 8:17), 성소들(출 29:43-44, 민 7:1, 왕상 9:3, 7, 대하 7:16, 20; 30:8; 36:14) 등이 있다.[13] 특별히 윤리적 의미와 결부될 때 거룩이란 죄를 벗어낸 뒤 따라오는 하나님을 향한 삶을 가리킨다. 이것은 또한 '언약적 신앙생활'을 의미한다.[14] 기독교 윤리는 일상적 삶의 다양한 주제를 하나님께 가져가 고민하고 그분의 영광을 위한 삶을 살도록 돕는 학문이다.

셋째, 그 제사는 또한 하나님께서 기뻐하시는 제사다. 하나님은 독생자 그리스도를 기뻐하신다. 예수님께서 세례를 받으실 때, 변화산 상에서 변형되실 때 그렇게 말씀하셨다.[15] 그런데 이제는 예수님과 연합하여 하나님의 자녀가 된 우리 역시 그분의 기쁨이 될 수 있다. 하나님은 우리 자신을 제사로 드릴 때 기뻐하신다. 하나님의 자녀들이 윤리적 삶 속에서 하나님의 성품을 드러낼 때 그분은 기뻐하신다. 신자가 하나님께 기쁨이 될 때 신자의 마음에도 역시 기쁨이 찾아온다. 하나님을 사랑하는 자 곧 하나님의 계명을 지키는 자는 주님의 기쁨으로 함께 기뻐할 수 있다(요 15:9-11).[16] 이상의 내용을 정리하면, 기독교 윤리학의 정의는 "우리의 일상 전체가 하나님이 기뻐하시는 거룩한 산 제물이 되게 하는 학문"이라고 할 수 있다.

기독교 윤리학의 목표: 섬기는 삶

바울은 이처럼 우리가 자신을 "하나님이 기뻐하시는 거룩한 산 제물로" 드리는 것을 '영적 예배'라고 부른다. 여기서 '영적'이란 말은 '합당한'이라는 말로 번역할 수도 있다. 우리가 받은 복음(로마서 1-11장)을 곰곰이 묵상해 보면 구원받은 우리가 감당해야 할 삶은 너무나 합리적이며 합당하다.[17] 물론 오늘날과 같이 복잡다단한 사회 속에서 복음적-윤리적 삶을 사는 것은 결코 쉬운 일이 아니다.

윤리학자 알비노 바레라 Albino Barrera 는 복잡한 현대 시장 경제 속에 놓인 그리스도인들이 고민해야 하는 윤리적 영역과 주제 또한 갈수록 복잡해지고 있다고 주장한다. 예를 들어 사람들은 동물을 더 효율적으로 팔기 위해 많은 항생제와 항균제를 사용한다. 하지만 이를 과다 사용할 경우에 심각한 질병을 유발하는 박테리아를 만들어 낼 수 있다. 또 다른 예로 담배 산업을 더 활성화하기 위하여 많은 나라는 담배의 유해성에 대해 교육을 시키지 않거나 느슨한 정책을 편다. 석유 산업을 통해서 돈을 버는 나라들은 가격 조정을 통해 가난한 나라들이 더 가난에 시달리게 만든다. 그 외에도 우리가 흔히 먹는 과일, 야채, 커피, 초콜릿, 육고기, 생선 등도 후진국 노동자들의 극도로 열악한 노동 환경에서 얻어진 것들인

경우가 많다.[18]

현대 사회의 복잡한 문제들에 대해서 단순한 윤리적 답을 제시할 수는 없다. 하지만 그리스도인들은 이러한 주제에 대하여 윤리적 고민을 하고 적절한 선택을 하도록 노력해야 한다. 하나님의 은혜를 아는 사람이라면 그렇게 사는 것이 '합당한' 일이기 때문이다. 초대 교부 크리소스토무스 John Chrysostom는 불법적인 경제 활동에 대해 경고했다. 헝가리의 성녀聖女 엘리자베스 Elizabeth of Hungary는 농부들을 착취해서 얻은 부당한 음식을 먹지 않기 위해 금식하기도 했다. 존 웨슬리 John Wesley는 그리스도인이 돈을 많이 벌 수 있지만 어디까지나 이웃을 육체적으로나 영적으로 해치지 않는 한에서 그렇게 해야 한다고 가르쳤다. 이처럼 다양한 기독교 전통은 신앙인의 길에서 윤리적 측면을 결코 분리할 수 없다고 가르쳤다.[19] 한 가지 기억해야 할 것은 은혜를 아는 사람은 상대적으로 윤리적인 삶을 살기 쉽다는 사실이다. 복음을 풍성하게 누리는 것과 윤리적으로 올바르게 사는 것은 비례한다. 패커 J. I. Packer가 말한 것처럼 "존재는 행위의 근거가 된다." Being is basic to Doing 20

구약의 제사는 언제나 성소 안에서만 드려졌지만, 신약의 제사는 일상생활 가운데 드려져야 한다고 바울은 가르친다.[21] 성도의 삶을 한마디로 말하면 '예배'라고 할 수 있다. 우리는 예배를 위해 이 땅에 존재한다. 예배는 우리의 삶의 한 부분이 아니라 전부다. 그 예배가 주일에 공적으로 이뤄질 때 **공예배**가 되는 것이고, 일상 가운데 이뤄질 때 **삶의 예배**가 된다. 공예배와 삶의 예배 사이에 강한 연결점이 필요하다. 삶과 예배의 '강한 연결'이 이뤄지도록 돕는 것이 바로 기독교 윤리학이다. 예배를 통해 들은 말씀을 삶 속에 적용하고, 우리 삶 전체를 하나님께 드리는 제물로 삼아야 한다. 따라서 "하나님의 백성들이 예배를 위해 모일 때 기독교 윤리는 시작된다"라는 말은 매우 의미심장하다.[22]

우리의 섬김은 하나님을 향할 때 '예배'가 되며, 사람을 향할 때 '봉사'가 된다. 그리스도인의 삶을 가리켜 한마디로 정의하자면 '예배와 봉사의 삶'이라고 할 수 있다. 이것은 예수님의 가르침을 바울이 응용한 것이라고 볼 수 있다. 예수님은 율법의 가장 큰 계명을 마음과 목숨과 뜻과 힘을 다하여 하나님을 사랑하고, 이웃을 내 몸처럼 사랑하는 것이라고 하였다(막 12:30-31).[23] 이러한 사랑의 이중 계명은 바울 식으로 표현하여 예배와 봉사의 삶이라 부를 수 있다. 이는 기독교 윤리적으로 '**통일성**'을 이룬 삶이다.

그리스도인의 섬김에는 피조 세계 전체를 청지기적으로 관리하는 의무가 포함되어 있다. 따라서 기독교 윤리가 다룰 수 있는 주제는 광범위하다. 구체적으로 결혼과 이혼, 성[性], 직업, 교회, 국가, 경제, 사회, 문화, 전쟁, 교육, 생태학, 매스컴, 현대 과학과 기술, 유전공학, 우주공간, 인터넷, SNS 등을 다룰 수 있다.[24] 따라서 기독교 윤리학의 중요한 목표는 "성도들이 삶의 전 영역에서 하나님과 사람을 사랑하고 섬기며 살도록 돕는 것"이다.

기독교 윤리학의 방법: 마음의 변화

바울은 더욱 구체적으로, 우리가 무엇부터 시작해야 변화된 삶을 살 수 있는지에 대해 가르친다.

> 너희는 이 세대를 본받지 말고 오직 마음을 새롭게 함으로 변화를 받아 하나님의 선하시고 기뻐하시고 온전하신 뜻이 무엇인지 분별하도록 하라(롬 12:2).

바울은 우리에게 이 세대를 본받지 말라고 권면한다. 바울의 가르침을 따르기 위해서는 이 세대의 특징을 면밀하게 분석해야 한다. 비성경적인 세태를 거슬러야 하고 극복해야 한다. 앞으로 닥칠 사회의 위기와 변화를 예상하면서 대비해야 한다. 또한 바울은 "오직 마음을 새롭게 함으로 변화를 받아"라고 말한다. 우리가 변화되기 위해서는 먼저 마음을 새롭게 해야 한다는 것이다. 성경은 '마음'을 강조한다. 마음이란 말은 성경 전체에서 855회 이상 쓰였다.[25] 성경에서 마음은 지적인 면(잠 2:10, 롬 1:21), 정서적인 면(출 4:14, 요 14:1), 의지적인 면(대상 29:18), 모두를 관할하는 중심이다. 우리 마음은 일종의 문화의 전쟁터와 같다. 이 세상의 문화는 지속적으로 우리를 잠식하려 한다. 그럴 때 우리는 복음으로 마음을 통제해야 한다. 이것이 기독교 윤리학의 중요한 목표 중 하나이다.

바울은 로마서 12:2에서 "마음을 새롭게 함으로 변화를 받아 하나님의 선하시고 기뻐하시고 온전하신 뜻이 무엇인지 분별"하라고 가르친다. 하나님의 뜻을 분별하는 것은 직통 계시를 받는 것[소위 '하나님의 음성을 듣는 일']이 아니다. 하나님의 뜻을 분별하기 위해서는 우리의 **지성, 정서, 의지**를 모두 사용해야 한다. 그리고 그 과정은 오랜 시간이 걸리고, 지혜가 요구된다. 다른 성숙한 그리스도인의 도움도 필요하다. 그렇기 때문에 기독교 윤리의 작업은 반드시 공동체적으로 진행되어야 한다. 함께 독서하고 고민하고 토론하는 가운데 우리는 하나님의 뜻을 성경적으로 분별할 수 있을 것이다. 올바르게 살기 위해서는 올바르게 알아야 한다. 패커는 "앎이 행위의 근거가 된다"Knowing is basic to Doing라고 적절하게 지적하였다.[26]

현대인의 삶에 주어진 문제를 두고 우리는 질문해야 한다. "무엇이 더 선한가? 무엇이 하나님께 기쁨이 되는가? 무엇이 더 온전한가?" 이 질문들은 기독교 윤리학을 통해 물어야 한다. 따라서 기독교 윤리학의 방법론은 우리의 지성, 정서, 의지를 공동체적으로 함께 사용하여, 무엇

이 더 선하며, 무엇이 더 하나님께 기쁨이 되며, 무엇이 더 온전한가를 찾아가는 것이어야 한다.[27]

복음이 가르쳐 주는 윤리에 대한 결론

로마서 12장 본문은 복음이 가르치는 윤리란 무엇인가를 보여준다. 기독교 윤리학의 정의는 "우리의 일상 전체가 하나님이 기뻐하시는 거룩한 산 제물이 되게 하는 학문"이다. 기독교 윤리학의 목표는 "성도들이 하나님과 사람을 사랑하며 섬기는 삶을 살도록 돕는 것"이다. 기독교 윤리학의 방법론은 "공동의 지성과 정서와 의지를 사용하여, 보다 선하고, 보다 하나님께 기쁨이 되며, 보다 온전한 삶의 길을 찾아가는 것"이다.

1장

기독교
윤리학의
토대

윤리학이란 무엇인가

습관, 관습, 도덕, 윤리의 차이

도덕과 윤리는 비슷한 듯 보이지만, 알고 보면 약간의 서로 다른 의미를 가지고 있다. '도덕'을 뜻하는 라틴어 단어 '모스'[mos]는 '측량하다'라는 의미를 지닌 '메티리'[metiri]라는 단어에서 나왔다.[1] 그리고 '윤리'라는 말의 어원이 되는 '에토스'[ethos]나 '에이토스'[ēthos]는 관습, 습관, 특성, 성향을 뜻한다.[2] 네덜란드의 개혁주의 윤리학자 다우마[Jochem Douma]는 "'도덕'은 전통적이고 지배적인 관습으로 이루어져 있고, '윤리'는 그러한 관습들에 대한 반성이다"라고 주장한다. 앨런 베르히[Allen Verhey]도 역시 윤리를 "도덕적 행위와 성품에 대한 훈련된 반성"이라고 정의 내린다.[3] 따라서 습관, 관습, 도덕과 윤리에 대하여 다음과 같이 정리할 수 있다.[4]

개인적인 습관 | 개인의 취향과 성향을 뜻한다. 예를 들어, 식사할 때 밥을 먼저 먹느냐, 국을 먼저 먹느냐 하는 문제는 개인 취향의 문제다.

문화적 관습 | 도덕적으로 판단하기 힘든 문제들을 뜻한다. 예를 들어, 식사할 때 일반적으로 미국 사람은 한 가지 음식을 먹고 다음 음식을 먹는다. 그

리고 주로 입을 다물고 먹는다. 그런데 많은 한국인은 여러 음식을 함께 놓고 먹는다. 그리고 입을 다물고 먹지 않아도 큰 불쾌감을 느끼지 않는다.

도덕 | 전통적이고 지배적인 관습을 뜻하며, 사회적 현상이다. 예를 들어, 부모는 어린 자녀를 보살펴 주어야 한다는 것은 인류의 보편적인 생각이다.

윤리 | 도덕에 대한 반성으로서, 사회적 현상이 아닐 수도 있다. 예를 들어, 우리나라에서 많은 문제가 되고 있는 동물의 권리를 보호하자는 생각이 그러한 사례가 된다.[5] 보다 최근에는 로봇의 권리에 대한 담론이 이뤄지고 있는데, 이 또한 도덕보다는 윤리적 주제라고 봐야 할 것이다.[6]

윤리학의 분류

윤리학을 나누는 방식은 다양하다. 일반적으로 윤리학은 아래와 같이 분류된다.

서술 윤리학

도덕과 **윤리**를 서술하는 윤리학이다. 고대의 역사 기록을 보면, 당시 인물들의 모습을 서술적으로 제시하면서도 윤리적인 함의가 들어가도록 표현하는 장면이 종종 나온다.[7] 타키투스의 『연대기』 제1권을 보면 타키투스는 다양한 인물 중에도 유독 '티베리우스'와 '게르마니쿠스'를 집중적으로 다룬다.[8] 그런데 그 두 사람을 서술하는 타키투스의 방식이 독특하다. 티베리우스와 게르마니쿠스를 대립 인물[foil]로 서술함으로써, 두 인물을 자신의 도덕 교과서의 전형으로 제시하고 있다.[9] 이처럼 서술을 통하여 윤리를 제시하는 방식은 고전 작품에 많이 등장한다. 그리고 이는 오늘날 하나의 윤리학으로 자리를 잡고 있다.

규범 윤리학

마땅히 해야 하는 행위에 관하여 논하는 윤리학이다.[10] 서술 윤리학과 규범 윤리학을 정확히 구분하는 것은 쉽지 않다. '서술'에서도 '규범'이 나타날 수 있기 때문이다. 사실, "서술에서 규범이 나올 수 있는가"라는 질문은 매우 복잡한 문제다. 윤리학에서는 이것을 '서술과 당위의 문제'Is-Ought Problem 라고 표현한다.

흄David Hume 은 서술Is 에서는 당위Ought 가 나올 수 없다고 보았다. 다시 말해, 그는 사실을 서술하는 전제로부터는 **윤리적** 혹은 **가치 판단적** 결론이 나올 수 없다고 생각한 것이다. 하지만 다른 윤리학자들은 서술에서 당위가 나올 수 있다고 보았다. 예를 들어 "선장은 배가 침몰할 때 마지막까지 자리를 지킨다"라는 서술형 문장은 실제 배가 침몰할 때 선장으로 하여금 마지막까지 자리를 지키게 하는 힘을 가지고 있다. 윤리학자들은 이처럼 "직위에 대한 서술은 당위를 이끌어낸다"고 주장하며 흄을 반박했다. 또 다른 윤리학자들은 관찰자의 **감정**을 기술하는 사실적 전제들은 때로 도덕적 결론에 도달할 수 있다고 주장했다. 예를 들어 "그 사람이 계속 거짓말을 하는 것을 보고 우리 학과 사람들은 화가 많이 났어"라는 문장은, 그 사람이 더 이상 거짓말을 해서는 안 된다는 도덕적 결론을 만들어 낸다. 윤리학자들은 심지어 흄의 책 안에도 '사실'에서 '당위'에 이르게 하는 추론이 종종 등장한다고 정당하게 지적한다. 따라서 서술 윤리학과 규범 윤리학의 경계는 그렇게 분명한 것은 아니지만, 그런데도 진술의 방식에서 차이가 있기 때문에 그 두 가지를 적절히 구분하는 것이 좋다.

특수 윤리학

특수한 주제를 탐구하는 윤리학이다. 예를 들어 상업 윤리, 성 윤리, 과학·기술 윤리, 생명 윤리, 구약 윤리, 신약 윤리 등을 들 수 있다.

메타 윤리학

윤리학의 근거와 토대, 형이상학적 요소나 논리적 측면 등을 논하는 윤리학이다. 철학적 윤리학, 비판 윤리학, 형식 윤리학 등이 이에 속한다.

기독교 윤리학의 정의

위와 같은 분류에 따르자면, 기독교 윤리학은 특수 윤리학의 좁은 영역으로 들어갈 수 있다. 하지만 이 책은 기독교 윤리학을 서술 윤리학, 규범 윤리학, 특수 윤리학, 메타 윤리학 등을 두루 포괄할 수 있는 넓은 개념으로 정의한다.

　　기독교 윤리학에 대한 정의는 신학자들마다 다양하게 내놓는다. 한 예로, 존 프레임 John M. Frame 은 윤리학을 신학이라 여기며, 모든 윤리학을 기독교 윤리학이라 정의한다. 그에 따르면, 아리스토텔레스의 『니코마코스 윤리학』은 더 이상 윤리학의 범주에 들어올 수 없게 된다.[11] 프레임이 그렇게 윤리학을 정의하는 까닭은 세속 윤리학이 근본적으로 안고 있는 허점을 책의 결론 단계뿐만 아니라 개론의 단계에서부터 보여주려는 속내 때문이다.[12] 그러나 이러한 정의는 보편적인 동의를 얻기 매우 힘들다.

　　웨인 그루뎀 Wayne A. Grudem 은 존 프레임의 기독교 윤리학의 정의를 수정하여 "기독교 윤리학이란 '어떠한 행동과 태도와 개인적 품성이 하나님의 승인을 받은 것이며, 어떠한 것은 그렇지 않은지에 대해 성경 전체는 무엇을 가르치는가?'라는 질문에 답을 하는 연구다"라고 정의한다.[13]

이 정의 역시 매우 포괄적인 형태의 기독교 윤리학을 가르친다고 볼 수 있다. 하지만 이 책에서는 다우마의 정의를 약간 수정하여, 보다 간단하게 기독교 윤리학의 의미를 아래와 같이 규정한다.

> 기독교 윤리학은 성경이 우리 인간에게 제공하는 관점의 조명을 통해서 도덕적 행위를 반성하는 학문이다.[14]

이 정의에서 '도덕적 행위'는 전통적이고 지배적인 **관습**과 **사회적 현상**을 포괄한다. 그리고 '반성한다'는 것은 성경을 토대로 어떠한 것이 하나님의 뜻에 더 합치되는가를 따져 묻는 일이다. 이러한 인간의 행동과 지식에 관한 '반성적 행위'는 소크라테스까지 거슬러 올라가는 서양 사상사의 오래된 관습이다.

소크라테스와 헤겔, 그리고 지틀리히카이트Sittlichkeit와 모랄리태트Moralität

"윤리학이 우리에게 왜 필요한가?"라는 질문에 다양한 답변을 할 수 있겠지만, 특별히 소크라테스로 거슬러 올라가 윤리학의 필요성을 탐색해 보고자 한다. 플라톤 철학에 대한 헤겔의 묘사는 이렇다.

> 소피스테스들 이전에는 바깥에만 관심을 가졌고, 소피스테스들이 인간 주체의 문제에 관심을 가졌다고 한다면, 플라톤은 그 지식을 나의 삶의 문제, 내 영혼의 문제와 연결을 시켰다.[15]

플라톤이 이런 식으로 철학을 하게 된 까닭은 그의 스승 소크라테스의 삶 때문이었다. 헤겔은 자신이 규정한 두 용어, 지틀리히카이트^{Sittlichkeit}와 모랄리태트^{Moralität}를 가지고 소크라테스의 철학을 설명한다. 지틀리히카 이트^{Sittlichkeit}는 '관습'으로 번역될 수 있다. 바깥에서 통용되는 습관을 말 한다. 반면 모랄리태트^{Moralität}는 내면에서부터 옳다고 생각한 '규범'을 뜻한다. 즉 '내면화된 규범'으로 번역할 수 있다.[16] 헤겔은 소크라테스를 가리켜 '모랄리태트를 육화한 자'$^{Socrates\ incarnated\ morality}$라고 말했다. 즉 바깥 에서 요구되는 '관습'을 자신의 내면에서 새롭게 받아들인 '규범'으로 육 화시키는 것을 삶의 목적으로 삼은 자라는 뜻이다. 그래서 비극이 일어 날 수밖에 없었던 것이다. 두 가지의 계기가 모순을 일으켜 비극을 만들 었기 때문이다. 헤겔은 소크라테스의 죽음을 그런 식으로 설명했다.

이와 비슷한 예가 있다. 그리스 비극 『안티고네』를 떠올려 보자. 오 이디푸스의 두 아들, 형 폴리네이케스와 동생 에테오클레스는 테바이에 서 전투를 한다. 이 둘은 서로의 칼에 죽는다. 그래서 가장 가까운 핏줄인 크레온이 왕위와 다른 모든 권한을 계승 받게 된다. 크레온 왕은 위에 언 급한 안티고네의 두 오빠 중 오직 에테오클레스에게만 애국자로서의 명 예로운 장례를 치러 주고, 폴리네이케스에게는 조국의 배신자라는 칭호 와 함께 매장을 허락하지 않는다. 이 소식을 들은 안티고네는 큰오빠 폴 리네이케스에게도 장례를 치러 주어야 한다고 생각했다. 시체를 짐승의 먹이가 되도록 방치하는 것을 신의 법을 어기는 행위로 여긴 그녀는 크 레온의 명을 거역하기로 결정한다. 고대 그리스에서는 죽은 자를 매장하 지 않거나, 최소한의 흙이라도 덮어 주지 않으면 그 영혼이 지하의 명부 로 들어갈 수 없다고 믿었기 때문이다. 여기서 크레온은 '사회적 관습'^{지틀리히카이트}을 대변하고 있고, 안티고네는 스스로 옳다고 생각하고 있는 '규 범'^{모랄리태트}을 대변하고 있다. 이 둘은 화해하기 어렵다. 그래서 안티고네 는 죽고, 크레온 또한 파멸한다.[17] 헤겔에 따르면, 세계 역사는 '지틀리히

카이트'와 '모랄리태트'를 연결하는 종합^{Synthese}을 향해 전진한다. 그의 말이 옳은지는 모르겠지만, 소크라테스는 자신의 삶을 통해 이 둘의 종합을 끊임없이 시도했다. 그래서 그의 삶은 비극적이었다.

세계에 관한 객관적인 지식, 사회를 통해 전통적으로 내려오는 관습, 이 모두가 소크라테스의 지식 및 신념과 충돌을 일으켰다. 그에게 문제가 되는 것은, 객관적 지식이 우리 삶에 어떤 의미를 가지고 있는지를 밝히는 일이었기 때문이다. 그런 점에서 소크라테스의 문제의식은 오늘날에도 여전히 유효하다. 현대 사회에서 지식 획득의 수단이 되는 학문은 과학이다. 자연 과학적 지식을 열심히 쌓은 뒤, 그 지식이 우리의 삶에 어떤 의미를 주는지에 대해 물어야 한다. 그러나 과학이 질문하지 않는 것이 있다. "그 지식이 나에게 무슨 의미가 있는가?"라는 질문인데, 이 문제는 윤리학이 다루어야 한다. 예를 들어, "민주적 가치는 최고의 가치다"라는 주장을 생각해 보라. 소크라테스는 분명히 "그래서? 내가 그것을 위해 왜 목숨을 바쳐야 하는가?"라는 질문을 던졌을 것이다.

소크라테스는 무엇이든지 물려받은 것을 직접 검토해서 내면화하고자 했다. 그는 이러한 문제들을 검토하는 데는 평생이 걸려도 시간이 모자랄 것이라고 생각했다. 그래서 소크라테스는 너무 일찍 정치에 뜻을 둔 사람들을 **반성적 작업**이 충분하지 못한 상태에서 정치에 뛰어든 자들로 여겼다. 당시 사람들이 소크라테스를 사형시킨 이유도 역시 반성적 작업의 결여에서 찾을 수 있다. 소크라테스는 "나는 아는 것이 없다"라고 말했던 사람이다. 그러나 "영혼을 돌봐야 한다, 삶을 검토해야 한다"는 그 호소 하나로 인류의 정신사에 정말 어려운 과제를 던져 놓았다. 그렇기 때문에 소크라테스의 도전은 21세기 오늘날에도 여전히 유효한 것이다. 플라톤 철학이 쉽게 풀리지 않는 이유가 이런 측면 때문이다. 어떤 대화편에서는 한없이 따지기만 하고 답을 주지 않는다. 소크라테스는 저승에 가서도 따져 보는 일을 계속할 것인데, 이를 진정 괜찮은 일로 여겼다. 그가 말한 것처럼, 따져보지 않은 인생은 살아갈 가치가 없기 때문이다.[18] 소크라테스의 교훈에서 보자면, 윤리학이란 인간사의 규범과 도덕에 대해 따져본 결과를 내면화하여 보다 참된 삶을 살도록 도움을 주는 학문이다. 그래서 인간에게는 윤리학이 필요한 것이다.

현대 사회에 윤리가 더욱 필요해진 다섯 가지 이유

독일의 신학자 로이터 Hans-Richard Reuter 는 윤리가 필요한 이유들을 구체적으로 제시한다.[19] 그는 1972년 무렵에는 윤리적 관심이 아주 약화되었다고 말한다. 전통적으로 윤리가 답해 주던 것들을 과학이 모조리 가져간 상황이었기 때문이다. 특히 행동과학, 심리학, 사회과학이 그 역할을 했다. 그러나 이제는 상황이 변화되었다. 윤리에 대한 관심이 증대되고 있다. 오늘날 유럽의 대학에서는 신학 분과뿐 아니라 철학 분과에서도 윤리를 많이 다룬다. 로이터에 따르면, 그 배경에는 다섯 가지 이유가 있다.

첫째, 과학기술이 오히려 문제를 야기하면서 윤리적 관심을 증대시켰기 때문이다. 과학의 발전으로 핵개발, 무기 개발, 자연 파괴 등의 문제가 생겼다. 우리는 여기에 의료 윤리나 생체 실험의 문제, 트랜스휴머니즘이나 유전자 연구 등도 더하여 포함시킬 수 있다.

둘째, 사회의 분화가 윤리적 관심을 증대시켰다. 사회가 세분화될수록 갈등 문제는 심각해진다. 오늘날 인터넷이 발달할수록 개인들 사이의 갈등은 더욱 커지고 있다. 그리고 그 문제들 안에는 윤리적 이슈가 개입되어 있는 경우가 허다하다.

셋째, 자기 스스로를 구성해 나가야 하는 능동적 개인주의가 윤리적 관심을 증대시켰다. 오늘날은 개개인에게 너무 많은 판단과 선택의 짐이

지워진다. 그래서 사람들은 자신의 윤리적인 선택에 대해 더욱 관심을 갖게 되었다.

넷째, 종교는 더 이상 삶의 모든 영역에서 답을 제공해 주는 역할을 하지 못하며, 종교조차 개인이 선택해야 하는 사회의 하위 항목이 되어버렸기에 윤리적 문제가 더 많이 부각되고 있다. 이것은 세속화의 문제다. 세속화의 의미는 다양하겠지만, 종교의 역할이 의사결정 과정에서 축소된 현상 또한 세속화에 포함시킬 수 있다.[20] 옛날에는 종교가 인간의 삶 전체를 지배하는 하나의 우산 역할을 했다. 그러나 이제 많은 나라에서 종교는 그런 역할을 하지 못한다. 종교가 있더라도 의식만 남아 있는 경우가 많다. 삶의 체계로서의 종교는 그 역할을 상실했다. 사람들은 삶의 본질적인 질문들에 대해 종교가 아닌 다른 곳에서 답을 찾는다. 윤리가 그 답을 찾을 수 있는 하나의 창구가 될 수 있다.

다섯째, 전국적 단위에 걸친 상업화와 전지구적인 상업화의 문제가 윤리적 관심을 증대시켰다. 오늘날 많은 나라에서 경제가 정치보다 더 중요해지고 있다. 그리고 이에 따른 환경적 문제, 생태적 문제가 부각되고 있다. 지구촌이란 말이 있듯이, 전 세계는 이전보다 상호 의존성과 상호 영향 관계성이 더욱 커졌다. 그래서 한스 큉이 말한 '세계윤리'Weltethos 또한 요청된다.[21] 이와 동시에 인간이 지닌 의존성에서 윤리적 필요가 나오는데, 이것은 공공영역에까지 확대된다.[22]

정리하자면, 과학기술의 통제하기 힘든 결과와 부수적 효과, 현대 사회의 기능적 분화, 개인화와 세속화의 문제 즉 사회 통합적 인자였던 종교의 약화, 지구화와 관련된 규제 철폐의 문제 등이 윤리적 관심을 증대시키고 있다. 윤리는 현대화에 의해 철폐되지 않고 오히려 요청된다. 오트프리트 회페Otfried Höffe가 말했듯이, 윤리는 근대성의 대가代價로 요구되고 있다.[23]

교리와의 관계

기독교 윤리와 교리와의 관련성

기독교 윤리의 다양한 측면을 살펴보기 전에, **기독교 교리**와 **기독교 윤리**의 연결성을 확인하는 것은 매우 중요하다. 이는 다른 말로 하자면, 교의학과 윤리학의 관계에 관한 문제다. 교의학이란 교의를 다루는 신학 분과다. 교리가 성경의 가르침 그대로를 말한다면, 교의는 그 교리가 신학 역사를 통해 발전한 것을 가리킨다. 그러나 때로는 교리와 교의를 큰 구분 없이 사용하기도 한다. 즉 성경의 가르침이 발전된 형태 역시 교리라고 부르기 때문이다.

예전에는 윤리학이 교의학의 **한 영역**에 포함되어 있었다. 그러나 이제 윤리학은 독립적인 과목이 되었다. 그렇다면 윤리와 교리의 연관성은 무엇인가? 교리가 성경의 가르침을 다룬다면, 윤리는 그 가르침의 실천을 다룬다. 사실 신학은 이 둘을 크게 구분하지 않는다. 칼뱅의 『기독교 강요』, 마스트리히트의 『이론-실천 신학』은 모두 교리와 윤리를 함께 다룬다. 성경은 믿음이 없는 행함과 행함이 없는 믿음 모두를 거부한다(롬 4:1-4, 약 2:14-26).[24] 아우구스티누스의 "하나님에 대하여 제대로 믿지 않으면, 악하게 살게 된다"라는 주장도 같은 맥락이다.[25] 따라서 교리와 윤리는 동전의 양면처럼 함께 강조되어야 한다.

　　교의학과 **윤리학**의 관계는 어떠한가? 교회 역사 속에는 교의학만을 강조하고 윤리학을 소홀히 하던 때가 있었다. 중세의 사변적 신학이 그러했다. 이러한 신학은 삶과 신앙을 분리시킨다. 반대로 윤리학만을 강조하고 교의학을 소홀히 하던 때도 있었다. 19세기 독일의 자유주의 신학자들이 그러했다. 그렇게 되면 자연스럽게 삼위일체론이나 그리스도의 신인성 문제와 같은 주제는 무시된다.[26] 교의학과 윤리학은 각자의 고유한 역할이 있다. 교의학은 올바른 믿음orthodox faith을 가르치고, 윤리학은 지도 받는 믿음directed faith을 가르친다.[27] 교의학적 근거를 상실한 윤리학은 카이퍼의 비유처럼, "나무의 뿌리는 병들어 가는데 나뭇가지만을 들고 주문을 외우려는 것"과 같다.[28] 윤리학은 중요한 분과이지만 하나님의 계시는 인간의 행동에 대한 이야기를 넘어선다. 윤리학이 그 역할을 진정으로 감당하기 위해서는 성경에 나타난 하나님의 계시로 돌아가서 교의학적 주제들과 씨름해야 한다. 다우마는 칸트의 말을 약간 수정하여 말했다. "윤리학 없는 교의학은 공허하고, 교의학 없는 윤리학은 맹목적이다."[29] 하이델베르크 교리문답은 인간의 비참과 그리스도의 구원을 말한 다음, 성도들이 행해야 마땅한 감사의 삶에 관해 기술한다. 이처럼 '교리'와 '윤리'는 항상 긴밀한 연관성을 가져야 한다. 아래 하이델베르크 교리문답, 32주일에는 이런 측면이 매우 잘 드러나 있다.[30]

제32주일

86문 | 우리의 공로가 조금도 없이 그리스도로 말미암아 오직 은혜로 우리의 죄와 비참함으로부터 구원을 받았는데, 우리는 왜 또한 선행을 해야 합니까?

답 | 그리스도께서 그의 보혈로 우리를 구속하셨을 뿐 아니라 그의 성령으로 우리를 새롭게 하여 그의 형상을 닮게 하시기 때문입니다. 이것은 우리가 모든 삶으로써 하나님의 은덕에 **감사하고** 롬 6:13, 12:1-2, 엡 2:10, 벧전 2:5,9 하나님께서 우리를 통해 **찬양받으시기** 위함이며 마 5:16, 고전 6:19-20, 벧전 2:12 또한 우리 각 사람이 그 열매로써 자신의 믿음에 **확신**을 얻고, 마 7:17-18, 갈 5:6, 22-23, 벧후 1:10 경건한 삶으로써 다른 사람을 그리스도에게 **인도하기** 위함입니다. 마 5:16, 롬 14:18-19, 벧전 3:1-2

87문 | 감사치도 않고 회개하지 않는 삶을 계속 살면서 하나님께로 돌이키지 않는 사람들도 구원을 얻을 수 있습니까?

답 | 결코 구원을 받을 수 없습니다. 성경은 음란한 자, 우상 숭배자, 간음하는 자, 도둑질하는 자, 탐욕을 부리는 자, 술 취하는 자, 욕하는 자, 강도질하는 자나 그와 같은 죄인들은 하나님 나라를 유업으로 받지 못한다고 말씀합니다. 고전 6:9-10, 갈 5:19-21, 엡 5:5-6, 요일 3:14-15

하이델베르크 교리문답은 교리와 윤리를 밀접하게 연결한다. 더 나아가 기독교 윤리적 실천이 없는 사람은 구원받지 못한다고 말할 정도로 강력하게 삶의 중요성을 설파한다. 이것은 윤리, 그 자체가 우리에게 구원을 가져다준다는 것이 아니다. 하이델베르크 교리문답은 인간의 선행이 결코 공로가 될 수 없음을 여러 군데에서 이미 가르친 후에, 구원받은 신자는 당연히 신앙적 삶을 살게 마련이라고 덧붙인다. 기독교 진리를 아는 사람은 기독교적 삶을 살게 되어 있다. 말씀에 따른 순종과 선행의 실천은 이미 받은 구원을 누리는 수단이기 때문이다. 반대로 기독교적 삶이 없는 사람은 기독교 진리를 아직 제대로 알지 못하는 자다. 이런 측면에서 보자면, 기독교 윤리학이란 기독교 교리가 삶 속에서 드러나는 방식에 관하여 탐구하는 학문이다.

그리스도의 세 가지 직분과 그 의미

기독교 윤리를 다룰 때 가장 안전하고 좋은 길은 그리스도와의 연합 안에서 살아가는 삶을 제시하는 것이다. 전통적 개혁신학자들은 이를 그리스도의 세 가지 직분과 연결하여 설명했는데, 이 방법은 너무나도 탁월하여 자세히 소개할 필요가 있다. 먼저 그리스도의 세 직분을 소개하고, 그 교리와 신자의 삶의 방식이 어떻게 조화를 이룰 수 있는지 살펴볼 것이다. '그리스도'란 말은 '기름 부음을 받았다'라는 뜻이다. 구약 시대에는 **선지자, 제사장, 왕**에게 기름을 부어 그들이 하나님의 대리자로서의 직무를 행하도록 했다.[31] 예수 그리스도께서는 바로 이 세 가지 직분을 가장 잘 수행하셨을 뿐 아니라, 그 직분을 종말론적으로도 완성하셨다.[32]

제사장의 직분

그리스도께서는 제사장의 직분을 중보자로서 확증하신다. 중보자 그리스도께서는 자신을 제물로 드리는 대제사장이 되셨다. 이제 천상의 제사장이신 그리스도는 구원에 관한 우리의 근원적 필요를 채우신다.

  인간이 극복할 수 없는 것이 있다면 그것은 바로 **죽음**이다. 그런데 이 죽음은 죄를 통해 세상으로 들어왔다. 따라서 인간이 죽음을 해결할 수 없다는 사실은, 인간이 근원적으로 죄의 문제를 해결할 수 없다는 것을 뜻한다(히 9:22-28 참조). 헬무트 틸리케Helmut Thielicke 라는 독일의 설교자는 이렇게 말했다. "인간이 도둑질을 해서 도둑이 되는 것이 아니다. 인간은 이미 도둑이기 때문에 도둑질을 하는 것이다. 인간이 살인을 해서 살인자가 되는 것이 아니다. 인간은 이미 살인자이기 때문에 살인을 하는 것이다." 살아가면서 우리 안에 얼마나 많은 죄가 꿈틀거리는지 살펴보면, 인간이 왜 도둑이고 살인자이며 죄인인지 잘 알 수 있다. 인간은 탐심의 노예이며, 미움의 노예이며, 정욕의 노예다. 그 죗값은 스스로의 힘으로 갚을 수 없다. 날마다 더 많은 죄를 짓기 때문에 죗값을 갚기는커녕 오히려 죄는 더 쌓일 뿐이다.[33] 그런데 바로 그 죗값을 그리스도께서 갚아주셨다. 온전한 제물로 자신을 단번에 드린 그리스도는 영원한 대제사장이 되어 인간의 죄의 문제를 근원적으로 해결해 주셨다.[34]

죄는 분열을 조장한다. 하나님과 사람, 사람과 사람, 사람과 자연 사이에서 끝없는 분열을 조장하는 것이 바로 죄다. 이 현상은 아담과 하와가 타락했을 당시에 가장 잘 나타났다. 죄는 하나님과 아담, 아담과 하와, 아담과 땅 사이에 갈등과 분열을 조장했다. 하지만 이제는 예수 그리스도를 통해 이 모든 것이 다시 화해되었다. 아담 안에서 죄인이 되었던 인류는 이제 예수 그리스도 안에서 죄의 지배를 벗고 은혜의 지배를 받게 되었다(롬 5:21 참조).

예수 그리스도는 스스로 화목 제물이 되셔서, 인간이 맺는 모든 관계에 화목을 주셨다.[35] 구약성경에서 화목 제물의 특징은 그 제사에 참여하는 자들이 그 제물을 함께 먹었다는 데 있다. 학자들은 식사가 포함되어 있다는 점에서 유월절 제의도 역시 화목 제사에 포함시킬 수 있다고 보았다.[36] 그리스도는 유월절 어린양으로 죽으셨는데, 이를 성찬식에서 기념하라고 말씀하셨다. 그렇기에 우리는 성찬을 통해서 그리스도의 살과 피를 먹고 마심으로써 화목을 경험한다(요 6:53-58, 고전 10:16). 초대교회 성도들이 체험한 복음의 가장 놀라운 힘은 바로 이러한 화해와 화목이었다. 예수 그리스도의 복음 안에서 유대인과 이방인이 하나가 되었다. 그리스도 안에서 남자와 여자, 종과 자유자, 부모와 자식, 형제와 자매가 하나가 되었다(고전 12:13, 갈 3:28, 마 5:24). 또한 그들은 애찬과 성찬에서 함께 먹고 마심으로써 예수 그리스도와 하나가 될 뿐 아니라, 서로 간에 하나가 되었음을 확인하였다.[37] 모든 지체를 그리스도의 몸으로 여기고 사랑해야 하는 이유가 여기에 있다.[38]

죄는 구체적으로 하나님에 대한 **불순종**과 **불신앙**을 뜻한다. 따라서 구원 사역은 죄의 문제를 푸는 것이어야 한다. 그리스도는 우리의 불순종을 대신하여 순종의 행동을 하셨다. 그리스도의 신실하심이 그리스도의 인격과 사역을 통해서 온전히 드러났다.[39] 바로 이 구원 사역이 그리스도의 제사장적 사역의 성취인 것이다.

그리스도의 제사장직은 십자가에서 영단번에 once and for all 완성되었다. 믿지 않는 자들이 회심하는 순간마다 그리스도의 제사장직은 빛을 발한다. 또한 새 하늘과 새 땅에서도 역시 제사장적 사역은 기억되며 찬양받을 것이다. 요한계시록에서 그리스도가 자주 '어린양'으로 묘사되는 것도 그런 까닭이다.[40] 그리스도께서는 신실한 대제사장으로서 영원히 영광 받으실 것이다(히 7:17).[41]

왕의 직분

그리스도께서는 왕의 직분을 중보자로서 행하신다. 중보자 그리스도는 왕이시지만 종의 모습으로 이 땅에 오셔서 백성을 섬기셨다.[42] 천상의 왕이신 그리스도는 우리가 죄와 사탄의 노예가 되었을 때 우리를 구하려고 오셨다. 그분은 죄인이 아니시지만 죄인들과 연대를 하시고, 종의 모습으로 삶을 사셨다. 그리스도의 종의 사역은 우리를 위한 것이었다. 그것을 성경은 '자기 비움'이라고 말한다.[43]

이사야 52:14-15에서는 이렇게 말씀한다. "야훼의 종이 인간 이하로 낮아져서 많은 사람을 놀라게 한 것처럼, 그는 역사상 전례 없는 소식으로 많은 나라를 또한 놀라게 할 것이다.”[44] 여기서 우리는 야훼의 종을 보면서, 두 번 놀라게 되는 인간들을 발견한다. 사람들은 야훼의 종의 상한 모습에 놀란다(14절). 예수님의 성육신은 단순한 ‘육화’肉化가 아니라, ‘육이하화’肉以下化라 말할 수 있다. 인간의 몸을 입으신 정도가 아니라, 인간의 모습 이하로 떨어지셨다는 뜻이다.[45] 그것은 ‘인간처럼 되신 것’humanization 정도가 아니라, ‘인간 이하로 되신 것’subhumanization 또는 dehumanization으로 생각할 수 있다.[46] 예수님의 성육신 사건은 ‘성육신’이라는 단어 정도로 설명되는 것이 아니라, 그보다 훨씬 심한 상태를 표현하는 단어라야 제대로 설명될 수 있는 사건이다. 그런데, 사람들은 또 한 번더 놀라게 된다. 왜냐하면 그렇게 인간 이하로 떨어진 분을 통해서, 여태껏 들어보지 못한 새로운 소식을 듣게 될 것이기 때문이다(15절). 그것은한마디로, ‘은혜’의 소식이다. 하나님이 인간 이하의 비천한 존재가 되신것뿐만 아니라, 그분이 우리 인간의 죄를 담당하여 대신 죽으심으로써, 우리가 고침과 나음을 얻었다는 소식이다(사 53장).

우리가 하나님에게서 멀어졌을 때 우리는 사탄의 노예, 죄의 종이되었다. 인간은 죄 속에 태어나서 죄 속에서 살다가 죄 속에서 죽어간다. 그러나 왕이신 그리스도는 종의 모습으로 오셔서 친히 죄인의 자리에 서셨다. 만물의 왕이신 그분은 가난하게 사시고, 고난을 받으시고, 제자들의 발을 씻기시고, 채찍에 맞으시고, 마지막에는 십자가에서 죽기까지 하셨다. 그러나 그러한 낮아지심을 통하여 예수 그리스도는 죄와 죽음에서승리하시고 우리를 죄와 사탄의 예속 상태에서 건져내셨다. 이제 그리스도께서는 교회의 머리가 되어 만물을 다스리는 왕이 되셨다. 여기서 우리는 ‘머리 기독론’Head Christology, Caput Christology을 생각할 수 있다. 이미 구약성경은 하나님께서 만물의 머리가 되신다고 고백하고 있다.

여호와여 위대하심과 권능과 영광과 승리와 위엄이 다 주께 속하였사오니 천지에 있는 것이 다 주의 것이로소이다. 여호와여 주권도 주께 속하였사오니 주는 높으사 "만물의 머리"이심이니이다(대상 29:11).[47]

이것이 신약 시대에 와서는 그리스도의 우주적 왕권으로 표현되고 있다.[48]

너희도 그 안에서 충만하여졌으니 그는 모든 통치자와 권세의 머리시라(골 2:10).

또 충성된 증인으로 죽은 자들 가운데에서 먼저 나시고 땅의 임금들의 머리가 되신 예수 그리스도로 말미암아 은혜와 평강이 너희에게 있기를 원하노라. 우리를 사랑하사 그의 피로 우리 죄에서 우리를 해방하시고……(계 1:5).

이처럼 하나님은 예수 그리스도를 통하여 왕이 되신 것이다.[49] 이것을 이레나이우스Irenaeus는 '그리스도의 다시 머리되심'recapitulatio Christi의 교리로 발전시켰다. 그리스도는 아담의 역사와 이스라엘의 역사를 반복하신다. 그리고 그들의 실패를 성공으로 바꾸시고 완성시키신다.[50] 하지만 흥미롭게도 신약성경에서는 그리스도께서 만물의 머리가 되신다는 표현보다, 교회의 머리가 되신다는 표현이 더 많이 나온다.[51] 신약은 만물의 머리가 되신 그리스도께서 자신의 몸된 교회를 통해 왕권을 펼친다는 것을 우리에게 알려 준다. 이 묘사를 가장 분명하게 보여주는 구절이 있다.

또 만물을 그의 발 아래에 복종하게 하시고 그를 만물 위에 교회의 머리로 삼으셨느니라(엡 1:22).

이 구절은 그리스도의 종말론적 사역이 끝난 뒤, 만물이 그리스도의 왕권에 복종하게 되는 변화를 보여준다. 이제 그리스도는 교회의 머리가 되셔서 만물을 다스리신다. 하나님께서 그리스도를 통하여 만물의 머리가 되시는 것처럼, 이제는 그리스도께서 교회를 통하여 만물의 머리가 되고자 하신다. 따라서 교회는 그리스도의 왕권을 선포하는 기관, 다시 말해 하나님의 나라를 경험하고 드러내고 증거하는 공동체다. 그리스도께서는 교회의 유익이 되도록 만물을 통치하시는 법 또한 가르쳐 주신다.[52] 바로 그것이 모든 지상 사역을 마치시고 승천하신 예수 그리스도께서 행하고 계시는 왕의 사역이다.

그분의 왕권은 재림 때에 심판하는 권세로 나타나며, 또한 재림 이후에도 지속될 것이다. 그리고 심판과 그 이후의 통치에서도 성도들은 그리스도와 함께 세상을 심판하고 다스릴 것이다(마 19:28, 눅 22:30, 계 2:26-27; 22:5, 딤후 2:12 참조).[53] 그리스도의 통치는 끝이 없을 것이다(히 1:8, 계 11:15; 22:3). 태초부터 인간을 대리 통치자로 세우신 하나님은 그리스도의 통치와 그에 참여하는 성도들의 통치를 통해 그 계획을 완성하신다.[54]

선지자의 직분

중보자 예수 그리스도는 선지자직을 행하셨다. 하나님의 말씀 자체이신 그분은 말씀에 온전히 순종하는 선지자가 되셨다. 그리스도 안에서 구약의 모든 예언이 완성되고 성취되었다.[55] 예수님은 모세의 선지자직을 온전하게 이루신 분이다.[56] 예수님은 가르치신 내용을 반드시 실천하셨다. 원수를 사랑하라고 가르친 분은 십자가에 달려 죽는 순간에도 자신을 십자가에 못 박은 그들을 위하여 기도하셨다. 아는 것과 행하는 일이 언제나 일치했기에 주님의 가르침에는 힘이 있고 권세가 있었던 것이다.

특별히 그리스도는 십자가에 죽기까지 복종하신 분이다.[57] 바로 그 혁명적이고 절대적인 복종 안에서 하나님의 놀라운 구원 역사가 새롭게 시작되었다. 아담 한 사람이 순종하지 않아서 많은 사람이 죄인이 된 것처럼 한 사람 그리스도께서 순종하심으로 많은 사람이 의인이 되었다(롬 5:19). 예수 그리스도는 하나님을 사랑하지 않았던 우리와 정반대로 행하시고 하나님을 그 누구보다 사랑하셨다. 그리스도는 자신의 삶뿐 아니라 말씀을 통해서 하나님의 은혜롭고, 용서하시는 사랑을 우리에게 가르치셨다. 우리는 예수 그리스도의 모범을 닮아가야 한다. 하나님의 아들 그리스도께서 고난에 순종함으로 온전하게 되셨다면, 그분으로부터 구원을 받으려는 모든 사람 또한 마땅히 하나님을 향한 순종을 배워야 한다(히 5:8-9).

하나님은 말씀과 모범으로 우리를 가르치신 그리스도를 통해 자신의 사랑을 우리에게 엮어 매셨다. 우리는 이렇게 드러난 놀라운 하나님의 사랑과 은혜의 현시에 감동하여 주님께 나아가야 한다.[58] 물론 이 과정은 성령님의 은혜로 되는 것이다. 이렇듯 선지자이신 예수 그리스도의 사역은 성령님의 사역과 밀접하게 관련되어 있다. 천상에 계신 그리스도는 지금도 하나님의 계시를 자신의 성도들에게 중보하고 계신다.[59]

정리: 참 하나님, 참 인간

그리스도의 사역은 '제사장', '왕', '선지자' 사역을 완성하는 것이었다. 이 각각의 직분을 통해 그리스도는 먼저 중보자로서 그 일을 행하시고, 그 사역을 종말론적으로 완성하셨다.

그리스도의 **왕직**은 종의 모습으로 이 땅 가운데 오셔서 고난을 받은 사역이었고, 동시에 사탄과 싸워 백성들에게 해방을 가져다준 사역이었다. 그리고 더 나아가 백성들을 다스릴 뿐 아니라, 온 세상을 통치하는 사역이었다.

그리스도의 **선지자직**은 말씀의 경청자와 순종자로서 하나님의 모든 말씀과 예언을 성취하는 사역이었다. 그 과정에서 그리스도께서는 구원에 관한 진리를 온전히 드러내셨고, 이 세상을 향하신 하나님의 모든 뜻을 보여주셨다. 지금도 예수 그리스도는 살아계신 하나님의 계시로서 우리에게 성부의 모습을 가장 잘 보여주시는 분이다(골 1:15).[60] 그리스도의 **제사장직**은 자신을 온전하고 거룩하고 흠이 없는 제물로서 하나님께 영단번에 바치는 사역이었다.[61] 그리고 대제사장이신 그리스도는 백성을 위하여 기도하셨다(요 17장). 지금도 그리스도께서는 하나님 보좌 우편에서 더 나은 언약의 중보자가 되신다(히 8:6). 왕으로서의 그리스도는 우리를 포로로 잡고 있던 죄악의 권세를 이기셨다. 선지자로서의 그리스도는 그분의 삶과 죽음을 통해 자기 백성을 향한 하나님의 사랑을 보여주셨다. 제사장으로서의 그리스도는 우리를 모든 죄악으로부터 깨끗하게 해주셨다.

더 나아가서 기억해야 할 사실은 그리스도께서 참 하나님이시며, 참 인간이셨기 때문에 이 일을 이루실 수 있었다는 것이다. 만일 그분이 하나님이 아니었다면 우리 대신 **온전한 의를 충족시키는 일**은 불가능했을 것이고, 그분이 인간이 아니었다면 **우리 대신** 온전한 의를 충족시키는 일은 불가능했을 것이다. 그분이 하나님이 아니었다면 우리를 위하여 **사탄을 패배시키는 일**은 불가능했을 것이고, 그분이 인간이 아니었다면 **우리를 위하여** 사탄을 패배시키는 일 또한 불가능했을 것이다. 그분이 하나님이 아니었다면 우리를 위한 **하나님의 사랑과 자비**를 온전히 보여주지 못했을 것이고, 그분이 인간이 아니었다면 **우리와 같은** 죄인들조차 위하시는 하나님의 사랑과 자비를 온전히 보여주지 못했을 것이다.

요약하자면, 그리스도의 구원 사역과 그분의 세 가지 직분은 긴밀하게 연관되며, 이런 관점은 **구원론과 세 가지 직분** 두 가지 모두를 깊이 이해하는 것에 도움을 준다. 그리스도의 구원 사역에서 우리는 복음의 핵심을 보며, 그 사역은 우리를 믿음과 순종의 길로 이끌어준다.

그리스도인의 세 직분

개혁교회 신조들은 그리스도의 세 가지 직분에 관해 자세히 다루었다. 대표적인 예가 『하이델베르크 교리문답』(1563)과 『웨스트민스터 소교리문답』(1646)이다.

| 『하이델베르크 교리문답』 31문답 |

31문 | 그분을 왜 그리스도, 곧 기름 부음을 받은 자라 부릅니까?

답 | 왜냐하면 그분은 성부 하나님으로부터 임명을 받고 성령으로 기름 부음을 받으셨기 때문입니다.시 45:7, 사 61:1, 눅 3:21-22; 4:18, 행 10:38, 히 1:9 그분은 우리의 큰 선지자와 선생으로서 우리의 구원을 위한 하나님의 감추인 경영과 뜻을 온전히 계시하시고,신 18:15, 사 55:4, 마 11:27, 요 1:18; 15:15, 행 3:22, 엡 1:9-10, 골 1:26-27 우리의 유일한 대제사장으로서 그의 몸을 단번에 제물로 드려 우리를 구속救贖하셨고,시 110:4, 히 7:21; 9:12, 14, 28; 10:12, 14 성부 앞에서 우리를 위해 항상 간구하시며,롬 8:34, 히 7:25; 9:24, 요일 2:1 또한 우리의 영원한 왕으로서 그의 말씀과 성령으로 우리를 다스리시고, 우리를 위해 획득하신 구원을 누리도록 우리를 보호하고 보존하십니다.시 2:6, 슥 9:9, 마 21:5; 28:18, 눅 1:33, 요 10:28, 계 12:10-11 62

| 『웨스트민스터 소교리문답』 23-26문답 |

23문 | 그리스도께서 우리의 구속자로서 무슨 직분을 행하십니까?

답 | 그리스도께서는 우리의 구속자로서 선지자^{신 18:18, 행 2:33, 행 3:22-23, 히 1:1-2}와 제사장^{히 4:14-15; 5:5-6}과 왕의 직분^{사 9:6-7, 눅 1:32-33, 요 18:37, 고전 15:25}을 낮아지고^{빌 2:6-8} 높아지신^{빌 2:10} 두 지위에서 행하십니다.

24문 | 그리스도께서 선지자의 직분을 어떻게 행하십니까?

답 | 그리스도께서는 선지자로서 우리를 구원하시려는 하나님의 뜻을^{요 4:41-42, 요 20:30-31} 그분의 말씀^{눅 4:18-19, 21, 행 1:1-2, 히 2:3}과 성령으로^{요 15:26-27, 행 1:8, 벧전 1:11} 우리에게 계시하십니다.

25문 | 그리스도께서 제사장의 직분을 어떻게 행하십니까?

답 | 그리스도께서는 제사장으로서 단번에 자신을 제물로 드려 하나님의 공의를 만족시키시고^{사 53장, 행 8:32-35, 히 9:26-28; 10:12} 우리를 하나님과 화목하게 하셨으며,^{롬 5:10-11, 고후 5:18, 골 1:21-22} 또한 우리를 위하여 항상 간구하십니다.^{롬 8:34, 히 7:25; 9:24}

26문 | 그리스도께서 왕의 직분을 어떻게 행하십니까?
답 | 그리스도께서는 왕으로서 우리를 자기에게 복종하게 하시고 우리를 다스리시고 보호하시며,^{시 110:3, 마 28:18-20, 골 7:2, 골 1:13} 그분의 모든 원수들, 곧 우리 원수들을 제어하시고 정복하십니다.^{시 2:6-9, 시 110:1-2, 마 12:28, 고전 15:24-26, 골 2:15}

이처럼, 개혁신학자들은 그리스도의 세 가지 직분에 관한 가르침을 아주 중요한 것으로 여겨, 신조에 반영하였다. 그리고 그리스도의 세 직분론을

역사적인 차원에서 발전시켰다. 세 직분은 모든 역사에 걸쳐 있는 그리스도의 중보사역에서 나타나지만, 선지자 직분은 말씀의 계시 사역과 관련하여 그 탁월함이 드러나고, 제사장 직분은 그리스도의 희생적 삶과 죽음에서, 왕의 직분은 하나님의 마지막 통치에서 그 탁월함이 드러난다고 보았다.[63] 우리는 아래와 같이 그리스도의 세 직분이 갖는 의미를 보다 풍성하고 포괄적으로 정리해 볼 수 있다.[64]

제사장, 왕, 선지자 직분의 적용

그리스도의 세 가지 직분은 우리의 구원을 올바르고 풍성하게 이해하는 데 도움이 될 뿐 아니라, 구체적인 삶의 영역에도 적용할 수 있다. 원래 아담은 이 세 가지 직분을 수행하는 자로 부르심을 받았다. 아담은 하나님으로부터 받은 권세로 세상을 통치하는 '섭정왕'이었다. 그는 제7일이 되는 날을 안식일로 정한 하나님께 예배를 드리는 제사장이었다. 그는 하나님의 말씀을 선포하는 선지자였다. 그러나 타락한 아담 안에서의 인류는 자신의 분수를 넘어 하나님께 반역하고 동료들에게 폭정을 행하는 거짓 왕들이 되어 버렸다. 인류는 거룩한 하나님을 모독하며 살아가는 거짓 제사장들이다. 타락한 인간들은 하나님의 말씀을 거부하고 자신을 우상으로 숭배하는 거짓 선지자들이다.[65] 그러나 하나님은 그리스도 안에서 **삼중직**을 회복하시고, 그리스도를 따르는 자들에게 삼중직분을 행하게 하셨다. 참된 신자는 그리스도 안에서 '참된 왕', '거룩한 제사장', '진실한 선지자'로 살아가야 한다. 하지만 이러한 기독교 교리를 머리로만 이해하는 것에서 그치는 것은 의미가 없다. 우리는 이를 현장에 적용해야 한다. 신자가 가진 세 가지 직분에 관한 가르침을 개인적, 사회적, 가정적, 교회적 삶에 적용해 볼 수 있다.

개인과 사회를 향한 적용

그리스도의 세 직분과 우리의 신앙생활을 잘 연결시켜 고백한 것이 『하이델베르크 신앙고백』 제12주일, 제32문이다.[66]

32문 | 당신은 왜 그리스도인이라 불립니까? 행 11:26

답 | 왜냐하면 내가 믿음으로 그리스도의 지체肢體가 되어 그의 기름 부음에 참여하기 때문입니다.사 59:21, 욜 2:28, 행 2:17, 고전 6:15; 12:13, 요일 2:27 나는 선지자로서 그의 이름의 증인이 되며,마 10:32-33, 롬 10:10, 히 13:15 제사장으로서 나 자신을 감사의 산 제물로 그에게 드리고,출 19:6, 롬 12:1, 벧전 2:5, 계 1:6; 5:8, 10 또한 왕으로서 이 세상에 사는 동안은 자유롭고 선한 양심으로 죄와 마귀에 대항하여 싸우고,롬 6:12-13, 갈 5:16-17, 엡 6:11, 딤전 1:18-19, 벧전 2:9,11 이후로는 영원히 그와 함께 모든 피조물을 다스릴 것입니다.딤후 2:12, 계 22:5

이렇게 잘 요약한 고백문과 함께 우리는 구약의 선지자, 제사장, 왕의 직무를 잘 관찰하여 삶에 적용할 수 있다. 무엇보다 그리스도의 삶을 모범으로 삼아 세 가지 직무의 범위를 정하고 행할 수 있다. 우리는 직장이나 학교에서 이 세 가지 직무를 수행하는 사람이 되어야 한다. 선지자로서 우리는 복음을 전할 기회를 만들기 위해 노력해야 한다. 21세기는 그 어떤 시대보다 복음이 더욱 필요한 시대다. 과학과 기술의 발달로 인간관계는 황폐해지고 있으며, 이기주의와 개인주의로 인하여 사랑이 메말라 가고 있다. 이러한 시대를 변화시킬 근원적인 힘은 오직 그리스도의 복음에서 나온다. 따라서 복음 전파는 선지자적 사명감을 가지고 해야 하는 우리 시대의 최대 과제이다.

그리고 성도들은 제사장으로서 타인의 죄를 위해 하나님께 기도드려야 하고, 자신 또한 정결해야 한다.[67] 성도란 세상이 저지르는 죄악에 맞서는 사람들이며, 동시에 그들의 죄로 인하여 애통해하는 자들이다. 아우구스티누스는 그리스도인의 '사회 참여' 가운데 가장 중요한 것은 '기도'라고 하였다.[68] 그는 주님께서 가르쳐 주신 주기도문을 가지고 날마다 이 세상을 위해 기도하는 것이 순례자된 성도들의 기본자세라고 하였다.[69] 아우구스티누스는 이런 기도를 바탕으로 이 땅의 국가를 위해 천상의 순례자들이 해야 할 세 가지가 있음을 밝힌다.

첫째, '사랑'의 권면이다. 우리는 이웃들에게 하나님을 사랑해야 한다고 권면해야 한다.

둘째, '평화'의 의무다. 성도는 때때로 세상 나라와 협력하여 평화를 증진할 의무가 있다.

셋째, '정의'의 실현이다. 우리는 세상 국가가 공의를 실행하도록 요구해야 하며 도와야 한다. 그런데 이 정의는 참된 예배와 온전한 완성을 향한 기도에서부터 나오는 것이어야 한다. 성도는 기도 가운데 정의로운 세상을 이뤄갈 뿐 아니라, 세상의 죄로부터 오염되지 않도록 노력해야 한다.[70]

왕으로서 성도들은 언제나 하나님의 말씀과 가깝게 살아야 한다.[71] 그리고 자신이 세상에서 행하는 여러 일이 하나님의 말씀에 부합하도록 애써야 한다. 성도들이 직장이나 학교에서 하나님의 말씀을 숙고하고 그것을 작은 일에서부터 적용해 나갈 때, 그들은 이 세상을 다스리는 왕이신 그리스도의 파송을 받은 작은 왕이 될 수 있다. 이렇게 사는 것은 그리스도인의 특권이자 의무다.

가정적인 적용

그리스도의 복음은 가정생활에서 드러나야 한다. 선지자 직분을 가진 부모는, 자녀를 양육하면서 그리스도의 향기를 드러내야 한다. 어린 자녀들은 부모의 모습을 통해서 하나님과 그리스도의 복음의 의미를 체득한다. 부모들이 가정에서 복음에 합당한 열매를 맺을 때, 이는 선지자직을 감당하는 것이 된다. 부모의 선지자직은 가정예배를 통해서 구체적으로 구현된다. 아이가 5세 정도가 되면 충분히 가정예배를 드릴 수 있다. 짧은 시간이라도 매일 아이와 함께 말씀을 읽고 찬송과 기도의 시간을 갖는다면, 아이들은 선지자의 직무를 자연스럽게 배울 것이다. 이 과정을 통해 부모들은 자녀의 신앙의 성장을 확인하고 도울 수 있다.

부모는 단지 자녀의 출세나 성공을 위하여 기도하는 것이 아니라, 자녀가 더욱 성결해지도록 기도해야 한다. 이것이 제사장 직분을 잘 수행하는 것이다. 부모가 만일 자녀들의 신앙을 중요히 여긴다고 하면서, 시험 기간이나 입시 때 자연스럽게 교회 생활을 소홀히 하도록 만든다면 이것은 제사장의 직무를 망각하는 행동이 아닐 수 없다. 자녀들은 부모의 '말'이 아닌 '삶'을 통해서 제사장직을 배운다. 여기에서 믿음의 가장家長의 역할이 매우 중요하다. 가정을 말씀으로 다스리는 가장이 진정한 왕의 직무를 잘 수행하는 사람이다. 따라서 혼인을 앞둔 젊은이들은 그리스도의 왕직을 잘 수행할 수 있는 배우자를 선택해야 한다. 가정이 하나님의 말씀으로 다스려지지 않는다면, 언제나 불화와 충돌이 생길 것이다. 반대로 하나님의 통치를 올바르게 떠받드는 가정은 그들의 삶을 통해 하나님의 아름다운 덕이 세상에 선포될 것이다.

부모뿐만 아니라 자녀들도 역시 그리스도의 삼중직분을 따라서 자신의 책임을 다해야 한다. 자녀들은 자신과 부모를 위해서, 그리고 형제와 자매를 위해서 기도해야 한다. 이것이 곧 제사장 직분이다. 또한 자녀들은 매일 말씀을 묵상하고 가정예배에 적극적으로 참여해야 한다. 혹시 부모가 신앙이 없다면 부모를 전도해야 한다. 이것이 바로 선지자의 직분이다. 그리고 자녀들은 주 안에서 부모의 말씀에 순종하고, 부모와 함께 가정을 화목하고 성경적으로 세워나가기 위하여 최선을 다해야 한다. 이것이 왕적 직분이다. 이처럼 부모는 부모의 위치에서, 자녀는 자녀의 위치에서 삼중직분을 수행할 때 행복한 가정이 될 수 있다.

교회적인 적용

전통적으로 개혁교회와 장로교회는 목사, 장로, 집사의 세 직분론을 가지고 있다.[72] 목사는 선지자직, 장로는 왕직, 집사는 제사장직에 비유되곤 했다.[73] 하지만 목사, 장로, 집사 모두 선지자, 제사장, 왕의 모습을 드러내야 한다. 목사의 설교에는 그리스도의 복음으로 이 시대를 통찰하여 복음과 시대를 접목시키는 선지자적 요소가 있어야 하고, 성도들을 위로하여 하나님께로 이끌어가는 제사장적 요소가 있어야 한다. 더 나아가 성도와 교회의 삶을 전체적으로 돌아보고 양육하는 왕적 요소 또한 지녀야 한다. 만일 이 세 가지 중 하나에만 치우친다면, 교회는 온전하게 성장할 수 없을 것이다. 성도들을 언약적 삶의 풍성함으로 이끌기 위해서는 설교자가 그리스도의 세 직무를 온전히 드러내는 사람이 되어야 한다.

장로의 섬김에도 역시 이 세 직무가 함의하는 요소들이 들어있어야 한다. 다스리기만 좋아하고, 교회 전체를 살피고 돌보는 사역을 감당하지 않는 장로직은 무의미하다. 성경적 장로직을 매우 상세하게 논한 반 담 Cornelis Van Dam 교수는 이렇게 주장했다. "장로 직분이 맡은 과업은 한마디로 하나님과의 언약 안에서 살아가는 삶을 보전하고 육성하는 것이라고 요약할 수 있다."[74] 장로들이 성경적인 지도력을 발휘한다는 것은 당면한 문제에 대한 자신의 견해를 피력하는 것 이전에, 양 무리가 선한 목자의 음성을 들을 수 있도록 돕는 것이다. 이러한 섬김 없이 교회 재정이나 행정적 일에만 매달리고, 도리어 자신들이 섬김을 받으려고 한다면 이는 장로직을 제대로 수행하는 것이 아니다.

집사직도 역시 이 세 직무의 요소가 골고루 나타나야 한다. 그렇게 하기 위해서는 말씀과 기도에 항상 힘써야 한다. 한국 교회에서 집사직은 명목상으로 그치는 경우가 많다. 하지만 제사장적 직무를 잘 감당하고자 하는 집사는 언제나 깨어 기도해야 한다. 더 나아가 선지자적 직무를 감당하기 위해서 복음을 열심히 배우고 가르쳐야 한다. 왕적 직무를 충실히 감당하는 이들은 말씀으로 각 기관을 돌보고 섬겨야 한다. 그럴 때 비로소 구제와 봉사의 직인 집사 직분이 온전해질 것이다.

성경과의 관계

성경 해석과 사랑의 실천 _ 아우구스티누스

기독교 신학은 성경을 해석할 때 실천을 매우 강조하였다. 예를 들어, 『기독교적 가르침』De Doctrina Christiana, 이하 DDC로 약칭에서 아우구스티누스 Aurelius Augustinus는 성경 해석의 핵심 원칙은 '사랑'이라고 주장한다(DDC 1.40.44). 그는 "누구든지 계명의 목표가 깨끗한 마음, 선한 양심, 거짓 없는 믿음에서 우러나오는 사랑임을 인식하고, 자신의 성경 이해를 오로지 이 점에 귀결시킨다면, 성경 해석에 안전하게 접근할 수 있다"라고 말했다. 아우구스티누스에게 있어서 성경 해석의 목적이란, 하나님을 사랑하고 이웃을 사랑하라는 사랑의 이중 계명의 성취였다.[75] 아우구스티누스는 '전도'마저도 하나님을 사랑하도록 이끄는 것이라 주장하였다.

아우구스티누스는 사랑의 신학자다. 에티엔느 질송Etienne Gilson이 말한 것처럼, 어떤 사상이 사랑에 의해서 통일되면 통일될수록 그 사상은 더욱 아우구스티누스적이라고 말할 수 있다. 그렇기에 아우구스티누스는 성경 해석은 반드시 실천으로 나타나야 한다고 주장했다. 아우구스티누스는 성경주석가의 마음은 오직 사랑에 근거하여 뿌리를 내리고 세워져야 한다고 주장한다. 사랑이야말로 모든 성경의 최종 목표이기 때문이다(DDC 2.42.63).

　심지어 아우구스티누스는 어떤 주석이나 설교가 좀 부족하더라도 하나님 사랑과 이웃 사랑이라는 목표를 이루었다면 용납할 수 있다고 보았다. 하지만 이 말을 일종의 '상황 윤리'로 이해해선 안 된다. '사랑'이 가장 중요한 윤리적 판단 기준이라고 가르치는 '상황 윤리'에서는 윤리학의 규범적 측면을 무시하는 경향이 있기 때문이다. 하지만 아우구스티누스가 제시한 원리는 결코 상황 윤리적이지 않다. 그가 주장하는 '사랑'은 이미 성경이 가르치는 개념으로서의 '사랑'이지, 인간이나 기타 존재에 대한 막연한 자비의 심정을 뜻하는 것이 아니다.[76]

　아우구스티누스는 성경 해석이 그저 해석에서 그치는 것을 경계했다. 그는 생애 말년에 성경을 다시 읽고 그리스도인의 도덕적이고 윤리적인 삶에 도움이 되는 지침들을 작성하였다. 그는 그것을 『거울』Speculum; The Mirror 이라고 불렀다.[77] 아우구스티누스는 그리스도인들이 성경을 거울처럼 여기며 기독교적 삶의 지침으로 삼아야 한다고 주장했다.[78] 학자들은 아우구스티누스가 『거울』에 나와 있는 지침들을 자신의 설교와 가르침의 밑그림으로 늘 삼고 있었다고 주장한다.[79] 이처럼 아우구스티누스에게는 성경 해석이 언제나 윤리적인 삶, 즉 사랑의 실천으로 연결되었다.[80]

페트루스 판 마스트리히트의 주석

마스트리히트의 생애

성경 해석과 윤리를 연결시키는 아우구스티누스적 전통은 개혁주의 신학에서도 계속되었다. 그 예로 페트루스 판 마스트리히트Petrus van Mastricht의 주석을 들 수 있다. 마스트리히트는 17세기 개혁파 정통주의 신학자인데, 아주 탁월한 신학을 전개했다. 그는 독일 쾰른에서 태어났으며, 위트레흐트 대학에서 히스베르투스 푸치우스^{Gisbertus Voetius}의 제자로 공부하였다. 또한 그는 레이든 대학과 하이델베르크 대학에서도 수학했다. 마스트리히트는 1677년에 푸치우스를 이어 위트레흐트 대학의 교수가 된다. 그는 두 가지로 주목할 만하다.

첫째는, 『이론-실천 신학』^{Theoretico-Practica Theologia}을 써서 모든 신학 주제를 석의^{pars exegetica}, 교리^{pars dogmatica}, 논쟁^{pars elenctica}, 실천^{pars practica}의 순서로 정리했다는 점이다. 이 점에서 그는 '네덜란드의 더 진전한 종교개혁'^{Nadere Reformatie 81}의 중요한 인물이 된다. '네덜란드의 더 진전한 종교개혁'이란 "개혁된 교회는 항상 개혁되어야 한다"^{ecclesia reformata semper reformanda est}라는 모토에서 알 수 있듯이, 네덜란드의 종교개혁 이후 세대들이 교리와 실천에서 더 엄밀한 개혁을 이루기 위해 노력한 것을 가리킨다.

둘째로, 마스트리히트는 당대의 데카르트주의를 열렬하게 반박했다는 점에서 주목할 만하다. 그는 데카르트^{René Descartes}가 자신의 시대 개혁과 신학 작업의 가장 큰 걸림돌이라고 생각했다. 그는 데카르트를 노골적으로 '괴질'이라고 불렀다. 그가 쓴 『데카르트주의자들의 새로움들이 지닌 괴질성』^{Novitatum Cartesianarum Gangraena}이라는 끔찍한 제목의 책은, 17세기 후반에 독일과 스칸디나비아에서 데카르트주의에 대한 가장 영향력 있는 학문적 공격이라는 평가를 받고 있다.[82] 마스트리히트는 데카르트 철학이 지닌 유해한 요소로 '인간 영혼이 지닌 실체성 부인'과 '인간의 인식 능력에 대한 절대적 신뢰'를 지적하였다. 마스트리히트는 실체적 형상을 부인하는 데카르트 철학을 반박하였다. 그리고 비중생자들의 영혼의 죽음 상태는 지성의 눈멂과 의지의 무능으로 나타난다고 공격하였다.[83] 마스트리히트에 대해 조나단 에드워즈^{Jonathan Edwards}가 평가한 말을 보면, 그가 얼마나 위대한 신학자인지 잘 엿볼 수 있다. 에드워즈는 이 신학자를 그의 아내 아니면 장인으로부터 소개 받은 것 같다.[84] 에드워즈는 벨라미에서 보낸 편지[85]에서 마스트리히트의 『이론-실천 신학』에 대해 이렇게 평가했다. "성경을 제외하고, 프란시스 튜레틴Francis Turretin의 책이나 이 세상에 존재하는 다른 어떤 책들보다 뛰어납니다."[86]

마스트리히트의 주석법의 특징

마스트리히트가 쓴 『이론-실천 신학』을 보면, 모든 신학 주제가 석의 부분, 교리 부분, 논쟁 부분, 실천 부분의 순서로 정리되어 있다. 이것은 개혁주의 주석법을 교의신학에 접목한 것으로 볼 수 있다. '석의 부분'에서는 성경을 원전으로 연구한다. 관련된 구절들을 철저하게 검토하고 주석한다. '교리 부분'에서는 그 구절과 관련한 모든 교리사를 다룬다. 교부들로부터 시작하여 당대의 신학까지를 다룬다. '논쟁 부분'에서는 잘못된 가르침을 논박한다. 여러 이단과 유사 사상들을 비판한다. '실천 부분'에서는 그 성경의 가르침을 적용한다. 아주 구체적으로 적용점을 제시한다.[87] 특별히 마스트리히트는 이 마지막 부분에서 사랑의 실천을 매우 강조한다. 따라서 윤리는 개혁주의 주석 전통에서 결코 배제되지 않았다는 것을 알 수 있다.

기독교 윤리학과 성경

기독교 윤리학의 규범은 다름 아닌 성경이다. 하지만 성경에서 윤리학적 규범을 도출하는 것은 결코 쉬운 일이 아니다. 그 어려움에는 세 가지의 이유가 있다.[88]

첫째, 성경은 다양한 해석학적 관점에 따라 해석될 수 있기 때문이다. 따라서 올바른 해석학적 관점을 수립하는 것이 절실히 필요하다. 예를 들어 동성애를 찬성하는 학자들은 성경을 주석할 때도 역시 동성애를 찬성하는 식으로 결론을 낸다. 재세례파는 전쟁과 경찰과 무력을 반대하는 식으로 성경을 해석한다. 영혼이 없다고 주장하는 학자들은 성경에 나오는 영혼의 개념을 전통 신학과 다르게 해석한다. 그렇다면 올바른 성경 해석이란 어떤 것인가라는 문제가 발생한다. 그렇기 때문에 성경에서 윤리적 결론을 도출하는 시도가 쉽지 않은 것이다.

둘째, 성경은 역사적 진전에 따라 기록되었다. 무엇보다 구약과 신약의 관계성을 고려해야 한다. 구약성경은 많은 점에서 고대 근동 지방의 윤리적 관습보다 더욱 탁월한 윤리를 제시한다. 그럼에도 불구하고 구약성경이 윤리의 완성을 보여주는 것은 아니다. 하나님의 충만한 뜻은 신약성경에서 전부 드러나기 때문이다. 따라서 우리는 구약 윤리에서 상당한 통찰을 얻을 수 있지만, 궁극적인 윤리적 지침은 신약의 빛 아래에서 얻어야 한다. 이런 점을 고려하는 것은 단순한 일이 아니다.

셋째, 성경은 현대의 많은 문제를 직접적으로 다루지는 않는다. 예를 들어 과학 기술로 발생한 문제들에 대해 성경은 직접 말하지 않는다. 그렇지만 인간 삶의 기본적 요소들은 성경에 다 나와 있기에 현대 과학 기술이 제기하는 윤리적 문제에 대해서도 여전히 성경을 지침으로 삼을 수 있다. 물론 그 지침을 얻는 과정이 쉽지는 않다.

따라서 우리는 성경을 윤리학의 규범으로 삼기 위해 적절한 방법을 배워야 한다. 성경에서 윤리를 도출하고자 하는 사람들은 균형 감각과 예리함을 가지고 이런 문제를 다뤄야 할 것이다. 특히 현대는 성경 해석이 범람하는 시대다. 많은 사람이 자신이 가진 윤리적 원칙과 구체적 대답들을 성경에서 도출하고자 한다. 사람들의 수만큼이나 견해는 다양하다.

이렇게 다양한 해석이 존재하고, 심지어 해석 간에 충돌이 있을 때 우리는 어떻게 해야 할까? 여러 성경 해석 중 보다 더 나은 해석을 분별하는 기준은 일관성consistency, 포괄성completeness, 적용성capability이다. 예를 들어, 동성애가 성경적인지 아닌지에 대해서 판단할 때 적어도 주어진 본문[예를 들어, 로마서] 안에서 일관성 있는 해석을 해야 한다. 그리고 그 결론이 주어진 본문뿐만 아니라 성경 전체의 가르침과도 조화될 수 있는지 판단해야 한다. 또한 도출된 결론은 교회와 사회에 실제적인 적용이 가능해야 하고, 성도들의 삶의 현장에 의미를 줄 수 있어야 한다. 윤리적 판단을 성경에서 얻고자 할 때, 이 세 가지 기준은 큰 도움이 된다. 물론 이 기준을 적용하는 방식은 여러 가지가 있을 수 있고, 사람마다 판단하는 견해도 다를 수 있다. 하지만 큰 기준을 가지고 있는 것은 우리가 보다 나은 성경 해석을 하는 데 분명한 유익을 줄 것이다.

추가로 윤리학과 관련하여 성경을 읽을 때 우리는 다음과 같은 점을 염두에 두어야 한다.

첫째, 우리는 구원 역사에 참여하기 위하여 성경을 읽어야 한다. 성경이 우리와 만나는 방식은 몇 가지가 있을 수 있다. 어떤 이는 위로와 힘을 얻기 위해 성경을 읽을 것이다. 어떤 이는 가르침과 깨달음을 얻기 위해 성경을 읽을 것이다. 하지만 무엇보다 성경은 삶에 적용하고 실천하기 위하여 읽어야 한다. 실천과 함께 가지 않는 성경 지식은 공허하며, 결국 남을 판단하거나 자신의 의와 교만을 내세우는 도구와 수단으로 전락할 가능성이 크다.

그 실천이란 것은 물론 개별적인 구절에 대한 도덕적, 윤리적, 영적 적용이어야 할 것이다. 하지만 무엇보다 우리는 구원 역사의 한 일원이 되기 위하여 성경을 읽어야 한다. 바로 이것이 모든 실천을 한 데 통합하는 큰 틀이 된다. 성경의 구원 역사가 여전히 지속되고 있다는 것을 아는 사람은 오늘날 우리에게 요구되는 행보가 무엇인지 살피고, 그 구원 역사를 이끌어가는 사람이 되기 위하여 성경을 살아내야 한다. 이는 오늘날 학계에서 새롭게 주목받고 있지만, 사실 교부들이나 종교개혁자들은 오래전부터 이런 방식으로 성경을 읽어 왔다.

둘째, 우리는 다양한 성경 해석을 존중하면서 공동체적으로 성경을 읽고 실천해야 한다. 교회사에 나타난 다양한 성경 해석은 다만 시대적 한계 속에 갇힌 해석학적 산물이 아니다. 그것에는 그 시대 성도들이 자신에게 주어진 구원 역사의 과제를 찾아가는 몸부림이 담겨 있다. 따라서 우리는 교회사에 나타난 다양한 성경 해석을 **선례**와 **모범**과 **예**로서 존중할 필요가 있다. 그들의 성경 해석을 이해할 때 오늘 우리에게 주어진 시대적 사명 역시 보다 선명하게 깨닫게 될 것이다.

자신의 성경 해석만이 옳다는 편견과 독단을 버려야 한다. 하나님은 한 사람, 한 지역교회에게 모든 것을 주시지 않고 보편교회적으로, 공교회적으로 역사하신다. 그렇다면 성경 해석에 있어서도 우리는 다른 해석들을 향해 늘 마음을 열어야 할 필요가 있다. 주석을 선택할 때도 시대적, 경향적으로 다양한 주석을 두루 참조하는 관심과 열심이 필요하다. 현대의 다양한 성경 해석법에 관해서도 관심을 갖는다면 성경을 더욱 풍성하게 이해할 수 있을 것이다.[89] 성경을 읽고 해석하며 나누는 일이 필요하다. 공예배의 설교가 그런 역할을 하며, 성경공부 모임이나 큐티모임, 가정예배 등이 그런 역할을 해야 한다. 공동체적 나눔을 통해서 공동의 사명을 깨닫게 되고, 자신의 이해의 한계에서 벗어날 수 있다.

셋째, 성경은 구속사적인 흐름을 염두에 두고서 그리스도 중심적으로 읽고 적용해야 한다. 성경은 구원 역사가 담긴 책이다. 구약의 모든 율법, 예언, 지혜가 예수 그리스도 안에서 완성되었다. 따라서 그리스도 중심적으로 성경을 읽어야 한다. 이것은 성경의 윤리적 적용을 위해서도 매우 필요하다. 언제나 성경의 윤리는 예수 그리스도의 최종적 가르침과 성취의 빛이 구약과 신약에서 어떻게 설명되는지 다룬 후에, 오늘날의 적용으로 제시되어야 한다.

구약의 직분들, 대표적으로 선지자, 제사장, 왕의 직분이 예수 그리스도에 의해 성취되었다. 신약 교회의 직분들, 대표적으로 목사, 장로, 집사 직분의 모범 역시 예수 그리스도다. 모든 선한 것의 원천과 완성이 되시는 예수 그리스도를 중심에 놓고 성경을 읽어야 한다. 물론 그리스도 중심적, 완성적 관점으로 성경을 읽는다고 하여, 성급하게 문맥과 구원 역사적 자리를 뛰어넘는 해석을 시도해서는 안 된다. 모든 것을 고려하면서도 그리스도를 지향하는 해석이 좋은 해석이다.[90] 따라서 우리는 성경 계시의 역사적 진전을 고려하면서 그리스도 중심적으로 성경을 읽고, 그것을 교회 안에서 먼저 적용한 뒤, 윤리적으로 실천해야 한다.

성경을 윤리학에 적용하는 네 가지 방식
_안내자, 보호자, 나침반, 모범의 원천

다우마에 따르면, 윤리학에서 성경을 사용하는 방법은 네 가지로 설명될 수 있다.[91]

첫째, 성경은 안내자이다. 성경을 안내자로 사용한다는 것은 어떤 윤리적 행위를 위해 성경의 특정 구절에 호소하는 것이다. 성경에는 많은 윤리적인 가르침이 나온다. 그중에는 바로 적용할 수 있는 구절도 많다. 그럴 때 성경은 윤리적 삶과 숙고를 위한 안내자가 된다.

둘째, 성경은 보호자이다. 성경이 윤리를 위한 보호자 혹은 파수꾼의 역할을 한다는 것은 어떤 윤리적 사안에 대한 경고를 주는 것이다. 성경은 어떤 행동이 악한 것인지 지침을 준다.

셋째, 성경은 나침반이다. 성경은 선하거나 악한 행동에 대해 직접적으로 답을 주지 않더라도, 대체적으로 어떤 삶이 선한 삶인지에 대한 방향을 알려준다. 비록 성경이 기록된 시대는 과학 기술이 발전한 시대는 아니었지만, 여전히 성경은 과학 기술 시대를 살아가는 우리들에게 올바른 삶의 방향을 알려준다.

넷째, 성경은 모범을 가르쳐 준다. 성경에 나오는 하나님의 백성들은 언약 백성의 삶을 살았다. 그들 중에는 언약적 삶에 충실하지 못한 이들도 많지만, 언약적 삶의 모범을 보여준 이들도 있었다. 후자의 경우 윤리적 삶의 모범을 위해 참조할 수 있다. 물론 우리는 그리스도의 삶을 윤리적 삶의 모범으로서 항상 기억해야 한다.

이처럼 기독교 윤리학에서 성경을 안내자, 보호자, 나침반, 모범의 원천으로 사용할 수 있다. 그 외에도 기독교 윤리를 위해 성경을 사용하는 방식에는 여러 가지가 있을 수 있다.[92] 리처드 헤이스Richard B. Hays 는 아래와 같이 제시한다.[93]

규정 | 특정 행위에 대한 직접적 계명 또는 금지 명령

원리 | 행동에 대한 특정한 결정을 통제하는 일반적인 도덕적 고려의 틀

패러다임 | 모범적 행실의 모형이 되는 인물에 관한 이야기 또는 요약적 설명. 책망받을 행실의 모범이 되는 인물이 제시하는 부정적 패러다임도 있음

상징 세계 | 우리가 실재를 해석할 수 있는 인식 범주를 창조하는 상징 세계. 인간 상황의 제시와 하나님 성품의 묘사

다우마가 제시하는 것과 헤이스가 제시하는 것은 상당히 유사하다. 다우마의 안내자와 보호자를 헤이스의 '규정'의 항목에 넣을 수 있다. 그리고 나침반은 '원리'에, 모범은 '패러다임'에 각각 분류할 수 있다. 다만 헤이

스가 말한 상징 세계는 다우마에게서 찾을 수 없다. 하지만 성경에서 하나님과 인간에 대한 메시지를 찾을 수 있다는 점은 다우마가 충분히 동의하는 내용일 것이다. 우리는 위와 같은 큰 그림을 일단 참조하면서, 보다 세밀한 방식들을 찾아가야 한다. 윤리적 사안별로, 성경 본문별로 보다 더 나은 방법론이 있을 수 있기 때문이다.

율법의 종류와 용도

율법의 종류

율법은 인간이 인간답게 살도록 하는 지침이자 매뉴얼이 된다. 신자는 율법을 통해 하나님을 알아갈 수 있고, 닮아갈 수 있다. 율법에는 '의식법', '시민법', '도덕법'이라는 세 가지 종류가 있다.[94] 이렇게 율법을 세 가지로 분류하는 것은 중세의 토마스 아퀴나스^{Thomas Aquinas}까지 올라가는 전통이다. 이런 구별법에 대해서 비판하는 이들도 적지 않다. 하지만 이러한 구분이 율법을 이해하는 기본적인 틀로서 여전히 유용한 것은 사실이다. 보다 세밀한 율법의 종류들을 의식하면서도, 이러한 삼분법의 장점을 이용하는 것은 교육 방법 면에서 옳다.

의식법은 제사나 절기와 관련된 법이다. 시민법은 이스라엘 백성의 시민적 삶에 관한 규정이다. 도덕법은 모든 인간이 지켜야 할 명령으로서, 십계명이 대표적이다. 신약 시대에는 보통 의식법과 시민법은 폐기되고 도덕법만 남았다고 하지만, 사실 모든 법이 예수 그리스도를 통하여 새롭게 완성되었다. 하지만, 율법을 셋으로 구분하는 것은 여전히 유용하다. 칼뱅은 『기독교강요』에서 율법을 시민법적, 사법적, 의식법적 규정들로 나누었다. 이것은 토마스 아퀴나스의 『신학대전』 I-II에 나오는 내용과 같다.[95]

이 중에서도 도덕법의 핵심이라고 할 수 있는 십계명은 매우 중요하다. 칼뱅은 자신의 구약 모세오경 주석에서, 모든 율법을 십계명에 따라 분류하여 주석했다. 그런데 이런 전통은 알렉산드리아의 필로에게까지 거슬러 올라간다.[96]

율법의 용도(칼뱅의 『기독교강요』 2.7)

칼뱅은 율법의 용도를 셋으로 나누었다.[97] 율법의 제1용도[시민적 용법]는 '죄를 억제하는 기능'이다. 세상이 극도로 타락하게 되는 것을 막는 기능이다. 이것은 '울타리'fence의 역할이라고 볼 수 있다. 종교개혁자들은 모든 사람이 본성적으로 갖고 있는 자연[본성]의 빛에 의해 자연법이 무엇인지 알 수 있다고 주장했다.[98] 그 자연법 가운데 십계명이 들어 있다. 따라서 십계명은 모든 사람을 위해 주어진 도덕법의 핵심 요약이다. 바울은 로마서 2:14-15을 통해 다음과 같이 말한다.

> 율법 없는 이방인이 본성으로 율법의 일을 행할 때에는 이 사람은 율법이 없어도 자기가 자기에게 율법이 되나니 이런 이들은 그 양심이 증거가 되어 그 생각들이 서로 혹은 고발하며 혹은 변명하여 그 마음에 새긴 율법의 행위를 나타내느니라(롬 2:14-15).

모세법을 가지고 있지 않은 이방인이라 하더라도 본성으로는 율법의 일을 한다. 왜냐하면 양심과 마음에 율법의 행위가 새겨져 있기 때문이다. 우리는 모든 사람의 양심에 새겨져 있는 자연법을 과대포장해서는 안 된다. 그것은 우리를 구원과 직결된 선행으로 이끌지 못한다. 다만 인간 사회가 보존되도록 도와줄 뿐이다. 그러나 반대로 자연본성을 과소평가해서도 안 된다. 우리는 모든 사람이 가지고 있는 본성적 빛에 호소하여 선한 삶을 촉구할 수 있다. 특정 정치적인 사안에 있어서 성경을 추구하는 그리스도인과 성경을 알지 못하는 불신자가 연대할 수 있는 이유도 바로 그 때문이다. 자연본성의 빛을 과대포장하면 인본주의자가 된다. 그러나 그것을 무시하고 과소평가하면 재세례파가 된다.[99] 우리는 이런 두 가지 위험에서 모두 벗어나야 한다. 율법의 제2용도[선도적 용법]는 '죄를 깨우치게 하는 역할'이다. 율법은 우리가 죄를 깨닫고, 하나님께 은혜를 구하도록 만든다. 이는 '거울'mirror의 역할이라고 할 수 있다. 갈라디아서 3 :24은 다음과 같이 말한다.

> 이같이 율법이 우리를 그리스도께로 인도하는 초등교사가 되어 우리로 하여금 믿음으로 말미암아 의롭다 함을 얻게 하려 함이라(갈 3:24).

루터파는 특히 이 두 번째 용도를 매우 강조했다. 그들은 율법이 우리를 회개에 이르게 하여 십자가의 은혜를 사모하도록 만든다고 보았다. 그래서 루터파는 율법이 우리를 죽이면서도 살린다고 본 것이다. 이런 **변증법적 모순**은 성경에서 직접 도출된 것이 아니다. 성경은 단순하게 율법이 죄인들을 정죄한다고 말한다. 이제 그들에게 필요한 것은 그리스도의 은혜다. 이러한 은혜는 이미 그리스도인이 된 자들에게도 필요하다. 신자들 역시 하나님의 말씀 앞에서 날마다 회개해야 하기 때문이다.

율법의 제3용법[규범적 용법]은 "믿음으로 구원받은 자가 하나님을 섬기게 하는 것"에 있다. 성화의 삶의 지침이 되는 용법이다. 율법은 '빛'light과 같이 우리 삶의 길을 비춰 주고 인도해 준다. 칼뱅은 이것이 율법의 가장 주된 역할이라고 했다. 왜냐하면 그것이 율법의 본래 목적에 가장 가깝기 때문이다(『기독교강요』 2.7.12).[100] 칼뱅은 신자들이 두 가지 방면에서 율법의 혜택을 입는다고 주장한다.

첫째, 율법은 신자들이 주님의 뜻을 철저히 배우며 확고하게 이해하는 데 가장 훌륭한 도구가 된다. 신자들은 율법을 매일 공부하여 하나님의 뜻을 순수하게 아는 일에 있어서 새로운 전진을 해야 한다.

둘째, 신자들은 율법을 통해서 권면을 받는다. 신자들은 율법을 자주 묵상함으로써 복종하겠다는 열성과 힘을 얻을 수 있으며, 범죄의 미끄러운 길에 들지 않게 된다. 칼뱅은 성도가 이와 같은 전진을 계속해야 한다고 주장한다. 그는 다윗이 율법을 찬양했을 때, 이 용도에 관한 언급을 한 것으로 여겼다.

> 여호와의 율법은 완전하여 영혼을 소성시키며 여호와의 증거는 확실하여 우둔한 자를 지혜롭게 하며 여호와의 교훈은 정직하여 마음을 기쁘게 하고 여호와의 계명은 순결하여 눈을 밝게 하시도다(시 19:7-8).

> 주의 말씀은 내 발에 등이요 내 길에 빛이니이다(시 119:105).

> 내 길을 굳게 정하사 주의 율례를 지키게 하소서(시 119:5).

하나님께서는 율법을 통하여 사람들에게 복종심을 불어넣으시고, 그들이 율법을 읽을 때 친히 가르치신다. 이상의 내용은 『기독교강요』 2.7.12의 요약이다.

구약 속의 윤리

구약성경이 가르치는 윤리적 교훈의 핵심

구약성경을 윤리적으로 보는 관점

성경을 단순한 윤리 교과서로 읽어서는 안 된다. 성경에는 하나님 나라에 관한 역사적, 신학적 서술이 담겨 있기 때문이다. 따라서 성경에서 윤리적 메시지를 찾을 때도 하나님 나라의 관점에서 찾아야 한다. 하나님 나라에는 네 가지의 측면이 있다.

첫째, 하나님의 통치를 받는 온 우주 만물이 하나님의 나라다. 이는 넓은 의미에서 그렇다. 예를 들어 도둑의 소굴을 가리켜 하나님 나라라고 부르는 것은 쉽지 않을 것이다.

둘째, 하나님의 통치에 자발적으로 복종하는 온 우주 만물을 하나님 나라라고 부를 수 있다. 이것은 좁은 의미에서의 하나님 나라다. 그러나 하나님 나라는 역사성을 갖는다.

셋째, 예수님께서 가져오신 종말적 나라를 하나님 나라라고 부를 수 있다. 하나님 나라가 자신 안에 이뤄진 분이 예수님이다. 그분의 인격과 사역을 통해서 하나님 나라가 결정적으로 임하였다.

넷째, 예수님의 재림 시에 최종적으로 완성될 나라를 하나님 나라라고 부를 수 있다. 이것은 영광의 나라^{regnum gloriae}다. 요한계시록 21장에서는 새 하늘과 새 땅으로 표현되어 있다.

하나님 나라를 이렇게 분류할 수 있다면, 하나님 나라의 주요 요소를 **주권, 백성, 영토**라는 세 요소로 나눌 수 있다. 크리스토퍼 라이트 Christopher J. H. Wright는 구약 윤리의 구조를 신학, 사회, 경제로 나누어 설명한다. 그가 이것을 하나님 나라의 세 요소로 설명하고 있지는 않지만, 실제로는 똑같은 구조로 설명하는 것이다.[101] 크리스토퍼 라이트는 신학적 측면에서 하나님이 어떤 분이신지, 하나님께서 어떤 행위를 하시는지, 하나님께서 주신 말씀은 무엇인지, 하나님의 목적은 무엇이며, 하나님의 길은 무엇인지, 하나님의 선하심은 어떻게 드러나는지를 물어야 한다고 주장한다.[102] 라이트는 하나님께서 주시는 구속^{救贖}의 사회적 차원을 강조한다. 이스라엘 백성들은 독특한 민족이다. 그들은 하나님께서 친히 선택하시고 세우신 민족이기 때문이다. 하나님은 그들을 패러다임[모범]으로 삼아 열방 가운데 자신의 뜻을 드러내기 원하셨다. 그들은 제사장 나라가 되며, 거룩한 백성이 되어 열방을 하나님께로 이끄는 자들이 되어야 했다(출 19:4-6). 따라서 우리는 이스라엘 백성들의 사회적 삶을 자세히 연구함으로써 인류 전체를 향한 하나님의 보편적 뜻을 알 수 있고, 윤리적 함의를 찾을 수 있다.[103]

라이트는 경제적 측면에서 이스라엘 백성들의 이야기에 나타난 땅의 중요성을 강조한다. 그들은 하나님의 선물로 그 땅을 받았다. 따라서 땅은 궁극적으로 하나님의 것이다. 이스라엘 백성들이 순종하면 그 땅에서 번영과 복을 누리지만, 불순종하면 그 땅에 기근, 역병, 외적의 침입이 발생한다(신명기 28장 참조). 이처럼 하나님이 주신 땅에서 발생하는 상황은 하나님과 백성의 언약 관계를 정확하게 반영하는 측정 장치와 같다.

우리는 구약 윤리를 아래의 도표와 같이 정리해 볼 수 있다.

하나님
|
창조주, 구원자, 보존자
[신학적 측면]

백성   땅[영역]
| |
대상, 반응, 고백   **위치, 소유자, 크기**
[사회/정치/문화적 측면]   [경제/군사/영향력 측면]

cf. 국가의 3요소(국민, 주권, 영토)와 비교.

구약성경의 윤리적 핵심 메시지

구약성경이 가르치는 윤리의 핵심 메시지는 무엇일까? 우리는 기본적으로 크리스토퍼 라이트를 따르되, 개혁신학적으로 발전시켜 다음과 같은 주제를 생각해 볼 수 있다.[104]

지구의 보존과 개발(생태학과 생명 윤리)

하나님은 아담에게 주신 언약에서부터 이 땅의 보존과 개발을 위한 명령을 주셨다(창 1, 2장). 이 땅은 하나님의 소유이며, 관리하여 그 잠재성을 드러내야 하는 장소다. 아브라함 카이퍼^Abraham Kuyper는 이를 문화명령이라 불렀다. 지구의 보존과 개발 안에는 세상의 잠재성을 드러내고 이와 동시에 생명을 위한 보존과 보호의 개념도 들어 있다.

'가난한 자들'에 대한 의무(구제와 경제학)

구약성경에는 '가난한 자들'에 관한 언급이 많이 나온다. 구약 시대에는 도움이 필요한 자들을 통칭하여 '가난한 자들'이라 불렀다. 이들을 물질적으로 가난한 자들, 힘없는 자들, 괴롭힘과 억압을 받는 자들로 나눠볼 수 있다.[105]

첫째, 물질적으로 가난한 자들은 너무나 가난하여 다른 사람들의 도움을 받지 못하면 살아갈 수 없는 자들이었다. 신명기 15장에서는 '희년법'을 만들어서 가난한 자들의 빚을 탕감받도록 했다(신 15:4; 24:14, 시 109:16). 성경은 가난한 자들을 돕는 것을 정의로운 행동으로 본다.

둘째, 힘없는 자들이란 자신의 부와 사회적 지위가 급격하게 줄어들거나 아예 소실되어 버린 사람들이다(출 30:15, 레 14:21-22). 그들은 하나님께서 특별히 돌보시기를 원한다. 여기에는 육체적으로나 정신적으로 장애가 있는 자들도 포함된다. 따라서 정신질환자와 장애인들에게 사랑을 베푸는 것은 구약성경의 관점에서 보더라도 필수적인 일이다.

셋째, 괴롭힘과 억압을 받는 자들은 부자와 권력자들로부터 협박과 착취를 당하는 자들이다(사 3:14, 겔 18:16-18, 암 2:7). 악인에게 고통받는 경건한 사람들도 포함된다(시 10:2, 사 14:32). 하나님은 그들의 기도를 들으시고 응답하신다. 따라서 언약 백성은 그들을 도와주어야 한다.

구약에서 하나님의 백성들은 경제적, 사회적, 육체적, 영적으로 '가난한 사람들'을 도울 의무가 있었다. 가난한 사람들 안에는 구체적으로 소농이나 소작농(출 23:11, 레 19:10; 23:22, 암 2:6-7; 8:4-6, 사 26:5-6), 고아와 과부들(출 22:22; 22:24, 신 10:18; 14:29), 거류민[이민자]과 이방인(신 10:18; 14:29; 24:14; 17-21, 겔 22:29), 외국인들과 나그네들(신 15:3, 23:20), 레위인들(민 18:21-32, 신 12:12; 18-19)이 속하였다. 일차적으로 이런 사람들을 돌볼 의무는 가족에게 있었다(레 25:23-28). 하지만 사회가 공적으로 이들을 돌보아야 했다(출 23:3, 신 16:19, 시 82:3). 왕과 국가 역시 가난한 자들을 돌보아야 할 의무가 있었다.[106] 만일 가정, 사회, 국가가 가난한 자들을 돌보는 일을 잘하지 못하면 그 공동체는 하나님의 언약적 형벌을 받았다. 실제로 구약 이스라엘이 포로 생활을 했던 이유 중 하나는 가난한 사람들을 돌보지 않았기 때문이다(겔 16:49 참조).[107]

땅과 기독교 윤리(청지기적 경제생활)

토지 문제는 매우 중요하다. 현대 사회에서도 경제적 문제는 토지와 얽혀 있는 경우가 많다. 하나님의 백성들의 땅은 궁극적으로 하나님의 소유다. 땅을 영영 팔지 못하는 이유도 거기에 있다.[108] 이스라엘 백성들은 오히려 이 땅에서 거류민과 나그네로 살아야 한다. 따라서 자신이 이 세상에 살면서 잠시 소유한 땅에 대해서도 청지기 의식을 가지고 책임감 있게 관리해야 한다. 그리고 소산물을 생산하여 하나님의 뜻대로 사용해야 한다.

열방과의 정치외교(모범이 되는 이스라엘)

하나님은 이스라엘 백성들을 통하여 선교적 비전이 궁극적으로 이뤄지게 하셨다. 비록 이스라엘은 그 일에 실패했지만, 선교를 향한 하나님의 열정은 식은 적이 없다. 구약 시대에 하나님은 열방과의 관계 속에서 이스라엘 백성이 하나님의 지혜와 거룩을 드러내길 원하셨다. 따라서 이스라엘과 열방의 외교적 역학 관계를 통해 우리는 윤리적 가르침을 찾을 수 있다.

정의와 공의와 사랑

구약에서 정의 혹은 공의를 뜻하는 '미슈파트'와 '체다카'라는 단어는 상호교차적으로 사용되기에 엄밀한 구분이 불가능하다.[109] '미슈파트'와 '체다카'는 추상적인 개념이 아니라 관계적이고 구체적인 개념이 강하게 들어있는 용어들이다. 정의는 무엇보다 하나님의 속성이었다. 하나님은 세상을 공의로 다스리시고 심판하시는 분이다(시 96:10).[110] 따라서 하나님의 백성은 소송 중 사람의 외모를 취하지 않고 공평하게 판단해야 한다. 또한 공의는 약자를 위한 변호와 관련이 있었다.[111] 정의 미슈파트는 인애 헤세드와 함께 가는 것이다(미 6:8).[112] 인애 헤세드, 정의 미슈파트, 공의 체다카는 하나의 트리오와 같다.[113] 구약성경에서 '정의'와 '사랑'은 모두 하나님의 속성이며, 하나님 백성의 삶에서도 긴밀한 연관성을 갖는다. 또한, 정의는 하나님과 올바른 관계에 있는 것을 뜻한다. 이것은 율법을 잘 지키는 것과 하나님과 친밀한 교제를 누리는 것 모두를 뜻한다. 따라서 구약성경에서의 정의는 하나님의 속성, 재판의 공정성, 약자를 위한 변호, 율법 준수, 하나님과의 언약적 교제 모두를 뜻한다고 볼 수 있다. 우리는 이것을 윤리적으로 적용할 수 있다.

모세법과 사법 체계

모세 율법은 **시민법**, **의식법**, **도덕법**으로 구성되어 있었다. 물론 보다 세밀하게 나눌 수 있으나 이런 구분이 크게 틀린 것은 아니다. 신약 시대에는 이 모든 율법이 예수 그리스도 안에서 새로운 의미를 갖게 되었다. 그리스도께서 구약의 율법을 하나님의 뜻에 따라 종말론적으로 완성시키고, 지키셨기 때문이다(마 5:17).[114] 한편으로, 그리스도는 구약 율법을 폐기하셨다. 특히 '음식법', '할례법', '절기법'과 관련한 의식법에 있어서 그렇다. 그리고 이제 하나님의 백성은 이스라엘이라는 민족적 틀을 벗어나 세계 모든 지역과 사람을 품는 보편교회로 확장되었다. 따라서 시민법 역시 적용될 수 없다. 하지만 그리스도께서 율법을 완전하게 하셨다고 할 때, 우리는 구약 율법을 넘어서는 성취라는 개념 또한 기억해야 한다. 그와 함께 중요한 사실은 그리스도 안에서 하나님의 백성들이 새롭게 되었다는 사실이다. "예수 그리스도의 존재는 모든 여성과 남성의 존재에 대한 [하나님의] 주권적인 결정이 된다."[115] 하나님은 예수 그리스도 안에서 사랑하시고 선택하시고 부르시고 자신의 소유 삼으신 자들을 바라보신다.[116] 그리고 그들에게 성령을 보내주신다. 그리스도인은 성령 안에서 그리스도의 법을 따라 살아가는 자들이다. 그러한 성화의 삶에서 구약 율법 또한 얼마든지 응용할 수 있다. 우리는 율법에 나타난 하나님의 거룩한 의도를 우리 삶에 적용할 수 있다. 이것에 대해 개신교 전통은 율법의 제3용법이라고 불렀다. 이 용법이야말로 구약의 율법을 주신 하나님의 목적과 의도가 가장 잘 드러난다.

특히 모세법은 고대 근동 지방의 다른 법들과 큰 차별성을 가지고 있는 탁월한 법이었다. 우리는 그 점을 연구하여 모세법의 정신을 신자의 삶을 위한 윤리적 지침으로 삼을 수 있다. 무엇보다 도덕법은 신자들과 보편 인류를 위해 여전히 필요한 법이다. 이와 함께 고려해야 하는 것은 이스라엘 백성들의 사법 체계다. 그들은 가난한 자들이 법적 희생자가 되지 않도록 배려했다. 그것은 백성의 지도자와 왕이 반드시 기억해야 하는 중요한 사항이었다. 따라서 우리는 이런 점 역시 윤리적으로 적용할 수 있다.

가족과 더 넓은 사회 문화

구약성경은 하나님이 이 세상을 창조하실 때 가장 먼저 가족을 만드신 것으로 기록하고 있다. 가족은 사회의 기본 단위이자, 하나님 나라의 기본 단위다. 이스라엘 백성의 가정생활에 관한 규정은 오늘날에도 많은 윤리적 함의를 준다. 이스라엘 백성은 애굽을 탈출할 때부터 많은 민족과 함께 살았다.[117] 공통된 구원 경험이 그들을 하나로 묶어준 것이지, 혈통적 단일성이 그 근거가 된 것은 아니었다. 더 나아가 그들은 외국인과 거류민을 함부로 대해선 안 되었다. 물론 이방 민족의 종교를 가져와서는 안 됐지만, 그들의 인권은 보장해 주어야 했다. 이것은 다문화 사회인 21세기 한국 맥락에도 여전히 큰 의의를 지닌다. 또한 오늘날의 관점에서는 용인하기 힘든 주제들도 자세히 살핀다면, 윤리적으로 적용할 수 있는 가능성이 있다. 예를 들어 일부다처제, 이혼에 대한 규정, 노예제도 등이 그러하다.

첫째, '일부다처제'와 '중혼'을 생각해 보자. 일부다처제는 생각보다 광범위한 현상은 아니었다. 이스라엘 백성들 사이에서는 일부일처제가 일반적이었던 것 같다.[118] 일부다처제가 있었다 하더라도 우리는 이것을 구약에서만 용인되었던 것으로 생각해야 한다. 예수님은 한 남자와 한 여자 사이의 결혼이 태초부터 있었던 창조 규례이며 그것은 오늘도 여전히 유효하다고 말씀하셨다.[119] 이스라엘 백성들 사이에서 중혼[결혼을 한 다음에 또 다시 결혼을 하는 관습]은 주로 자녀 출산과 관련되어 있었긴 하지만 상당히 널리 퍼져 있었다.[120] 따라서 이혼 문제가 늘 있었는데 이에 대한 안전장치가 없지 않았다.

둘째, 이혼 문제를 생각해 보자. 신명기 24:1-4에는 모세가 이혼 증서를 써 주어 이혼하라고 한 것이 나온다.[121] 그 본문을 이혼 증서 하나만 써 주면 얼마든지 이혼할 수 있다는 의미로 받아들여선 안 된다. 이를 이해하기 위해서는 당시의 상황을 생각해야 한다. 고대 지중해 연안의 국가들은 남성 중심의 사회였다. 여자는 어릴 때 아버지의 보호 하에 있어야 했고, 결혼 이후에는 남편의 보호 하에 살아야 했다. 만일 그렇게 하지 않으면 여자는 사회적으로 매우 곤란한 지경에 처하게 되었다. 바로 그 이유 때문에 모세는 남자가 자기 아내와 이혼할 때 반드시 이혼 증서를 써 주게 함으로써 여성들의 삶과 생명을 보호했던 것이다.[122] 만일 여성이 증서조차 받지 못한 채 이혼을 당하면 그야말로 여자는 사회적으로 오갈 데 없는 딱한 처지가 될 수밖에 없었다. 이것은 또한 남편들을 향해 경고하는 규정이었다. "남편들아, 아내와 이혼하기 전에 한 번 더 깊이 생각하라. 이제 이혼하여 그녀가 다른 남자의 아내가 되면 그녀를 다시 네 아내로 삼는 것은 불가능하다. 설혹 그 새 남편이 죽는다 해도 너는 그녀를 다시 데려올 수 없다. 그러니 거듭 생각하라"라는 경고의 메시지다.[123]

따라서 모세가 이혼 증서에 대해 명했던 것의 일차적 의도는 이혼을 쉽게 하도록 하는 것이 아니라, 여성의 권익을 보호하고, 이혼 결정을 어렵게 하며, 최종적으로는 가정을 보호하려는 의도를 가진 것이었다. 이것은 최대한 이혼을 막아보려는 의도에서 나온 것이며, 사람들의 "마음이 완악함으로 말미암아" 준 명령이었다(막 10:5). 이처럼 모세법은 임시적인 조치였지만, 아주 현실적이면서도 동시에 다른 이방 나라와 비교했을 때 상당히 높은 차원의 윤리적 기준을 제시하고 있었다. 한 예로, 이슬람의 경우 아직도 '트리플 탈라크'triple talaq에 의한 이혼이 허용되는 국가들이 있다. 트리플 탈라크에 의한 이혼이란, 남편이 아내에게 같은 자리에서 세 번 연속으로 "탈라크, 탈라크, 탈라크"라고 외치면 이혼이 성립되는 관습이다. '탈라크'란 아랍어로 "나는 너와 이혼한다"는 뜻이다. 트리플 탈라크 이혼법은 이슬람 경전인 코란의 해석에 근거하고 있다. 하지만 모세법은 이와 전혀 다르다. 모세법은 오히려 이혼을 막으려는 의도로 주어진 것이다.

셋째, 노예제도를 생각해 보자. 구약성경이 노예제도를 묵과하고 있다고 쉽게 비난해서는 안 된다. 이스라엘 백성들 사이에 있었던 노예제도는 인종차별주의에 근거한 노예제도가 아니었다. 따라서 이는 근대近代 유럽과 북미에서 있었던 노예제도와 근본적으로 다르다. 이스라엘 백성은 원래 이집트의 노예였다. 그렇기 때문에 그들은 항상 다른 노예들을 하나님의 긍휼로 대해야 했다. 구약성경에서 가족은 언약에 대한 충성과 사회적 안정의 배경이 되었다.[124] 그들은 가정에서부터 쉐마와 십계명을 비롯한 율법을 배우면서 언약적 삶을 향유했다. 이런 것은 오늘날처럼 가정이 많이 망가져 버린 세상에 큰 깨달음을 준다.

하나님 백성의 삶의 길

구약성경은 하나님 백성이 어떻게 살아야 하는지에 대해서 개인적, 공동체적으로 많은 교훈을 준다. 개인의 경건이 삶과 유리되는 일은 없었다. 이를 시가서[욥기, 시편, 잠언, 전도서, 아가서]에서 확인할 수 있다. 특히 구약의 제사와 예배 제도는 언제나 삶의 문제를 다루었다. 선지자들은 예배와 삶의 괴리 현상을 집중적으로 비판했다. 따라서 우리는 구약을 통하여 윤리적 가치를 많이 발견할 수 있다.

신약 속의 윤리

신약성경이 가르치는 윤리의 원리

우리는 '구약성경'을 기초로 하면서도 보다 발전된 형태의 윤리를 '신약성경'에서 찾아야 한다. 신약성경의 윤리적 비전은 매우 풍부하다. 예수 그리스도는 천국 복음을 전파하셨고, 산상수훈을 통해 하나님 나라 백성의 삶에 관한 교훈을 주셨다. 물론 예수님의 이 말씀을 단지 윤리적 접근만으로 파악할 수는 없다. 하지만 그 안에 고도의 윤리적 삶에 관한 교훈이 담겨 있는 것이 사실이다. 그리스도의 십자가로 인하여 하나님 나라의 새로운 시대가 열렸다. 이제 예수님을 믿는 모든 사람은 죄에서 해방되어 의의 종이 되었다(롬 6:18-19). 새로운 삶의 길이 열린 것이다. 십자가는 이처럼 새로운 인류를 창조했을 뿐 아니라, 그 자체만으로 그리스도인들이 취해야 할 삶의 방식을 보여준다. 신자는 이 세상에서 자신을 부인하고 십자가의 길을 가야 한다. 하나님의 뜻에 순복하면서 하나님 사랑과 이웃 사랑을 실천해야 한다. 그러나 이것은 신자의 능력으로 되는 일은 아니다. 성령님의 도우심이 필요하다. 사도행전은 신약의 교회가 누리는 특권을 보여준다. 성령은 약속의 영이며(엡 1:13), 신약 백성들에게 주어진 선물이다(행 2:38).[125] 성령의 지배를 받는 자들은 자발적으로 하나님의 다스림에 순종하게 된다. 그 삶은 성령의 열매를 맺는 삶이다. 따라서 "너희가 거저 받았으니 거저 주어라"라는 말씀은 신약성경에 나타난 윤리의 핵심을 요약한 표현이라고 볼 수 있다.[126]

신자의 삶을 한마디로 정의하자면 **사랑**이다. 예수님은 가장 중요한 계명을 하나님 사랑과 이웃 사랑으로 요약해 주셨다(마 22:37-40).[127] 사실 사랑은 율법의 완성이다(롬 13:10).[128] 이것은 율법이 필요 없다는 의미가 아니다. '상황 윤리'를 주창하는 자들은 사랑 외에는 아무것도 규정되어 있지 않다고 주장한다. 사랑 안에 내장된 나침반이 모든 행동의 방향을 결정해 줄 것이라 생각하기 때문이다.[129] 그러나 이런 견해는 사랑의 절대 확실성에 대한 순진한 확신을 드러낼 뿐이다. 사랑은 외적인 도덕 기준 없이 자신의 힘만으로 움직일 수 없다. 이를 두고 존 스토트[John Stott]는 탁월하게 요약했다. "사랑은 방향을 갖기 위해 율법을 필요로 하며, 율법은 감화를 위해 사랑을 필요로 한다."[130]

사랑은 모든 율법의 성취가 된다. 로마서 8:1-11에서 바울은 율법은 오로지 그리스도의 능력과 성령의 도우심으로 완성될 수 있다고 말했다. 로마서 13:8-10에서 바울은 율법의 본질이 사랑임을 주장한다. 신자는 윤리적 삶을 위해서라면 '율법', '그리스도', '성령', '사랑' 이 네 가지를 늘 기억해야 한다. 그리스도 없는 율법 준수는 신자를 율법주의, 자기 자랑, 위선에 빠지게 한다. 성령 없는 율법 준수는 참혹한 실패만 맛볼 뿐이다. 사랑 없는 율법 준수는 메마른 관계만 남게 한다. 반대로 율법 없는 그리스도, 성령, 사랑 추구는 방향성과 내용을 상실하게 한다. 따라서 율법, 그리스도, 성령, 사랑 이 네 가지는 항상 함께 가야 한다. 이를 기독교 윤리의 기본 사각형이라고 말할 수 있다. 이 네 가지 단어의 상관관계를 서로 연결 지어 보라. 그 결과로 우리는 기독교 윤리의 핵심을 제대로 파악할 수 있게 될 것이다.

그리스도인의 윤리적 실천은 개인의 영역에만 머물러선 안 된다. 바울 사도는 갈라디아서 6:10에서 "그러므로 우리는 기회 있는 대로 모든 이에게 착한 일을 하되 더욱 믿음의 가정들에게 할지니라"라고 권면한다. 신자는 "기회 있는 대로 모든 이에게 착한 일을" 해야 한다. 사람을 가리지 말고 상황을 따지지 말고 때를 가리지 말고, 언제나 어디서나 누구에게든지 착한 일을 해야 한다. 그렇지만 신자는 믿음의 가정에게 더욱 열심히 선행을 해야 한다. 믿음의 가정들은 그리스도 안에서 한 몸이기 때문이다. 신약성경에서 여러 번 가르치는 내용이 이것이다(딤전 5:8, 벧후 1:7).[131] 우리의 선행에는 한계가 없어야 하지만 그것을 구체적으로 실천하는 것에 있어서는 질서와 순서가 있다. 제일 먼저는 가족, 그다음 교회 식구에게로, 그다음은 가까운 친척과 친구 그리고 이웃에게로, 그다음 더 멀리 있는 사람에게로 뻗어가는 것이다. 자기 식구만 챙기는 이기적인 사랑도 문제이지만, 자기 식구는 돌보지 않고 전혀 모르는 사람을 위해 돌아다니는 것 역시 문제가 있다. 신자는 **보편적인 사랑과 질서 있는 사랑** 모두를 추구해야 한다. 기독교 윤리의 목표는 사람을 살리는 것이며 하나님을 사랑하고 그 사랑을 이웃에게 전달하는 것이다.

로마서 12장이 가르치는 윤리의 핵심 교훈들

신약성경이 가르치는 윤리의 핵심 사항은 바울 서신에서 풍성하게 접할 수 있다. 대표적으로 로마서 12장과 에베소서 4-6장을 예로 들 수 있다. 먼저 로마서 12장에 나타나는 윤리적 지침들을 보자. 우리는 이 책의 서론에서 로마서 12:1-2을 중심으로 기독교 윤리학의 정의, 목표, 방법론을 살펴보았다. 로마서 12장은 기독교 윤리학의 구체적이고 각론적인 내용 역시 가르치고 있다. 그 내용이 3절 이하에 나온다.

지혜로운 생각에 대한 사도적 명령

3절부터 바울은 신자들의 교회 생활과 일상생활이 어떠해야 하는지를 가르친다. 이 순서는 매우 중요하다. 사람들은 대부분 '윤리'를 말할 때 일상생활의 윤리만을 이야기한다. 하지만 성경은 항상 '교회 생활'을 '사회생활'보다 앞선 곳에 둔다. 그리스도인의 윤리에는 질서^{ordo}가 있다는 말이다. 제일 먼저 그리스도인은 하나님과 바른 관계를 가져야 한다. 그 다음 개인의 경건 생활이 중요하다. 그리고 교회 생활을 통하여 구체적인 윤리를 훈련한다. 결국 그 사람은 가정과 사회에서 그리스도인다운 윤리적 삶을 실천할 수 있게 될 것이다. 전체적인 순서^{ordo}가 **개인→교회→가정→사회**의 방향으로 나아가고 있다. 물론 개인 경건이나 교회 생활이 완벽하지 않다고 해서, 가정이나 사회에서 윤리에 대해 말할 수 없다는 것은 아니다. 한 사람의 그리스도인은 항상 여러 영역에서 동시에 살아간다. 그렇기에 개인, 교회, 가정, 사회는 그리스도인의 삶에 지속적으로 등장한다. 문제는 그리스도인이 가진 마음의 자세에 달려있다. 하나님 앞에서 경건이 확립되어 있지 않은 사람은 교회나 가정이나 사회에서 제대로 살아갈 가능성이 아주 낮기 때문이다. 반대로 혼자 있을 때라도 하나님 앞에 바로 서기를 원하는 사람은 교회와 가정 그리고 사회에서도 역시 '하나님 앞에서의 삶'^{vita coram Deo}을 살아갈 수 있다. 먼저 3절에서 바울은 자신이 사도적 권위를 가지고 권면을 한다고 말한다.

> 내게 주신 은혜로 말미암아 너희 각 사람에게 말하노니 마땅히 생각할 그 이상의 생각을 품지 말고 오직 하나님께서 각 사람에게 나누어 주신 믿음의 분량대로 지혜롭게 생각하라(롬 12:3).

한 몸 의식

> 우리가 한 몸에 많은 지체를 가졌으나 모든 지체가 같은 기능을 가진 것이
> 아니니. 이와 같이 우리 많은 사람이 그리스도 안에서 한 몸이 되어 서로 지
> 체가 되었느니라(롬 12:4-5).

우선 교회 생활에서 중요한 것은 '한 몸 의식'이다.[132] 우리는 모두 그리스도에게 연합된 자들이다. 따라서 우리는 그리스도 안에서 한 몸을 이루고 있다. 몸이라는 비유는 정말 신비로운 비유다. 그 안에는 **통일성**과 **다양성**이 함께 나타난다. 아담 안에서 인류는 혈통적이면서, 언약적으로 하나의 거대한 연합체를 이루고 있다. 그러나 아담의 실패 때문에 인간은 그 하나됨을 완전히 상실해 버렸다. 우리가 줄곧 마주하는 세상의 현상을 한마디로 말하자면 '분열'이다. 분열된 세계가 곧 이 세상이다. 사람들은 온갖 종류의 기준으로 편을 가른다. 세속 정치도 마찬가지다. 그러나 우리 그리스도인들은 언제나 예수 그리스도 안에서 하나됨을 지향해야 한다.

다양한 은사의 발휘

바울이 여기서 강조하는 것은 **통일성**보다 **다양성**이다. 각자가 받은 은사는 다양하기 때문이다. 재능은 태생적으로 가지고 태어나는 탁월성이다. 그러나 은사는 태생적으로 가지고 있든, 후천적으로 주어지든 간에 교회를 세우기 위해 각 사람에게 은혜로 주신 성령님의 선물이다.

> 우리에게 주신 은혜대로 받은 은사가 각각 다르니. 혹 예언이면 믿음의 분
> 수대로, 혹 섬기는 일이면 섬기는 일로, 혹 가르치는 자면 가르치는 일로, 혹

위로하는 자면 위로하는 일로, 구제하는 자는 성실함으로, 다스리는 자는 부지런함으로, 긍휼을 베푸는 자는 즐거움으로 할 것이니라(롬12:6-8).

바울은 일곱 가지의 은사를 나열한다. 하지만 모든 은사를 나열할 생각은 없었다. 그는 일부분만을 제시하고 있다.[133]

먼저, 예언이 언급된다. 예언의 은사는 사도행전 11:28에 나오는 아가보의 예언처럼 즉흥적인 경우가 있고, 설교와 같이 지속적인 경우가 있다. 계시가 완성된 오늘날에는 더 이상 즉흥적인 예언은 필요하지 않다. 설교를 예언이라고 본다면 이를 믿음의 분수대로 행해야 하고, 최대한의 믿음을 발휘하여 행해야 한다.

7절과 8절에서 세 가지 은사가 나온다. "혹 섬기는 일이면 섬기는 일로, 혹 가르치는 자면 가르치는 일로, 혹 위로하는 자면 위로하는 일로"라고 했는데, 이것은 자신이 가진 은사를 먼저 살펴보고, 그 은사를 최대한 발휘하라는 뜻이다. 섬기는 은사가 있는 사람은 최대한 자주 섬겨야 한다. 가르치는 것 역시 마찬가지다. 장로는 특별히 가르치는 자인데 잘 가르치도록 노력해야 한다. 위로하는 것 역시 하나의 은사다. 그런 은사를 받은 사람은 도움이 필요한 사람을 최대한 자주 찾아가서 위로해야 한다. 여기서 기억해야 할 것이 하나 있다. 우리는 자신의 은사를 두고 다른 일을 하려고 해선 안 된다. 가령 가르치는 것을 잘하는 사람은 위로를 해야 할 시점에서, 위로는커녕 가르치려고만 들 것이다. 신자는 하나님으로부터 받은 자신의 은사가 무엇인지 헤아려보고 그것을 최대한 자주 사용해야 한다.

8절 뒷부분에 세 가지 은사가 더 나온다. "구제하는 자는 성실함으로, 다스리는 자는 부지런함으로, 긍휼을 베푸는 자는 즐거움으로 할 것이니라." 여기서는 은사를 잘 사용하는 '방식'에 관하여 알려준다. '구제하는 자'는 성실함을 가지고 구제해야 한다. 이것은 구제하는 자가 순수함과 너그러움을 가지고, 희생적으로 구제해야 한다는 것을 뜻한다. 구제하는 사람이 인색하면 받는 사람 또한 마음이 어렵다. 후한 마음을 가져야 한다. '구제하는 자'는 집사직을 생각나게 한다. '다스리는 자'는 지도력을 가지고 있는 사람을 뜻한다. 리더십이 있다면 부지런하고 열정적인 책임감을 가져야 한다. 그럴 때 사람들이 믿고 따를 수 있다. '다스리는 자'는 장로직을 생각나게 한다. '긍휼을 베푸는 자'는 영적, 사회적, 정신적, 육체적, 경제적으로 힘든 자들을 도와주는 사람이다. 연약한 자들을 돕는 사람은 '즐거움'으로 그 일을 해야 한다. 그럴 때 도움을 받는 사람들이 진정한 평안을 느낄 수 있다. 이 은사는 집사직과 성경 시대 이후에 새로 생긴 권사직 모두를 떠올리게 한다. 은사를 잘 활용하는 사람이 직분자가 되어야 한다. 여기에 언급된 것들 외에도 은사는 다양하다. 모든 은사는 교회를 세우기 위하여 주신 하나님의 은혜의 선물이다. 따라서 신자들은 자신의 은사가 무엇인지 발견하여 그것으로 일평생 교회를 섬겨야 한다. 중요한 것은 은사와 윤리가 깊은 관련성이 있다는 사실이다. 은사를 발휘하면서 덕성을 쌓아갈 수 있다. 또한 은사를 발휘하면서 공동체의 윤리적 건강을 지킬 수 있다. 은사를 그렇게 사용하는 것은 교회가 세상의 빛과 소금이 되도록 하는 데 기여한다.

사랑의 삶

9절부터는 교회에서 받은 은사를 일상에서 어떻게 사용할 것인지에 관한 내용들이 담겨 있다. 9절부터 13절은 모두 명령의 의미를 갖는다.[134]

사랑에는 거짓이 없나니 악을 미워하고 선에 속하라(롬 12:9).

사랑하는 사람은 속일 수 없다. 사랑은 또한 자기 마음대로 하는 것이 아니라 하나님께서 정하신 선의 테두리 안에서 하는 것이다. 사랑이란 이름으로 악이 자행될 수 있다. 주의해야 한다.

형제를 사랑하여 서로 우애하고 존경하기를 서로 먼저 하며(롬 12:10).

예수님이 오셔서 바꾼 것 중 하나는 가족 개념이다. 구원이란 하나님의 가족이 되는 것이다. 교회는 생물학적인 가족보다 더 친밀한 가족이다.[135] 따라서 교회 구성원들을 가족으로 대하는 훈련을 열심히 해야 한다. 우리는 바로 그 가족과 함께 천국에서 영원히 살게 될 것이다. 그렇게 하기 위해서 우리는 서로 사랑하고 존경하기를 먼저 해야 한다. 남을 나보다 더 낮게 여겨야 한다(빌 2:3).

부지런하여 게으르지 말고 열심을 품고 주를 섬기라(롬 12:11).

나태와 태만 역시 죄가 된다. 우리는 부지런해져야 하는데, 이것은 천성적으로 부지런한 것과는 다르다. 원문으로 설명하자면 이는 성령님에 의하여 신자의 영이 뜨거워져서 주님을 섬기게 되는 것이다. 성령이 충만한 사람은 영적으로 부지런해진다.

소망 중에 즐거워하며 환난 중에 참으며 기도에 항상 힘쓰며(롬 12:12).

바울은 로마서 5장에서 이미 성도의 특징을 가리켜 환난을 참음으로 더 큰 소망을 갖게 되는 것이라고 했다. 특별히 우리는 환난 중에 기도해야 한다. 기도는 신자의 생명줄이다. 기도는 자연스럽게 되는 것이 아니다. 따라서 우리는 기도에 항상 힘쓰도록 노력해야 한다.

성도들의 쓸 것을 공급하며 손 대접하기를 힘쓰라(롬 12:13).

성도들을 구제하고, 손 대접하기를 힘쓰라고 했는데, 구제와 환대는 복음의 문을 열어 준다.[136] 사람들은 더 많이 움켜쥐면 행복해지리라 생각하지만 사실은 그렇지 않다. 사람은 소유를 나눠줄 때 진정한 행복을 느끼기 마련이다. 하나님께서 사람을 그렇게 만드셨다. 주는 것이 받는 것보다 복되다. 사랑하는 것이 사랑받는 것보다 복이 있다.

일상생활의 윤리 지침을 한마디로 정의하자면 '사랑'이다. 하나님을 사랑하고 성도들과 이웃을 사랑하는 일에 힘쓰는 신자가 곧 하나님이 바라시는 신자다. 사랑이야말로 진정한 영적 예배다. 따라서 기독교 윤리의 핵심에는 사랑이 있다.

에베소서 4-6장이 가르치는 윤리의 핵심 교훈들

사도 바울의 서신은 언제나 교리와 실천의 균형으로 이루어져 있다. 교리를 확실하게 아는 것이 맹목적인 실천을 하는 것보다 중요하다. 반대로 교리만 알고 실천하지 않는다면 우리의 신앙생활은 공허해질 것이다. 우리가 신앙생활을 하는데도 불구하고 힘이 없는 이유는 실천하지 않기 때문이다. 한 말씀이라도 실천하기 위해 노력해야 한다. 우리의 섬김이 교회 안에만 머물러선 안 된다. 여기에 신앙생활의 **개인 윤리적** 차원과 **사회 윤리적** 차원이 들어온다. 에베소서가 가르치는 교회의 중요한 본질 중 하나는 교회가 그리스도의 증인이 되는 것이다.

옛 사람을 벗고 새 사람(의, 진리, 거룩함)을 입는 것(엡4:22-24)
성경은 윤리적 삶을 가리켜 새 사람을 입는 것이라 표현한다. 한 사람이 예수님을 믿으면 그는 이제 새 사람이 된다. 성경은 이렇게 말한다.

그런즉 누구든지 그리스도 안에 있으면 새로운 피조물이라. 이전 것은 지나갔으니 보라, 새 것이 되었도다(고후 5:17).

그리스도인은 새 사람이다. 그러나 여전히 옛 사람의 모습이 그 안에 남아 있다. 그래서 바울은 그리스도인들에게 옛 사람을 벗어 버리고 새 사람을 입으라고 권면한다.

너희는 유혹의 욕심을 따라 썩어져 가는 구습을 따르는 옛 사람을 벗어 버리고 오직 너희의 심령이 새롭게 되어 하나님을 따라 의와 진리의 거룩함으로 지으심을 받은 새 사람을 입으라(엡 4:22-24).

새 사람은 우선 심령이 새롭게 된다(23절). 그것은 지속적으로 우리의 사고방식을 내적으로 새롭게 하는 것을 뜻한다.[137] 위의 구절에서 22절의 **유혹**은 24절의 **진리**와, 22절의 **욕심**은 24절의 **거룩**과, 22절의 **구습**은 24절의 **의**와, 22절의 **썩어짐**은 24절의 **지으심**과, 22절의 **벗어 버림**은 24절의 **입음**과 대조를 이룬다.[138]

　'의'라는 것은 하나님과의 바른 관계를 뜻한다. '진리'는 하나님의 말씀이다. '거룩'이란 세상과 분리되어 하나님께로 가까이 나아가는 것이다. '지으심'이란 하나님의 창조를 뜻한다. 육신의 생명이 부모로부터 받은 것이듯, 우리의 영적 생명은 하나님께서 주신 것이다. 따라서 하나님을 매 순간 의지하는 자는 새 사람을 입은 사람이다.

여섯 가지 윤리적 실천 사항

그리스도의 구체적인 윤리적 실천 사항을 에베소서 4:25-5:4에서 여섯 가지로 제시한다.[139]

첫째, 거짓을 말하지 말고 진리를 말하라(4:25).

성경 전체에서 '말'에 관한 명령은 상당히 많다. 그만큼 중요하기 때문이다. 그리스도인은 개인적, 사회적 영역에서 거짓말을 해서는 안 되고, 진실만을 말해야 한다. 특히 25절에서 말하는 '이웃'은 동료 그리스도인들을 일차적으로 뜻한다.[140] 이어서 나오는 '지체'라는 단어가 동의어로서 이를 설명해 준다. 교회 공동체가 유지되기 위해서는 진실을 말하는 것이 필수적이다. '진실'은 하나님의 속성이다. 서로 거짓말을 하는 공동체는 와해될 수밖에 없다. 성도는 교회에서나 사회에서 진실을 말함으로써 하나님을 닮아 가게 된다(5:1 참조).

둘째, 화를 내지 말고 너희의 분노가 의로운지 확인하라(4:26-27).

모든 분노가 죄가 되는 것은 아니다. 불의를 향한 분노는 의분義憤이 된다. 그러나 문제는 아무리 의분이라 하더라도 화가 폭발하는 식으로 표출되면 곤란하다. 오히려 덕스럽지 않다. 조나단 에드워즈는 18-19세 때 썼던 결심문의 한 부분에서 "비이성적인 사람에게 절대 화를 내지 말 것"이라고 남겼다. 아무리 사안이 잘못되었어도 화를 내면 하나님의 의를 이루지 못한다(약 1:20).[141] 따라서 우리의 분노가 의로운지 확인해야 하고[분노의 근거], 우리의 분노가 화라는 방식으로 표출되지 않도록 노력해야 한다[분노의 방식].

셋째, 도둑질하지 말고 수고하며 구제하라(4:28).

아우구스티누스가 전한 중요한 가르침 중 '악은 선의 결핍'이라는 사상이 있다. 사람이 도둑질을 하는 이유에 대해 이 원리를 적용해 본다면 두 가지를 지적할 수 있다. 우선, 수고하고 싶지 않은 마음 때문이다. 정당한 방법으로 노력하여 돈을 벌지 않고 부당한 방법으로 남의 것을 훔치려는 것이다. 또한, 구제의 반대편 극단에 있는 것을 도둑질이라고 할 수 있다. 이처럼 '도둑질'이라는 '악'은 수고하여 일하는 삶의 태도와 남을 도와주고 싶은 마음의 '결핍'에서 나온 것이다. 그렇기에 성경은 스스로 노력하여 생계를 유지할 뿐 아니라, 자신의 소득으로 남을 도우라고 권면하는 것이다.

넷째, 입을 악을 위해 사용하지 말고 선을 위해 사용하라(4:29-30).

바울은 '더러운 말'을 입 밖에도 내지 말라고 가르친다. '더러운 말'이라고 할 때 '더러운'이란 단어의 의미는 '좋지 못한', '못된', '썩은'을 뜻한다.[142] 복음서의 용례들을 참조할 때 이 단어는 주로 거듭나지 못한 자에게서 나오는 행실을 표현할 때 사용되었다(마 7:17-18; 12:33, 눅 6:43, 마 13:48 참조). 따라서 '더러운 말'이란 그리스도인이 되기 전에 사용했던 악한 말을 뜻한다. 오히려 그리스도인은 언어생활로 덕을 세우는 사람이 되어야 한다(엡 4:29). 선한 말은 듣는 사람들에게 은혜를 끼친다. 이것은 평범한 대화뿐 아니라 보다 넓은 영역에서의 언어생활에도 적용될 수 있다. 설교나 연설, 인터넷 댓글이나 저술 활동 등이 포함될 수 있다.

다섯째, 불친절하거나 악독을 품지 말고 친절하고 사랑하라(4:31-5:2).

성경에서 말하는 '친절'은 성격이 아니다. 그것은 성령으로 변화된 사람이 갖는 영적인 품성이다. 교회에서는 친절하지만 사회생활을 할 때는 불친절하고 비인격적인 사람들이 있다. 이는 아직 성령의 열매를 맺지 못한 삶이다. 우선 우리의 행동이 불친절하지 않고 악한 일을 행하지 않도록 노력해야 한다. 더 나아가 사람들을 불쌍히 여기고 용서해야 한다(4:32). 우리가 다른 사람을 불쌍하게 여길 수 있는 것은 주님의 눈으로 그 사람을 바라보기 때문이다. 설혹 나에게 악을 행한 사람이라도 용서

할 수 있는 이유는. 악을 행한 자가 사실 나보다 더욱더 불쌍한 존재이기 때문이다.

여섯째, 성적으로 타락하지 말고 그것을 올바르게 사용하고 감사하라(5:3-4).

바울 서신에서 자주 경고하는 것은 성적인 죄악이다. 예수님은 이 세대를 가리켜 "악하고 음란한 세대"라고 부르셨다.[143] 예수님이 말하는 음란은 외적 행실을 뜻하기도 하지만 영적 간음의 의미 역시 포함한다. 사실 구약의 예언서와 신약의 서신서에는 '영적인 간음'과 '육체적인 음란'이 종종 연관되어 나타난다. 성聖과 성性은 연결되어 있다. 거룩하신 하나님을 떠난 자는 성적으로 타락하며, 반대로 성적으로 문란한 자는 거룩한 삶에서 멀어지게 된다. 청교도들은 '마음의 틀'frame of mind에 대해 가르쳤다. 우리 마음이 악한 성적인 생각으로 가득 차면 결국 마음은 그쪽으로 굳어지게 된다. 그때 유혹이 오면 넘어질 수밖에 없다. 반대로 요셉과 같이 하나님을 의식하며, 그분을 두려워할 줄 아는 자는 하나님의 뜻에 따라 마음의 틀이 형성되어 있다. 유혹이 와도 넘어지지 않고 이겨낼 수 있다. 우리 사회의 성적인 죄악은 한계치를 넘어섰다. 이는 우리의 손가락 끝에 와 있다. 오늘날 현대인들은 스마트폰을 통하여 음란한 영상을 무한정 볼 수 있다. 정치가나 교수나 교사들의 성추행 소식도 자주 접한다. 목회자들 또한 예외는 아니다. 이럴 때일수록 그리스도인들은 더욱 깨어 있어야 한다. 결혼을 소중하게 여기고 성적인 죄에 빠지지 않도록 늘 조심해야 한다. 하나님은 음행과 간음을 심판하시는 분이다(히 13:4).[144]

하나님의 자녀답게, 빛의 자녀답게 사는 것(5:1-21)

에베소서 5:1에서 바울은 "사랑을 받는 자녀 같이 너희는 하나님을 본받는 자"가 되라고 권면한다. 하나님을 닮는 것은 기독교 윤리의 중요한 목표이자 추동력이 된다. 동방 기독교에서는 구원을 '하나님을 닮아감'deification으로 설명하곤 했다. 신약성경은 그리스도를 닮음과 사도들을 닮음이 하나님을 닮는 길로 제시된다.[145] 에베소서 5:10은 "주를 기쁘시게 할 것이 무엇인가 시험하여 보라"고 한다. 우리는 일상 속에서 주님이 기뻐하실 일을 고민해야 한다. 8절과 9절에서 바울은 그것을 "빛의 자녀들처럼 행하는 삶", "빛의 열매를 드러내는 삶"이라고 한다. 여기서 우리는 성경에 나타난 빛에 대한 가르침Lichterlehre을 살펴볼 필요가 있다.[146] 빛이라는 말이 구약성경에는 모두 175번 나오고, 신약성경에서는 73번 나온다.[147] 그만큼 많이 나오는 단어이기 때문에 그 쓰임새도 다양하다. 그러나 성경에 나오는 '빛'이라는 단어의 의미는 크게 네 가지로 묶어 볼 수 있다.

첫째는 물리적 의미다. 창세기 1:3-4에, "하나님이 이르시되 빛이 있으라 하시니 빛이 있었고, 빛이 하나님이 보시기에 좋았더라. 하나님이 빛과 어둠을 나누사"라고 할 때 빛은 물리적 의미의 빛이다.

둘째는 신학적 의미다. 이것은 하나님을 빛으로 표현한다는 말이다. 요한일서 1:5은 하나님을 빛이라고 한다.

> 우리가 그에게서 듣고 너희에게 전하는 소식은 이것이니 곧 하나님은 빛이시라. 그에게는 어둠이 조금도 없으시다는 것이니라(요일 1:5).

또한 예수님을 가리켜서 빛이라고도 한다.

> 참 빛 곧 세상에 와서 각 사람에게 비추는 빛이 있었나니 그가 세상에 계셨으며 세상은 그로 말미암아 지은 바 되었으되 세상이 그를 알지 못하였고 (요 1:9-10).

그래서 325년에 작성된 최초의 공교회적 신앙고백인 니케아 신경은 예수님을 가리켜 '빛에서 나온 빛'이라고 표현하였다.

셋째로 성경에서의 빛은, 영적인 의미를 가지고 있다. 영적인 진리나 영혼을 변화시키는 힘을 가리킬 때 '빛'이라고 표현한다.

한 번 빛을 받고 하늘의 은사를 맛보고 성령에 참여한 바 되고(히 6:4).

전날에 너희가 빛을 받은 후에 고난의 큰 싸움을 견디어 낸 것을 생각하라 (히 10:32).

마지막 넷째로, 성경은 윤리적 의미에서 빛이란 말을 사용한다.

밤이 깊고 낮이 가까웠으니 그러므로 우리가 어둠의 일을 벗고 빛의 갑옷을 입자(롬 13:12).

그가 빛 가운데 계신 것 같이 우리도 빛 가운데 행하면 우리가 서로 사귐이 있고 그 아들 예수의 피가 우리를 모든 죄에서 깨끗하게 하실 것이요(요일 1:7).

에베소서 5:8, 9, 13에서의 '빛'은 세 번째 영적인 의미와 네 번째 윤리적 의미를 둘 다 가지고 있다. 우리가 세상에서 진리를 드러내고, 윤리적인 삶을 살 때, 우리는 세상 가운데 빛이 되며, 세상은 그 빛을 보고서 주님께로 나아올 것이다. 바울은 세상의 일들을 가리켜, "열매 없는 어둠의 일"이라고 표현한다. 이는 삶의 헛됨을 뜻한다. 세상 사람들은 겉으로는 잘 지내는 것처럼 보이지만, 사실은 하나님에 대한 막연한 목마름을 가지고 있다. 칼뱅은 이것을 '종교의 씨앗'religionis semen 이라고 불렀다(『기독교 강요』I.iii.1). 그런데 타락한 인간은 그 막연한 목마름의 정체가 무엇인지 알지 못하고, 돈과 쾌락, 권력과 명예를 누림으로써 자신의 목마름을 채우려고 한다. 그리하여 그들은 결국 하나님을 거스르는 자들이 되고 마는 것이다(롬 1-2장 참고).

G. K. 체스터튼Gilbert Keith Chesterton이라는 저술가는 "창녀의 집을 찾는 사람은 사실 하나님을 간절히 찾고 있는 것이다"라고 하였다. 갈망은 있는데, 진리를 모르니, 엉뚱한 곳에서 갈망을 채우는 것이다. 우리는 무언가를 갈망하지만 그것을 충족시키지는 못한다. 그뿐 아니라, 그 갈망의 진정한 대상조차 무엇인지 모른 채 살아간다. 우리는 이러한 사람들에게 빛을 보여주어야 한다. 그렇게 되기 위해서는 에베소서 5:10의 가르침을 따라야 한다. 우리는 가장 먼저 주님이 기뻐하시는 것이 무엇인지 시험해 봐야 한다. 이는 세상 속에서 하나님이 기뻐하시는 삶에 대해 고민하며 살아야 한다는 뜻이다.

오늘날 전도가 힘든 이유는 그리스도인들이 빛을 드러내지 못하고 어둠의 일에 도리어 참여하기 때문이다. 우리가 예수님의 모습을 세상에 비춘다면, 세상은 감동을 받아 복음 앞으로 나아올 것이다. 그리스도인은 복음으로 인하여 자신이 변화되었다는 것을 간증할 수 있어야 한다. 역사상 모든 참된 교회의 성도들은 언제나 그 일을 하면서 살아왔다. 우리가 살면서 할 수 있는 가장 값진 일은 바로 우리의 증언을 통하여 새로운 생명이 주님께로 나아가는 일이다. 교회는 이 일을 계속해야 한다. 그런 의미에서 크리스토퍼 라이트는 성경의 기록 목적이 분명 '선교'에 있다고 주장했다. 그런데 사도 바울은 증언의 사역을 복음 전파와 선교에 한정 짓지 않았다. 교회의 증언은 영혼을 구원할 뿐만 아니라, 이 세상을 충만하게 만든다. 우리는 일상에서도 역시 교회의 정체성을 가지고 살아가야 한다. 이것이 복음이 가진 '공적인 성격'이다.

윤리적 삶과 성령 충만

> 술 취하지 말라. 이는 방탕한 것이니 오직 성령으로 충만함을 받으라(엡 5:18).

바울은 그리스도인의 윤리적 삶을 말하는 가운데, '성령 충만'을 명령하고 있다. 이것이 세상의 일반적인 윤리와 기독교 윤리가 극명하게 갈라지는 지점이다. 비기독교적 윤리는 아우구스티누스의 말처럼 **어디로** 가야 할지는 보여줄지라도 **어떻게** 다다를 수 있는지에 대해서는 알려주지 못한다. **성령론적** 차원이 빠져 있기 때문이다. 하지만 기독교 윤리는 그렇지 않다. 기독교 윤리는 시작부터 철저하게 성령론적이다. 성령의 도움 없이는 윤리적 최선을 생각할 수 없다. 그렇기에 윤리적으로 살고자 하는 그리스도인은 반드시 '성령 충만'을 간구해야 한다.

첫째, 성령 충만은 무엇인가? 먼저 '성령 충만'과 '성령 세례'를 구분할 필요가 있다. 엄격하게 말하자면, 성령 세례와 성령 충만 모두 '성령으로 받는 세례'와 '성령으로 충만해지는 것'이라고 풀어쓸 수 있다. 모든 그리스도인은 기독교 신앙을 믿는 순간 성령 세례를 받았다. '성령 세례'란 한 사람이 그리스도를 믿을 때, 성령이 그 안에 들어오시는 것을 뜻한다. 성령 세례를 통해서 사람은 옛 죄가 씻기고, 옛 자아가 죽고 새 사람이 된다. 더 나아가 성령 세례 받은 사람은 성령 충만을 사모해야 한다. '성령 충만'이란 성령의 '열매', '영향력', '능력'이 우리 안에 가득 채워진다는 것을 의미한다. 우리 영혼이 하나님과 그분의 임재로 가득 채워진다는 뜻이다.[148]

토저^{A. W. Tozer}는 성령 충만을 말하면서 이를 용광로에 들어간 쇳덩이로 묘사했다. 용광로에 쇳덩이가 들어가면 불의 본질이 쇠의 본질에 침투해 들어가서 그 둘은 하나가 된다. 성령 충만은 바로 이와 같다. 성령 충만이란 성령님께서 우리 마음에 완전히 침투penetration하는 것이고, 우리 마음 전체에 성령님의 지배control가 완전히 스며드는 것이다. 우리 마음, 정신, 육체가 모두 성령의 지배로 충만해지는 것이다. 성령 충만해야 할 의무는 교회에 속한 모든 신자에게 부여된 것이다. 성령 충만은 그리스도인들에게 선택 사항이 아니라 절대적 의무 사항이다. 스탠리 존스E. Stanley Jones가 말한 것처럼, "성령 충만은 어떤 영적 사치가 아니다. 그것은 우리의 삶에 절대적으로 필요하다. 왜냐하면 인간의 영은 성령 충만 없이는 실패하기 때문이다."[149]

둘째, 어떻게 성령 충만을 받을 수 있을까? 사실 성령 충만은 우리가 노력해서 받는 것이 아니다. 구원이 하나님의 은혜에 기초한 사랑의 선물이듯이, 성령 충만 역시 마찬가지다. 성령 충만은 모든 믿는 자에게 주어지는 하나님의 주권적인 은혜다. 이것은 예수님의 십자가 대속의 근거 위에 우리에게 주어지는 선물이다. 이 사실을 사도 바울도 잘 전달하고 있다. 디도서 3:6에는 이런 말씀이 있다.

> 우리 구주 예수 그리스도로 말미암아 우리에게 그 성령을 풍성히 부어 주사 (딛 3:6).

자신의 힘으로 성령 충만을 받기 위해 몸부림칠 필요가 없다. 그리고 우리 안에 성령께서 계시지 않는 것처럼 더 이상 성령을 기다릴 필요도 없다. 성령 충만은 오직 십자가 앞에 나아가 그 보혈의 공로만을 의지함으로써 받을 수 있기 때문이다. 여기에서 우리는 기독교 윤리에 있어 기독론이 갖는 중요성을 다시금 깨닫게 된다. 기독교 윤리에는 '기독론'과 '성령론'이 굳건히 결합되어 있다. 다시 한번 말하지만, 성령 충만의 이유와 근거는 오직 예수 그리스도의 십자가에 있다. 그렇다고 가만히 머물러서는 안 된다. 성령의 사역은 인격적이기 때문이다. 성령은 언제나 우리를 충만케 하고 주관하려 하신다. 이 성령의 역사를 거스르지 말고 잘 순종해야 할 책임이 우리에게 있다. 성령 충만은 주님의 주권적인 은혜이기도 하지만, 그리스도인들의 가장 큰 의무라는 사실을 기억해야 한다.

에베소서 5:18을 보면 주님께서 우리에게 "성령 충만하게 되어라"라고 명령하신다. 이 말씀은 "이미 너희 가운데 성령이 충만히 거하시니, 너희 가운데 계시는 성령을 슬프게 하지 말고(엡 4:30), 그 인도하심에 순종함으로써 성령이 너희를 항상 충만하게[주관하게]하라"는 뜻이다.[150] 즉, "성령 충만하라!"Be Filled with the Spirit!라는 명령은 "성령님께서 너를 계속 충만하게 하시도록 하라!"Let the Spirit Keep Filling You!라는 명령인 셈이다. 성령님은 우리가 성령 충만하기를 우리보다 더욱 원하고 계신다. 우리는 성령이 계시지 않기 때문에 간구하는 것이 아니라, 오히려 성령께서 우리 안에 충만하게 활동하기를 원하시기 때문에 간구하는 것이다.

셋째, 성령 충만의 결과는 무엇일까? 다시 말해서 성령 충만한 사람은 어떻게 살아갈까? 성령 충만에 대한 잘못된 이해 때문에 마치 성령 충만한 사람을 이상한 사람으로 오해하곤 한다. 성령 충만을 광신적이고 열광적인 이미지로 생각하여 부정적으로 여기는 사람들이 있다. 성령 충만하면 방언과 예언 같은 신비적 현상을 체험하며, 병을 고치고 귀신을 축출하는 초능력을 받는 것으로 생각하는 사람 또한 많다.

에베소서 5:18에서 '술 취함'과 '성령 충만'을 대조하는 것을 보고 잘못 이해하는 사람들이 종종 있다. '술 취함'과 '성령 충만'이 대조되는 이유는 '어둠의 일'과 '빛의 일'을 대조하기 위해서였다.[151] '술 취함'은 신약성경에서 어둠의 행위들 가운데 대표적인 일로 언급된다. 반대로 '성령 충만'은 모든 그리스도인이 지속적으로 추구해야 하는 일이다. '술 취함'과 '성령 충만'은 한 가지 공통점이 있는데, 이 둘은 모두 우리의 몸과 마음 그리고 삶 전체를 지배하는 영향력을 가지고 있다. 이것이 '충만'의 의미다. 바울은 의도적으로 "성령으로 황홀해지라"라고 하거나 "성령으로 취해 버려라"라고 하지 않는다. 오히려 성령으로 충만해지라고 하는데, 그것은 성령의 지배를 온전히 받는 것을 의미한다.

에베소서 5장에는 경건과 윤리에 관한 다양한 명령이 나온다. 성령 충만은 이 모든 명령을 실천할 수 있게 하는 '실마리'다.[152] 성령 충만은 '은사'가 아니라 '열매'로 드러난다. 열매라는 것은 인격적인 열매를 뜻한다. 성령 충만한 사람은 그 인격에서 성령의 열매인, '사랑', '희락', '화평', '오래 참음', '자비', '양선', '충성', '온유', '절제'가 나타난다. 이와 더불어 성령 충만은 죄에서 자유로울 수 있는 능력을 준다. 마음의 근본적인 혁신이 일어난다. 죄를 사랑하는 마음이 죄를 미워하고 애통해하는 심령으로 변한다. 하나님과 원수가 된 육신의 굳은 마음이 하나님의 법을 즐거워하고 순종하는 부드러운 마음으로 변화된다. 그뿐만 아니라 성령께서는 우리의 내면과 외면 모두를 아름답게 하신다.[153]

성령으로 충만할 때 '하나님의 사랑'이 우리 마음에 가득 찬다. 성령 충만하면 하나님의 사랑을 온전히 깨닫게 된다. 그 사랑은 우리의 마음과 삶을 사로잡는 강력한 영향력으로 작용한다. 그 사랑의 달콤함과 감미로움에 우리는 매료된다. 성령으로 충만하면 주님을 섬기는 일은 우리에게 무한한 기쁨으로 다가올 것이고, 주님의 뜻을 따르는 삶은 말할 수 없는 즐거움이 될 것이다. 그래서 존 파이퍼John Stephen Piper는 이렇게 말했다. "저는 여러분이 쾌락을 좇아 살아가는 것을 반대하지 않습니다. 오히려 저는 여러분이 진정한 쾌락, 더욱 차원 높고 고상하고 우리에게 가장 큰 만족을 주는 쾌락을 좇아 살라고 말할 뿐입니다."

그리스도의 사랑을 가까운 사람에게 실천하며 점차 확대해 나가는 삶(5:21-6:9)

> 자녀들아 주 안에서 너희 부모에게 순종하라. 이것이 옳으니라. 네 아버지
> 와 어머니를 공경하라. 이것은 약속이 있는 첫 계명이니 이로써 네가 잘되
> 고 땅에서 장수하리라. 또 아비들아 너희 자녀를 노엽게 하지 말고 오직 주
> 의 교훈과 훈계로 양육하라(엡 6:1-4).

에베소서 5:21-6:9에서 바울은 '가정 준칙'을 언급한다. 우리는 교회뿐
아니라 무엇보다 가정에서 하나님의 말씀을 지켜야 한다. 가정 준칙은
그리스도 중심적이어야 한다. 그리스도를 중심에 모실 때 가족들을 진정
으로 사랑할 수 있다. 곧이어 아내와 남편에게 주는 명령이 나온다. 그 핵
심은 남편과 아내는 가정에서 그리스도와 교회의 모습을 드러내어야 한
다는 것이다. 그리고 자녀와 부모에게 주는 명령도 나온다. 그 핵심은 하
나님의 말씀대로 행하라는 것이다. 마지막으로 종과 상전에게 주는 명령
이 나온다. 하나님 앞에서 그리스도를 기억하며 행하라는 것이다.

　　기독교의 윤리는 이처럼 가정에서부터 실천하는 윤리다. 그리고 점
차 확대되어 가야 한다. 우리는 주님과 연합한 존재이기에 이러한 삶을
마땅히 살아야 한다. 본회퍼Dietrich Bonhoeffer라는 독일의 신학자는 예수 그
리스도를 중심에 두지 않는 관계는 그 자체가 이미 망가지고 있는 중이
라고 말했다. 그것은 가정에서도 마찬가지고, 사회 속 관계에서도 마찬
가지다. 특별히 우리는 가족 관계의 화평을 추구해야 한다. 그럴 때 하나
님께서 주시는 최고의 관계적 복을 누릴 수 있다. 최고의 선善이신 하나
님은 언제나 우리에게 최고의 것을 주고자 하신다. 만일 하나님이 우리
에게 최고의 인생을 주고자 하지 않으셨다면 이미 망가진 관계를 적당히

넘어가라고 하셨을 것이다. 하지만 하나님은 망가진 관계를 회복하셨다. 그리고 그 삶으로 우리를 인도하신다. 실제로 하나님을 따라 살다보면 결국 그 삶이 가장 복된 인생이라는 것을 금세 알게 될 것이다.

2장 ──────────────────── 주요
신학자들의
윤리학

아우구스티누스의 '영혼과 초월성의 윤리'

윤리를 다룬 아우구스티누스의 저서들

아우구스티누스Aurelius Augustinus는 기독교 최고의 교부라고 일컬어진다. 그의 사상은 매우 다층적인데, 그 이유는 그의 복잡했던 삶의 궤적이 자신의 사상 안에 오롯이 담겨 있기 때문이다. 아우구스티누스의 사상을 제대로 이해하기 위해서는 적어도 세 가지 차원 즉, **기독교와 마니교** 그리고 **그리스-로마**의 고전 문화를 고려해야 한다. 아우구스티누스의 윤리도 마찬가지다. 아우구스티누스는 134권 이상의 많은 작품을 남겼지만, 그중 어떠한 책도 윤리에만 초점이 맞추어져 있는 것은 없었다. 이는 그의 사상 세계가 지닌 '통합성'과 '자유로움'을 반영한다.

그럼에도 불구하고 아우구스티누스의 작품들 가운데 몇몇 작품은 오늘날 우리가 '윤리학'이라 부르는 특수한 주제들에 매우 가까이 닿아 있다. 그 가운데는 『보편교회의 관습과 마니교도의 관습』De moribus ecclesiae catholicae et de moribus Manicheorum, 『혼인의 선익』De bono conjugali, 『과부신분의 선익』De bono viduitatis, 『거룩한 동정』De sancta virginitate, 『부정한 혼인』De adulterinis conjugiis, 『수도승의 노동』De opere monachorum, 『거짓말』De mendacio, 『거짓말 반박』Contra mendacium, 『인내론』De patientia, 『절제론』De continentia, 『신앙핸드북』Enchiridion, 『그

리스도인의 투쟁』De agone Christiano 등이 있으며, 이 작품들에는 아우구스티누스의 윤리 사상이 잘 반영되어 있다.

물론 그의 대표작인 『고백록』Confessiones, 『신국론』De civitate Dei, 『삼위일체론』De Trinitate 등에도 윤리적 가르침이 곳곳에 나타난다. 따라서 윤리에 대한 아우구스티누스의 사상을 이해하기 원한다면 그의 다양한 작품을 두루 고려해야 한다.[1] 이하에서는 아우구스티누스의 윤리 사상의 배경과 특징을 분석하고, 성경적 기초를 논할 것이고, 특정한 주제들과 관련하여 아우구스티누스가 어떤 윤리적 가르침들을 제시했는지 서술할 것이다.[2]

아우구스티누스 윤리 사상의 배경과 특징

위대한 사상가는 이전 시대의 사상을 종합하여 자신의 방법으로 소화할 뿐 아니라, 그것을 새롭게 발전시켜 이후 시대에 큰 영향을 미친다. 물론 아우구스티누스는 새로운 시대를 연 위대한 사상가의 반열에 속한다.[3] 볼프-디이터 하우쉴트Wolf-Dieter Hauschild 는 아우구스티누스에 대해 탁월한 진술을 했다. "아우구스티누스는 고유한 종교경험을 성경과 관련지어 교의학적으로 반성하고 그것을 통해 보편화를 시도했던 신학자다."[4] 아우구스티누스의 윤리학 역시 그의 고유한 '삶과 사상'이 반영되어 있다. 그는 어떤 고대인들보다 생애에 관한 정보를 자세히 알 수 있는 인물이다. 그와 견줄 수 있는 인물로는 키케로 정도가 될 것이다. 키케로 역시 자신의 생애에 관한 기록을 많이 남겼기 때문이다. 하지만 아우구스티누스는 『고백록』이라는 자서전적 저술을 남겼다. 또한 『재론고』Retractationes 라는 생애 말년의 작품에서 자신의 거의 모든 저술을 평가했다. 이 두 작품을 통해서 우리는 아우구스티누스의 생애, 작품 연대, 작품 내용 모두를 소상히 알 수 있다.

아우구스티누스는 젊은 시절 네 가지의 가치를 추구했다. '섹스', '명예', '지식', '종교'[마니교]였다. 그러나 결국 그는 이러한 것들로 인생이 만족을 얻을 수 없다는 것을 깨닫게 되었다. 『고백록』 1권 1장에서 "주님을 향하도록 우리를 지으셨으니, 주님 안에서 쉬기까지 우리 마음 쉬지를 못하나이다"라고 적었듯이, 그의 영혼은 오직 주님 안에서 쉴 때 만족할 수 있었다. 지적으로, 그리고 영적으로 방황하던 아우구스티누스가 회심하게 된 계기에는 또 다른 네 가지의 요소가 있었다. '어머니 모니카의 기도', '암브로시우스의 설교', '친구들의 권고', '로마서' 특별히 아우구스티누스는 자신이 로마서 13:13-14을 읽는 도중 회심했다는 사실을 『고백록』 8권 12장에서 밝히고 있다.[5] 그가 로마서를 읽음으로써 회심하게 된 배경에는 그 당시 지중해 연안의 '바울 르네상스'[Paulusrenaissance]가 있었을 것이다.[6]

아우구스티누스의 윤리를 제대로 이해하고자 하면, 그가 받았던 그리스-로마의 고전 문화를 이해해야 한다. 아우구스티누스는 당대의 문학, 역사, 철학에 조예가 깊었다. 그리고 마니교의 영향도 빼놓을 수 없는데, 그가 젊은 시절 10년 동안을 마니교에 빠져 있다가 정통 기독교로 개종했기 때문이다.[7] 무엇보다 아우구스티누스의 윤리학은 성경과 기독교 신학을 배경으로 하여 이해해야 한다. 그의 윤리적 견해는 그의 신론과 깊은 연관성을 지니는데, 그는 단적으로 "하나님에 대하여 제대로 믿지 않으면, 악하게 살게 된다"라고 주장하였다.[8] 흥미롭게도 아우구스티누스의 윤리학에서는 철학적 사유와 신학적 사유가 엄밀하게 구분되지 않는 경우가 많다. 물론 신학적 사유가 철학적 사유의 약점과 한계를 뛰어넘어 진행된다. 하지만 아우구스티누스는 성경적 신앙이라고 해서 반드시 철학을 배척해야 할 이유는 없다고 생각했다. 그렇기 때문에 그는 글을 쓸 때, 성경과 그리스-로마 문헌을 연속적으로 인용할 수 있었다.

아우구스티누스 윤리학 전략의 이중성[9]

아우구스티누스의 윤리학이 갖는 이중적 특성

아우구스티누스의 사상이 지닌 성경적인 특징과 그리스-로마적인 특징은 그의 윤리학적 전략에 그대로 반영된다. 아우구스티누스는 종종 이중적 관점을 가지고 윤리를 구성했다.

첫 번째 관점은 성경적이고 초월적이며 종말론적인 관점이다. 이 관점은 어떤 윤리적 주제와 사안을 성경을 통해 이해하고 평가하는 것이다. 초월자이신 하나님의 관점에서 문제에 접근하는 것이다. 이것을 종말론적 관점이라고도 부를 수 있는데, 종말의 빛 아래에서 이 세상의 문제를 바라보기 때문이다. 이 관점은 윤리 문제에 있어서 어떤 타협이나 양보가 있을 수 없다. 절대적인 영원의 관점에서 인생사를 평가하기 때문이다.

두 번째 관점은 그리스-로마적이며 현실주의적인 관점이다. 이 관점은 아우구스티누스가 알고 있는 그리스-로마의 사상을 응용한 것이다. 그리스-로마 사상가들의 대부분은 비그리스도인이었다. 그러나 아우구스티누스는 모든 진리는 하나님의 진리이기 때문에 그들의 사상 중 성경적인 것은 얼마든지 차용할 수 있다고 보았다. 특별히 현실에서 부딪히는 여러 윤리적 문제를 해결하기 위해서 아우구스티누스는 그리스-로마 사상을 차용하여 현실주의적인 입장을 제시하였다. 이것은 성경적 진리를 양보하는 것이 아닌, 도리어 이방인의 사상에서 기독교와 양립할 수 있는 사상을 발견하여 전유하는 것이었다. 아우구스티누스는 이교도의 도덕철학이 가졌던 합리적인 근거를 존중했으며, 그것과 비판적 대화를 하였다. 특별히 키케로Marcus Tullius Cicero, 바로Marcus Terentius Varro, 세네카Lucius Annaeus Seneca가 아우구스티누스의 윤리적 사유에 중요한 역할을 했으며, 아우구스티누스는 그들로부터 많은 윤리적 원리를 배웠다.

아우구스티누스의 윤리가 지닌 이중적 성격은 그가 로마 제국이 공화국인지에 대해 판단하는 문제를 다룰 때 잘 드러난다. 먼저 아우구스티누스는 "공화국res publica은 국민의 사물res populi이다"라고 규정했던 키케로의 의미 규정을 그대로 가져온다(『신국론』19.21.1).[10] 그러면서 아우구스티누스는 정의正義가 없는 곳에는 공화국 또한 존재하지 않는다고 주장한다. 여기에서 아우구스티누스는 그리스-로마 전통에서 흔히 사용되던 정의 개념을 차용한다. 정의는 곧 "각자에게 자기 것을 배분하는 덕"virtus quae sua cuique distribuit이다. 이런 정의는 플라톤의 『국가』에서 이미 나왔다. 소크라테스는 정의란 "더 강한 자에게 이로운 것"이라고 주장했던 트라시마코스의 정의 개념을 부정하면서 정의의 개념을 제시했다(『신국론』 19.21.1).[11] 하지만 아우구스티누스의 정의 개념은 다만 그리스-로마 전통을 이어가는 데 그치지 않는다. 그의 정의 개념에는 하나님을 향한 바른 공경이 포함되어 있다(『신국론』19.21.1).

그렇다면 "로마는 정의로운 국가인가?" 앞에서 제시했던 성경적, 초월적, 종말론적인 관점에 따르면, 하나님께 정당한 공경을 표하지 않는 국민은 정의로운 자가 아니다. 이 관점에서 보자면, 하나님을 올바르게 예배하지 않는 국민 또한 국민일 수 없다. 바로 그런 의미에서 아우구스티누스는 우상숭배가 만연한 로마는 공화국이 아니라고 말한다(『신국론』 19.21.2). 신앙이란 사랑을 통해 작용하는 것이므로, 신자는 하나님을 사랑하되 그분이 사랑받아야 할 만큼 사랑해야 하고, 이웃을 자기 몸처럼 사랑해야 한다(『신국론』 19.23). 이러한 참된 신앙이 없는 국민에게는 '종교적인 정의'religious justice가 존재하지 않으며, 따라서 그런 국민은 아무리 많이 모여 있어도 공화국을 이루지 못한다. 아우구스티누스는 로마인이 국민이 아니며, 로마는 공화국이 아니라고 주장한다(『신국론』 19.23; 2.21.2). 이런 점은 아우구스티누스 윤리의 급진적인radical 측면이다. 인간의 근원 혹은 뿌리^{radix}에서부터 사유하기 때문이다. 만일 여기에서 멈춘 다면 아우구스티누스의 윤리는 보편성을 획득하기 힘든 극단적 사상처럼 보일 것이다. 그러나 바로 이어서 아우구스티누스는 국민과 공화국에 대한 자신의 강한 해석을 약간 누그러뜨린다. 그는 "국민이란 사랑하는 사물들에 대한 공통된 합의에 의해 결속된 이성적 대중의 집합"이라고 규정한다. 그리고 '사랑하는 사물들'이 선하냐 열등하냐에 따라서 선한 국민과 열등한 국민을 나눈다(『신국론』 19.24). 그런 점에서 보자면 로마는 공화국이라 할 수 있다. 이런 측면은 아우구스티누스 윤리가 지닌 그리스-로마적이며 현실주의적인 관점을 반영한다.

　　전반적으로 본다면 아우구스티누스에게 로마는 '참된, 즉 정의로운 공화국'이 아니다(『신국론』 19.24). 그러나 그것을 이렇게 말할 수도 있다. 성경적이며 초월적이며 종말론적인 관점에서 로마는 공화국이 아니지만, 그리스-로마적이며 현실주의적인 관점에서 보자면 로마는 공화국이 분명하다. 전자의 관점에서 우리는 아우구스티누스 윤리의 **급진성**과 **비타협성**을 볼 수 있다. 하지만 후자의 관점에서 우리는 아우구스티누스 윤리의 **현실성**과 **보편성**을 발견할 수 있다. 아우구스티누스의 윤리에는 이 두 가지 관점이 긴장 가운데 나타난다. 물론 아우구스티누스 자신은 전자의 관점을 강하게 내세우기에 길을 잃을 염려가 없다. 하지만 이러한 긴장은 우리로 하여금 아우구스티누스 윤리를 일관성 있게 해석하는 것을 무척 어렵게 만든다. 아래에 있는 아우구스티누스의 성 윤리나 전쟁 윤리를 살펴볼 때 이런 이중성의 특징을 관찰할 수 있을 것이다.

아우구스티누스 윤리의 이중성에 대한 학자들의 평가

학자들 중에는 아우구스티누스 윤리의 이중성을 감지한 자들이 있다. 대표적으로 볼프-디이터 하우쉴트와 존 랭언^{John Langan}이 있다.[12] 아우구스티누스의 신학적 국가론에 대한 하우쉴트의 논의에 따르면, 한편으로 아우구스티누스는 국가에 긍정적 가치를 부여한다. 법과 평화를 통하여 인간의 공존을 통제하기 때문이다. 하지만 다른 한편으로 아우구스티누스는 국가를 부정적으로 본다. 인간은 죄인이며, 정의와 평화가 실현되는 것을 허용하지 않기 때문이다. 따라서 하우쉴트는 아우구스티누스 국가관에 있어서 평화, 정의, 행복한 삶이란 종말에 가서야 가능한 것들이라고 주장한다. 그의 평가에 따르면, 아우구스티누스의 국가관은 4세기 당시 에우세비우스^{Eusebius}의 국가관과 비교했을 때 큰 차이가 난다. 하우쉴트는 아우구스티누스가 지닌 이러한 이중적 국가관은 목적성을 지닌 공동체로서의 국가관에서 서로 교차된다고 본다(『신국론』19.24 참조). 하우쉴트의 논의가 갖는 한계점은 아우구스티누스의 윤리의 이중적 특성을 그의 국가론에만 한정시켜 다뤘다는 점이다.

랭언은 아우구스티누스 정치 윤리의 영향사를 다루면서 두 가지 흐름을 지적하였다. 첫 번째 흐름은 아우구스티누스 사상의 개인주의적이고 타계^{他界}적인 요소에 근거한 주로 수동적이고 보수적인 사회적 입장이다. 랭언은 이러한 경향이 루터에게서 발견된다고 보았다. 두 번째 흐름은 사회에 대한 적극적 비판과 사회변혁에 대한 노력을 강조하는 입장이다. 랭언은 그 지지자로 라인홀드 니버^{Karl Paul Reinhold Niebuhr}나 리처드 니버^{Helmut Richard Niebuhr}를 들고 있다. 랭언의 분석은 아우구스티누스 윤리의 이중적인 측면, 곧 타계적인 측면과 사회 변혁적인 측면을 보여준다. 하지만 그의 분석은 여러 가지 면에서 문제가 있다.

첫째, 그는 아우구스티누스 윤리학의 타계적인 요소를 지나치게 개인주의적이고 보수적으로 본다는 점이다. 하지만 아우구스티누스 윤리학의 초월적 성격은 오히려 급진적인 사회 변혁의 힘으로 나타날 수도 있다.

둘째, 루터의 윤리에 대한 랭언의 언급도 부적절하다. 루터의 윤리 역시 사회 변혁적 성격을 지니기 때문이다.[13]

셋째, 랭언은 아우구스티누스 윤리학 안에서 초월적 성격과 변혁적 요소가 어떻게 긴장의 균형을 유지하는지 보여주지 못했다. 이러한 한계에도 불구하고 랭언이 아우구스티누스 윤리학의 두 가지 특징을 발견한 것에는 중요한 의미가 있다.

아우구스티누스의 자연법 윤리와 신명 윤리

서구 기독교에서 윤리학은 크게 '자연법 윤리'와 '신명 윤리'로 나뉘어 왔다. '자연법 윤리'는 윤리의 근거가 이미 하나님의 창조 질서 안에 존재론적으로 놓여 있다는 입장이다. 하나님께서 천지를 창조할 때 물리 법칙을 만들어 놓으신 것처럼, 도덕 법칙 또한 인간 안에 만들어 놓으셨다는 생각이다. 자연법 윤리학자들은 도덕의 토대를 하나님이 인간 안에 심겨 놓은 '자연법'natural law에 둔다. 그리고 자연법이 모든 인간 안에 선험적으로 존재한다고 본다. 반면에 '신명 윤리'를 주장하는 학자들은 그러한 보편적인 자연법의 존재를 거부한다. 그들은 윤리의 근거를 '하나님의 명령'commandment of God에서 찾는다. 그리고 하나님의 명령은 상황에 따라 달라질 수 있기에 특정한 윤리적 명령을 보편화시키는 것에 늘 주의해야 한다고 주장한다.

아우구스티누스 윤리의 이중적 성격은 '자연법 윤리'와 '신명 윤리' 모두를 아우를 수 있는 틀을 제공한다. 그의 윤리가 갖는 성경적, 초월적, 종말론적인 관점은 하나님의 말씀 위에 윤리의 토대와 근거를 세우고자 하는 '신명 윤리'와 잘 연결된다. 그리고 그의 그리스-로마적이며 현실주의적인 관점은 '자연법 윤리'와 통하는 면이 있다. 신자든 불신자든 모든 인간 안에 공통적으로 해당하는 보편타당한 원리와 규칙을 제시하고자 하기 때문이다. 물론 이러한 간단한 분석으로 '자연법 윤리'와 '신명 윤리'의 대립을 단번에 해소하는 것은 불가능하다. 하지만 아우구스티누스의 윤리가 새로운 관점으로 그 대립을 극복할 수 있는 가능성을 제공하기에, 그의 사상을 살펴야 할 가치는 충분하다.

아우구스티누스 윤리와 '사랑의 질서'

아우구스티누스 윤리의 핵심은 '사랑의 질서'를 올바르게 세워가는 데 있다. '사랑'은 아우구스티누스의 사상에서 핵심적인 개념이다. 그의 신학과 윤리는 '사랑'을 중심으로 모이고, '사랑'을 통하여 하나로 연결된다. 만일 어떠한 사상이 사랑에 의해서 통일되면 통일될수록 우리는 그 사상을 가리켜 과감하게 아우구스티누스적이라고 말할 수 있다. 사랑의 질서와 관련된 개념은 '향유'와 '사용'이라는 개념이다. '향유'[혹은 즐김]란 라틴어로 '프루이'frui 라고 하며, '사용'은 라틴어로 '우티'uti 라고 한다. 아우구스티누스는 인간이 다른 높은 목적을 위해 무언가를 사용하고 누리는 것을 '이용하는 것'uti 이라 했고, 그 자체의 목적을 위해 무언가를 누리는 것을 '즐기는 것 혹은 향유하는 것'frui 이라 했다. 아우구스티누스는 그 자체를 목적으로 하는 온전한 사랑의 대상은 하나님뿐이라고 주장한다. 반대로 하나님을 제외한 모든 것은 그 자체를 목적으로 향유하지 않고, 하나님을 향유하기 위한 수단으로 사용되어야 한다. 그래서 아우구스티누스의 윤리는 항상 '하나님을 즐김'과 '피조물을 사용함'이라는 두 행위 가운데 위치한다.[14]

사랑의 종류를 두고 아우구스티누스는 하나의 근본적인 대조를 설정한다. 그것은 바로 '카리타스'caritas 와 '쿠피디타스'cupiditas 이다. 카리타스는 사랑해야만 하는 것을 사랑하는 사랑이다.[15] 그것은 '애덕'愛德이라고 번역되기도 한다. 이 사랑의 특징은 '자비로운 사랑'이라는 점이다. 이 사랑은 하나님 사랑에게서 나오는 이타적인 사랑이다. 쿠피디타스는 '탐욕 혹은 정욕'이다. 이것은 왜곡된 자기 사랑에서 나오는 이기적이며 정욕적인 사랑이다. 아우구스티누스는 이 두 사랑에 대해 이렇게 말했다. "이 두 사랑 중 하나는 거룩하고 다른 것은 불결하다. 하나는 친교적이고 다른 것은 자기중심적이다. 하나는 천상의 사회를 목적으로 하는 공공선을 염려하고, 다른 것은 권력을 향한 자랑의 욕망을 목적으로 공공선을 자기 이익에 종속시킨다."[16] '카리타스'와 '쿠피디타스'의 구분은 아우구스티누스가 '천상의 도시'와 '지상의 도시' 사이에 설정한 구분과 맥을 같이 한다. 천상의 도시[신자의 사회에서의 사랑]와 지상의 도시[불신자의 사회에서의 사랑]는 서로 타협할 수 없다. 아우구스티누스는 그 두 가지 사랑을 '하나님을 경멸하는 지상 도성의 자기 사랑'과 '자기를 경멸하는 천상 도성의 하나님 사랑'으로 구분했다(『신국론』 14.28). 아우구스티누스는 '자기 사랑'의 뿌리는 교만이라고 주장한다(전 10:15, 딤전 6:10 참고). 하지만 그가 자기애自己愛를 무조건적으로 거부하는 것은 아니다. 오히려 자연적인 자기애는 당연한 것으로 전제한다(『기독교적 가르침』 1.26). 인간은 건전한 자기애를 배워야 한다고 가르친다(『기독교적 가르침』 1.25). 사람은 자신의 육체와 영혼을 제대로 돌볼 의무가 있다. 하지만 문제가 되는 것은 왜곡된 자기애다. 왜곡된 자기 사랑에서부터 왜곡된 사랑의 질서가 나온다. 그것은 사랑하지 말아야 할 것을 사랑하고, 사랑해야 할 것을 사랑하지 않고, 덜 사랑해야 할 것을 더 사랑하고, 더 사랑해야 할 것을 덜 사랑하고, 동등하게 사랑해야 할 것을 덜 사랑하거나 더 사랑하는 일이다(『기독교적 가르침』 1.27). 반대로 '사랑의 질서'가 올바르게 잡힌 사람은 사랑해야 할 것을 정도에 맞게 사랑한다. 그리고 사랑하지 말아야 할 것을 사랑하지 않는다.

인간은 하나님을 가장 사랑해야 한다. 그리고 하나님을 사랑하기에 자신과 이웃 또한 사랑해야 한다. 심지어 이웃 사랑은 자신의 개인적인 관계에 따라 결정하는 것이 아니라, 하나님을 향한 사랑으로부터 비롯되어야 한다. 그는 "모든 죄인을 죄인으로서는 사랑해서는 안 되고, 사람으로서는 '하나님 때문에' 사랑해야 하며, 하나님은 그분 자신 때문에 사랑해야 한다"고 주장한다(『기독교적 가르침』 1.26). 그는 비슷하게, "하나님의 뜻에 따라 사는 사람은……어떤 사람을 그가 저지른 잘못 때문에 미워하지 않을 것이고, 그가 인간이라는 이유로 인해 그 사람의 잘못을 사랑하지도 않을 것이며, 그 사람의 잘못은 미워하겠지만 그 사람만큼은 사랑할 것이다"라고도 말했다(『신국론』 14.6).[17] 아우구스티누스의 주장은 "죄는 미워하되 사람은 미워하지 말라"는 격언과 유사하게 들린다. 하지만 그는 사람을 미워해서는 안 되는 동기를 사람 안에 두기보다 하나님께 두었다. 인간은 하나님의 사랑의 대상이기에 존재적 의미가 있다는 아우구스티누스의 혁명적인 사고 속에서 인간에 대한 보편적인 사랑의 토대를 발견할 수 있다. 아우구스티누스는 이웃 사랑의 질서를 이렇게 정한다. 우선, 모든 이를 동등하게 사랑해야 한다.[18] 하지만 내가 가진 자원과 능력의 한계로 모든 사람을 동일하게 사랑할 수 없을 때에는 "공간이나 시간이나 어떤 사건의 기회로 운명처럼 나에게 어쩔 수 없이 묶인 사람들"을 우선 순위로 여겨야 한다(『기독교적 가르침』 1.28). 대표적으로 가족이나 신앙의 형제 자매, 친구 등이다. 하지만 만일 동일한 조건의 두 사람이 나에게 온다고 한다면, 아우구스티누스는 '제비를 뽑아' 한 사람을 정하라고 조언한다(『기독교적 가르침』 1.28). 이것은 누구를 정하더라도 괜찮다는 뜻이다.[19]

아우구스티누스는 '사랑의 질서'가 전도된 것이 죄악된 현실이라고 지적한다. 반대로 '사랑의 질서'를 올바르게 회복하는 것이 바로 구원이다. 올바른 질서 속에 있는 사랑은 올바른 관점에서의 목적과 욕구, 그리고 계획을 추구할 수 있도록 한다(『기독교적 가르침』 1.27.28;『신국론』 15.22). 아우구스티누스는 '사랑의 질서'가 바로 잡혀 있는 것은 심지어 타락한 상태에서도 올바른 행동을 결정하는 열쇠가 된다고 주장한다. 예를 들면 그는 사악한 행동은 처벌받아야 하지만 오직 죄만을 처벌해야 한다고 주장한다. 그리고 죄인을 처벌할 때, 그 동기는 분노가 아닌, 사랑이 되어야 한다(『설교』 13.8;『편지』 153.1.3). 그는 너무 심한 처벌은 완화되어야 한다고 주장했다. 종종 유죄 판결을 받은 사람들이 사형만큼은 면하도록 아우구스티누스는 당국에 개입하기도 했다(『편지』 100, 133, 134, 139, 185.6.21 등 참조).

아우구스티누스에 따르면, '사랑의 질서'가 제대로 잡힌 사람은 재물도 올바르게 쓸 수 있다. 재물은 그 자체로 사랑받아서는 안 되며, 올바른 목적을 위해 사용되어야 한다. 특별히 아우구스티누스는 구제를 통해 형편이 어려운 자들을 돕도록 권면했다. 이 모든 사회적 관계에서 인간의 행위와 성향이 지닌 도덕성은 근본적 악덕인 자만심과 탐욕 쿠피디타스 또는 그 반대인 겸손과 자비로운 사랑 카리타스의 미덕으로 결정된다. '사랑의 질서'가 바르게 형성된 사람이 이웃을 사랑할 수 있는 이유는 그 사람에 대한 자신의 생각 때문이 아닌, 오직 하나님을 향한 사랑 때문이다.[20] 그렇기에 그리스도인은 원수조차도 사랑할 수 있는 것이다. 왜냐하면 하나님이 원수를 사랑하라고 명하셨기 때문이다. 그리스도인은 하나님의 사랑을 받아들일 때 자신을 포기함으로써 세계 내 모든 관계에서 자기중심적인 생각을 내려놓는다. 아렌트가 정리했듯이, 아우구스티누스에게 사랑의 완수는 하나님의 은혜에 달려 있고, 자신의 이웃을 사랑하는 능력은 하나님을 향한 사랑에 달려 있다.[21]

사랑의 문제를 다룰 때 아우구스티누스는 교회[공동체]와 예전의 중요성을 강조한다. 교회는 카리타스를 실현하고 경험하는 곳이다. 카리타스는 예전[예배, 말씀, 성례]을 통한 은혜를 받은 자가 실천할 수 있는 사랑이다. 교회는 공동체적으로 그리스도를 닮아간다. 하나님을 향한 사랑은 이웃 및 동료 그리스도인에 대한 사랑과 필연적으로 연결된다. 하나님을 사랑하는 사람은 다른 사람을 사랑할 수밖에 없는데, 그가 사랑하는 하나님은 사람들을 사랑하는 분이시기 때문이다(요 3:16; 17:23, 26 참조).[22]

아우구스티누스 윤리와 성경

아우구스티누스의 윤리에는 그의 지성이 총체적으로 집합되어 있다. 따라서 그의 윤리에는 철학적인 자료와 논증, 특히 스토아적이고 플라톤적인 다양한 작품에서 발견되는 자료와 논증이 대거 등장한다. 하지만 동시에 아우구스티누스는 윤리-도덕적 질문에 대한 접근을 기독교 주석 전통 안에서 시도한다. 따라서 그의 윤리를 파악하기 위해서는 그가 사용하는 주석법과 내용을 이해해야만 한다. 아우구스티누스는 인식된 외부 세계의 문제를 자신의 경험과 사유 안에서 숙고한다. '세계→자아'로의 움직임이다. 이 과정에서 아우구스티누스는 특수한 윤리적 사건이 지닌 보편적 의미를 찾는다. 가령 『고백록』(2.4.9-2.11.18)에서 아우구스티누스는 '도둑질'의 윤리적 의미를 자신의 경험을 토대로 성찰한다. 이것은 분명 주관적 사유이지만, 주관적 경험에서 그치는 것은 아니다. 왜냐하면 아우구스티누스는 경험에서 발견한 문제의 의미를 성경에 비춰 하나님께 가져가기 때문이다. 이것이 '자아→하나님'으로의 움직임이다. 앞서 언급했던 『고백록』의 한 대목에서 아우구스티누스는 금지된 것을 더 열망한다는 로마서 7장의 내용이나(2.4.9), 하나님의 진리와 율법을 저버릴 때 죄를 범하는 것이라는 시편 119:142의 내용(2.5.10), 교만은 패망의 선봉이라는 잠언 16:18을 묵상하고 있다. 아우구스티누스는 성경 텍스트의 해석으로부터 도덕적 입장을 발전시킨 전통들을 존중했다. 이처럼 아우구스티누스의 윤리에서는 '세계→자아→하나님'으로의 움직임이 나타나며, 그 안에는 성경의 사용이 도드라진다(『고백록』 7.10.16, 9.10.23-24).[23]

하지만 기억해야 할 점이 있다. 아우구스티누스는 성경을 중심으로 윤리적 문제를 논할 때조차, 철학과 다양한 사상을 함께 사유하고 있다는 것이다. 그가 취하는 윤리적 추론 방법은 현대 기독교 주석학자들이 일반적으로 관찰하는 것보다 훨씬 넓은 범위에 이르는 성경 해석학적 방법론에 의존한다. 특히 '성'性이나 '전쟁'과 같은 주제에 관한 아우구스티누스의 윤리적 고려는 그의 성경 주석, 윤리학, 철학, 문학 사이의 깊고 다층적인 관계성을 보여준다. 아우구스티누스는 어떤 사안에 대해서 윤리적인 판단을 할 때, 성경의 불변하는 권위에 늘 의존하기를 원했다. 그는 신구약성경이 하나의 통일된 '거룩한 연설'eloquia divina의 말씀이라는 신념의 기초 위에 '성경의 권위'를 두었다(『편지』 82.5 참조). 하나님은 전지전능하신 분이기에 역사를 통째로 꿰뚫고 사역하신다. 따라서 구약의 관점은 신약과 통일성을 이룰 수밖에 없다. 성경이라는 거룩한 말씀은 **구원 역사와 진리 선포**를 통해 인간에게 구원을 주며, 성도들의 삶을 위한 건전한 가르침을 전해 준다(『창세기 문자적 해설』 2.9, 『시편 강해』 48.1.1, 『신국론』 11.2-3, 17.3, 『복음사가들의 일치』De Consensu evangelistarum 1.35.53, 『설교』 81.28, 『세례론』 4.11.17). 아우구스티누스에 따르면, 숙련된 정통적 성경 해석가tractatores란 성경 본문의 은유적 표현 및 겉보기에 모순처럼 보이는 본문들이 제시하는 어려움조차도 구원 역사적 관점과 서사 구조를 통해 일관성 있게 해석해내는 사람이다.

아우구스티누스 윤리와 그의 언어 철학 및 설교론

아우구스티누스는 고대의 저술가들 가운데 언어의 특성에 대해 가장 심오한 이론을 남긴 사람이다. 많은 점에서 그는 현대의 언어에 대한 중요한 철학자들 가령 소쉬르 Ferdinand de Saussure, J. L. 오스틴 John Langshaw Austin, 존설 John Rogers Searle, 비트겐슈타인 Ludwig Josef Johan Wittgenstein 등의 견해를 선취했다. 아우구스티누스는 언어를 기호의 문제로 다루었을 뿐만 아니라, 동시에 언어가 실제 사용되는 맥락에서도 언어 문제를 다루었다. 비트겐슈타인이 자신의 『철학적 탐구』Philosophische Untersuchungen 를 아우구스티누스의 『고백록』1권 8장의 한 단락을 길게 인용하면서 시작한 것은 유명하다.[24] 물론 비트겐슈타인은 아우구스티누스를 비판하였지만, 사실 많은 학자는 결국 비트겐슈타인이 하고자 하는 말이 아우구스티누스의 생각과 별로 차이가 없다고 지적한다.[25]

예를 들어, 패트릭 비어슬리는 아우구스티누스가 언어 문제를 항상 의미하는 바가 무엇인가라는 관점에서만 다루고 사용의 관점에서는 다루지 않는다고 보는 견해를 두고, [비트겐슈타인이 언어 문제를 사용의 관점에서만 다루고 의미하는 바가 무엇인가라는 관점은 다루지 않는다고 보는 것처럼] 단순한 견해라고 결론 내린다.[26] 그는 비트겐슈타인이 아우구스티누스의 언어론을 다만 사물에 이름을 붙이는 작업 정도로만 이해하고, 단어들의 다양한 종류를 구분하지 못하는 이론으로 본 것을 부당하다고 주장한다.[27] 아마도 비트겐슈타인은 이 문제와 관련해서는 아우구스티누스의 『고백록』만 읽었던 것 같은데, 만일 그가 아우구스티누스의 『교사론』까지 읽었다면 생각이 달라졌을 것이다.[28] 여하튼 비트겐슈타인이 아우구스티누스를 매우 흠모한 것은 사실이다.[29]

중요한 것은 언어에 대해 이렇게 중요한 이론을 남긴 아우구스티누스가 언어 문제를 윤리와도 깊이 연결시켰다는 점이다. 우리는 그런 사실을 아우구스티누스의 설교론을 통하여 가장 잘 알 수 있다. 그는 설교를 통해서 신자가 성경적으로, 또한 윤리적으로 살아가기를 소망했다. 그의 설교는 현재 562편 정도 남아 있다.[30] 아우구스티누스에게 설교자란 의사와 같았다. 물론 설교자를 환자로 여기기도 했다. 그리스도께서는 설교자에게 치유를 베풀어 주신다(9.4, 10.11). 아우구스티누스의 설교론에서 의사로서의 설교자 이미지는 매우 중요한 모티프다. 고대 교부들의 신학과 설교론에는 아주 광범위하게 이런 요소가 들어 있다. 아우구스티누스도 그 점에 있어서는 예외가 아니다. 설교는 사람의 영혼을 치료한다. 그리고 치료받은 사람은 사회에 선한 영향을 끼치게 된다.[31] 아우구스티누스의 설교론에 따르면, 설교자의 임무는 "성도들이 자신의 삶을 성경의 언어로 설명할 수 있도록 도와주는 일"이다.[32] 그렇게 되기 위해서는 설교자 본인이 자신의 삶을 말씀으로 채워야 한다. 말씀의 세계를 실제적으로 경험하는 자만이 진리를 올바르게 전할 수 있다. 아우구스티누스는 설교자가 자신이 경험한 성경의 실재성을 청중과 나눔으로써 그들이 하나님의 진리를 배울 수 있다고 믿었다.[33]

아우구스티누스의 설교의 또 다른 특징은 '마음'을 강조한다는 것이다. 그는 "나의 중심은 곧 나의 사랑"이라고 말했다(『고백록』 13.10). 사람은 사랑하는 것을 향해 마음의 무게가 옮겨진다. 그는 "네가 욕망하는 바가 곧 기도다"Your desire is your prayer 라고 생각했다. 아무리 입으로 거룩한 기도를 하더라도 마음속의 욕망이 사실상 자신이 기도하는 바를 가장 잘 보여준다는 것이다. 욕망은 거짓말을 할 줄 모른다. 따라서 설교자는 무엇보다 성도들의 마음에 호소하는 설교를 해야 한다. 마음이 바뀌면 욕망이 바뀌고, 욕망이 바뀌면 삶이 따라온다. 그렇다면 마음을 바꾸는 설교란 무엇인가? 설교 시간에 마음이란 단어를 계속 반복하는 것인가? 물론 그것도 중요하다. 아우구스티누스는 387-388년 작품에서 '마음'cor

이란 단어를 32번 사용했고, '정신'mens이란 단어를 143번 사용했다. 그런데 388-391년 작품에서는 'cor'가 43번, 'mens'가 115번 나온다. 그러다가 『고백록』에서는 'cor'가 187번 나오고, 'mens'가 78번 나온다. 생애 후반부로 갈수록 '마음'을 '지성'보다 더 자주 언급했다는 뜻이다.[34]

설교자가 단순히 마음이란 단어를 설교 시간에 언급하는 것보다 더 중요한 것은 성도들의 마음을 분석하고 설명하여 움직이고, 말씀과 성령으로 채우도록 돕는 것이다. 바로 그 점에 있어서 아우구스티누스는 매우 탁월했다고 볼 수 있다. 그는 설교자의 직무 중 하나가 성도들의 내면세계를 넓혀주는 것이라고 생각했다.[35] 성경은 마음이란 단어를 매우 자주 사용한다. 구약과 신약에서 마음이란 단어가 877번 이상 나온다. 성경에서 마음은 지, 정, 의를 관할하는 중심이다. 설교자의 임무는 성도들로 하여금 마음을 잘 지키도록 하고 세상 문화나 죄의 세력에 마음을 빼앗기지 않도록 돕는 것이다. 설교는 영적 전쟁이다. 따라서 참된 설교자는 설교를 통하여 청중들의 마음 안에 있는 **세상성**과 씨름한다. 또한, 아우구스티누스의 설교는 사람의 내면을 중요하게 다룬다. 다시 말해서 자기 자신을 돌아보게 만든다는 것이다. 아우구스티누스는 인생에서 만나는 일들을 자신의 영혼의 문제로 여기며 씨름했고, 그 문제에 대한 답을 말씀에서 찾았다. 그리고 다시 세상으로 나아갔다. 아우구스티누스의 설교는 무엇보다 인간의 '영혼'에 주목하는 힘을 가지고 있었다. 그 영혼으로 하여금 내적 스승이신 그리스도와 성령을 만나도록 돕는 것이 설교자의 중요한 임무다.[36]

성경 주석을 통한 윤리적 판단과 해석학의 문제

아우구스티누스는 성경이 하나님의 말씀을 중재하는 가장 중요한 수단이라고 생각했다.[37] 성경의 중요성을 너무나 강조한 나머지 그는 성경이야말로 '모든 지식의 근원'이라고 주장하기도 했다(『기독교적 가르침』 2.42.63, 『믿음의 유익』De utilitate credendi 13). 그렇기 때문에 아우구스티누스는 성경이 그리스도인들의 윤리 도덕적 원칙들과 그 적용을 발견하는 데 있어서 가장 중요한 권위가 된다고 보았다. 그러나 문제는 우리가 성경을 이해할 때 '해석'이라는 것이 작용한다는 점이다. 아우구스티누스는 심지어 최고의 성경 해석도 '신적인 이성'이나 '절대적인 도덕적 확실성'을 그대로 드러낸다고 생각하지 않았다. 그는 한 사람이 신자가 된 이후에도 여전히 영혼 안에는 원죄의 결과들이 남아 있다고 주장했다. 따라서 그는 그리스도인들이 성경에서 도덕적 규범을 찾기 위하여 성경적 자료들을 혼란스럽게 하는 것을 주의하고, 하나님의 뜻을 발견하기 위해서 분투해야 한다고 권면했다.

아우구스티누스의 성경 해석은 그의 성경관과 맞물려 있었다. 성경에 대한 이해와 성경 해석, 더 나아가 해석자의 삶이 깊이 맞물려 있는 것이 교부 신학의 중요한 특징이다. 아우구스티누스는 성경을 성령에 의해 영감된 책으로 간주했으며, 성경에는 오류가 없다고 생각했다(『입문자 교리교육』De calechizandis rudibus 4.8, 『복음사가들의 일치』De Consensu evangelistarum 1.35.54, 『믿음의 유익』 9). 그의 성경 해석에서는 사랑과 신앙의 규칙regula fidei이 해석학적 지평hermeneutical horizon을 형성한다. 특별히 그는 성경에서 '삶의 계명'praecepta vivendi이나 '신앙의 규칙'regulae credendi처럼 명시적으로 주장하는 바를 더욱 철저하고 더욱 근면하게 연구해야 한다고 가르쳤다(『기독교적 가르침』 2.9.14). 그는 믿음과 소망과 사랑의 삼각형이 성경의 내용이라고 주장하기도 했는데, 이는 그 삼각형 안에 성경 해석이 놓일 때 올바른 해석을 할 수 있다고 보았기 때문이다(『삼위일체론』 8.4.6). 아우구스티누스의 이러한 해석학적 지평은 '문자적 해석'과 '풍유적 해석'

을 제어한다. 아우구스티누스는 성경을 먼저 문자적으로 해석하고, 그다음에 비유적으로 해석하라고 가르친다(『기독교적 가르침』 3.10.14). 그리고 성경이 말하는 신앙의 규칙에 근거하여 유비적 해석으로 나아갈 것을 가르친다. 아우구스티누스는 풍유적 해석과 문자적 해석을 골고루 사용하였다. 하지만 후기로 갈수록 문자적 해석을 선호하는 경향을 보였다.

아우구스티누스의 성경 해석의 중요한 목적은 진리를 발견하고 그것을 하나님 사랑과 이웃 사랑이라는 이중 계명 안에서 적용하는 것이었다(마 22:37-40). 그는 성경 저자의 의도를 아는 것보다 더 중요한 것은 참된 지식을 획득하는 일이라고 주장했다(『믿음의 유익』 4.10, 『기독교적 가르침』 1.37.41). 때때로 성경 저자의 의도는 감춰져 있다. 그러나 우리가 신앙의 규칙을 잘 적용하고, 보다 분명한 본문으로 덜 분명한 본문을 해석한다면 성경이 가르치는 진리를 찾아낼 수 있을 것이라고 아우구스티누스는 주장한다(『편지』 82.34). 그럼에도 그는 **겸손**을 강조했으니, 이 땅에서는 그 어떤 해석자도 자신의 해석이 다른 모든 해석보다 우월한 포괄적 확실성에 도달했다고 주장할 수 없기 때문이라고 말했다[이렇게 주장하면서 고전 13:12를 의존함].[38] 그래서 아우구스티누스는 같은 성경 구절에 대한 다양한 인식과 설교를 인간 인식의 한계 속에서 인정하기도 했다(『고백록』 13.24.36).[39]

구원 역사 속에서 나타난 하나님의 보편적인 뜻

아우구스티누스의 윤리는 역사를 중요하게 여기는 윤리다. 하지만 동시에 하나님의 영원한 뜻을 헤아리는 윤리이기도 하다. 다시 말해, 아우구스티누스의 윤리는 '보편성'과 '특수성'을 모두 담고자 하는 윤리다. 그가 성경과 이교도의 도덕 철학을 모두 제시하는 이유는 여기에 있다. 동시에 아우구스티누스는 구약의 윤리에서 나타나는 한시적이고 임시방편적인 요소들을 지적한다. 대표적으로 아담과 하와의 아들들이 자신들의 누이와 결혼을 했을 것이라는 점이다. 역사 속에서 하나님의 보편적인 뜻을 찾다가는 자칫 칼 포퍼Karl Raimund Popper가 [아마도 『열린사회와 그 적들』에서, 그리고 보다 분명하게는 『역사법칙주의의 빈곤』에서] 비판했던 '역사법칙주의'의 오류에 빠질 수 있다. 포퍼는 헤겔Georg Wilhelm Friedrich Hegel이나 마르크스Karl Marx가 역사에서 임의로 법칙을 찾아내고자 했던 것을 비판했다. C. S. 루이스Clive Staples Lewis가 잘 요약한 것처럼 반증하기 힘든 것은 증명하기도 어렵기 때문이다. 그렇다면 하나님의 영원하신 뜻 아래에서 '구약'을 읽는 것이 왜 역사법칙주의가 아닌가? 그것은 예수 그리스도와 사도들의 성경 해석이 알려주는 방식대로 구약을 이해하기 때문이다. 그것은 역사법칙주의일지라도 어쩔 수 없는 것이다. 기독교적 관점에서의 읽기란 역사법칙주의가 될 수 없다. 왜냐하면 억지로 끼워 맞춘 역사가 아닌, 계시적 관점이 들어갔기 때문이다.

아우구스티누스의 성^性 윤리

아우구스티누스의 성 윤리에 대한 전제
아우구스티누스의 성 윤리는 많은 오해를 산 영역이다. 그가 오해를 불러일으킬 만한 말들을 남긴 것은 사실이다. 자녀 출산을 목적으로 하지 않은 성은 비난받아야 한다고 말한 적도 있으니 말이다. 하지만 아우구스티누스의 성 윤리가 갖는 중요한 함의를 놓쳐서는 안 된다. 물론 아우구스티누스의 성 윤리가 성경적 성 윤리를 가장 잘 드러낸 모델이라고 할 수는 없지만, 그의 성 윤리는 21세기를 살아가는 우리에게 여전히 중요한 의미를 지닌다. 아우구스티누스는 인간의 성행위에서 역사적 상대성과 문화적 환경을 인정하면서도, 성적 행동의 확실하고 보편적인 영원한 기준을 제시하려고 노력했다(『고백록』 3.7.13 참조). 아우구스티누스의 성 윤리를 제대로 이해하려면 반드시 그의 **창조론, 죄론, 구원론**과의 연관성 속에서 파악해야 한다. 그렇게 해야만 그 본래의 의미를 알 수 있다.

첫째로, **창조론**과 **성 윤리**의 관련성이다. 아우구스티누스는 하나님께서 창조 시에 한 남자와 한 여자를 지으시고 그들에게 번식과 다스림의 명령을 주셨다는 것을 강조한다(『신국론』 14.22, 『창세기 축자해설』 9.3.5). 이 명령 안에 부부의 의미가 들어 있다. 부부는 자녀를 출산해야 하며, 그렇게 출산된 사람들은 세상을 다스리는 인류를 구성한다. 모든 인류가 종種적 유사성과 육체적 친족성으로 결합되도록 하신 것이 하나님의 뜻이었다. 이런 이유로 인류의 첫 번째 자연적 결합은 남편과 아내의 결합이었다.[40] 하나님은 인류를 한 가족으로 묶으면서도 이기주의에 빠지지 않는 거대한 사회가 되도록 의도하셨다. 이 방법은 아담과 하와로부터 모든 민족이 나오도록 하는 길이었고, 초기에는 근친끼리 결혼하는 임시방편적인 성 윤리가 들어갈 수밖에 없었다. 하나님은 이렇게 인류가 한 부부로부터 나오게 하심으로써 인간 종족에게 일체감과 조화성을 부여하셨다(『신국론』 14.1).[41]

둘째로, **죄론**과 **성 윤리**의 관련성이다. 아우구스티누스는 죄가 세상에 들어온 이후에도 여전히 생육과 다스림의 명령이 유효하다는 것을 중요하게 여긴다. 창세기 9:1에서 하나님은 노아와 그 가족들에게 여전히 생육과 번성에 대한 명령을 주셨다. 하나님은 타락한 인류를 여전히 사랑하신다. 부부의 성은 세상을 보존하시는 하나님의 일반 은총과 사랑의 선물이다. 한편, 아우구스티누스는 인간의 성이 타락할 때 생기는 '짐승 같은 충동'bestiale motum은 죄의 결과라고 생각했다(『창세기 문자적 해설』 11.32.42). 육체의 정욕은 아담과 하와가 타락했을 때 즉시로 느꼈던 수

치심의 근원이었는데, 아우구스티누스에 따르면 그것은 불순종의 죄에 대한 정당한 처벌 중의 하나였다.

셋째로, **구원론과 성 윤리**의 관련성이다. 아우구스티누스는 구원 역사에 성이 사용된 것을 지적한다. 구원 역사에 나타난 성은 다양한 의미를 지닌다. 그중 하나님이 인간의 자녀 출산을 통해 그리스도를 이 땅에 보내셨다는 것이 매우 중요하다.[42] 하나님은 얼마든지 하늘로부터 메시아를 보내실 수 있었다. 하지만 하나님은 그렇게 하지 않으셨다. 오히려 인간 출생의 연쇄 고리를 통해 구원자가 오도록 하셨다. 그렇기에 성은 구원 역사적이고 영적인 의미를 지니게 된다. 아우구스티누스는 심지어 족장들과 선지자들의 출산을 예언적으로 '그리스도'와 '교회'의 결혼과, 기독교의 번성을 상징하는 것으로 보기도 했다.[43]

아우구스티누스의 성 윤리와 출산의 문제

아우구스티누스의 성 윤리 가운데 가장 비난 받는 지점은 그가 성의 의미를 자녀 출산에서 찾았다는 점이다. 성의 중요한 역할로서 자녀 출산이 포함되는 것은 맞지만, 인간의 성은 그 외에도 다른 의미들을 지니고 있다. 아우구스티누스의 성 윤리에 대한 비판이 전적으로 잘못된 것은 아니다. 하지만 아우구스티누스가 자녀 출산과 성을 연결 지은 것이 성의 깊은 의미를 보여주기 위해서였다는 것을 안다면 비판의 강도를 줄일 수 있을 것이다. 아우구스티누스는 성의 역할과 그에 따른 특징에 대해 아래와 같은 생각을 했다.

첫째, 인간은 성을 통해 인류를 번식한다. 아우구스티누스가 남녀의 성적 결합을 표준으로 여기고, 반면 동성애는 결합의 표준이 될 수 없다고 주장한 것에는 이유가 있다(『고백록』 3.8.15). 종족의 유지와 번성을 위해서는 남녀가 결합해야 하기 때문이다. 이것이 바로 동성애적 사랑이 이성애적 사랑보다 열등한 지점이다. 아우구스티누스는 심지어 부부의 성관계조차도 '비자연적'非自然的 형태로 이뤄진다면 혼외정사보다 더 나쁜 것이라 주장했는데, 부부에게는 자녀 출산을 통한 사회적 관계를 창출할 책임이 있다고 보았기 때문이다(『결혼의 유익』 11.12).[44]

둘째, 성의 사회적 성격이다. 인간의 성은 성관계에서만 표출되는 것이 아니다. 오히려 인간의 다양한 활동 속에서 성적 충동은 작동한다. 그렇기에 성은 오늘날 많은 사람이 생각하듯이 개인의 쾌락과만 연관된 사적이고 은밀한 것이 아니다. 성은 사회문화적인 요소를 지니고 있다. 프로이트Sigmund Freud처럼 과도하게 인간의 모든 활동을 성적 충동과 연결 짓는 것은 안 되겠지만, 아우구스티누스는 성의 사회적 측면을 잘 강조하였다.

셋째, 성에 관한 역사적 관찰이다. 아우구스티누스는 역사적 설명을 통해서 인간의 성이 인류의 연대성에 기여한 바를 잘 강조했다. 그에 따르면, 아담과 하와의 아들들은 자손을 번성하기 위하여 자신의 친자매들과 결혼해야만 했다. 이것은 초기에 임시적으로 허용된 근친상간이었다. 결혼할 만한 충분한 여성의 수가 있을 때는 형제자매 간의 근친 관계는 금지되었으며, 사촌 간의 결혼이 허용되었다. 역사가 더 흐른 뒤에는, 가까운 친족 간의 결혼 또한 불법이 되었다. 말하자면 하나님은 인류를 한 가족으로 묶으시기 위해 한 부부에서부터 인류가 시작되게 하셨다. 근친상간은 하나님의 궁극적인 뜻에는 맞지 않았지만, 더 큰 목적을 위해 임시적으로 허용된 것이었다. 하지만 하나님은 어느 정도 숫자가 찼을 때 근친상간을 금지하심으로써, 인간의 사랑이 자기 가족에게만 국한되는 '가족이기주의'에 빠지지 않고 더 넓은 사회로 확대되도록 하셨다. 아우구스티누스는 이러한 발전의 목적은 인류의 연대가 가족을 넘어 더 넓은 사회로의 확장에 있었기 때문이라고 주장했다(『신국론』 15.16).

넷째, 아담과 하와로부터 한 인류가 나왔기에 보편적 윤리는 가능하다. 이 지점은 『아우구스티누스와 사랑 개념』에서 한나 아렌트 Hannah Arendt 가 아주 잘 포착했다.[45] 아담과 하와의 성적 결합과 그 후손들의 성적 결합을 통해서 현재 인류가 구성되었다는 것은 윤리적으로 매우 큰 의미를 지닌다. 인간은 종種적으로, 즉 유전적으로 유사성을 가질 뿐만 아니라, 사실은 친족 관계성을 지닌 존재들이다. 아담과 하와의 성관계를 통해서 그리고 그 자손들의 성관계를 통해서 인류가 번식하게 되었다는 점은, 아담과 하와가 **하나님의 형상**이듯 그 후손들도 하나님의 형상이라는 사실을 알려준다. 그렇기에 우리는 그 어떤 인간을 만나든 살인해서는 안 되며 인권을 보호해 주어야 한다(창 9:6). 보편 윤리의 가능성은 인류의 성을 통한 번식에서 그 근거를 찾을 수 있다.

다섯째, 성이 지닌 영적인 측면이 있다. 아우구스티누스는 사랑의 질서가 왜곡되어 생겨나는 죄악된 욕망들을 '정욕' concupiscentia 이라고 부른다. 정욕의 가장 도드라진 측면은 성적 방종이다. 아우구스티누스는 인간의 죄는 무엇보다 성적 타락과 연관된다고 생각했다. 무엇보다 종교의 타락은 성적 타락과 연결된다. 가나안 종교나 로마의 종교는 성적으로 문란한 행위와 연동되었다. 로마서 1:18-27에서와 같이 '성'聖, sanctity 은 '성'性, sexuality 과 깊은 관련이 있다. 거룩을 떠나면 성적 타락이 따라오기 쉽다. 심지어 가장 거룩한 예배의 자리에서도 인간은 성적 상상을 하며 성적 욕망을 추구한다. 인간 내부에 있는 가장 근원적인 욕구들 가운데 '종교성'과 '성욕'이 있다면 성을 잘 관리할 때 영성도 바르게 관리할 수 있다.

여섯째, 이런 측면에서 부부간의 성을 생각할 수 있다. 아우구스티누스가 자녀 출산을 목적으로 하지 않은 성은 죄가 된다고 했을 때, 그가 성의 의미를 제한하고자 의도했던 것이라기보다는 오히려 성이 담고 있는 포괄적인 의미를 생각했기 때문이라고 볼 수 있다. '자녀 출산'이라는 말 안에는 성이 가진 '사회적 측면', '영적 측면', '구원 역사적 측면'이 담겨 있다. 아우구스티누스가 부부간의 성에 있어서도 절도와 예의가 있어야 함을 말한 것은 바로 그러한 목적을 기억하도록 한 것이라 보는 게 좋은 해석이다. 그는 성이 지닌 구원사적 의미를 너무나 강조한 나머지 그리스도가 오신 지금은 더 이상 출산에 대한 긍정적인 이유가 없으며, 앞으로는 **독신**이 영적인 완전함을 찾는 이들에게 우선되는 생명의 방식이라고 주장하기도 했다. 그렇다고 해서 아우구스티누스가 결혼을 반대한 것은 결코 아님을 기억해야 한다(『결혼의 유익』 17.19).

일곱째, 자녀 출산이 목적이 아닌 성의 허용이다. 아우구스티누스는 성행위를 통한 자녀 출산을 좋은 것으로 여겼지만, 성행위가 자녀 출산과만 연관될 수 없는 현실 또한 잘 알고 있었다. 그는 성적 충동의 관리는 도덕적 쟁점이 된다고 보았다. 그는 자녀 출산과 무관한 부부의 성행위는 '경미한 잘못'venialem culpam 이긴 하지만, 결혼의 유익들 때문에 용서받을 수 있다고 주장했다(『결혼의 유익』 6).[46] 그의 관점은 고린도전서 7:6에 대한 이해를 기초로 하는데, 이에 따르면 바울은 성관계를 인간의 연약함에 대한 '양보'concession로 여겼고, 음행을 피하는 차원에서 성관계를 허락했다(『결혼의 유익』 6.6).[47] 결혼 관계 속에서 행해지는 성행위의 쾌락을 인간의 연약함을 고려한 어쩔 수 없는 일로 여긴 것이다. 다만 아우구스티누스는 부부가 결혼 관계를 영구적으로 유지하려고 의도하는 한, 그리고 자녀 출산을 피하려고 하지 않는 한, 성관계를 합법적인 것으로 여겼다(『결혼의 유익』 5.5). 인간의 성에 대한 아우구스티누스의 다양한 사유는 21세기를 살아가는 우리들에게도 여전히 중요한 시사점을 제공한다. 아우구스티누스의 윤리를 그의 사상 전체와 연결할 때 그의 윤리는 화석화되지 않고 생생한 목소리를 낼 것이다. 아우구스티누스의 성 윤리도 마찬가지다.

아우구스티누스의 사회·정치 윤리와 정당전쟁론

아우구스티누스의 사회 정치 윤리의 특징

"아우구스티누스의 학설의 두드러진 특징은 항상 도덕적 삶을 사회적 삶과 상호 연결된 것으로 생각하는 것이다"라고 에티엔느 질송은 인상적으로 피력한 바 있다.[48] 아우구스티누스는 세상의 문제를 개인적 성찰로 가져온 뒤, 이를 성경, 신학, 철학, 교양을 바탕으로 사유한 다음, 더욱 보편적인 진리와 윤리를 내어놓은 사상가였다. 이러한 방식으로 형성된 그의 사상은 단지 개인의 삶에만 국한되지 않고 사회 정치적 측면까지 확대되는 보편성을 지닐 수 있었다.

아리스토텔레스는 "인간은 본질적으로 정치적인 동물"이라고 했다.[49] 그가 생각한 '정치'란 '국가[폴리스]에서 어울려 사는 것'을 뜻했다. 이처럼 아리스토텔레스는 인간이 국가를 이루어 사는 것은 가장 자연스러운 일인 동시에, 인간에게 가장 큰 행복을 주는 최선의 삶을 보장한다고 보았다. 아우구스티누스는 아리스토텔레스의 이러한 사상을 이어받았다. 아우구스티누스가 보기에, 인간이란 본질적으로 사회적 특성을 지닌 존재였다. 그런 점에서 아우구스티누스의 사회 정치는 고전적 정치 철학을 계승한다고 볼 수 있다.

하지만 아우구스티누스는 고전기 정치 철학에 기독교식의 세례를 주고 그것을 더욱 성경적으로 발전시켰다.[50] 그가 볼 때 기독교에서 말하는 구원이란 사회 정치적 특성을 간과할 수 없는 것이었다. 인간은 태어나는 순간부터 공동체적으로 살아가는 존재이기 때문이다. 부모 혹은 돌봐 주는 사람 없이, 날 때부터 혼자 자라는 사람은 없다. 하나님은 신자들을 공동체로 부르신다. 또한 신자들의 공동체는 사회나 국가로부터 떨어져 독립적으로 존재하지 않고, 오히려 그 안에 존재한다. 그렇기에 그리스도인은 사회와 국가로부터 단절될 수 없다. 그러나 다른 한편으로 보자면, 이 세상은 죄악의 파괴적 영향력 안에 늘 속해 있다. 특별히 아우구스티누스는 로마 제국이 지닌 다신교적인 형태와 그에 따른 박해를 깊이 인식했다. 로마 제국은 신자가 살아가야 하는 삶의 터전이면서 동시에 신자에게 유혹과 시련을 주는 곳이었다. 신자는 이 세상에 살면서도 이 세상에 속할 수 없다는 '이중적 전제'는 아우구스티누스의 사회 정치적 윤리의 근간을 형성한다.

아우구스티누스는 로마의 제정帝政 후기의 위태로운 사회 정치적 환경 속에서 자신의 윤리를 발전시켰다. 회심 직후 아우구스티누스는 세속 사회에서 물러나 수도원적이고 관조적인 삶의 방식에 우월한 가치를 부여했다. 하지만 점차 그는 그리스도인의 사회 참여와 정치적 책임의 필요성에 대해 각성하기 시작했다. 그러나 아우구스티누스는 결코 정치적 낙관주의자는 아니었다. 그는 사회 정치적 삶에 궁극적인 선을 위치시키는 고전적인 주장에 대해 반대했다. 참된 행복과 온전한 사회는 오로지 내세에서만 실현 가능하다고 보았기 때문이다. 이처럼 아우구스티누스의 사회 정치 윤리는 종말론적이고 초월적인 성격을 강하게 지니고 있다. 다른 기독교 사회 정치적 윤리와 비교했을 때 아우구스티누스의 사상이 갖는 특징은 아래와 같다.[51]

첫째, 아우구스티누스는 하나님 사랑과 자기 사랑에 대한 대립을 사회 정치 윤리에도 적용했다. 그는 인류의 역사 전체를 하나님 사랑과 자기 사랑이라는 이분법에 근거하여 설명하기도 했다(『신국론』 14.28). 이러한 관점은 아우구스티누스가 그리스와 로마의 사상을 비판하는 준거가 되어 주었다.

둘째, 아우구스티누스는 사람의 내재적인 사회성을 인정했다(『신국론』 19.5). 그는 결혼이나 가족과 같은 제도를 하나님께서 주신 것으로 보았으며, 그 안에서 발생하는 위계질서 역시 자연적이며 인간 본성에 속한 것으로 생각했다. 그리고 그런 요소를 임의로 제거하거나 다른 것으로 환원시키고자 하는 것은 오히려 사회적 물의를 일으킬 수 있다고 생각했다.

셋째, 아우구스티누스는 국가가 지닌 강제성이나 노예제도 같은 것들을 현세에 존재하는 불가피한 사회적 요소라고 생각했다. 이것은 그가 보기에 창조 질서에 속한다기보다는 오히려 죄에 대한 보응에 속하는 것이었다. 그렇기에 이런 요소들은 시대적, 상황적 요인에 따라 달라질 수 있다고 보았다.

넷째, 아우구스티누스는 지배욕libido dominandi이 인간과 사회 공동체를 타락시키는 방식에 대해 민감하게 인식했다. 그가 묘사하는 인간관과 사회관은 결코 이상적인 사변에 머무는 것이 아니었다. 도리어 그는 현실 정치의 한계와 타락성을 충분히 인식하고 있었다.

다섯째, 아우구스티누스는 전쟁, 법정, 상업적 활동같이 도덕적 혼란이 있을 수 있는 상황을 다룰 때도 인간의 내면적 질서를 고려했다. 그는 단지 외적인 제도나 규제만으로 사회적, 정치적 문제가 해결된다고 생각하지 않았다. 그는 사회 문제를 다루면서도, 언제나 인간의 내면에 주목하고자 노력했다. 아우구스티누스는 기독교 윤리의 궁극적인 중요성과 기여가 인간 내면의 성찰에까지 미친다는 것을 알고 있었다.

여섯째, 아우구스티누스는 세상을 외면하고 교회 안으로만 숨어버리는 '은둔주의'를 반대했다. 그의 입장은 세상을 변화시키고자 뛰어들었다가 다시 교회로 들어오지 못하는 '세속주의'와도 다르다. 그는 세상을 기독교화하려는 에우세비우스주의와 같은 과도한 '신정주의'와 교회

마저 정치 변혁을 위한 전초기지로 만들려고 하는 '정치지상주의' 또한 경계한다.

일곱째, 정치의 중요성을 의식하면서도 정치에 우선적으로 주목하기보다는 인간의 내면에 먼저 주목한다. 아우구스티누스는 인간을 사랑에 의해 움직이는 존재라고 파악했다. 그는 그리스도인에게 내면적 사랑의 질서가 제대로 잡혀 있을 때, 사회적, 정치적으로 올바른 영향력을 행사할 수 있다고 생각했다. 천상 도성을 향해 여행하는 순례자들의 정치 참여를 가리켜 '거리를 둔 참여'라고 부를 수 있다. 이에 대하여 제임스 스미스는 자신의 책 『왕을 기다리며』에서 아우구스티누스의 정치관을 장차 올 종말의 왕국을 끊임없이 주시하면서도 우리들의 이웃을 사랑하기 위해 열심히 노력하는 삶의 자세라고 적절하게 요약한다.

아우구스티누스의 전쟁론이 갖는 이중적이고 역설적인 성격

아우구스티누스의 사회 정치적 윤리를 이해하기 위해 그의 정당전쟁론을 살펴보는 것은 매우 유익하다. 아우구스티누스가 전쟁이라는 중요한 주제를 윤리적으로 접근할 때 보여주는 방법론과 내용이 그의 사회 정치 윤리의 특징을 잘 담아내기 때문이다. 아우구스티누스는 '평화의 신학자'였다.[52] 그런 점에서 볼 때 '전쟁'과 관련하여 그의 사상이 등장하는 것을 이상하게 여길 수도 있다. 하지만 기독교 신학 역사에서 전쟁을 다룰 때 그가 자주 언급되는 것은 그의 전쟁론이 가진 깊이 때문이다. 아우구스티누스가 전쟁에 대해 가장 중요한 논의를 했던 교부였음은 부인할 수 없다. 아우구스티누스의 사상이 갖는 이중적이고 역설적인 성격은 그의 정당전쟁론에서 가장 잘 드러난다. 한편으로 아우구스티누스는 전쟁을 매우 싫어했다. 그는 전쟁이란 많은 정욕이 일으키는 죄의 결과라고 생각했다. 또한 전쟁으로 인하여 많은 정욕이 더욱 부추겨진다는 사실도

적시했다. 그래서 아우구스티누스는 여러 작품을 통해 전쟁의 잔혹함에 대해 크게 비탄했다. 그는 "인간을 칼로 죽이는 것보다, 말로 전쟁을 죽이는 것이 더 낫다"라고 주장했다(『편지』 229.2).

그러나 아우구스티누스는 어떤 형태의 전쟁이든지 전적으로 반대하는 '평화주의자 혹은 반전주의자'pacifist는 아니었다. 그가 볼 때 전쟁이란 '슬픈 의무'였다. 평화를 회복하기 위해 벌이는 전쟁도 있었다(『편지』 189.6, 『신국론』 19.7). 그렇기에 아우구스티누스에게 진정한 악이란 전쟁 그 자체가 아닌 폭력에 대한 사랑, 유혈의 욕망, 지배하려는 욕망libido dominandi이었다(『마니교도 파우스투스 반박』 22.74). 따라서 아우구스티누스의 전쟁론은 그의 윤리의 이중성을 잘 보여주는 지점이라고 할 수 있다. 천상의 도시에 걸맞은 영적 선善의 우월함에 대한 신념으로 아우구스티누스는 전쟁을 반대했다. 그에게 전쟁은 너무나 큰 악이었기 때문이다. 그러나 동시에 천상적 선이 지닌 우월성 때문에 그는 정당한 전쟁은 찬성했다. 전쟁이 비록 육체적 고난, 재산의 손실, 죽음과 같은 현세적인 악들을 가져오긴 하지만, 분노나 악과 같은 영적인 악이 그것들을 뛰어넘기에 전쟁이 필요할 때도 있다고 본 것이다. 같은 맥락에서, 아우구스티누스는 비록 평화를 향한 인간의 보편적 갈망이 있음에도 불구하고, 지상 사회에 평화와 정의가 완성되는 것을 기대하지는 않았다(『신국론』 19.12). 이를 두고 전형적인 '아우구스티누스주의적 현실주의'Augustinian Realism라고 부를 수 있다.

아우구스티누스의 전쟁론과 성경의 사용

아우구스티누스는 전쟁이라는 주제를 다루면서 사회 정치 윤리 영역에서 성경을 어떻게 사용해야 하는지를 잘 보여준다. 그는 우선적으로, 전쟁과 같은 중요한 주제를 다룰 때 어떤 하나의 성경 구절만을 가지고 구속력 있는 도덕적 규범을 즉각 제시하려 해서는 안 된다고 경고한다.[53] 그에 따르면, 윤리적인 주제를 다루는 데 필요한 성경 구절을 해석하기 위해서는, 그 구절과 충돌되는 듯한 또 다른 구절을 반드시 고려해야 한다. 그래야만 종합적이고 균형 잡힌 윤리적 견해를 성경으로부터 도출할 수 있다. 아우구스티누스의 작품을 보면, 그가 국가를 지키기 위한 무력에 대해 어떤 성경 구절을 근거하여 설명했는지 알 수 있다. 한 예로, 아우구스티누스는 마태복음 5:39, 누가복음 6:29[원수에게 맞았을 때 다른 쪽의 뺨도 돌려대라는 예수의 말씀]의 말씀을 해석할 때 매우 신중한 태도를 취한다.[54] 아우구스티누스는 이 구절에서 즉각적으로 **비폭력 평화주의**를 도출하지 않는다. 오히려 그는 예수께서 자신을 때린 백부장을 꾸짖으셨던 사건이 담긴 요한복음 18:23의 말씀을 상기시킴으로써, 이 주제에 대한 균형 잡힌 교훈을 얻고자 한다(『편지』138.13, 『거짓말에 관하여』 15.27).

아우구스티누스의 해석에 따르면, "악한 자를 대적하지 말라"(마 5:39)는 말씀은 군대를 금지하는 명령이 아니다. "다른 뺨을 돌려 대라"(눅 6:29)는 명령은 실제적인 행동보다는 의도를 가리킨다. 따라서 아우구스티누스는 '인내'와 '자애'가 물리적인 처벌과 항상 충돌하는 것은 아니라고 주장했다. 아우구스티누스의 『편지』 138번에서는 정당한 전쟁을 지지하기 위해 또 다른 예를 제시한다. 만일 그리스도인의 전쟁 참여를 금하고자 했다면, 세례 요한은 군인들이 자신에게 왔을 때 그들에게 무기를 내려놓고 군인으로 봉직하는 것을 그만두라고 명령했을 것이다. 하지만 그는 그렇게 하지 않았고, "사람에게서 강탈하지 말며 거짓으로 고발하지 말고 받는 급료를 족한 줄로 알라"(눅 3:14)고만 권고하였다.[55] 따라서 아우구스티누스는 성경이 전쟁을 일절 거부하는 관점을 제시하지 않는다고 주장한다. 복수나 즐거움의 목적으로 행해지는 것이 아니라면, 합법적인 무력과 정당한 전쟁을 통하여 악인을 처벌할 수 있다. 이 행위의 근원에는 사랑^{caritas}이 있어야 한다.

전쟁에 대한 아우구스티누스의 관점은 구약 해석에 바탕을 두고 있다. 마니교도들을 포함한 그의 동시대 사람들은 구약에서 이스라엘이 수행한 전쟁들이 신약의 평화주의적 가르침을 거스른다고 생각했다. 하지만 아우구스티누스는 모세가 수행한 전쟁들에 대해 말하길, 이는 죄인들이 더 큰 악을 범하지 못하도록 한 수단이며, 악인들을 하나님의 심판에 따라서 정당하고 올바르게 응징하기 위한 것이라고 설명했다. 이스라엘 백성들이 수행한 전쟁은 공의의 관점에서 보았을 때 설명이 가능하다(『마니교도 파우스투스 반박』 22.74.78, 『편지』 138.2.14). 따라서 "살인하지 말라"는 계명은 정당한 전쟁을 수행하거나 극악한 죄인에게 사형을 언도하는 것과 모순되지 않는다. 모세는 이 모든 일을 잔인성이 아닌 공의와 사랑^{caritas}의 동기로 행했기 때문이다. 여기에서 그 공의와 사랑의 기준은 하나님의 말씀이었다. 아우구스티누스는 이상과 같은 여러 성경 구절에 관한 해석을 바탕으로 그리스도인은 국가의 안녕을 위해 전쟁을 수행할 수 있다고 주장했다. 그는 단 하나의 구절 혹은 일단의 성경 구절이 지닌 모호성을 최대한 극복하고자 노력했다.

아우구스티누스의 정당전쟁론에 대한 분석

아우구스티누스의 정당전쟁론은 다음과 같은 특징이 있다.

첫째, 아우구스티누스의 정당전쟁론은 인간의 '내면'을 중요하게 다룬다. 『편지』 138번에서 아우구스티누스는 그리스도인이 자신의 조국^{patria}을 지키기 위하여 어떤 태도를 취해야 하는지에 관하여 논한다. 우선 그는 외적인 행위보다도 마음의 훈련이 더 중요하다고 주장한다(『편지』 138.13). 그리고 악행을 행하는 자를 사랑 가운데 징벌하고, 정의와 사랑

caritas을 증진시키기 위해서라면, 조국을 지키기 위해 합법적인 무력을 사용하는 것도 가능하다고 가르친다(『편지』 138.13-14).[56] 전쟁이라는 주제를 다루면서 사람의 '내면'을 중요하게 다루는 것은 오늘날의 사회 윤리적 측면에서 볼 때 상당히 생소하게 다가올 수 있다. 하지만 이런 점이 아우구스티누스 윤리의 장점이다. 그는 사회적 문제에 접근할 때도 단지 사회 제도나 법이나 규정으로 모든 것을 해결하고자 하는 태도를 지양한다. 이 요소들을 무시하지는 않지만, 그것들로 사회 윤리적 문제가 전부 해결될 것이라 생각하지도 않는다. 아우구스티누스는 로마가 외적에 의해서 탈취당하는 것과 번영 중에 사악함과 방탕이 늘어나는 것 중 어떤 것이 더욱 슬퍼해야 할 일인지 묻는다. 그리고 로마의 성벽을 침략하는 적군보다 더 나쁜 것은 로마 시민의 정신을 침략하는 사악함이라고 주장한다.[57] 이런 원리에 따르자면, 그리스도인은 나라의 평화를 위해 막연하게 기도하기보다 국민들의 내면의 덕성德性 함양을 위해 기도해야 한다. 흥미로운 점은 마르틴 루터 또한 이슬람에 대한 전쟁을 치르는 문제를 다룰 때도 그리스도인의 신앙을 중요하게 생각한다는 것이다.[58] 그는 무슬림의 유럽 침공을 영적인 문제로 진단했다. 따라서 루터는 그리스도인들이 무슬림을 공격하기 전에 영적으로 먼저 깨어있어야 한다고 생각했다. 루터는 이슬람이 가진 율법주의, 공로 사상을 경계할 것을 주장했다. 또한 이슬람이 성경적인 결혼과 가정을 위협하는 것에 대해서도 주의를 환기시켰다. 무엇보다 루터는 이슬람에 대한 정치적 접근과 종교적 접근을 구분하면서, 이슬람을 선교의 대상으로 여겨야 한다고 주장했다. 이슬람에 대한 루터의 이러한 태도는 분명 아우구스티누스의 정당전쟁론의 발전된 또 다른 형태라고 볼 수 있다.

둘째, 아우구스티누스의 정당전쟁론은 '의도', '행동', '상황'을 구분한다.[59] 아우구스티누스의 정당전쟁론에 대한 공식은 키케로부터 도입된 것이다. 그것은 "정당한 전쟁은 '손해에 대한 되갚음'으로 정의된다"라는 공식이다(『구약 칠경에 관한 질문』 6.10). 전쟁은 사람이나 도시가 구성원에 의해 행해진 잘못을 처벌하기 위해서, 혹은 잘못 압수된 것을 되돌리기 위해 실시될 때 정당화되었다. 아우구스티누스는 민수기 21장과 여호수아 8장에 나오는 전쟁은 하나님의 명령에 의해 수행되었던 것이라고 보았다. 그 전쟁에서 군인들은 죄악된 욕망libido 없이 순종으로 전쟁을 수행했으며, 그렇기에 그들의 전쟁은 정당한 전쟁이었다(『구약 칠경에 관한 질문』 4.44; 6.10). 아우구스티누스에 따르면, 지혜로운 사람들은 오직 적의 악한 행위로 인해 필요할 때만 정당전쟁을 일으켰다(『신국론』 19.7). 시민들과 재산, 조국을 수호하는 것은 정당한 동기라고 그는 주장했다(『신국론』 3.10).

아우구스티누스는 **의도**와 **행동**을 구분한다. 비록 전쟁을 수행하는 행동을 하더라도, 그 의도는 사랑에 있어야 한다. 하지만 아우구스티누스는 적들을 향한 사랑이 그들에 대한 '자비로운 엄격함'을 막아서는 안 된다고 주장한다.[60] 이처럼 의도와 행동 사이의 구별은 전쟁이 성경과 상충되지 않는다는 것을 주장할 수 있게 해주었다. 무력도 사랑caritas에 의해 동기가 부여되었다면 정당화되는 경우가 있다는 것을 보여준다. 하지만 아우구스티누스는 '상황'의 차이도 고려한다. 그는 개인적 관계에서는 폭력이 정당화될 수 없다고 보았다. 심지어 그는 그리스도인이 자기를 방어하기 위해서조차도 상대방을 살인해서는 안 된다고 가르친다. 그것은 증오를 표현하기 때문이다.[61] 아우구스티누스는 오직 책임이 있는 위정자들만이 증오나 격정이 없는 행위로 폭력을 행사할 수 있다고 주장했다. 이처럼 아우구스티누스는 한편으로 공적인 정당전쟁을 인정하면서도, 다른 한편으로는 개인적 관계에서의 평화주의를 주장했다.

셋째, 아우구스티누스의 정당전쟁론은 '합법적인 권위'를 강조한다.

정당한 전쟁은 반드시 합법적인 권위에 의해서 수행되어야 한다. 합법적인 권위를 가진 자는 통치자이다. 따라서 통치자는 전쟁을 수행하는 것이 정당하고 필수적인지에 대하여 신중하고도 합법적인 결정을 해야 한다. 군인들도 마찬가지다. 합법적 권위에 순종하는 한 누군가를 죽인다고 해도 군인에게 살인죄는 적용되지 않는다. 오히려 합법적인 전쟁을 거절하는 것이 반역의 죄가 된다. 따라서 군인들은 전쟁 수행 시에 합법적인 상관의 명령에 복종해야 한다. 그러나 그 명령이 하나님의 계명을 명백히 어기는 것이라면 상관의 명령에 불복종할 수 있어야 한다.

이처럼 합법적 권위를 논할 때도 아우구스티누스는 하나님께로 시선을 돌렸다. 오직 신적인 권위만이 전쟁을 정당화할 수 있다고 보았기 때문이다.

아우구스티누스의 정당전쟁론의 요약

아우구스티누스의 정당전쟁론에서 인정하는 전쟁은 다음과 같다.

- 정당한 권위에 의한 전쟁
- 먼저 상해를 입어 정당한 이유의 보복에 의한 전쟁
- 의로운 의도에 의한 전쟁

하지만 아우구스티누스의 정당전쟁론은 체계적으로 전개된 사상이 아니다. 그래서 관련된 세부 사항에 대해 답을 주지 않는 경우도 적지 않다. 정당한 전쟁의 합법적 폭력에 대해서, 아우구스티누스는 인내와 자비를 보여주라는 일반적인 충고로 만족했다. 그는 죄악과 모순이 가득한 세상에서 부분적으로는 당사자 모두가 전쟁의 정당성을 가질 수 있다고 생각했다. 그는 정복을 위한 전쟁은 '불법'이라고 생각했지만, 어떤 전쟁이 공격을 위한 전쟁이며 어떤 전쟁이 방어를 위한 전쟁인지 명확히 구분하지는 않았다. 역설적이게도, 그는 전쟁을 제한할 것과 특정한 상황에서 이를 정당화시키는 것 모두를 추구했다. 전쟁을 정당화하는 입증의 책임은 전쟁을 일으키는 사람에게 있다고 주장했다. 아우구스티누스의 정당전쟁론의 주된 가치는 기독교 맥락에서의 전쟁을 어떻게 생각하는지 탐구함으로써, 윤리 담론의 범위 안에서 전쟁을 다루는 것이었다.

정당전쟁론의 특수 문제 1(종교적 강압)

과연 종교를 전파하기 위해서 전쟁과 같은 무력을 사용할 수 있을까? 아우구스티누스는 결코 이 문맥에서 전쟁을 정당화하지 않음에도 불구하고, 도나투스파를 진압하기 위해 세속의 권위를 언급했다. 이러한 판단은 아우구스티누스 신학의 약점 중 하나로 뽑힌다. 그러나 기억해야 할 것은 그가 이 주제 역시 '사랑'의 관점으로 접근했다는 점이다.[62] 그는 이단자들을 처벌하는 것은 교정을 위한 자비의 한 형태라고 주장했다(『편지』 93.2.6-8; 173.2, 『파르메니아누스 서간 반박』Contra epistulam Parmeniani 3.1.3; 3.5.26).

아우구스티누스는 이 문제 역시 성경에서 근거를 찾기 원했다. 그에 따르면, 그리스도는 바울이 하나님께로 돌아오도록 하기 위하여 고난을 사용하셨다(행 9:1-22). 또한 그는 예수님의 큰 잔치 비유에서 "들어오도록 강권하는 것"coge [or compelle] intrare이라는 표현을 두고, 이단자들과 분리주의자들이 다시 정통 교회로 들어오도록 하기 위해 강압적 방법을 사용하는 것이 전혀 불가능하지 않다고 말했다. 일단 정통 교회로 들어오면 그들을 점차적으로 설득할 수 있기 때문이다(『편지』 93.2.5). 아우구스티누스에 따르면, "악한 자를 대항하지 말라"는 말씀은 하나님께 대항하는 불경건한 자들을 합법적 권위와 힘으로 제압하는 것을 금하지 않는다(『페틸리아누스 서간 반박』Contra litteras Petiliani, 2.19.43; 2.80.178; 2.88.195).
하지만 아우구스티누스는 성직자들이 무력 그 자체를 사용할 수는 없으
며, 합법적인 공적 당국의 지원을 구해야 한다고 가르쳤다(『편지』 87.8;
93.3.9-10 『도나투스파 계도』De correctione Donatistarum 3.7, 『입문자 교리교육』
1.27.53).[63]

정당전쟁론의 특수 문제 2(전쟁과 거짓말의 문제)

전쟁 문제와 엮여 있는 주제 중 하나는 거짓말의 문제다.[64] 아우구스티
누스는 일단 두 주제의 성경적 결이 다르다고 지적했다. 그는 전쟁 문제
를 다룰 때 "살인하지 말라"라는 모세의 율법을 도덕적 절대성을 가진
명령으로 받아드리지 않았다. 왜냐하면 공공선을 보존하기 위해 살인을
명령한 경우를 구약에서 발견했기 때문이다(『거짓말에 관하여』De mendacio
13.23). 하지만 거짓말의 문제를 다룰 때는 입장이 다르다. 이 경우 아우
구스티누스는 "거짓 증언하지 말라"는 명령에 충돌하는 신적인 설명이
나 예를 찾지 못했다. 그는 신구약에 나타난 거짓말에 대한 금지 명령이
절대적인 도덕규범을 권위 있게 나타낸다고 보았다(출 20:16, 시 5:6-7,
시락 7:13, 마 5:37, 요일 2:21 참조,『거짓말에 관하여』21.42,『거짓말 반박』
Contra mendacium 18.37).[65] 아우구스티누스는 성경의 저자들과 구원 역사에
서 긍정적으로 기술된 인물들은 거짓말을 하지 않았다고 확신했다. 그렇
기에 거짓말을 용인하는 듯 보이는 성경 본문의 경우에는, 이 절대적인
금지 명령을 지지하는 방식으로 해석했다(창 18:15; 27:19, 출 1:19-20,
눅 24:28, 갈 2:12 참조.『거짓말에 관하여』5.7-9,『거짓말 반박』2.3, 10.23-
24; 12.26; 13.28; 15.32-17.34).

바로 여기에서 전쟁과 거짓말이라는 주제가 겹치게 된다. 우선 아우
구스티누스는 어떤 상황에도 거짓말을 해서는 안 되며, 그 절대적인 규

범은 정치와 군사적 상황에도 적용되어야 한다고 주장했다. 가령, 여호수아 2장에서 라합이 두 명의 이스라엘 정탐꾼을 구하기 위해 여리고 관리들에게 거짓말을 한 문제에 관하여 아우구스티누스는 다음과 같은 결론 내렸다. 거짓말을 한 라합은 잘못했지만, 그녀는 그렇게밖에 할 수 없었다. 라합은 이방인이었기에 거짓말에 대한 모세법의 금지를 알지 못했다(『거짓말 반박』 15.32-17.34).

거짓말에 관한 윤리를 다룬 아우구스티누스의 주장들은 성경을 종합적으로 연구하여 결론지은 것이다. 가장 큰 원칙은 거짓말을 해서는 안 된다는 절대적 규범이다. 성경은 거짓말을 허용하는 율법을 제시한 적이 없고, 또한 많은 본문에서 의로운 자는 거짓말을 하지 않는다고 가르치기 때문이다(잠 29:27, 마 5:37, 요 1:47, 계 14:5). 아우구스티누스는 이런 절대적 규범에 따라서 거짓말과 관련된 개별 본문들도 해석하고자 했다. 거짓에 대한 이 절대적인 규범을 따르는 아우구스티누스주의는 지적 활동이나 정부의 활동에서 위선과 허위를 변호하는 것을 근원적으로 불가능하게 만든다. 이처럼 아우구스티누스의 윤리학은 거짓말과 관련한 문제들을 다룰 때, 도덕적인 규범을 아주 확실하게 제공한다.

아우구스티누스의 윤리학에 대한 결론

아우구스티누스의 윤리에서 중요한 결론은 다음과 같다.

첫째, 아우구스티누스의 사상에서 윤리는 매우 중요하다. 그는 대부분의 신학적 주제를 개인 윤리 및 사회 윤리와 연결시켰다. 그리고 그의 윤리는 그리스도인에게 적용되는 윤리이면서, 동시에 보편적 성격을 가지고 있다.

둘째, 아우구스티누스의 윤리는 그가 가졌던 그리스-로마 고전에 관한 해박한 지식 및 성경에 관한 지식과 그의 체험의 테두리 내에서 고려해야 한다. 예를 들어 그가 10년간 빠져 있었던 마니교라든지, 그의 회심 경험, 그리고 주교 생활에서 겪은 논쟁이나 목회적 활동 등을 고려해야 한다.

셋째, 아우구스티누스의 윤리는 이중적 전략을 가지고 있다. 하나는 성경적이며 초월적이며 종말론적인 관점이다. 다른 하나는 그리스-로마적이며 현실주의적인 관점이다. 아우구스티누스는 이 둘을 적절하게 조화시켰는데, 성경을 우위에 두면서도 그리스-로마 사상의 장점을 최대한 활용했다.

넷째, 아우구스티누스의 윤리는 사랑의 질서에 대한 개념으로부터 도출된다. 그는 세상의 모든 것을 '향유'와 '사용'으로 나누었다. 하나님을 향유하고, 피조물을 사용하는 것이 올바른 질서의 사랑이다. 이런 올바른 사랑을 그는 '카리타스'[애덕]라고 불렀다. 반면 사랑의 질서가 왜곡되고 전도된 것은 '쿠피디타스'[정욕]라고 불렀다. 천상국과 지상국에 대한 구분도 역시 카리타스를 견지한 사람들과 쿠피디타스에 빠져 있는 사람들의 구분에 상응한다.

다섯째, 아우구스티누스의 윤리는 '세계→자아→하나님'으로의 움직임 속에 놓여 있다. 그는 세상의 모든 주제를 자신의 영혼 안으로 가져와 사유하였다. 그러나 그의 사유는 단지 한 인간의 지적 활동이 아니라, 성경 계시를 통해서 하나님께로 나아가는 과정을 반영한다. 이 지점에서 아우구스티누스는 그리스도와 성령의 도움을 끊임없이 요청한다. 아우구스티누스의 윤리에는 삼위일체론적 특성이 강하게 드러나 있다.

여섯째, 아우구스티누스의 윤리는 그의 성경 해석과 직결된다. 그에게 있어서 성경 주석과 철학적 사유는 날카롭게 구분되는 것이 아닌 서로 돕는 관계다. 하지만 그는 성경 계시를 언제나 세속 철학보다 우위에 두었다. 성경에 대한 그의 묵상은 모든 윤리적 사유를 구조화하고 다양한 원천들과 연결하는 밑바탕이 되었다. 마태복음 22:37-40에 나오는 사랑의 이중 계명 즉, 하나님과 이웃을 향한 사랑은 아우구스티누스에게 있어서 정확한 성경 해석을 위한 열쇠와 같았다. 그리고 그는 스토아 철학과 윤리 및 플라톤의 통찰력을 자신의 성경 묵상에 결합하여 그것을 더욱 기독교적으로 승화시켰다.

일곱째, 아우구스티누스의 성경 주석이 갖는 특징은 역사성이다. 그는 구원 계시의 발전과 세상 역사의 흐름에 늘 민감했다. 그리하여 윤리적 주제를 다룰 때도 항상 역사적 지평 속에서 그 문제에 접근하고자 했다. 『신국론』에 나타난 역사관은 이런 점에서 아우구스티누스의 윤리를 이해하는 데 중요한 통찰력을 제시한다.

여덟째, 아우구스티누스의 윤리가 갖는 위와 같은 독특한 특징들은 그가 성(性)과 전쟁이라는 주제, 그리고 거짓말이라는 주제를 다룰 때 제대로 관찰할 수 있다. 이런 주제들 외에도 아우구스티누스가 윤리적 관점에서 다뤘던 문제들은 그의 사상의 총체성을 염두에 두고 파악할 때 그 진가를 깨닫게 될 것이다.

아홉째, 아우구스티누스의 윤리는 인간의 삶을 총체적으로 파악하는 통전성이 있다. 질송이 잘 지적한 것처럼 아우구스티누스 사상은 도덕적 삶을 사회적 삶과 상호 연결시키고 있다. 그의 사유 속에서는 '세계→자아→하나님'으로의 흐름이 다시 돌아서 '하나님→자아→세계'로 나아간다. 특히 이 맥락에서 아우구스티누스는 교회[공동체]와 예전의 중요성을 강조한다.

마지막으로, 아우구스티누스의 윤리에는 '은혜에 대한 지속적 강조'가 두드러지게 나타난다. 그는 세상 철학과 윤리의 한계성을 삼위일체적 신론에 근거하여 지적한다. 플라톤주의가 아무리 대단하다 하더라도 그곳에는 **그리스도**와 **성령**이 존재하지 않는다. 아우구스티누스 윤리에서 그리스도는 온전한 하나님의 형상이며 참된 인간의 완성된 모델을 제시한다. 그 지점에서 성령은 윤리적 원동력과 추진력을 제공한다. 인간의 의지와 그것의 한계 상황 곧 죄에 대한 아우구스티누스의 분석은 그의 윤리가 하나님의 사랑과 주권적 은혜에 필연적으로 머물도록 한다. 그것이 그가 경험한 삶이었으며, 성경이 가르치는 바였다. 비록 아우구스티누스의 윤리에는 아직도 해결하기 힘든 곤혹스러움과 긴장이 남아 있지만 그럼에도 불구하고 그의 윤리는 여전히 우리에게 필요하다.

장 칼뱅의 '자기부인의 윤리'

그리스도인의 생활(『기독교강요』 3권 6장)

신자의 삶의 윤리적 요소(성령의 법의 윤리)

칼뱅 Jean Calvin은 그리스도인의 생활에 대해 매우 중요한 지침들을 남겼다. 그가 윤리학을 직접 저술하지는 않았지만, 『기독교강요』에는 종교개혁의 윤리적 핵심 내용이 들어 있다. 특히 칼뱅은 『기독교강요』 제3권 6장에서 신자의 생활에 대하여 윤리적, 신학적으로 서술한다. 그는 먼저 중생의 목적은 하나님의 의와 신자의 순종 사이에 조화와 일치가 신자의 삶 속에 나타나도록 하기 위한 것이고, 이미 받은 자녀의 자격을 더욱 확고하게 하려는 것에 있다고 말했다(갈 4:5, 벧후 1:10 참조, 『기독교강요』 3.6.1).[66] 하나님께서는 율법을 주심으로써 우리 안에 그분의 형상을 회복시킨다. 그러나 하나님의 형상을 회복하는 것에는 인간의 우둔함으로 인하여 추가적인 특별한 노력이 필요하다(3.6.1). 특히 칼뱅은 교부들의 설교가 이 문제에 큰 도움이 된다고 주장했다. 칼뱅은 여러 교부의 저술과 성경 구절을 바탕으로 하여 '올바르게 정리된 생활'과 '경건한 삶'을 위한 보편적인 준칙들을 제시하고자 한다. 칼뱅은 성경이 제시하는 윤리가 철학자들이 제시하는 윤리보다 더 탁월하다고 주장한다. 성경은 그리스도인의 윤리적 문제를 매우 질서 있게 제시하고, 성령을 통하여 실제적으로 행할 수 있는 길을 알려주기 때문이다(3.6.1). 이처럼 칼뱅의 윤리는 그리스도 안에서 주어진 율법을 무시하지 않으면서도, 철저하게 성령을 의지하는 윤리다. 따라서 그의 윤리를 '성령의 법의 윤리'라고 적절하게 요약할 수 있다.

기독교적인 삶의 동기와 목적('은혜의 윤리', '거룩을 향한 윤리')

칼뱅은 성경이 그리스도인의 윤리적 삶에 대해 두 가지의 가르침을 제시한다고 말한다(3.6.2).

첫째, 신앙을 통해서 본성이 변화된다. 인간의 타락한 본성에는 의에 대한 사랑이 전혀 없다. 그러나 신앙을 갖는 순간, 본성에는 변화가 일어나며 신자의 마음속에는 의를 향한 사랑이 주입되고 확립된다.

둘째, 신자는 의의 열매를 맺을 수 있으며 의에 대한 열의를 지니게 된다. 그리고 성경적 원리와 법칙을 정하여 살게 된다. 칼뱅은 그리스도인의 의로운 삶의 기초를 '하나님의 거룩'에 둔다. 성경은 하나님께서 거룩하시므로 그의 백성들 역시 거룩해야 한다고 가르친다(레 19:2, 벧전 1:15-16). 칼뱅은 의의 기초로 이보다 훌륭한 것은 없다고 주장한다.

신자는 예수님을 믿기 전에 방황했지만, 예수님을 믿은 이후로는 '하나님과의 연합'을 이루며 살게 된다. 그 연합의 끈이 바로 '거룩'이라고 칼뱅은 주장한다(3.6.2). 그는 이것을 로마 가톨릭적인 공로주의로 해석하지 않는다. 거룩하기 때문에 하나님과의 연합이 이뤄지는 것이 아니라, 이미 하나님과 결합되었기에 거룩한 삶을 살게 되는 것이다. 따라서 칼뱅의 윤리를 '은혜의 윤리'라고 정의할 수 있다. 칼뱅은 믿음을 갖는 것은 시작에 불과하며, 그 이후부터 모든 신자에게는 믿는 자답게 살 의무가 있다고 가르친다. 그는 신자의 부르심에 대한 목표를 '거룩'이라고 가르친다(사 35:8 참조).[67] 만일 어떤 사람이 구원받았다고 말은 하면서도 여전히 세상의 사악과 부패에 잠겨 있다면, 그 사람은 구원의 목적을 망각한 것이다(3.6.2). 거룩한 성 예루살렘에 사는 사람들은 거룩한 자들이다(시 116:19; 122:2-9, 시 15:1-2; 24:3-4 참조). 성도聖徒는 이름에 걸맞게 '거룩하게 사는 사람'이 되어야 한다. 거룩은 구원의 목적이다. 따라서 칼뱅의 윤리를 가리켜 '거룩을 향한 윤리'라고 부를 수 있다.

그리스도 인격과 구속 행위에서 나오는 윤리
('그리스도 중심적인 윤리', '삼위일체론적 윤리', '종말론적 윤리')

칼뱅의 윤리가 갖는 또 다른 중요한 특징은 '그리스도 중심적인 윤리'라는 사실이다(3.6.3). 그에 따르면, 하나님께서 그리스도 안에서 신자들과 화해하실 때(고후 5:18 참조), 그리스도의 형상이 인쳐지도록 하셨다(히 1:3 참조). 신자가 그리스도를 닮아 하나님의 형상을 회복하는 것이 바로 기독교 윤리다. 칼뱅은 십자가를 묵상하는 자는 윤리적인 삶을 살 수 있다고 주장한다.[68] 이 점이 바로 세속 철학자들의 윤리와 다른 점이라고 칼뱅은 주장한다. 철학자들은 사람들에게 인간의 본성에 따라 살라고 권면하기 때문이다. 아우구스티누스도 역시 세속 철학에는 그리스도가 없었다며 한탄하였는데, 칼뱅은 이러한 점에서 아우구스티누스와 유사성을 가지고 있다.[69]

성경은 세속 철학과 다르게 가르친다. 성경은 생명의 창조자이시며, 생명을 좌우하시는 하나님에게 우리의 생명을 맡기라고 명령한다. 그뿐만 아니라 성경은 우리가 창조 당시의 본연의 상태에서 타락했지만, 이제는 그리스도를 통해 하나님의 은혜를 다시 받아 그리스도의 형상을 회복할 수 있다고 가르친다. 헤르만 바빙크Herman Bavinck도 역시 그리스도인의 삶을 그리스도의 형상을 회복하는 관점에서 가르치는데, 이는 개혁신학의 유사성을 보여주는 대목이다.[70] 칼뱅은 이렇게 주장한다. "주께서 우리를 양자로 삼으실 때의 조건은 하나뿐이었다. 즉 우리의 양자 관계의 유대이신 그리스도를 우리의 생활에서 나타내라는 것이다"(3.6.3). 예수 그리스도로 말미암아 입양된 양자[養子]인 우리는 하나님의 아들이신 예수 그리스도를 닮아 하나님의 자녀답게 살아야 한다. 칼뱅은 성경이 그리스도인의 윤리적 삶을 일일이 지시한다고 생각했다. 그리하여 신자는 마땅히 하나님의 자녀다운 삶을 살아야 하며(말 1:6, 엡 5:1, 요일 3:1), 또다시 타락으로 자신을 더럽히는 것은 적합하지 않다고 주장한다(엡 5:26, 히 10:10, 고전 6:11, 벧전 1:15, 19).

특별히 그리스도와의 연합 사상은 칼뱅 윤리론의 핵심이다. 칼뱅은 그리스도께서 우리를 자신의 몸에 접붙이셨으므로, 우리는 오점이나 결점을 만들어 그리스도의 아름다움을 손상하는 일이 없도록 주의해야 한다고 가르쳤다(엡 5:23-33, 고전 6:15, 요 15:3-6). 신자는 머리이신 그리스도께서 계신 하늘을 향하며 살아야 한다(골 3:1 이하). 신자는 성령의 성전으로서 하나님께 바쳐졌기에 하나님의 영광을 위해 살아야 한다(고전 3:16; 6:19, 고후 6:16). 이처럼 칼뱅의 윤리를 가리켜 '삼위일체론적 윤리'라고 할 수 있다.

또한 그의 윤리에는 종말론적 태도가 두드러지는데, 신자는 이미 면류관을 받기로 정해졌으므로(벧전 5:4), 영과 육을 주의 날까지 순결하고 흠 없이 보존해야 한다고 가르친다(살전 5:23, 빌 1:10 참조). 그러므로 칼뱅의 윤리를 가리켜 '종말론적 윤리'라고 할 수 있다.[71] 이와 관련하여 칼뱅은 다시 한번 철학자들의 윤리를 비판한다. "그들은 덕을 권장할 때, 기껏 고상한 생각을 한다는 것이 인간 본래의 존엄성이란 생각을 결코 넘지 못한다"라고 주장한다(3.6.3).

그리스도인의 윤리와 마음의 문제('복음적 윤리', '마음과 생명의 윤리')

칼뱅의 윤리는 '복음적 윤리'라고 할 수 있다(3.6.4). 그는 그리스도의 이름만 가졌을 뿐, 삶에서 그 모습이 나타나지 않는 사람을 책망한다. 복음의 말씀으로부터 그리스도에 대한 올바른 이해를 체득한 사람은 그리스도와 친교를 갖는다. 따라서 복음을 제대로 알고 믿는 사람의 삶에는 변화가 나타나기 마련이다. 복음은 혀의 교리가 아닌 생명의 교리이기 때문이다(3.6.4). 칼뱅은 다른 연구 분야는 오성과 기억력만으로 이해할 수 있지만, 복음은 그렇지 않다고 주장한다. 복음을 깨닫기 위해서는 그 복음이 영혼을 전적으로 점령하고 속마음의 가장 깊은 곳에 자리를 잡아야 하기 때문이다.

칼뱅은 기독교 교리를 아는 사람은 교사이신 그리스도의 제자답게 처신해야 한다고 권면한다(3.6.4). 그는 교리에서 기독교가 시작하지만, 교리는 마음에 들어가며, 그다음 일상생활이 되며, 신자를 변화시킴으로써 복음의 결과가 나타나도록 한다고 주장한다. 그런 점에서 칼뱅의 윤리는 '마음과 생명의 윤리'라고 할 수 있다. 여기에서 칼뱅은 철학자들과 복음을 믿는 신자를 비교한다. 칼뱅에 따르면, 철학자들은 궤변을 일삼는 가짜 철학자들을 볼 때 격분하여 그들을 철학계에서 축출한다. 그렇기에 칼뱅은 단지 "혀끝에서 복음을 굴리는 것으로 만족하는 이 천박한 궤변가들"을 미워하는 것을 당연하게 여겼다. 그는 "복음의 효력은 마음속 가장 깊은 감정에까지 침투하여 영혼 안에 자리를 잡고 인간 전체에 영향을 주어야 하며, 철학자들이 하는 충고보다 백배나 더 심각한 영향을 주어야 한다"라고 주장했다(3.6.4). 칼뱅은 복음이 철학보다 더 진지하게 취급되지 않고, 영향력이 없다는 것에 대해 결코 묵과할 수 없었다.

그리스도인의 생활의 불완전과 노력('점진적인 발전의 윤리')

칼뱅은 그리스도인의 윤리적 생활에 대해 **완전주의적**으로 접근하지 않는다. 그는 복음적 완전에 도달하지 못한 사람은 그리스도인이 아니라고 말하지 않았다(3.6.5). 만일 그리스도인의 생활 기준이 완전해야 한다면, 모든 사람을 교회에서 몰아내어야 할 것이라고 그는 주장했다. 그렇다고 칼뱅이 그리스도인의 삶에서 '태만'을 용납한 것은 결코 아니다. 그는 거룩한 삶에 대한 목표를 세우라고 권면하며, '성실'은 '하나님을 향한 경배의 한 부분'이라고 주장했다(창 17:1, 시 41:12). 그에 따르면 '성실'이란 마음의 진실한 단순성, 간사함이나 가장이 없는 마음, 두 마음과 반대되는 마음이다(3.6.5). 그는 올바른 생활의 출발점은 영적인 것이라고 주장한다. 이 영적인 생활을 추구하는 자는 거룩함과 의로움을 함양하고 체득하기 위하여 마음의 깊은 감정을 하나님께 드린다. 칼뱅은 매일 조금씩이라도 노력할 것을 권면한다. 그는 신자 각자가 자신의 미미한 능력의 정도에 따라서 전진하도록 권면한다. 비록 아주 짧은 거리일지라도 우리는 매일 앞으로 나아가야 한다. 전진하기 위해서 꾸준한 노력을 중단하지 말아야 한다. 다음과 같은 칼뱅의 권면에서는 그의 목회자적인 따스함이 느껴진다. "우리의 성공이 사소할 때에도 낙심하지 말라. 원하는 데까지 미치지 못하더라도 어제보다 오늘이 나았다면 그것은 무익한 노력이 아니다. 우리는 다만 진실하고 단순한 마음으로 우리의 목표를 위해 앞으로 나아갈 뿐이다"(3.6.5).

여기에서 칼뱅은 '자기만족'에 빠지거나 자신의 악행을 '변명'하는 것에 대해 경고한다. 신자의 목적은 평소보다 조금씩 나아져 결국 선^{善} 자체에 도달하는 것이다. 하지만 칼뱅은 즉시 덧붙이기를 "육신의 연약을 벗어 버리고 그분과 완전한 친교에 들어가게 될 때만 우리는 그곳에 도달할 것이다"라고 하며, 완전주의를 다시 한번 배격한다(3.6.5). 따라서 칼뱅의 윤리는 '점진적인 발전의 윤리'라고 할 수 있다.

그리스도인의 생활의 핵심: 자기부정(『기독교강요』 3권 7장)

우리는 하나님의 소유('하나님의 영광을 위한 윤리', '자기부정의 윤리')

칼뱅은 그리스도인의 생활의 핵심 원리가 '자기부정'self-denial 이라고 주장한다(3.7.1). 하나님은 율법을 주셔서 주님의 백성들을 인도하신다. 그 핵심은 그들이 자신의 몸을 하나님이 기뻐하시는 거룩한 산제사로 드리는 것인데, 이것은 하나님께 드릴 합당한 예배다(롬 12:1). 하나님의 백성들은 이 세대를 본받지 말고 오직 마음을 새롭게 함으로 변화를 받아 하나님의 뜻이 무엇인지 분별해야 한다(롬 12:2). 신자는 하나님의 영광을 위해 살아야 한다. 그것은 자신의 삶의 모든 영역에서 하나님을 위해 행동하는 것이다(3.7.1). 따라서 칼뱅의 윤리를 가리켜 '하나님의 영광을 위한 윤리'라고 부를 수 있다. 신자는 하나님께 속했기에 자신의 이성이나 의지에 따라서 살아서는 안 되고, 오히려 하나님을 위하여 자신과 자신의 소유를 사용해야 한다. 그것은 주님의 지혜와 주님의 뜻이 신자의 모든 행동을 주관하도록 하는 것이다. 칼뱅은 여기에서 "우리는 하나님의 것이다"라는 말을 반복하여 강조한다(3.7.1). 그렇기에 신자는 하나님을 유일하고 합당한 목표로 삼아 생활의 모든 부분을 통해 그분께 달려가야 한다(롬 14:8, 고전 6:19 참조). 칼뱅은 자신을 위해 사는 사람은 가장 효과적으로 스스로를 멸망시키며, 반대로 자기부인으로 하나님께 자신을 드린 사람은 큰 유익을 얻을 것이라고 말한다.

　　칼뱅의 '자기부정의 윤리'는 하나님의 말씀에 순종하기 위해 모든 육적인 생각을 버리고, 비어있는 마음을 하나님의 영이 명하시는 방향으로 완전히 돌이키는 윤리를 뜻한다(3.7.1). 칼뱅은 여기에서 다시 한번 철학자들의 윤리와 성경의 윤리를 비교한다. 철학자들은 "심령으로 새롭게 되는 것"(엡 4:23)이 무엇인지 알지 못한다. 칼뱅에 따르면, 철학자들은 이성만을 지배 원리로 설정하고 이성의 소리에만 귀를 기울인다. 그들은 인생행로를 이성에만 맡긴다. 그러나 칼뱅은 이렇게 말했다. "기독교 철학은 이성을 향해 성령께 양보하고 항복하며 복종하라고 명령한다. 그렇게 함으로써 자기 안에 자신이 아닌 그리스도께서 살며 자신을 다스리고 계신다는 사실을 알 수 있다"(3.7.1).

하나님을 향한 헌신과 윤리적인 삶
('순종의 윤리', '인간의 뿌리 깊은 죄악성을 의식하는 윤리')

자기부인이란 "자신의 것을 구하지 않고 하나님의 뜻에 합당하며 하나님의 영광을 높이는 데 도움이 될 것을 구하는 것"이다(3.7.2). 그렇기에 자기부인이란 무조건적인 자기 비움과는 다르다. 자신을 부인하는 이유는 하나님의 말씀에 순종하기 위해서이다. 칼뱅의 윤리에서 순종이란 "하나님께서 우리에게 요구하시는 가장 뛰어난 제사"이며, "그리스도인의 삶의 변화에 있어 기본 전제이자 토대"다.[72] 순종은 하나님의 사랑을 경험하는 데서 나오며, 하나님 사랑과 이웃 사랑으로 드러나야 한다. 따라서 칼뱅의 윤리는 '순종의 윤리'라고 일컬어질 수 있다. 자기부인의 구체적인 모습은 **소유욕**과 **권세욕**과 **명예욕**을 마음에서 씻어버리는 것으로 나타난다(3.7.2). 이것을 위해서 필요한 것이 하나님과의 동행이다. 자기를 부인하는 사람은 무슨 일을 하든지 먼저 하나님의 결정과 판단을 구한다. 그럴 때 모든 허탄한 생각을 피할 수 있기 때문이다. 칼뱅은 이런 자세를 가리켜 그리스도께서 제자들에게 가장 절실하게 요구하시는 자기부정이라고 주장한다(마 16:24 참조).

자기부정이 일단 마음을 사로잡고 나면, 자만이나 교만이나 허식이 절대로 용인되지 않는다. 그리고 탐욕, 욕망, 방탕, 나약함, 이기심이 빚어내는 죄악들을 허용하지 않는다(딤후 3:2-5 참조). 이와 반대로 자기부정이 안 되는 사람은 가장 추악한 죄악들도 부끄러운 줄 모르고 행한다. 그들의 마음은 타락한 명예욕으로 더럽혀진다. 자기부정이 강하지 않은 사람들은 선한 일을 하더라도 사실상 칭찬을 받기 위한 동기로 행한다. 여기에서 칼뱅은 또 한 번 세속 철학자들과 자기부정의 삶을 대비시킨다. 세속 철학자들은 덕은 덕 자체를 위해 추구되어야 한다고 강력하게 주장한다. 그런데 모순적이게도 그들은 안하무인격으로 거만하며, 그들이 덕을 추구한 것은 자랑할 기회를 얻으려는 생각이었고 그밖에 다른 이유가 없었다는 것을 나타냈다(3.7.2). 그러나 칼뱅은 "하나님께서 이런 교만한 사람들을 아주 불쾌히 여기시고, 그들은 이 세상에서 이미 상을 받았다고 말씀하시며(마 6:2, 5, 16), 창녀와 세리들이 그들보다 천국에 더 가깝다고 하셨다(마 21:31)"라고 주장한다(3.7.2).

　　이처럼 칼뱅의 윤리는 '인간의 뿌리 깊은 죄악성을 의식하는 윤리'다. 그에 대한 치료 방법은 하나뿐이라고 그는 주장한다. 자신을 부정하며, 자신에 대한 걱정을 버리고, 하나님이 요구하시는 일을 추구하며, 다만 하나님의 기쁨을 위해 그 일들을 전심전력으로 추구하는 것이 유일한 치료법이다(3.7.2).

'불경건'과 '세상 욕심'이 아니라 '근신함'과 '의로움'과 '경건'을 추구함

칼뱅은 『기독교강요』 3권 7장 3절에서 디도서 2:11-14[73]을 해설하면서 사도 바울이 신자들에게 하나님의 은혜를 제시하면서, 동시에 참된 예배자의 삶에 있어서 가장 방해가 되는 두 가지 장애물을 제거하려 했다고 설명한다. 윤리적 삶에 가장 방해가 되는 그 두 가지는 '불경건'과 '세상 욕심'이다. 칼뱅에 따르면, '불경건'이란 것은 미신뿐만 아니라, 하나님께 대한 성실한 두려움을 방해하는 모든 것을 포함한다. 또한 '세상 욕심'이란 육의 정욕과 같은 것이다(요일 2:16, 엡 2:3, 벧후 2:18, 갈 5:16, 참조). 칼뱅은 흥미롭게도 십계명의 두 돌판이 '불경건'과 '세상 욕심'을 제거하는 것과 관련되어 있다고 설명한다. '불경건'과 '세상 욕심'을 버리기 위해서는 '자기부정'이 요청된다. 이어서 칼뱅은 바울이 신자의 삶에 있어가장 중요한 행동 지침으로 '근신함'과 '의로움'과 '경건'을 제시했다고 주장한다(3.7.3). 칼뱅은 이 세 가지를 구체적으로 설명한다.

첫째, '근신'이란 정절과 절제뿐만 아니라, 세상 재물을 순결하고 검소하게 사용하며 빈곤을 참는 것 등을 의미한다.

둘째, '의로움'이란 모든 사람에게 그가 받아야 할 것을 주는 공정성의 모든 의무를 포함한다(롬 13:7 참조). 이처럼 정의正義를 '모든 이에게 각자의 몫을 주는 것'suum cuique tribuere 이라고 규정한 것은, 정의에 대한 고대 그리스-로마의 기본적인 이해와 상통한다. 정의에 대한 이런 정의定義는 플라톤, 아리스토텔레스, 키케로, 유스티니아누스 법전, 아우구스티누스, 아퀴나스의 작품에서 다양하게 나타난다.[74]

셋째, '경건'이란 그리스도인들을 세상의 불법에서 분리시키고 하나님과 결합시켜 참으로 거룩하게 만드는 것이다.

칼뱅은 이렇게 '근신함'과 '의로움'과 '경건'이 서로 결합되어 분리할 수 없는 끈으로 묶이게 될 때 완전무결한 상태에 이르게 될 것이라고 주장한다. 하지만 비록 신자라고 할지라도 하나님과 동료 신자들에게 자신을 바치며, 세상의 더러움 속에서 천사의 생활을 묵상한다는 것은 아주 어려운 일임을 칼뱅도 인정했다. 그래서 그는 바울이 신자의 마음을 모든 지상적 올무에서 벗어나도록 돕기 위해 '복스러운 영생'을 가르쳤다고 설명한다(살전 3:5 참조). 이것은 그가 『기독교강요』 3권 6장 3절에서 제시했던 '종말론적 윤리'와 일치하는 것이다. 종말을 기억하는 사람은 하늘의 영광을 보면서 이 땅의 유혹을 이겨낼 수 있다. 신자가 이 땅에서 나그네처럼 살아야 할 이유는 바로 여기에 있다(3.7.3).

자기부정과 이웃에 대한 바른 태도의 연결성('겸손의 윤리')

칼뱅은 자기부정이란 하나님을 향한 마음가짐에서 그치는 것이 아니라, 다른 사람을 향한 윤리적 태도와도 직결되는 것이라고 힘주어 가르친다(3.7.4). 그는 성경이 요구하는 윤리적 지침은 남을 자기 자신보다 더 낫게 여기며(빌 2:3), 전심으로 다른 사람에게 선을 행하는 것(롬 12:10 참조)이라고 주장한다. 하지만 칼뱅은 자기부정이 안 되는 사람은 이런 삶을 살 수 없다고 생각했다. 왜냐하면 인간은 누구든지 자기 자신을 맹목적으로 사랑하기 때문이다. 왜곡된 자기 사랑에 빠진 사람은 자신에게 이익이 되지 않을 때는 다른 사람을 무시하거나 멸시하는 경향이 있다. 칼뱅은 우리가 본성상 자만심에 빠지기 쉬운 존재라며 경고한다. 또한 우리는 자신의 죄를 숨기는 한편, 옳지 않은 일에도 나름의 구실을 만들어 자기만족에 빠지거나 심지어는 선한 일을 하고 있다고 착각하기도 한다. 그리고 자신보다 우수한 재능을 발휘하는 다른 사람을 인정하려고 하지 않으며, 그 사람을 위하여 양보하려고 하지도 않는다. 또한 다른 사람의 과실을 엄하고 신랄하게 비난하며, 그것을 추악하게 과장하는 경향이 있다. 우리는 자기 자랑에 쉽게 빠지며, 다른 사람을 자신보다 못난 존재로 여겨 멸시하곤 한다. 이런 성향들이 인간의 특징이라고 칼뱅은 설명한다. 그는 "모든 사람은 각각 자기가 잘났다고 생각하며 그 가슴속에 일종의 왕국을 가지고 있다"(3.7.4)라고 말했다.

사람은 누구나 좋아하는 무언가를 자신의 것이라고 주장하며, 다른 사람의 인격과 도덕 생활을 비난한다. 모든 일에 있어 명랑하고 유쾌할 때 온화한 태도를 보이는 사람은 많다. 하지만 타인이 성가시게 굴며 괴롭히는데도 겸손한 태도를 유지할 수 있는 사람은 그다지 많지 않다. 이러한 '투쟁욕'과 '이기심'을 칼뱅은 '가장 무서운 전염병'이라고 부른다. 그렇다면 어떻게 우리는 마음 깊은 곳에 있는 전염병을 제거할 수 있을 것인가? 칼뱅은 '은혜를 아는 것'에 해답이 있다고 말한다. 그는 하나님 께서 우리에게 주신 재능이 우리의 소유가 아닌 하나님의 조건 없는 선물이란 것을 잊어선 안 된다고 말한다. 이것이 성경의 가르침이다(고전 4:7). 칼뱅은 "자기의 재능을 자랑하는 사람은 그의 배은망덕을 폭로하는 것이다"라고 말한다. 칼뱅은 앞에서 제시했던 '은혜의 윤리'를 또다시 강조한다(3.6.2, 3.7.1, 3.7.4).

칼뱅의 윤리는 또한 '겸손의 윤리'라고 할 수 있다. 그는 우리에게 자신의 허물을 돌아보며 겸손한 마음을 끊임없이 회복해야 한다고 주장한다. 겸손한 사람은 자신의 장점보다는 단점을 더 주의 깊게 성찰한다. 그들은 하나님에게서 재능을 받은 사람들을 만날 때마다, 그 재능을 높이며 그 사람들을 존중한다. 또한 겸손한 사람은 상대방의 허물을 볼 때 그것을 칭찬하지는 않지만 관대하게 품어 준다. 모든 사람을 호의와 존중으로 대하며, 그 누구도 비난하거나 공격하지 않는다. 상대방을 관대하고 겸손하게 대할 뿐 아니라 다정하게 그리고 친구로서 대한다. 그래서 결론적으로 칼뱅은 이렇게 적는다. "진정한 친절을 체득하는 길은 하나밖에 없다. 진심으로 자기를 낮추고 남을 공경하는 것이다"(3.7.4).

은사는 이웃을 위해 위탁 받은 것('청지기 윤리')

칼뱅은 자신의 생각을 버리는 사람이 진정으로 이웃의 유익을 구할 수 있다고 주장한다. 그는 사도 바울이 고린도전서 13장에서 다른 사람들을 위해 자기를 버리고 전적으로 헌신하는 자신을 묘사했다고 설명한다(고전 13:4-5). 그렇게 살기 위해서 신자는 자신의 본성을 상당히 가혹하게 다루어야 할 것이다(3.7.5). 인간은 본성상 다른 사람을 시기하며, 다른 사람의 유익을 도모하지 않는 경향이 있기 때문이다.

하나님에게서 받은 은혜는 모두 교회와 이웃의 공익을 위해 일시적으로 위탁된 것임을 기억해야 한다(3.7.5). 은혜를 합당하게 사용하는 사람은 다른 사람들에게 아낌없는 친절을 나누어 준다고 칼뱅은 말한다. 신자가 받은 모든 은사는 이웃들의 유익을 위해 분배하라는 조건으로 하나님께서 위탁하신 것이기 때문이다(벧전 4:10 참조). 이것이 윤리적 삶을 위한 가장 확실한 규칙이다. 따라서 칼뱅의 윤리를 '청지기 윤리'라고 부를 수 있다.

특별히 칼뱅은 그 은사의 사용을 교회 내에서 훈련해야 한다고 가르친다. 그는 사도 바울이 고린도전서 12장에서 사용한 '몸의 비유'를 가져온다. 우리 몸의 모든 기관은 자기 자신이 아니라 몸 전체를 위해 기여한다. 그와 마찬가지로 신자는 자신이 가진 은사를 '교회의 전체적인 성장'을 위해 사용해야 한다. 칼뱅은 이렇게 주장한다. "관용과 자선에 대한 우리의 규칙은 이것이다. 즉 우리는 하나님께서 우리의 이웃을 도울 수 있도록 우리에게 주신 모든 것을 관리하는 청지기이며, 우리의 청지기 직책에 관해 하나님께 보고할 의무가 있다"(3.7.5). 이는 칼뱅의 '청지기 윤리'를 잘 요약해 주는 표현이다. 그는 올바른 청지기의 유일한 자격은 사랑을 표준으로 알아낼 수 있다고 가르친다. 우리는 남의 이익에 대한 열심과 자신의 이익에 대한 관심을 결합시킬 뿐 아니라, 자기의 일보다 남의 일을 더 중요시해야 한다고 주장한다. 신자의 자유는 사랑을 위해 사용해야 하기 때문이다.[75]

흥미롭게도 칼뱅은 구약성경에 이미 이러한 '청지기 윤리'가 있었다고 설명한다. 구약시대에서 처음 익은 열매는 하나님 앞에 먼저 드려야 했다(출 23:19). 먼저 하나님에게 드리지 않고서 쓰는 것은 불법이었다. "이와 같이 하나님의 은사가 우리의 손으로 창조주에게 바쳐진 때에만 거룩하게 된다면, 바치지 않고 쓰는 것은 분명히 부패한 남용이다"(3.7.5). 칼뱅은 이미 율법에 나타난 이러한 원리가 현재에도 유효함을 보여주기 위해서 히브리서를 인용한다. 히브리서 13:16은 남에게 나눠주는 것을 거룩한 제사에 비교하고 있다고 주장한다(3.7.5).[76] 이처럼 칼뱅의 『기독교강요』에는 성경 주석과 윤리가 자연스러운 만남을 이루고 있다.

사람을 외모로 취하지 않음('하나님 형상의 윤리', '하나님 중심적 윤리')

칼뱅은 윤리의 대상이 모든 사람이라고 가르치며, 사람을 차별하지 말 것을 가르친다(3.7.6). 하나님은 모든 사람에게 예외 없이 "선을 행하라"고 명령하시기 때문이다(히 13:16). 칼뱅은 여기에서 모든 사람을 하나님 앞에 세운다. 그가 보기에, 모든 사람은 그 자신의 공로로 판단된다면, 대부분이 심히 무가치한 자들이다(3.7.6). 우리가 모든 사람에게 차별 없이 선을 행하는 이유는 사람이 그 자체로 가치가 있어서가 아니라, 모든 사람 안에 있는 하나님의 형상을 보았기 때문이다. 우리는 모든 사람 안에 있는 형상에 대해서 경의와 사랑을 표해야 한다(3.7.6). 칼뱅은 바로 덧붙이기를 특히 믿음의 식구들 사이에서(갈 6:10), 그리스도의 영을 통하여 회복된 하나님의 형상을 볼 수 있도록 주의해야 한다고 주장했다(3.7.6). 이것을 보면, 칼뱅은 타락한 인간도 여전히 하나님의 형상이라는 것을 주장하고 있으며, 동시에 신자는 회복된 하나님의 형상이라고 가르치고 있다. '하나님 형상의 윤리'를 칼뱅만큼 분명하게 가르친 신학자도 드물다. 칼뱅은 '모르는 사람'이라 하더라도 선을 행해야 한다고 가르친다. 또한 '비루하고 무가치한 사람'에게도 마찬가지로 선을 행해야 한다. "높으신 주께서는 낮은 그에게 자신의 아름다운 형상을 주셨기 때문이다"(3.7.6). 신자는 모든 사람에게 봉사할 의무가 있다. 신자는 다른 사람들을 은혜의 관점으로 바라봐야 한다. 따라서 다른 사람에게 선을 행하는 것은 하나님께서 나에게 베푸신 은혜를 인정하는 행위가 된다. 앞에서 나왔던 '은혜의 윤리'가 또다시 반복되고 있다(3.6.2; 3.7.1; 3.7.4; 3.7.6). 이처럼 '은혜의 윤리'는 칼뱅의 윤리에서 가장 중요한 원리가 된다.

칼뱅은 "우리에게 추천하신 하나님의 형상에는 그대 자신과 그대의 전소유를 바칠 가치가 있다"라고 주장한다(3.7.6). 모든 생명은 소중하며 그 자체로 절대적 가치가 있음을 보여주는 표현이다. 심지어 칼뱅은 우리의 호의를 받을 가치가 없을 뿐 아니라, 불의한 행동이나 저주로 우리에게 상처를 준 사람에게도 "그를 사랑으로 포용하며 그를 위해서 사랑의 의무를 다하는 것을 중단해서는 안 된다"라고 가르친다(마 6:14; 18:35, 눅 17:3). 왜냐하면 "주께서는 이 사람이 우리에게 지은 죄를 모두 용서하라고 명령하실 때, 자신이 그 죄를 맡겠다고 하셨기 때문이다"(3.7.6). 이처럼 칼뱅은 '하나님 중심적 윤리'를 강력하게 주장한다. 이를 위하여 그는 다시금 "우리를 향한 다른 사람들의 악의를 생각하지 않고 그들 안에 있는 하나님의 형상을 주시"하라고 명령한다(3.7.6). "하나님의 형상은 그들의 죄를 말소하며 삭제할 뿐 아니라, 그 아름다움과 위엄으로 우리의 마음을 이끌어 그들을 사랑하며 껴안도록 한다"라고 주장했다. 이처럼 '하나님 형상의 윤리'는 무조건적으로, 아니 **역조건적** 상황에서도 작용하는 윤리다.

진정으로 사랑하는 마음으로 행함('의향의 윤리', '연대의 윤리')

'자기부정의 윤리'를 강조하면서 칼뱅은 신자의 윤리는 단지 행위에 그쳐서는 안 되고, '진정으로 사랑하는 마음'으로 행해야 한다고 주장한다. 외면적으로는 모든 의무를 완전히 이행하면서도 마음으로는 그런 의무를 이행하는 것과 거리가 먼 사람이 있을 수 있기 때문이다(3.7.7). 그런 사람의 윤리적 행동은 겉으로는 덕스러운 것처럼 보일지라도, 그 태도나 자세에 있어서는 다른 사람을 오히려 불쾌하게 만든다. 따라서 칼뱅은 "그리스도인에게 요구되는 것은 명랑한 얼굴이나 다정한 말로 유쾌하게 의무를 다하는 것뿐만이 아닌 그 이상의 것이 있어야 한다"라고 주장했다(3.7.7). 무엇보다 필요한 것은 "도움이 필요한 사람의 처지에 자신을 투사하여 그의 불행을 마치 자신이 당하며 견디는 것같이 동정"하는 노력이다(3.7.7). 이렇게 함으로써 신자는 남을 자신처럼 여기며 도울 수 있다. 이처럼 칼뱅은 윤리적 행위의 동기와 의도를 중요시하는 '의향의 윤리'를 제시한다. 앞에서 나왔던 '마음과 생명의 윤리'와 상통한다(3.6.4).

윤리적 행위의 동기와 의향이 올바른 사람은 교만하거나 다른 사람을 쉽게 비난하지 않는다. 곤란한 사람들을 도울 때 그들에게 비굴함을 주지 않는다. 다시 한번 칼뱅은 '몸의 비유'를 가져온다. 몸의 한 기관이 병들었다면, 당연히 다른 기관의 도움을 받아 소생하게 된다. 다른 기관들에게 도움을 받았다고 해서 병든 기관에게 특별한 의무가 생기는 것은 아니다. 그와 마찬가지로 칼뱅은 부자들이 가난한 사람을 구제한다고 해서 대단한 일을 했다고 생각해서는 안 된다고 말한다. 각 사람은 자신이 아무리 위대한 일을 했을지라도 이웃들에 대해 빚을 지고 있다는 것을 스스로 인정해야만 하기 때문이다(3.7.7). 이처럼 인간은 모두 서로에게 깊이 연대해 있다는 것을 강조하는 칼뱅의 윤리를 '연대의 윤리'라고 부를 수 있다.

하나님을 추구하는 것이 참된 행복('하나님의 뜻을 추구하는 윤리')
칼뱅은 우리가 현세의 생활에서 평안과 평온을 얻으려면, 자신과 모든 소유를 주의 뜻에 맡기고, 마음의 소원을 하나님께 드려 복종해야 한다고 가르친다(3.7.8). 재산과 명예를 탐하며, 권력을 추구하며, 재물을 쌓으며, 호화롭고 사치스러운 생활을 추구하는 사람들은 사실 매우 불안한 마음을 가지고 있는 자들이다.

이런 함정에 빠지지 않기 위해서 칼뱅은 경건한 사람들에게 다음과 같이 권고한다. 하나님께서 주시는 복을 받지 않고서 다른 방법으로 번영하겠다는 욕망이나 희망이나 계획을 갖지 않아야 한다는 것이다(3.7.8). 우리의 재주나 노고도 하나님께서 도우시지 않으면 아무런 유익이 없다. 반대로 하나님의 축복이 있기만 하면, 장애물에도 불구하고 모든 일은 우리에게 유리하고 기쁜 결과가 될 것이다. 따라서 칼뱅은 하나님이 주시는 복이 아닌 다른 것들을 얻으려는 욕망을 품어서는 안 된다고 경고한다(3.7.8). 이런 점에서 칼뱅의 윤리를 가리켜 '하나님의 뜻을 추구하는 윤리'라고 말할 수 있다.

하나님이 주시는 복만을 의지하라('하나님의 복을 추구하는 윤리')

일이 잘되고 좋은 결과가 나타나려면, 하나님이 내려 주시는 복만을 토대로 삼아야 한다고 칼뱅은 권고한다(3.7.9). 따라서 우리는 민첩한 두뇌와 근면이나 사람들의 호의나 공상적인 행운을 믿고 부귀를 탐내서는 안 된다. 오히려 항상 주를 우러러보며 하나님의 지도를 받아, 주께서 정하신 목표에 도달하기를 원해야 한다. 그럴 때 공연히 이웃을 해하는 일도 없게 될 것이며, 우리의 순진성을 잃지 않게 될 것이다.

칼뱅은 악한 목적을 반대하지만, 악한 수단을 사용하는 것 또한 반대한다. 하나님의 말씀에 반대되는 것들을 바라면서도 하나님의 도움으로 그것을 얻을 수 있으리라고 믿는 것은 너무나 파렴치한 짓이기 때문이다. 이와 함께 칼뱅은 우리가 뜻하는 대로 일이 되지 않더라도 초조하지 말아야 하며 자신의 힘든 처지를 혐오하지도 말 것을 권면한다(3.7.9). 하나님의 뜻만을 신뢰하는 사람은 하나님이 내려 주시는 복만을 의지한 다. 어려울 때도 여전히 평온과 겸손한 마음으로 부진한 상태를 참고 견 뎌 낸다. 그런 사람은 자신의 욕심을 채우기 위해서 악한 수단을 사용하 지 않을 것이다. 또한 일이 잘 될 때는 그것을 자신의 공로나 근면, 노력, 행운 등의 탓으로 돌리지 않고 모든 것을 하나님께서 하신 일이라고 여 겨 하나님의 공로로 돌릴 것이다(3.7.9).

칼뱅은 하나님의 복만을 바라는 자에게 하나님은 최고의 부귀보다 더 위대한 안식과 평화와 위로를 주신다고 믿는다. 그는 시편 131편의 다윗의 태도가 그러하였다고 주석한다(3.7.9). 다윗은 하나님을 따르며 자신의 삶을 하나님의 인도하심에 맡겼다. 그는 자신이 젖 뗀 아이가 어 미의 품에 안긴 듯하며, 그의 힘이 미치지 못할 기이한 일에 힘쓰지 아니 한다고 증거하였다(시 131:1-2). '하나님의 복을 추구하는 윤리'의 모범 을 다윗이 보여준 것이다.

운명이 아닌 하나님의 다스리심('하나님의 주권에 대한 신앙에서 나오는 윤리')
칼뱅이 살았던 시대는 지금보다 훨씬 더 힘든 시대였다. 칼뱅은 자신의 시대의 사람들이 일상적으로 당하는 고통에 대해 다음과 같이 서술한다. "여러 가지 병이 우리를 거듭 괴롭힌다. 혹은 전염병이 만연하기도 하며, 전쟁의 참화를 입기도 한다. 얼음과 우박이 일 년 추수를 전멸시켜 흉년 이 들며 우리를 가난에 빠지게도 한다. 처자와 이웃을 죽음에 빼앗기며 집이 불에 타서 없어지기도 한다"(3.7.10). 이런 재난 때문에 사람들은 하 나님을 원망하며, 하나님이 공정하지 않고 잔인하다고 비난한다. 그러나 이런 일들을 당할 때도 신자는 하나님의 선하심과 진정한 아버지의 사랑 을 우러러 보아야 한다고 칼뱅은 권면한다(3.7.10). 참된 신자는 어떤 일을 당하더라도 하나님께서 정하신 것임을 알기 때문에 평온하고 감사하는 마음으로 견디며, 하나님의 명령에 항거하려고 하지 않을 것이다. 왜냐하면 참된 신자는 자신과 모든 소유를 하나님의 권한에 영원히 양도했기 때문이다(3.7.10).

칼뱅은 하나님의 주권에 모든 것을 맡기는 신앙이 이방인들의 운명론보다 더욱 탁월한 위로가 된다고 주장했다(3.7.10). 이방인들은 역경에 더 의연히 대처하기 위해서 역경을 운명으로 해석했다. 운명은 소경이며 사려분별을 하지 못하기 때문에, 허물이 있는 사람과 없는 사람 모두에게 상처를 입힌다는 것이다. 하지만 칼뱅에 따르면, 경건한 자들은 선악의 운명을 정하고 다스리는 것을 하나님뿐이라고 믿는다고 가르친다. 참된 신자는 하나님의 손이 무책임한 힘으로 경솔하게 움직이는 것이 아니라 우리에게 행복과 불행을 가장 정연하고 공정하게 배정하신다고 믿는다. 이처럼 칼뱅의 윤리는 '하나님의 주권에 대한 신앙에서 나오는 윤리'라고 할 수 있다.

이상에서 보듯이 칼뱅의 윤리는 '성령의 법의 윤리', '은혜의 윤리', '거룩을 향한 윤리', '그리스도 중심적인 윤리', '삼위일체론적 윤리', '종말론적 윤리', '복음적 윤리', '마음과 생명의 윤리', '점진적인 발전의 윤리', '하나님의 영광을 위한 윤리', '자기부정의 윤리', '순종의 윤리', '인간의 뿌리 깊은 죄악성을 의식하는 윤리', '겸손의 윤리', '청지기 윤리', '하나님 형상의 윤리', '하나님 중심적 윤리', '의향의 윤리', '연대의 윤리', '하나님의 뜻을 추구하는 윤리', '하나님의 복을 추구하는 윤리', '하나님의 주권에 대한 신앙에서 나오는 윤리'라고 할 수 있다. 종교개혁자들 가운데 칼뱅은 누구보다 그리스도인의 윤리적 삶에 많은 관심을 기울인 신학자라고 해도 과언이 아닐 것이다.

그리스도인의 삶의 네 가지 특징

('자기부정', '십자가를 지는 것', '종말에 대한 묵상', '하나님의 은사를 창조적으로 사용하는 것')[77]

권터 하스[Guenther H. Haas]에 따르면, 칼뱅은 그리스도인의 삶의 네 가지 특징을 강조하였다.

첫째, '자기부정'에 대한 요청이다(『기독교강요』 3권 7장). 그리스도인은 무절제한 자기 사랑을 극복하고 하나님을 사랑하고 동료 인간을 사랑해야 한다. 자기부정은 자신의 인생 전체가 하나님께 속했다는 믿음에서 나온다. 자신을 부정하는 사람은 주님을 위해 살고, 주님의 뜻과 주님의 영광을 위해 살아간다. 자기부정은 그리스도와 연합한 결과이며, 동시에 성령의 역사다.[78]

둘째, '십자가를 지는 것'이다(『기독교강요』 3권 8장). 자기부인은 그리스도의 십자가에 참여한 결과다. 칼뱅은 십자가를 지는 것이 제일 중요한 자기부정의 삶의 태도라고 주장했다. 십자가를 지는 것은 신앙으로 인해 발생하는 고난과 환난을 이겨내는 것이다. 십자가를 지며 살아가는 신자는 하나님의 뜻에 헌신한다. 하나님의 선한 목적에서 영적인 기쁨을 발견한다.[79]

셋째, '종말에 대한 묵상'이다(『기독교강요』 3권 9장). 우리의 생명은 이제 그리스도와 함께 하나님 안에 감춰져 있다(골 3:1-3). 그렇기에 우리는 하늘에 계신 그리스도를 주목해야 한다. 성령을 통하여 이미 우리 안에서 하나님 형상의 갱신이 시작되었다. 우리는 비록 이 땅에서 여전히 비참과 환난과 고통을 경험하지만, 그리스도가 이미 획득하신 승리를 맛보며 참여하고 있다. 그리스도께서 최종적으로 주실 영생과 영광의 복된 기업을 바라보며 신자는 인내할 수 있다.

넷째, '하나님의 은사를 창조적으로 사용하는 것'이다(『기독교강요』 3권 10장). 칼뱅은 방종주의와 사치와 향락을 거부한다. 그렇지만 지나친 금욕주의자는 아니다. 하나님께서 주신 선물을 사용하는 것은 하나님의 뜻이다. 칼뱅은 여기에서 네 가지 원리를 제시한다. 우리는 은사를 하나님의 선물로 인정하고, 그것들을 중용의 법칙에 따라 써야 하며, 청지기의 원리에 따라 사용하고, 하나님의 소명을 기억하며 활용해야 한다.

칼뱅은 이 네 가지 원리를 따라 살아갈 때 그리스도인은 창세기 1:26-28에 나오는 인간의 소명을 이룰 수 있다고 보았다. 그것은 피조물에 대한 주재권과 지배권에 대한 소명의 회복이며, 하나님의 영광을 위한 삶이다.[80]

마르틴 루터의 '소명 윤리'

루터의 직업 윤리에 대한 비판

20세기 후반까지만 하더라도 루터의 **직업 윤리** 혹은 **사회 윤리**는 그렇게 인기 있는 주제가 아니었다. 그도 그럴 것이 1952년에 루터의 직업소명설에 대해 아주 영향력 있는 책을 낸 구스타프 빙그렌^{Gustaf Wingren}을 제외한다면, 유명한 학자들이 루터의 직업 윤리에 혹평을 가했기 때문이다.[81] 대표적으로 에른스트 트뢸치^{Ernst Troeltsch}, 막스 베버^{Max Weber}, 게오르크 뷘쉬^{Georg Wünsch}, 카를 바르트^{Karl Barth}, 판넨베르크^{Wolfhart Pannenberg}의 비판을 들 수 있다.[82] 트뢸치, 베버 그리고 뷘쉬는 루터의 윤리학을 '사회적인 불임'^{sozialer Unfruchtbarkeit}의 윤리라고 가차 없이 비판했다.[83] 바르트와 바르트주의자들도 이에 못지않은 강한 비판을 제기했다. 그들은 루터의 윤리가 정치 경제 영역에서 **자율성**^{Eigengesetzlichkeiten}을 너무 많이 허락하였고, 그 결과 눈먼 대중을 낳았으며, 그것이 설상가상으로 독일인의 오만과 결합하여 결국 세계대전이라는 대재앙에 귀착하고 말았다고 비판하였다.[84] 이러한 견해는 세계대전 중에, 그리고 그 직후에 상당히 유행했던 것이지만 역사적으로 검증되기는 힘든 주장이다.[85]

판넨베르크는 앞의 학자들보다 비교적 온건하게 루터의 사회 윤리를 비판하였다. 그는 아우구스티누스로부터 이어지는 신학적 경향은 개인적 구원을 중요시하였고, 그런 경향이 중세의 참회 신학에서 더욱 강화되었으며, 루터파 신학에서 정점을 찍었고 경건주의에서 맥을 이어가고 있다고 서술한다.[86] 그는 이러한 신학적 경향 속에서는 죄와 은혜라는 주제가 아주 좁게만 고찰되어, 종교의 핵심적 질문이 개인적인 삶의 인격 문제로만 한정되어 버린다고 평가한다. 그리하여 창조와 미래의 종말론적 왕국에서의 하나님의 통치는 하위적인 문제가 되고 만다는 것이다. 판넨베르크는 "이런 경향성이 루터파 개신교에서 가장 순수하게 Am reinsten 드러난다"고 설파했다. 계속해서 그는 "이와 반면에 칼뱅주의 전통에서는 사회적 삶의 관계성 die sozialen Lebenszusammenhänge 과 그에 상응하는 하나님의 통치 Gottesherrschaft 의 개념이 지속적으로 영향력을 행사하였다"라고 말하면서 루터파 윤리와 개혁파 윤리의 차이를 지적한다.[87] 이러한 평가는 앞의 학자들의 평가보다는 온건하긴 하지만 여전히 루터의 윤리를 격하시키는 견해다.[88]

이상이 루터의 사회 경제 윤리 일반에 대한 유명한 학자들의 비판적 견해라면, 루터의 직업 윤리에 대한 가장 심도 있는 비판은 미로슬라브 볼프 Miroslav Volf 의 펜 끝에서 나왔다.[89] 볼프는 위르겐 몰트만 Jürgen Moltmann 의 지도로 박사논문을 썼는데, 그는 마르크스 사상에서 나타난 일의 개념과 신학적 가치를 다루었다.[90] 볼프는 서구에서 오랫동안 지속되어 왔던 일의 신학을 비판하고 종말론적이며 성령론적인 일의 신학을 구성하고자 하였다. 그는 서구의 주도적인 일의 신학을 분석하고 동시에 자신의 주장의 타당성을 강화하기 위해 루터의 직업소명설을 비판하였다. 그는 자신의 여러 작품에서 루터의 직업 윤리가 더 이상 현대 사회를 위한 일의 신학으로 적합하지 않다고 주장하였다.[91] 이 장에서는 루터의 직업 윤리에 대한 볼프의 비판이 부적절함을 보여주면서, 루터의 직업 윤리가 오늘날에도 여전히 타당한 의미들과 적용점들을 가지고 있다는 사실을 보여줄 것이다. 앞에서 소개한 루터의 사회 윤리와 직업 윤리에 대한 비판은 20세기 후반부 이후로 점차 힘을 잃고 있다고 볼 수 있는데, 여러 학자가 루터의 직업 윤리 혹은 더 넓게는 그의 경제 윤리와 사회 윤리에 대한 새로운 해석들을 내놓으면서 루터 신학이 지닌 사회 경제적 의의들을 발견해 내고 있기 때문이다.[92]

볼프의 루터 이해에 대한 비판

'일의 신학'에 대한 볼프의 문제의식

자신의 작품에서 미로슬라브 볼프는 '일'에 대한 현대의 관점을 비판한다. 그는 먼저 일을 편협하게 정의하는 현상을 지적한다. 현대 사회에서 '일을 한다'는 것은 '직업'이나 '소득'과 관련된다. 볼프는 일에 대한 제한적인 이해보다 더 넓은 이해를 추구한다.[93] 그는 자신의 글에서 수면, 취미생활, 교회 활동 등을 제외하고서, 사람이 자신을 위해서나 다른 피조물을 위해서 행하는 모든 종류의 활동을 포괄하여 '일'로 규정한 뒤 논의를 진행한다.[94] 볼프는 일에 대한 서구 신학의 관점을 크게 두 가지로 분류한다. 하나는 창조론적 측면에서 일을 규정하는 것이다. 이 입장은 루터가 서 있는 전통적 입장으로서, '지속적 창조'creatio continua라는 관점에서 일을 규정하는 신학적 틀이다. 다른 하나는 종말론적 측면에서 일을 규정하는 것이다. 이 관점은 볼프가 선호하는 관점으로서, 일을 '세상의 변혁'transformatio mundi이라는 측면에서 살피는 입장이다.[95] 볼프는 이 두 가지 관점 모두 신학적으로 타당하다고 보며, 양측 모두 일에 대한 책임감 있는 성경적인 신학을 구성할 수 있다고 말한다.[96] 하지만 볼프는 후자의 관점, 즉 세상의 변혁과 종말론적인 관점에서 일의 신학을 구성하는 것이 '일'에 대한 보다 넓은 이해를 도울 것이라고 생각했다. 볼프의 관점은 현대 개혁신학에서 종말을 이해하는 관점과 일치한다. 이는 최종적인 하나님의 나라는 이 세상의 폐기가 아니라, 이 세상의 온전한 **정화**와 **변혁**과 **완성**이라는 입장이다.[97] 그는 이런 관점을 성령론적으로 더욱 발전시키고자 한다.[98]

볼프는 자신의 주장을 더욱 설득력 있게 펼치기 위해 루터와 그의 전통을 공격한다. 그는 창조론적 관점에서 일을 바라보는 것이 신학적으로 타당하며, 성경적인 신학을 구성할 수 있다고 보았지만 그것이 지닌 문제를 지적했다. 우선 창조론적 관점은 보수적 경향성을 지니고 있다는 것이다. 그것은 일종의 '현상 유지'status quo를 정당화하기 때문이다.[99] 동시에 그 관점은 루터의 직업소명설의 한계를 고스란히 떠안고 있다고 볼프는 지적한다. 비록 이 관점이 서구 신학의 주류적 관점이긴 하지만 볼프는 여러 가지 이유에서 자신은 이 관점을 채택할 수 없다고 밝힌다.[100] 그는 일을 소명의 관점에서 보는 루터의 신학을 비판하면서 논점을 더욱 첨예화시킨다.

'소명으로서 일'을 규정하는 루터에 대한 볼프의 비판

볼프의 루터 직업소명설 이해와 비판을 보다 자세히 살펴보자. 볼프는 루터를 본격적으로 비판하기 전에 루터의 직업소명설이 갖는 의의를 먼저 설명한다. 루터의 직업소명설은 그의 칭의론에 근거하여 있고, 또한 중세 수도원 제도에 반대하여 발전한 이론이다.[101] 볼프는 "모든 사람이 소명을 받은 것이며, 모든 종류의 일은 소명이 되어야 한다"라는 루터의 입장을 적절히 이해하고 있다.[102] 볼프에 따르면, 루터는 모든 그리스도인이 이중적 소명을 가졌다고 주장했는데, 하나는 '영적 소명'vocatio spiritualis이며 다른 하나는 '외적 소명'vocatio externa이다. 전자는 그리스도인이 되는 것을 뜻하고, 후자는 하나님을 섬기고 동료 인간을 섬기는 것을 뜻한다. 영적 소명에 있어서는 모든 그리스도인이 동일하지만, 외적 소명은 그리스도인 각자가 속한 상황에 따라 다르게 주어진다.[103] 볼프의 분석에 따르면, 루터가 처음으로 세속적 활동에 대해 '소명'vocatio이란 말을 일종의 전문용어terminus technicus로 사용한 곳은 1522년의 『교회설교』Kirchenpostille란 작품이다. 그곳에서 루터는 소명을 받지 않은 사람은 아무도 없다고 하면서, 사람은 남편 혹은 아내, 아들 혹은 딸, 남종 혹은 여종으로서의 '지위'Stand에 있으며 바로 그것이 소명이라고 가르친다.[104] 볼프의 주장처럼, 루터는 모든 그리스도인의 일상적 일이 기독교 신앙의 중심에서부터 나와야 한다고 생각했던 것이다.[105] 볼프는 파울 알트하우스Adolf Paul Johannes Althaus의 말을 인용하여, 루터에게 인간의 일의 기초란 피조물을 창조하고 보존하시는 하나님의 의지였다고 주장한다. 인간의 일이란 '하나님의 가면'mask인 것이다.[106] 이처럼 볼프는 루터의 소명설이 지닌 장점에 대해 잘 알고 있지만, 그럼에도 불구하고 그것은 태생적인 한계와 단점에 쌓여 있다고 주장한다. 볼프는 직업소명설이 갖는 단점을 크게 다섯 가지로 지적한다.

첫째, 직업을 소명으로 이해하는 것은 일에 있어서 **소외 현상**을 극복하지 못한다는 것이다. 마르크스 사상에 나타난 '일의 개념'을 박사논문으로 다룬 사람답게 볼프는 '소외'alienation의 문제를 중요하게 생각한다.[107] 그가 보기에 직업소명설에서 루터가 말하는 '일'이란 하나님의 부르심과 연결된다. 즉 일의 기원과 목적과도 연관된다. 하지만 이것은 일의 질質과는 무관하다. 따라서 아무리 비인간화시키는 일이라 할지라도 그것이 하나님의 부르심에 따라 하는 일인 이상 그것은 가치를 갖는다. 가령 작업대에서 나사를 조이는 단순한 일도 하나님의 부르심에 따른 일로 인식된다는 것이다.[108] 볼프가 보기에 이러한 관점은 일의 현장에서 발생하는

소외 현상을 극복할 수 없는 한계를 지닌다.[109]

둘째, 루터의 직업소명설은 '위험한 모호성'dangerous ambiguity이 있다는 비판이다. 볼프가 보기에 루터가 말하는 **영적 소명**과 **외적 소명**은 서로 화해하기 힘든 개념들이다. 그는 자신의 스승 몰트만을 인용하여 루터파 윤리는 외적 소명을 영적 소명과 동일시해 버림으로써, 소명을 결국 직업과 연결해 버리고, 소명-직업의 구조를 신성화시켜 버렸다고 주장한다.[110] 그 결과 외적 소명이 영적 소명보다 더 상위 자리를 차지하고, 오른쪽에 있는 하나님의 말씀[복음]은 왼쪽에 있는 하나님의 말씀[율법]에 흡수되고 말았다고 역설한다.[111]

셋째, 일을 소명으로 이해하는 것은 이데올로기적으로 혼동을 일으킨다는 것이다. 볼프가 보기에 루터는 모든 직업에서의 일을 하나님을 섬기는 수준으로 격상시켰다. 이것은 '영혼 없는 활동'soulless movement도 하나님을 섬기는 것이 되게끔 하여, 비인간적인 일을 도리어 귀하게 여기도록 만드는 병폐를 낳는다.[112] 이것은 **구조악**에 대한 개혁에 전혀 도움이 되지 않는다고 볼프는 비판한다.

넷째, 일을 소명으로 이해하는 것은 현대 산업 정보 사회의 유동성과는 전혀 조화되기 힘들다는 비판이다. 현대인 중 대다수는 일평생 단 하나의 직업을 갖지 않는다. 산업 정보 사회는 그 멤버들이 갖는 고용이나 직업의 통시적 다원성diachronic plurality of employments or jobs[113]을 특징으로 한다. 루터는 영적 소명을 외적 소명과 묶어버림으로써 직업과 사회 구조에 대한 보수적 견해를 가지게 되었다고 볼프는 비판한다. 그는 루터에게 있어서 직업을 바꾸는 것은 하나님의 초기 명령을 버리는 것과 동일하다고 주장한다.[114] 직업과 소명에 구원론적 의미를 부여함으로써 직업을 바꾸는 것을 거부해 버리게 됐다는 비판이다.

마지막 다섯째, 현대 산업 정보 사회는 한 사람이 동시에 여러 직업을 가질 때도 많다는 현실적 판단이다. 하지만 루터파는 오직 한 사람이 한 가지 일만을 하도록 강요했다고 볼프는 비판한다.[115] 여기서 볼프는 '루터'와 '루터파'를 구분한다. 루터는 하나 이상의 지위를 인정했고 따라서 외적 소명이 여러 개가 될 수 있다고 보았으나, 루터파는 단지 한 가지 일만을 갖도록 했다는 것이다. 그리고 이에 대해서는 루터도 책임이 없지 않으니, 루터 역시 "다른 사람의 소명에 눈길을 주지 말라"고 했기 때문이다.[116]

이어지는 단락에서 볼프는 루터가 가령 고린도전서 7:20과 같은 핵심 성경 본문을 잘못 해석했다고 주장한다. 볼프가 보기에 이 본문에서 '부르심'klēsis이란 도구적으로 해석되어서는 안 되고, 그리스도인이 되는 시간적 의미를 갖는다. 볼프는 바울과 그의 전통은 일반적으로 '부르심'이란 말을 그리스도인이 되는 것과 동일한 의미로 사용하였다고 한다(예를 들어 벧전 2:9).[117] 그리고 '부르심'이란 말이 그리스도인이 되는 것이 아니라 그리스도인으로 사는 것을 뜻할 때, 그것은 [루터의 외적 소명의 개념처럼] 한 그리스도인의 특별한 부르심을 다른 그리스도인의 또 다른 부르심과 구분하는 것이 아닌, 오히려 모든 그리스도인들의 신자다운 삶의 질質을 뜻한다고 주장한다.[118]

이상과 같은 루터의 직업소명설에 대한 볼프의 비판들은 과연 타당한가? 볼프의 루터 비판은 지나치게 일방적이며 전혀 동정적이지 않다. 흥미로운 것은 비판의 말미에 볼프 자신도 루터의 직업소명설을 다르게 읽을 수 있는 여지가 있음을 인정한다는 점이다. 그는 루터가 말한 영적 소명이 단일하지만, 그것이 그리스도인 개개인에게 다양한 형태의 외적 소명으로 와닿을 수 있다는 바그너Robert F. Wagner의 견해를 소개한다.[119] 그런데도 볼프는 여지가 있는 해석을 쉽게 거부하며 성급하게 자신의 이론으로 넘어가 버린다. 그리하여 소명으로서 직업에 대한 이해가 아니라 성령론적 관점에서 직업을 규정하는 것이 더욱 많은 장점이 있다고 주장한다.[120] 볼프는 루터를 충분히 검토하지 않고 부당한 비판을 가했다. 이하에서 루터의 작품들을 직접 살펴보면, 직업 윤리에 대한 루터의 견해가 볼프의 비판들을 충분히 극복할 수 있다는 것을 알게 될 것이다.

역사적 맥락에서 본 루터 '소명론'의 중요성

루터의 직업 윤리의 특징은 일과 직업에 대한 교부 시대와 중세 시대의 사회적, 사상적 배경에서 더욱 잘 드러난다.[121] 교부 시대만 해도 세상에서의 일과 직업에 대한 경시는 없었다.[122] 이것은 성경의 가르침을 따른 것이다. 데살로니가후서 3:10에서 바울은 "우리가 너희와 함께 있을 때에도 너희에게 명하기를 누구든지 일하기 싫어하거든 먹지도 말게 하라 하였더니"라고 말한다. 이러한 정신을 따라 교부들도 역시 일과 직업은 생계를 유지하기 위한 필수적인 활동으로 인식하고 있었다. 대표적으로 『디다케』 12장 1-3절을 보면 아래와 같이 적고 있다.

> 주의 이름으로 여러분에게 오는 모든 이를 받아들이십시오.······만일 그가 장인techniēs이라서 여러분 중에 거하기를 원한다면, 일하여 먹도록 하십시오. 만일 그가 기술이 없으면 여러분들의 양심에 따라 보살피고, 그리스도인이 결코 여러분 가운데 게으른 자로 살지 않게 하십시오. 만일 그가 그렇게 행하지 않으면, 그는 그리스도를 팔아먹는 자christemporos입니다.[123]

이처럼 교부들은 스스로 일을 해서 먹고 사는 것을 매우 중요하게 여겼다. 교부들은 그리스도인이 자신의 세속 직업을 버릴 필요가 없다고 가르쳤다.[124] 바실리우스는 심지어 기도를 핑계 삼아 일을 등한히 하는 것도 용납할 수 없다고 가르쳤다. 왜냐하면 일을 통해서도 하나님을 찬양할 수 있기 때문이다.[125] 교부들의 작품에서 개미나 벌은 종종 부지런한 일꾼의 좋은 모범으로 등장한다.[126] 이처럼 그들은 일을 매우 중요하게 여겼다. 하지만 그와 동시에 인간의 일과 노력은 궁극적으로 하나님의 은혜에 기대고 있으며, 쉼 역시도 중요한 의미를 지닌다고 보았다.[127] 때로 어떤 교부들은 그리스도인은 특정 직업을 가져서는 안 된다고 가르치기도 했다. 대표적으로 테르툴리아누스Tertullianus는 그리스도인은 배우, 검투사, 군인, 심지어 교사가 되어서도 안 된다고 가르쳤다.[128] 이것은 그리스도인으로서 멀리해야 할 부적절한 삶의 방식과 관련되거나 우상숭배[혹은 신화]와 연관되는 직종이기 때문이다. 그러나 일반적으로 교부들은 모든 직업이 영적인 성장에 기여할 수 있으며, 덕을 함양하는 데 도움이 될 수 있다고 보았다.[129]

그런데 중세 수도원 제도가 발달하면서 직업에 대한 이해는 달라지기 시작했다.[130] 교회의 지도자들은 아주 고유하게 사제나 수도사로서 살아가는 사람만이 참된 '소명'vocatio을 받은 자라고 가르치기 시작했다. 베드로전서 2:9에서 가르치는 '부르심'klēsis은 원래 모든 그리스도인에게 해당되는 것이었으나, 중세에는 점차 특권층에게만 해당되는 표현으로 굳어지게 되었다. 그리하여 세상 속에서의 일과 직업은 점차로 평가 절하되고, 비사제직에 종사하는 사람들은 계층적으로 낮은 등급으로 서열화되기 시작했다.[131] 가끔 세속적인 일을 가치 있게 여기는 경향도 있기는 했다. 예를 들어, 기사도 정신을 운운할 때 그러했다. 그러나 대체로 수도원의 규칙에서의 육체적 노동과 일이란 '게으름을 내쫓기 위해'ad repellendam otiositatem 필요한 수단에 불과했다.[132] 이러한 분위기는 중세 후기까지 지속되었다. 세속적 직업은 '낮은 자리'에 속하는 사람들에게나 해당되는 것으로 생각한 것이다.[133] 유명한 격언인 "기도하고 일하라"ora et labora 라는 말은 세속적 직업에도 해당된다고 중세인들은 생각했지만, '내적인 직업'은 '낮은 자리'에 속하는 사람들과 관련이 없는 것으로 보았다.[134]

중세의 사회적 맥락이 이상과 같았다면, 사상적 맥락 역시 크게 다르지 않았음을 알 수 있다. 한 예로 토마스 아퀴나스Thomas Aquinas를 생각해 보라. 아퀴나스는 일과 노동을 중세 기독교 유기체 구조 안으로 아주 체계적으로 편입시킨 사람이다.[135] 그는 일에는 네 가지의 의미가 있다고 가르쳤다. **삶의 필수품을 획득하는 것, 잘못된 습관 즉 게으름을 고치는 것, 욕망을 억제하는 것, 구제의 가능성을 여는 것.**[136] 따라서 세속적 일이 아퀴나스의 신학에서 중요한 자리를 차지하는 것은 사실이다. 하지만 그의 스승인 알베르투스 마그누스Albertus Magnus를 따라서 아퀴나스 역시 행함 agere과 일함facere을 구분한다. 행함과 일함은 각각 형상과 질료와 짝을 이룬다. "일함은 행함을 지배하지 못하지만, 반대로 행함은 일함을 지배한다"는 말로 요약되는 이 직업 윤리 속에서는 일과 노동은 경시를 받게 된다.[137] 아리스토텔레스 철학의 영향과 수도원주의의 분위기 속에서 아퀴나스는 육체적 노동보다 묵상적 행위를 더욱 가치 있는 것으로 여겼다. "단순히 묵상적 삶은 활동적 삶보다 더욱 좋다"Vita contemplativa simpliciter melior est quam vita activa 라고 그는 주장했다.[138] 이런 생각은 공로 사상과 연결되곤 했다. 비록 아퀴나스 자신이 펠라기우스주의자는 아니었지만, 그럼에도 불구하고 중세에 많은 신학자와 성직자는 일상적 일을 영생에 이르는 공로를 쌓는 수단으로 생각했다. 그들은 영혼이 노동을 통하여 영생을 준비한다고 주장했다.[139] 이런 사상 속에서는 일과 직업이 고유한 가치를 지니기 힘들다. 특히 중세 스콜라주의에서 노동이란 보람이나 기쁨을 주기보다는 다만 고된 것, 고통을 주는 것이었다. 그들은 세속적 직업에 종사하는 자들은 "기독교라는 몸의 발에 해당될 뿐"이라고 가르쳤다.[140] 바로 이런 사회적, 사상적 배경에서 루터의 직업소명설이 나왔다. 루터는 중세의 오랜 가르침을 깨고서, 그 자체로 죄를 짓는 일이 아닌 이상 모든 직업은 하나님의 소명을 따르는 것이라고 주장했다. 이하의 글에서 루터의 작품을 시대순으로 살펴, '소명'에 대한 그의 이해를 고찰하고, 그것이 갖는 역사적, 현대적 의의를 제시하고자 한다. 그러면 앞서 미로슬라브 볼프가 제기했던 비판에 대한 대답도 찾게 될 것이다.

루터의 저서들에서 본 루터의 '소명론'의 의미

1520년대 작품에서 살펴본 루터의 '소명론'

루터의 작품들을 살펴보면 '소명'vocatio 에 대한 적어도 일곱 가지의 의미가 발견된다.

　　첫째 구원으로의 부르심,[141]

　　둘째 사제직이나 목회자로의 부르심,[142]

　　셋째 보편적인 인간관계[특히 가족관계] 속으로의 부르심,[143]

　　넷째 직업으로의 부르심,[144]

　　다섯째 교회의 공적 직분으로의 부르심,[145]

　　여섯째 특별한 사명으로의 부르심,[146]

　　일곱째 신자의 삶[일상]으로의 부르심[147]이다.

　　대략적으로 1520년부터 루터는 직업소명설에 대한 자신의 고유한 견해를 개진한 것으로 보인다. 1520년에 작성한 '선행에 대한 논문'에서 루터는 "선행이란 우리가 그리스도 안에서 신자로 부름을 받은 것 외에 다른 일로부터 나오는 것이 아니며 가장 중요한 일인 믿음에서부터 나온다"라고 주장한다.[148] 루터는 계속해서 믿음이 곧장 '사랑', '화평', '희락', '소망'을 일으킨다고 주장한다.[149] 구스타프 빙그렌은 이 작품이 루터의 직업소명설을 이해하는 데 아주 중요하다고 말했다. 이 작품에서 루터는

'종교적인 일'과 '세속적인 일' 사이의 구분을 무너뜨려 기독교 윤리의 전체 체계를 새롭게 변경시켰기 때문이다.[150]

　　1520년에 루터는 종교개혁의 3대 작품(『독일 귀족들에게』,『교회의 바벨론 포로』,『그리스도인의 자유』)을 냈다.[151] 그중『교회의 바벨론 포로』의 한 부분에서 루터는 교회 사역을 다양한 소명 가운데 하나라고 보면서, 회중은 예배를 통하여 사역의 공적 '직무'office 로 부름받은 것이라고 주장한다.[152] 이처럼 중세적 직업 이해를 극복하는 루터의 사상은 1520년대에 이미 형성되어 있음을 알 수 있다.『교회의 바벨론 포로』에서 루터는 '직무'라는 표현을 썼는데, 때로 이 단어는 '소명'vocatio 과 같은 의미로 사용되면서 '직업'을 뜻하기도 했다. 대표적인 예로, 1523년에 발표한 논문『세속 정부에 대하여, 어느 정도까지 그 권위에 순종해야 하는가』라는 글에서 그는 만일 한 '직무' 혹은 '소명'을 그리스도께서 추구하지 않으셨다는 이유로 무시해야 한다면, 그리스도의 사역 외에 다른 직무와 소명에 대해서는 과연 어떻게 여길 것인가라고 질문한다. 그리고 그리스도께서 다른 직무와 소명을 직접 행하지 않으셨다고 하더라도, 그것을 무시하셨다고 볼 수는 없으며 오히려 하나님의 나라를 위해 자신의 직무를 잘 사용해야 한다고 주장한다.[153] 여기서 루터는 복음 사역 외에 다른 일들도 역시 소명으로 여겨야 한다고 가르치는데, 이런 용법은 그가 '군인의 소명'이라는 표현을 쓴『군인들도 역시 구원받을 수 있는가』(1526년)라는 작품에서 발견할 수 있다.[154]

　　한편, 1523년에 행한 고린도전서 7:20-24에 대한 루터의 주석을 보면, 그는 '구원으로의 부르심'에 대해 '소명'이라는 표현을 여러 번 사용한 것을 볼 수 있다.[155] 이 주석은 특히 중요한데, 빙그렌이 말했듯 루터가 소명론을 다룰 때 일차적으로 그리스도인의 소명을 다루었기 때문이다. 빙그렌은 "우리가 규정할 수 있는 범위에서 루터는 비그리스도인들의 일을 설명하는데 'Beruf' 혹은 'vocatio'라는 단어를 쓴 적은 없다"라고 주장한다.[156] 하지만 빙그렌 역시 지적하듯이 루터가 세 가지 신분 Stand에 대한 이해로써 비그리스도인이 하는 일도 인정하고 있음을 기억한다면, 루터의 소명론이 갖는 보다 보편적인 의미 또한 찾을 수 있을 것이다.[157] 또한 루터는 이하에서 보듯이 '모든 사람'에게 적용되는 소명에 대해서도 언급하기도 한다.[158] 1527년과 1528년 어간에 행한 디모데전서 설교에서는 루터의 직업 윤리가 아주 분명하게 드러난다. 특히 디모데전서 3:13에 대한 주석이 중요하다.[159] 루터는 집사들이 감독이 되고자 원하는 경우를 두고 이야기를 전개한다. 이것은 루터 당시에 사람들이 교회 내에서 잘못 행하는 관행이었다. 루터는 선한 일을 제외하고 괜히 경쟁의식을 가질 필요가 없다고 말한다. 집사는 자신의 자리를 지키면서 만족하라고 하는 것이 바울의 가르침이었다고 루터는 설명한다.

> 각 사람은 자신의 소명vocation으로 충실하게 섬겨야 한다. 만일 누가 더 고상한 상황에 있다고 해서, 질투하거나 자신의 분깃을 경멸해서는 안 된다.……비록 집사들의 지위가 그렇게 중요하지 않은 것처럼 보인다 해도, 그들은 이미 그리스도를 의지함과 그를 믿는 가운데 가장 높은 지위를 가지고 있다. 집사들은 그리스도를 향한 믿음 안에 머무르는 것으로 충분하다. 집사는 감독이 감독직에서 그러하듯이 집사직 또한 자기 사역으로도 그리스도께 기쁨이 된다는 것을 알고 있어야 한다. 그렇게 될 때 그 집사는 자유로울 것이다.……만일 그들이 잘 섬긴다면 그들은 그리스도의 신실한 백성으로 여김 받는 것을 확신할 수 있을 것이며, 만족감을 누릴 것이다. 왜냐하면 자신들이 그리스도를 기쁘시게 한다는 것을 알게 되기 때문이다. 나는 이러한 방식으로[프랑스의 왕처럼] 그리스도를 기쁘게 한다.[160]

이 주석에서 중요한 것은 세 가지다.

첫째, 루터는 '소명'을 교회의 직분과 연관 지어 말하고 있다는 것이다.

둘째, 루터는 직분자가 다른 사람의 직분을 두고 비교하기보다는 자신의 직분에 만족하면서 충실하게 사역해야 한다고 가르친다.

셋째, 루터는 교회의 직분에 대한 태도를 세상에서의 일에도 적용한다. 각 사람은 부름을 받은 자리에서 그리스도를 섬겨야 한다. 그럴 때 그리스도인은 만족감도 느끼며 그리스도의 신실한 백성으로 여겨질 것이다. 여기서 루터가 말하고자 하는 것은 **영적 소명**[교회에서의 공적 직분]과 **외적 소명**[사회에서의 직업]의 관계가 아니다.[161] 그의 사유에는 두 가지 소명이 같은 자리를 차지하는데 그것은 외적 소명이 영적 소명보다 상위 자리를 차지해서가 아니라, 두 소명 모두로 그리스도를 섬길 수 있기 때문이다. 그 어떤 일이든 그리스도의 부르심 속에서 하는 일이라면 그리스도를 의지하고 그를 믿는 가운데 행함으로써 그리스도를 기쁘게 할 수 있다는 것이 루터가 말하고자 하는 바의 핵심이다.

1528년 8월 15일 라자루스 슈펭글러 Lazarus Spengler 에게 쓴 편지에도 역시 소명에 대한 루터의 생각이 잘 드러난다.[162] 그는 믿음이 약한 자, 삶에 있어서 부족함이 있는 자, 경건에 냉랭한 자가 있다면, "자신의 소명과 직분, 더 낫게는 자신을 부르신 하나님의 말씀을 주목해야 한다"라고 권면한다.[163] 루터는 계속해서 이렇게 적고 있다.

> 어쩌면 그는 불순하고 무가치할지도 모릅니다. 하지만 그가 받은 직분, 소명, 말씀은 충분히 순결하고 가치가 있습니다. 그리고 만일 그가 부르심을 받았다는 것을 정말로 믿는다면, 그 자신은 바로 이 믿음을 통하여 충분히 가치 있게 됩니다. 왜냐하면 누구든지 교회의 직분으로 부르심을 받은 사람은 분명히 또한 그의 직분과 사역, 그리고 그 직분에 있는 자기 자신이 하나

님 앞에서 받아들여질 만하고 정당하다는 것을 믿기 때문입니다. 만일 이것을 믿지 않는 사람이 있다면, 그는 자신의 소명과 직분이 하나님에 의해서 자신에게 맡겨졌다는 것 역시 믿지 않을 것이 분명합니다. 자신의 직분이 다스리는 권세자들의 압박이나 혹은 형제의 기도를 통하여 주어졌더라도 결국 하나님에 의해서 맡겨졌음을 확신하는 사람들은 그 소명에 기쁨과 확신을 가져야 하며, 자기 자신의 가치 있음이나 가치 없음에 주목해서는 안 됩니다. 실로 소명에 대한 신앙은 칭의에 대한 신앙과 필연적으로 연결되어 있기 마련인데, 그 신앙은 소명을 행하시는 하나님의 말씀에 근거하여 신뢰하고 용기를 내는 신앙이기 때문입니다. 자신의 소명을 믿는 자는 분명히 모든 필수적인 경건과 갈망과 용기를 가질 것입니다. 왜냐하면 부르심을 확신하는 사람이 은혜의 능력을 고려하지 않는다는 것은 불가능하기 때문입니다. 결국 그런 사람은 "나는 가서 간음을 범하거나 다른 악을 행하리라"라는 식으로 말할 수 없습니다. 도리어 그는 "나는 가서 내 직분에 전념하리라"라고 말할 것입니다. 이 말은 "나는 내 하나님께 순종하고 내 이웃을 섬기고 싶다"는 말과 다를 바가 없지 않겠습니까?[164]

여기서 루터의 소명론이 가진 핵심적 사상을 확인할 수 있다. 하나님께서 어떤 직분과 사역으로 나를 부르셨기 때문에 그 일이 가치 있을 뿐 아니라, 부르심을 받은 나 자신 또한 역시 가치 있는 존재다. 물론 여기에서 루터는 그 일의 성격에 대해 논하지 않는다. 하지만 그렇다고 하여 '소외 현상'이 발생하는 것은 아니다.[165] '소외 현상'이란 인간이 비인간화를 겪을 때 발생한다. 하지만 루터의 소명론에서 인간은 더 큰 가치를 갖는다. 신자는 자신의 가치나 무가치에 관심을 기울이지 않는다. 하나님의 은혜만을 주목하며 자신의 직무에만 집중하기 때문이다. 그는 그 어떤 일도 '영혼 없는 단순한 일'로 받아들이지 않는다.[166] 그는 자신의 일을 통하여 하나님께 순종하며, 이웃을 섬기려 한다. 비록 위에서 인용한 글은 교회 직분의 부르심과 관련한 내용일지라도 그 내용은 얼마든지 세상에서의 직업에도 적용 가능할 것이다.[167]

1530년대 작품에서 살펴본 루터의 '소명론'

1530년대의 작품에서도 역시 루터의 소명론은 같은 논조를 이어간다.[168] 그러면서도 약간씩 다른 강조점을 갖기도 하는데, 한 예로 1530년에 나온 시편 82:4 주석이 그러하다. 여기서 루터는 "모든 그리스도인이 제사장인 것은 사실이지만, 그들이 모두 목사인 것은 아니다"라고 주장한다. 이어서 루터는 "목사가 되기 위해서는 그리스도인이고 제사장이어야 할 뿐 아니라, 반드시 직분과 그에게 맡겨진 '사역의 장'field of work 을 가져야 한다. 이 부르심과 명령이 목사들과 설교자들을 만드는 것이다"라고 주장한다.[169] 그는 일반인들 가운데 배운 사람들이 있다 하더라도 교사의 직분으로의 부르심이 없으면 공적으로 가르칠 수 없다고 주장한다. 루터는 "어떤 것도 사람 자신의 선택이나 결정으로 되지 않고 하나님의 뜻으로 되며, 모든 것은 명령과 부르심의 결과이다. 그것은 특히 설교 사역에는 참된 말이다"라고 설파한다.[170] 그렇기에 루터는 "누군가가 설교하고 싶거나 가르치고 싶다면, 그가 그렇게 할 수밖에 없도록 만든 부르심이나 명령의 증거를 제시해야 한다. 그렇지 않다면 침묵해야 한다"라고 주장한다.[171] 심지어 루터는 누군가가 이런 규칙을 안 지키면 권력자들은 그런 사람을 경찰에 넘겨야 한다고 말한다.[172]

이 주석에서 루터는 특별히 목사가 될 사람은 소명이 분명해야 하고 그것이 공적으로도 인정되어야 한다고 주장하는데, 이것은 1524-1525년에 있었던 농민 전쟁의 영향을 상기시킨다.[173] 독일에서 10만 명 이상이 사망한 이 전쟁에서 루터는 자격 없는 자들이 성경을 가르치고 사람들을 잘못된 길로 인도하여 생긴 처참한 결과를 너무나 참담하게 목격하였다. 그리하여 그는 1530년대 초반부터는 1524년 이전의 만인제사장직 교리를 수정하여, 일반 신자들은 가르칠 자격이 없으며, 공적으로 임명된 설교자만이 설교를 할 수 있다고 주장하기에 이른다. 또한 그는 설교자로의 소명[부르심]은 오직 국가 교회를 통해서만 주어진다고 주장했다. 그럼에도 불구하고 소명론의 관점에서 볼 때는 이전과 크게 달라진 것이 없다. 목회자는 반드시 소명이 있어야 한다. 다만 달라진 것이 있다면 이제 소명의 **공적인 측면**이 강조된다는 점이다. 루터는 목사나 설교자가 되기 위하여 반드시 공적 직분이 주어져야 하고, 또한 분명한 사역의 장이 있어야 한다고 주장한다. 이 점은 농민 전쟁의 여파 때문에 강조된 것으로 볼 수 있겠으나, 1520년대의 소명론과 매끄럽게 연결된다. 1534년에 나온 고린도전서 15:8에 대한 주석은 소명설의 독특한 측면을 부각시킨다는 점에서 매우 중요하다. 루터가 이 작품에서 '소명'이라는 것을 '모든 사람'에게로 확대하기 때문이다. 루터의 말을 직접 들어보자.

> 결국 모든 사람은 자신의 소명과 삶 안에서 자랑해야 하며 자신이 하나님을 기쁘시게 한다는 것을 확신해야 한다. 예를 들어, 모든 아버지는 자신이 아버지인 것과 아버지로서 아들을 대하는 특권이 있다는 것에 자부심을 가져야 한다. 비록 그가 그리스도인이 아니고, 심지어 복음을 믿지 않는다고 하더라도 그러하다. 그는 다른 사람이 자기를 깔보지 않도록 해야 한다. 그가 비록 가난하고 노쇠하고 아프더라도 그것 때문에 아버지의 자격을 박탈당할 것이라는 생각을 해선 안 된다. 오히려 그는 아들에게 이렇게 말해야 한다. "내 상황이 어떻든지 간에 나는 여전히 네 아버지이고, 너는 내 아들이다. 그리고 너는 나로부터 아버지 자리를 빼앗을 수 없으며, 나에게 순종하기를 멈춰서도 안 된다. 왜냐하면 나는 스스로의 계획과 의지로 너의 아버지

가 된 것이 아니라, 하나님이 너를 창조하셨고, 너를 나에게 보내주셨기 때문이다." 비슷하게, 모든 가장家長은 종에 대한 자부심을 가져야 하며, 정부나 군주는 백성에게 그러해야 한다.……만일 그러한 자부심이 세속적 영역에서도 필수적이라 한다면, 전적으로 하나님의 일과 규정인 영적인 직무에는 마땅히 더욱 그러해야 한다.[174]

여기서 루터는 아버지의 자리를 소명이라는 관점에서 설명한다. 그런데 이것은 신자나 불신자나 마찬가지라고 주장한다. 빙그렌이 지적한 것처럼 루터가 비그리스도인에게 '소명'Beruf vocatio 이라는 말을 적용하지 않은 것은 사실이지만, 동시에 그는 그 어떤 사람이든지 아버지나 가장, 혹은 정치인이나 왕이 된 것은 하나님의 뜻과 의지로 그렇게 된 것이라고 가르친다. 그런 점에서 루터의 소명론은 비그리스도인들에게도 역시 의미를 지닌다. 그들이 비록 인정하지 않고 알지 못할지라도 그들이 가족 관계를 형성하고 또한 세상에서 직업을 갖는 것은 하나님의 배정에 의한 것이다. 그렇기에 모든 사람은 자신이 속한 가정의 자리와 직업 가운데서 자부심을 가지고 성실하게 임할 필요가 있다고 루터는 가르친다. 이것은 소위 말하는 성직聖職과 세속적 직업을 나누고 서열화, 등급화하였던 중세의 사회적 맥락에서 볼 때 의미가 큰 주장이다. 동시에 루터의 가르침은 부모와 교사의 권위가 무너져 자녀나 학생들을 가르치는 데 상당한 곤혹을 겪고 있는 현대를 향한 절실한 메시지가 아닐 수 없다. 시대적 상황이 변할지라도 하나님이 부르셔서 그 자리를 지키고 있다는 것에 그들은 거룩한 자부심과 책임감을 가져야 한다.

　루터의 소명론은 루터파 교회에서 공식적 신조에 준하는 지위를 가지고 있는 1535년 판 대大『갈라디아서 주석』에서도 역시 잘 나타난다.[175] 갈라디아서 1:19 주석에서 루터는 바울이 받은 복음 전파의 사명을 소명이라고 부른다.[176] 또한 갈라디아서 2:14 주석에서 그는 율법을 지키는 것과 소명을 따르는 것을 거의 동격으로 놓는다. 이것은 창세기 35:10에 대한 주석(아마도 1543년경)에서도 나타나는데, 거기서 루터는 소명을 행하는 것과 십계명을 지키는 것을 연결시킨다.[177] 대★『갈라디아서 주석』에서 갈라디아서 6:4에 대한 주석은 아주 중요하다.[178] 루터는 갈라디아서 6:4의 말씀이 삶의 어떤 영역에서도 적용될 수 있다고 주장한다. 그는 이렇게 주석한다.

> 따라서 누군가가 행정 관료, 가장, 종, 교사, 학생이라면, 그는 반드시 자신의 부르심에 머물러야 하며, 그곳에서 자신의 소임을 적절하고도 신실하게 행해야 한다. 그리고 자신의 소명 바깥에는 무엇이 놓여 있는지 신경 쓰지 말아야 한다. 그가 이렇게 행하면, 그는 자랑할 것이 자기에게 있다는 것을 알게 될 것이고 이렇게 말할 것이다. "나의 최고의 신실함과 노력으로 나는 하나님께서 나에게 명하신 내 소명의 일을 수행했다. 그러므로 나는 이 일이 하나님께 대한 믿음과 순종 가운데 수행되었기에 하나님이 기뻐하실 것을 안다. 다른 사람이 그것을 중상한다 해도, 크게 문제 되지 않는다."[179]

여기서도 루터는 한 사람의 직업에 대해서 하나님의 부르심으로 그 일을 하고 있는 것이며, 그렇기에 최고의 신실함과 노력으로 그 일을 감당해야 한다고 주장한다. 바로 그럴 때 그 일을 자랑스럽게 여길 수 있을 것이며, 다른 사람들이 하는 일에 쓸데없이 곁눈질하지 않게 될 것이라고 가르친다.[180] 한편 루터는 갈라디아서 6:5의 주석에서는 우리가 신적 소명에 따라 행하는 일이라 할지라도 완전할 수 없으며, 따라서 우리는 죄에 대한 용서를 받아야 한다고 말한다. 더 나아가 루터는 직업을 수행하는 것에 있어 하나님의 은혜가 필수적이라고 강조하고 있다.

1530년대 후반에 루터가 남긴 작품들 가운데 가장 중요한 두 작품은 요한복음 설교와 창세기 주석이다. 이 두 작품은 루터 신학의 원숙함을 보여주는 것으로, 그의 신학의 정수精髓가 담겨 있다고 해도 과언이 아닌 중요한 작품들이다. 자로슬라브 펠리칸Jaroslav Pelikan은 루터가 보통 바울 서신 주석가로 알려져 있지만 사실 루터는 요한복음을 아주 중요하게 생각하여 일평생 그것을 주해하였다고 말한다.[181] 루터의 최초의 설교는 1514년 크리스마스 때 아우구스티누스 수도회 동료들에게 요한복음 서문을 라틴어로 설교한 것이었다. 1537년에 루터는 요한복음을 설교했다. 그해 2-3월에 루터는 몹시 아파서 거의 죽을 지경까지 갔었다. 그러다가 회복되어 다시 강단에 서게 되었는데 그해 7월 7일부터는 요한복음을 설교했다. 요한복음 3:16 설교에서 루터는 죄를 용인하는 것은 결코 '복음적'이지 않은 것이라고 주장했다.[182] 그는 "하나님은 우리가 소명과 직분을 수행하는 것에 있어서 확고하며 신실하고 죄로부터 떠나기를 원하신다"라고 설교했다. 이 설교에서 소위 말하는 루터의 '두 왕국 이론'에 해당하는 표현이 나온다. 루터는 "하나님이 교회를 설교자들을 통하여, 외적인 말씀과 성례를 통하여 다스리기 원하시는 것과 마찬가지로 세상을 시장市長들과 왕들과 군주들과 영주들을 통해 다스리시며 악을 행하는 자들을 칼로 징벌하신다"라고 적고 있다.[183] 여기서 루터의 '두 왕국 이론'은 '교회와 국가의 관계'보다는 교회와 국가를 동시에 다스리는 '하나님의 통치'에 대한 관심을 반영하고 있다.

특별히 루터는 이 설교에서 설교자의 소명을 매우 실존적으로 강조한다. 그는 "만일 내가 간음이나 다른 죄들이 사람들에게 있는 것을 보고서 그 죄인들을 경책하는 일을 게을리한다면, 하나님은 그들의 죄에 대한 책임을 저에게 물으실 것입니다"라고 말하고 있다. 계속해서 그는 "여러분은 제가 만일 침묵을 지키면서 그저 여러분이 기뻐하는 대로 행하도록 놔둔다면 그것이 복음적인 설교라고 생각합니까? 왜 여러분은 저에게 여러분의 죄를 지우십니까? 그것들이 저를 억누르도록 하지 않겠습니다. 그것들을 여러분이 지십시오!"라고 말한다. 이 대목에서 루터는 소명론을 가르칠 뿐 아니라, 자기 스스로 그 가르침에 충실하고자 노력하는 모습을 엿볼 수 있다. 이런 태도는 요한복음 8:16 설교에서도 나타나는데, 루터는 자신의 직분이 설교자이자 박사이기 때문에 교황을 비판할 자격과 책임이 있다고 보았다.[184] 루터는 또 다른 글에서 "만일 제가 세례와 사역과 소명을 말씀 안에서 적절하게 행한다면, 그리고 내 사역이 그리스도 안에 있다면, 그 어떤 큰 어려움이 오더라도 나는 강하고 기쁜 마음으로 맞이할 것입니다"라고 고백한다.[185] 그는 언제나 자신의 소명이 말씀의 사역임을 잘 알았고 그것에 충실하고자 했다.

　　루터는 '사제직의 소명', '종교적인 소명', '영적인 소명'이라는 표현을 자주 쓴다.[186] 그는 당시 로마 교회의 잘못된 생각을 비판할 때 주로 사제직의 소명이라는 말을 사용하였다. 그 외에 '종교적인 소명', '영적인 소명' 등의 표현은 목회직을 가리킬 때 사용되었다. 1530년 만성절 토요일부터 시작했던 루터의 요한복음 6장 설교에서, 그는 당시 로마 교회를 비판하면서, 선행과 사제직의 소명보다 더 중요한 것은 그리스도의 살과 피에 붙어 있는 것이라고 주장했다.[187] 이어서 그는 사제직의 소명도 구원을 위해서는 필요하지 않으며, 오직 그리스도만이 구원을 주실 수 있다고 강하게 주장했다.[188] 요한복음 6:71 설교에서 루터는 수도사들이 자신들의 삶만이 기독교적인 삶이며 그리스도인의 소명 안에서 사는 것이라는 거짓을 말한다고 비판한다. 이때 루터는 '소명'을 '삶'과 유사한 의미로 사용하는 용례를 제시한다.[189] 루터는 모든 것을 팔고 수도사가 되는 길만이 기독교적 소명에 따라 사는 것이라고 말하는 중세 수도원주의적 사고에 대해 그것은 성령이 주시는 생각이 아니라, 사탄이 시키는 것이라며 강하게 비판한다. 루터는 그런 생각을 하는 자는 지옥불에 넣어 버려야 한다고 외치면서, 하나님은 우리로 하여금 아버지나 어머니 혹은 남편이나 아내의 자리로부터 멀리하라고 하신 적이 없다고 가르친다.[190]

1532년경에 행한 것으로 보이는 요한복음 8:12 설교에서도 루터는 아버지나 어머니, 남편이나 아내로서의 자리를 지키는 것이 '직분'office을 잘 감당하는 것이며 '소명'vocation을 지키는 것이라고 말한다. 여기서도 루터는 '소명'이란 말의 의미를 '직업'보다는 '삶의 자리'라는 뜻으로 사용한다.[191] 소명에 대한 이러한 생각은 중세 교황주의 혹은 수도원주의가 가르쳐 주지 못했던 것이다. 루터는 요한복음 8:12에 대한 설교에서 이 본문의 그리스도는 자신의 직분을 높이는 것이 아니라, 그 직분을 주신 하나님을 높이고 있다고 설명하면서, 그와 마찬가지로 직분에 충실한 자는 그 직분을 맡기신 하나님을 높이는 자라고 가르친다. 하나님의 부르심을 받은 자가 자신을 높이면 어리석은 일을 하는 것이다. 하지만, 하나님의 부르심에 따라 직무를 맡은 자가 그 직무를 높이면 그것은 자신을 높이는 것이 아닌 그 직무를 주신 하나님을 드높이는 일이라고 루터는 말한다.[192] 이처럼 루터의 직업 윤리는 하나님 중심적인 특징을 나타낸다.

루터 신학의 중요한 축을 형성하는 **기독론 중심적인** 특징도 역시 나타나는데, 예를 들어 요한복음 8:19 설교에서 루터는 사랑을 행하면서 직분과 소명을 수행해야 하며, 이것은 그리스도를 따르는 길이라고 가르친다. 루터는 단언하기를 "모든 것은 그리스도를 인식하는 데 달려 있습니다. 그리스도인은 그리스도를 떠나서는 하나님에 대해서도, 자기 영혼의 구원을 위한 필요도 전혀 알 수 없습니다"라고 설교했다.[193] 1537년에 행했던 요한복음 15:7에 대한 설교에서도 그리스도인은 아무리 비천한 소명이라도 맡겨진 임무를 완수해야 하며 가장 높은 소명을 수행하듯이 행해야 한다고 가르친다. 루터는 이어서 말하기를 "이제 나는 그리스도를 알기를 배웠고 그분을 믿기 때문에, 기뻐할 수 있으며 또한 내가 그런 믿음 가운데 행하는 모든 일은 그리스도를 기쁘시게 하기 때문에 자랑할 수 있다"라고 주장했다.[194]

루터의 신학에서 '기독론'과 '성령론'은 밀접한 연관성을 갖는다. 그의 소명론에서 역시 성령론은 배제되지 않는다.[195] 1537년 봄에 전했던 요한복음 14:7 설교는 루터가 심각한 질병을 겪고 나서 다시 비텐베르크로 돌아와 행한 설교다. 루터는 이 설교에서 성령의 내주하심을 믿는 자만이 소명을 감당할 수 있다고 가르친다. 그는 이렇게 전한다.

> 만일 당신이 그리스도인이 되길 원한다면 당신은 확신을 가지고 이렇게 결론 내려야 한다. "성령께서 내 안에 내주하신다. 그리고 나는 계속 그분을 내 안에 모실 것이며 마땅히 그렇게 해야 한다. 왜냐하면 나의 그리스도께서 주님의 피와 세례와 성찬과 함께 거룩하시며, 따라서 내 입으로 전하고 내 귀로 듣고 내 마음으로 믿는 그 복음과 거룩함을 나는 당연히 알기 때문이다. 그리고 만일 내가 이것을 안다면, 나는 또한 성령께서 내 안에 계심을 고백해야 한다. 왜냐하면 만일 성령께서 당신 안에 거하지 않고 이 모든 것을 당신 안에서 역사하시고 완수하지 않으신다면, 당신은 성령으로부터 오는 믿음도 선한 생각도 기쁨도 위로도 없을 것이며 복음을 듣지도 전하지도 못할 것이고, 따라서 그 어떤 사랑의 일도, 그 어떤 진정한 기독교적 소명의 일도 행할 수 없을 것이기 때문이다.[196]

이 설교에서 루터는 그리스도를 믿고 고백하는 자는 성령께서 그 안에 내주하신다는 것 역시 고백해야 한다고 가르친다. 그리고 그것을 인식하고 믿는 자만이 소명을 제대로 감당할 수 있다고 주장한다. 이처럼 루터의 소명론에서 '기독론'과 '성령론'은 밀접한 관련이 있다. 이것은 루터의 칭의론과 성화론이, 기독론과 성령론의 맥락 속에 놓일 때 제대로 파악되는 것과 유사하다. 루터는 의롭게 된 신자는 선행을 삶 속에서 실천하게 되어 있다고 주장했다.[197] 루터에게는 칭의가 일차적으로 하나님의 사역이듯이, 성화 역시 마찬가지로 하나님의 사역이었다. 루터에게 성화란 성령이 신자 안에 머무는 것이다.[198] 1519년 판 『갈라디아서 주석』에서 루터는 하나님은 한 사람이 그의 자녀가 될 때 즉시로 성령을 그 마음속에 부어 주신다고 말한다. 신자 안에 들어온 성령은 "하나님의 사랑을 신자 속에 가득 채우며, 그로 하여금 평화롭고, 기뻐하며, 선한 일들을 행하도록 하며, 모든 악에 대해 승리하게 하고, 죽음과 지옥을 경멸하게 한다."[199] 그리스도는 사랑의 영을 신자에게 보내셔서 그들을 의롭게 하고 동시에 "율법을 사랑하는 자들"legis amatores이 되게 한다. 이때 율법 준수는 신자의 행위로가 아니라, 그리스도에 의해 은혜로 주어진 선물로 이뤄지는 것이다.[200] 이처럼 루터는 성화를 하나님의 사역으로 본다. 그와 마찬가지로 소명을 감당하는 일 역시 루터는 성부, 성자, 성령 하나님의 사역으로 파악한다.

1535-1545년의 『창세기 강의』에서 살펴본 루터의 '소명론'

루터는 생애 마지막에 창세기 강의를 하였다.[201] 1535년 5월 31일 월요일, 시편 90편 강해를 마친 루터는 여생 동안 모세 오경을 연구하면서 보낼 것이라고 말했다.[202] 실제로 그는 그 주간 목요일인 6월 3일부터 창세기 강의를 시작하여 죽기 직전 해까지 지속하였다. 그는 1535-1538년에 창세기 1-17장을, 1538-1542년에는 창세기 18-30장을, 1543-1545년에는 창세기 31-50장을 강의했다.[203] 이 안에는 루터의 원숙한 사상이 다 녹아 있는데, 소명론에 대한 그의 생각도 역시 예외는 아니다.

창세기 7:4 주석[1536년]에서 루터는 소명 또는 직업을 수행할 때 양심을 거슬러 날마다 죄를 지음으로써 주님의 이름을 더럽히지 않아야 한다고 가르친다.[204] 이것은 소명을 따라 사는 것을 율법을 잘 준수하고, 십계명을 지키는 일과 연관시킨 그의 사상을 떠올리게 한다.[205] 루터는 양심을 그리스도인의 거룩한 삶을 위한 중요한 기능적 요소로 여겼지만, 그것은 우리 자신으로부터 세워진 양심이 아닌, 하나님의 말씀과 연결된 양심을 가리킨다는 것을 기억해야 한다.[206]

　　루터는 소명을 충실하게 하는 것과 하나님의 말씀을 준수하는 것이 함께 가야 한다는 것을 강조한다. 1539-1540년에 행한 창세기 22:3 주석에서 루터는 그리스도인이 하나님의 말씀을 들어야만 소명을 수행할 수 있다고 가르친다. 그는 기드온과 삼손이 하나님의 말씀을 듣지 못했더라면 사명을 수행할 수 없었을 것이며, 고난과 과다한 일에 눌려 버리고 말았을 것이라고 생각했다.[207] 반대로 소명을 받은 자가 마음속에 하나님이 원하시는 것과 그의 말씀을 통하여 명령하신 것을 확신한다면 그는 데모스테네스Demóstenes나 키케로와 같은 웅변가들의 연설에서도 발견할 수 없는 신명神命의 힘과 효과를 경험하게 될 것이라고 주장한다.[208] 루터는 창세기 16:9에 대한 주석에서 종으로서 주인 사라에게 복종하는 것이 소명을 준수하는 것이며,[209] 창세기 21:9의 주석에서는 사라가 인내함으로써 남편에 대한 자신의 의무를 다했다고 가르쳤다. 그러면서 루터는 우리가 사람을 기쁘게 하기 위해서 하나님의 말씀과 반대되는 것을 해서는 안 된다고 주장한다.[210] 이처럼 루터는 하나님의 말씀과 율법[특히 십계명][211]을 지키는 것을 그의 소명론에서 강조하였다. 이는 가정 윤리나 직업 윤리도 역시 보편적인 기독교 윤리의 테두리 내에서 생각되어야 함을 보여준 것이다.

　　창세기 17:9[1538 혹은 1539년][212]에 대한 루터의 주석은 루터의 소명론과 직업 윤리를 파악할 수 있는 가장 좋은 자료 중 하나다. 루터는 말하기를, 아브라함에게 부르심은 할례를 행하는 것이었는데, 그가 그 부르심을 지키고, 다른 사람들을 엿보지 않은 것은 쉬운 일이 아니었다고 주석한다. 그럼에도 불구하고 그는 자신의 소명에 충실했다고 루터는 말한다.[213] 이 부분에서 '부르심'의 일차적 의미는 구원 역사의 단계에서 자기 자리를 지키며 자신에게 주어진 하나님의 명령을 따르는 것이다. 루터는 계속해서 다음과 같이 말한다.

> 따라서 모든 사람은 반드시 소명이 있다. 그것에 머무는 한 그는 하나님을 섬기는 것이다. 왕은 백성들을 돌보고 통치하기 위해 수고할 때 하나님을 섬긴다. 한 집안의 어머니가 아기를 돌볼 때, 한 집안의 아버지가 일함으로써 생계를 유지할 때, 학생이 부지런히 공부에 힘쓸 때, 그들은 하나님을 섬기는 것이다.[214] 수도사들과 수녀들은 바로 이러한 경건한 삶을 버렸다. 왜냐하면 그들은 이러한 일들을 너무 무가치하다고 생각하며, 다른 이들을 돌보는 것이 너무 번거롭다고 생각했기 때문이다. 그와 동시에 그들은 신앙에서 떠나 하나님께 불순종하게 되었다.[215]

이 중요한 단락에서 우리가 알 수 있는 것은 소명이란 개인적 삶과 사회적 삶 모두에 적용된다는 사실이다. 그리고 일은 모든 사람에게 보편적인 가치를 지닌다는 것이다. 이 부분은 위에서 지적한 것처럼 루터가 '소명'Beruf, vocatio이란 말을 비그리스도인들에게 직접 적용한 적은 없지만, 그럼에도 불구하고 루터의 소명론에는 누구에게나 적용 가능한 보편 윤리적인 측면이 있다. 위의 단락에 바로 이어지는 단락에서 루터는 이렇게 말한다.

> 따라서 사람이 하나님께서 명하신 일을 행하며, 다른 사람들이 뭘 하는지

주목하지 말고 다만 자신의 소명에 열렬하게 헌신할 때, 그것은 진정으로 위대한 지혜다. 그러나 그렇게 사는 사람은 드물다. 대부분의 사람은 "게으른 소는 안장을 원하고, 게으른 말은 쟁기를 원한다"라고 하면서 어떤 시인의 비판대로 행동한다. 자신의 삶에 만족하는 사람은 아주 드물다. 평신도는 사제의 삶을 부러워하고, 학생은 선생이 되고자 하며, 시민은 의원이 되고자 한다. 단순한 믿음으로 행하고, 자신의 소명에 부지런히 충실하며, 선한 양심을 가지는 것 말고 하나님을 섬기는 길이란 없는데도, 우리 각 사람은 자신의 부르심에 진저리를 낸다.[216]

같은 구절에 대한 주석에서 루터는 "각 사람은 자신의 소명을 주목하고 따라야 한다"라고 말했다. 그는 안토니우스와 같은 수도사들을 흉내 내어 세상과 단절하여 사는 이들은 큰 죄를 짓는 것이라고 말했다. 왜냐하면 하나님께서 그들에게 주신 명령은 부모, 통치자, 교사에게 순종하는 것처럼 다른 것이기 때문이다.[217] 얼핏 보면 이런 부분은 마치 사람은 자신이 처한 직업에 만족하고 절대 그것을 변경해서는 안 된다는 식으로 해석될 수 있다.[218] 그러나 여기서 루터의 주장은 평신도는 절대 사제가 될 수 없다거나, 학생이 절대 교사가 될 수 없다는 뜻이 아니다. 얼마든지 직업이나 삶의 자리는 바뀔 수 있다. 루터는 교육론에서 이를 매우 강조한다.[219] 여기서 루터는 평신도와 학생은 자신의 자리에서 최선을 다하는 것이 중요하다고 가르친다. 삶의 태도를 더 중요하게 다루는 것이 루터의 진정한 의도이지, 직업을 바꿔서는 절대 안 된다는 것이 그의 의도는 아니었다.

주석의 이어지는 부분에서 루터는 아브라함을 일종의 모범으로 제시한다. 하나님은 아브라함에게 할례를 명하셨다. 하나님의 명을 받은 아브라함은 여성의 경우에는 어떻게 되는지 묻지 않고 자신에게 주어진 소명[할례]만을 지켰다.[220] 그와 마찬가지로 신자는 다만 자신에게 주어진 소명에만 충실하면 된다. 루터는 허심탄회하게 말한다.

> 주님께서는 나를 설교자가 되게 하셨다. 주님은 내가 말씀 때문에 세상의 질시와 미움을 당하도록 하셨다. 다른 사람들에게 주님은 육체노동을 부여하셨다. 내가 볼 때 그들은 행복해 보인다. 왜냐하면 노동이 그들에게 즐거움을 주기 때문이며, 그들은 걱정도 없고 다른 어떤 힘든 염려도 없이 살기 때문이다. 그들은 아마도 활동하지 않는 삶을 싫어할 것이다.[221] 더욱이 노동으로 몸은 강해지고 건강이 유지된다. 이제, 마치 7살짜리 아이처럼 행동하는 다른 사람을 생각해 본다. 그는 거의 놀듯이 일하는데 나는 그런 사람을 보면 마음이 어려워지고 시험에 들 지경이다. 그러나 그들도 역시 나처럼 구원받는다. 자 이제 무엇을 말해야 하는가? 내가 나의 소명에 대해 못 참고 그것을 거부해야만 하는가? 아니다. 오히려 나는 하나님께서 다양한 은혜와 다양한 활동을 통해서 사람들을 주님의 뜻대로 배정하셨음을 생각해야 한다. 우리의 의무는 하나님께서 부르실 때 다만 순종하는 것이기 때문이다.롬 12:6. 벧전 4:10 [222]

루터는 일종의 자서전적 기록을 통해 각 사람이 자신의 자리를 지키는 것이 하나님의 뜻이라는 것을 주장하고 있다. 어쩌면 그는 자신의 소명으로부터 오는 스트레스를 많이 받았을 것이다. 실제로 그는 복음 설교자의 직무를 감당하다가 죽을 고비도 수차례 넘겼다. 그럼에도 불구하고 그는 자신의 소명에 충실하고자 한다. 그는 "모든 사람은 자신의 소명에 남아 있어야 하며, 자기 은사에 만족하면서 살아야 하며, 다른 사람의 삶에 대해 [비교하거나 부러워하면서] 꼬치꼬치 캐묻고 살지 말라"고 권고한다.[223] 오히려 그리스도인은 하나님의 감춰진 경륜에 대해서는 알고자 하지 말고, 소명 안에서 즉 하나님의 말씀의 한계 안에서 하나님께서 정하신 수단과 방법을 사용하면서 살아야 한다.[224]

생애 말년인 1544년에 행한 창세기 41:32 주석에서 루터는 "부르심과 택하심을 굳게 하라"는 베드로후서 1:10을 인용하면서, 소명에 머물라고 권고한다. 그는 신자의 구원은 확실하지만 그럼에도 불구하고 믿음으로 행하지 않는 것은 죄라고 하면서, 두 가지 모두를 기억할 것을 권면한다.[225]

루터의 직업 윤리에 대한 현대 학자들의 재발견

루터의 칭의론과 직업 윤리

루터의 칭의 교리는 "루터 신학을 위한 열쇠"Schlüssel für Luthers Theologie 이다.[226] 칭의론은 루터의 신학적 사유에 입문하는 문이 될 뿐 아니라, 그것을 이해하는 핵심 관점이 된다. 루터는 칭의 교리를 일종의 자로 삼아서 다른 모든 교리를 평가했다고 볼 수 있다. 베른하르트 로제Bernhard Lohse는 칭의론이 "의심의 여지없이 루터의 종교개혁 신학의 중심"이라고 말하면서, "칭의론은 [루터의] 모든 신학적 문제에 대한 설명을 할 때 독보적으로 중요한 의미를 가지고 있는 것"이라고 주장한다.[227] 로제는 루터 신학의 중요한 교리들을 이신칭의의 원리를 가지고 설명하고자 시도한다. 루터 자신이 말한 바와 같이 칭의론은 "교회와 모든 신앙의 태양 자체이며 낮이며 빛"이 된다.[228] 왜냐하면 그의 생각에 따라, 그 교리가 서면 교회가 서고, 그것이 넘어지면 교회도 넘어지기 때문이다.[229] 루터는 이 교리가 "다른 모든 교리의 스승이자 군주, 통치자, 주도자와 재판관"이 된다고 주장한다.[230]

그렇다면 이 교리도 역시 '소명론'과 관련될 것이다.[231] 사실 우리가 위에서 읽었던 라자루스 슈펭글러에게 쓴 편지(1528.8.15.)에서 루터는 이렇게 말한다. "실로 소명에 대한 신앙은 칭의에 대한 신앙과 필연적으로 연결되어 있기 마련인데, 그 신앙은 소명을 행하시는 하나님의 말씀에 근거하여 신뢰하고 용기를 내는 신앙이기 때문입니다."[232] 여기서 '소명론'과 '칭의론'의 연결성이 잘 드러난다.[233] 루터의 칭의론에서 핵심적인 내용은 그리스도 바깥에서는 죄인이지만 그리스도 안에서는 의인이라는 것이다. 루터는 "나는 그리스도 바깥에서, 나 자신 안에서는 죄인이며, 나 자신 바깥에서 그리스도 안에서는 죄인이 아니다"라고 말했다.[234] 이것은 율법 아래의 나는 죄인이지만, 복음이 약속한 것 안에서의 나는 의인이라는 것이다. 나는 그리스도를 믿은 뒤에도 여전히 죄를 짓지만, 나를 향해 시작된 하나님의 행위로 말미암아 의롭다고 인정받는다.[235] 이러한 구조는 루터의 '소명론'에서도 그대로 적용된다. 내가 하는 일은 나 자신 안에서 보자면 보잘 것 없는 일이 될 수도 있다. 하지만 이 일을 하나님의 부르심의 관점에서 보자면 소중한 일이 된다. 소명을 주신 하나님의 말씀이 그 일의 가치를 결정하기 때문이다. 이처럼 루터의 소명론은 하나님과 그분의 약속의 말씀에서 시작하여 소명 받은 자에게 확신과 기쁨 그리고 용기를 선사함으로써 자신의 일을 보다 의미 있게 행하도록 독려한다.

그런 점에서 볼 때 루터의 이신칭의론에는 그의 소명론이 반드시 필요하다. 종교개혁 신학을 비판하는 로마 가톨릭은 루터의 칭의론이 인간의 선한 행위를 고갈시킨다고 주장한다. 그러나 루터의 칭의론과 소명론의 연결성을 자세히 살펴볼 때 우리는 그 말이 사실이 아니라는 것을 금세 알아차릴 수 있다. 루터는 한편으로 하나님 앞에서 의를 획득하기 위한 선행을 철저하게 반대했다. 인간은 그럴 능력이 없기 때문이다. 그러나 다른 한편으로 루터는 칭의 받은 믿음에서부터 출발하여 참된 자유

속에서 인간이 선행을 행할 수 있다는 것을 강하게 주장하였다. 이것은 이미 그의 신학 초기 문서인 『그리스도인의 자유』에 대한 글에서도 나온다.[236] 거기서 루터는 이렇게 말한다.

> 따라서 우리는 이렇게 결론 내린다. 그리스도인은 자기 안에서 살지 않고 그리스도 안에서와 이웃 안에서 산다. 그렇지 않으면 그는 그리스도인이 아니다. 그는 믿음으로 그리스도 안에서 살며, 사랑으로 이웃 안에서 산다. 믿음으로 그는 자신을 넘어서서 하나님께로 인도된다. 사랑으로 그는 자기 아래로 내려가 이웃에게 나아간다. 그러나 그는 언제나 하나님 안에서 그의 사랑 안에서 머무른다.[237]

루터는 자유 안에서 이웃을 사랑하는 것을 매우 강조했다. 그 자유는 바로 그리스도를 믿는 신앙 안에서 누릴 수 있게 된 것이다.[238] 이제 그리스도인은 믿음과 사랑의 삶을 산다. 하나님을 향한 믿음과 이웃을 향한 사랑은 언제나 일치한다. 루터에게 있어서 이웃 사랑이란 개인적이고 좁은 영역이 아니다. 사실 루터만큼 자주 그리스도인의 사회적 실천을 강조한 신학자도 드물다.[239] 루터는 칭의론과 소명론을 결합하여 그리스도인이 가정과 직장과 경제 영역과 사회 속에서 적극적인 사랑의 실천자가 되도록 인도하였다.[240]

루터의 두 왕국론과 직업 윤리

루터의 두 왕국 이론은 일관성을 가지고 이해하는 것이 어렵기로 유명한 이론이다. 문제를 더욱 복잡하게 하는 것은 현대 신학자들이[특히 카를 바르트가!] 만들어낸 잘못된 패러다임 때문이다. 국가와 교회의 관계성에 대한 루터의 견해에 '두 왕국 이론' Zwei-Reiche-Lehre 이라는 이름을 붙인 사람은 바르트였다(1922년 처음 사용).[241] 그는 루터가 '두 왕국 이론'을 가지고 국가와 교회를 분리했고, 그 때문에 루터파 신학에서는 교회의 정치적 책임성이 말살되어 버렸다고 비판했다.[242] 하지만 바르트의 해석에는 두 가지의 문제가 있다.

첫째, 바르트의 해석은 루터에게 증명될 수 없는 조직신학적 체계를 덮어씌우는 것이며 동시에 그로 인한 결과를 너무나 부당하게 요구하기 때문에 받아들이기 힘들다.[243] 바르트는 "독일 국민은 지극히 위대한 그리스도교적인 독일인의 유산으로, 즉 율법과 복음의 관계, 세상적인 그리고 영적인 질서와 권세의 관계에 관한 마르틴 루터의 오류로 고통을 겪고 있다.……히틀러주의는 바로 루터교 형식 안에서 그리스도교화된 독일 이교도의 현재적인 악몽이다"라고 비판했다.[244] 물론 바르트의 지적처럼 많은 루터파 신학자가 히틀러주의와 결탁하여 오류를 범한 것은 사실이지만, 그 책임을 루터에게 간단히 지우는 것은 옳지 않다. 루터의 두 왕국 이론이 제대로 이해되었더라면 오히려 그 비극을 막는 데 도움이 되었을 것이다.

둘째, 바르트의 해석은 루터의 정치 신학에 대한 잘못된 이해를 제공하기 때문에 수용할 수 없다. 루터의 이론을 잘 설명하기 위해 루터 학자들은 여러 시도를 하였다. 특히 하인리히 보른캄Heinrich Bornkamm은 '두 왕국'과 '두 정부'의 구분을 적절하게 제시했다. 두 왕국이란 '통치 영역'을 말하는 것이며, 두 정부란 '통치 방식'을 가리키는 것이다.[245] 루터의 사상에서 그리스도인은 교회와 국가라는 두 통치 영역에 속하여 살아간다. 그들은 하나님의 복음의 통치를 받지만 동시에 율법으로 이 세상을 다스리시는 하나님을 믿으며 살아간다. 바르트는 루터의 두 왕국과 두 정부에 대한 사상이 가진 이러한 '포괄성'과 '역동성'을 제대로 이해하지 못했다.

두 왕국론과 함께 세 '신분론' 역시 살펴봐야 한다.[246] 루터의 직업소명설은 직업 외에도 세 가지 '신분 상태'를 가정함으로써 모든 사람이 하나님의 부름을 받았다는 것을 가르친다.[247] 루터는 세 가지 신분 혹은 위치에 대해서 강조하였는데 그 세 가지란, **가정**에서의 신분, **교회**에서의 신분, **국가**에서의 신분이다. 모든 그리스도인은 교회에서의 신분이 있다. 그러나 굳이 그리스도인이 아니라 할지라도 모든 사람은 가정과 국가에서의 신분이 있다. 따라서 루터의 직업소명설에서 모든 사람은 이 신분에 따라 자신의 일을 '직업처럼' 최선을 다해 감당해야 한다. 예를 들어 루터는 그리스도인이 아버지나 어머니로서 하는 일 역시 거룩한 사역이라고 가르친다.[248] 비록 루터가 속한 사회가 중세 후기 기독교 사회였기에 비그리스도인이 받은 사명에 대해 그렇게 명시적으로 가르치지는 않았다고 할지라도 루터의 직업소명설에 나오는 세 가지 신분에 대한 논의는 비그리스도인들에게 중요한 의미를 던져줄 수 있다.

한편, 루터의 신분론의 배경에는 고대 플라톤주의나 그것의 변용에서 말했던 '성직 신분', '군인 신분', '생산자 신분'에 대한 이해와 중세의 수도원 윤리, 경제 윤리, 정치 윤리가 자리 잡고 있다. 그러나 한스-마르틴 바르트Hans-Martin Barth 가 지적한 것처럼 이것은 확정된 신분 질서를 의도한 것은 아니었다. 오히려 한 인간이 속한 '근본적 삶의 양식' 즉 다양한 삶의 영역을 표현하려고 한 것으로 이해해야 한다.[249] 여기서 루터의 직업소명설이 직업 간 이동을 인정했는가 아닌가 하는 문제 역시 살펴볼 수 있다. 루터는 직업 간 이동에 대해 양면적인 태도를 보였다. 위에서 살펴본 것처럼 루터는 직업 간 이동에 대해 반대의 입장을 피력했다. 그는 가장 하찮은 상황에 처해 있는 사람이나 종의 신분을 가진 사람도 그 자리에 머물러 있어야 한다고 주장했다.[250] 그러나 다른 한편으로 루터는 직업 간 이동이 가능하다고 보았으며, 더 나아가서 고상한 직업을 갖기 위해 노력하는 것을 금해서는 안 된다고 주장했다. 그는 사람이 태어난 신분 상태에 따라 사회가 구성된다는 주장을 거부했다. 그리하여 평민 부모 밑에서 태어난 사람은 더 나은 삶을 위해 직업 이동을 할 수 있다고 보았다. 물론 다른 직업으로 이동하는 동기가 단지 돈 때문이라면 그런 시도를 부적절한 것으로 여겼다. 하지만 평민의 자녀들도 영적인 영역과 세상의 영역을 통치하는 것이 가능하다고 주장했다. 이와 같이 서로 대립하는 듯한 양면적인 태도를 어떻게 이해해야 할까? 한쪽을 축소시키면서 다른 쪽만 과도하게 부각시켜서는 안 된다. 루터 신학이 가진 매력은 바로 대립되는 주장들이 팽팽하게 맞선 자리에서 발견되기 때문이다.

우선, 루터가 직업 간 이동을 반대했던 주요 목적을 기존 사회 질서를 고착화하려는 것에 있었다고 생각하면 안 된다. 오히려 루터의 원래 의도는 세 가지다.

첫째, 한 사람이 자신의 자리에 충실하게 머물러 자신의 일에 대한 책임 의식을 고양시키기 위해서다.

둘째, 모든 직업의 평등성을 강조하기 위해서다. 하나님의 부름을 받은 직업이라면 귀천이 있을 수 없다.

셋째, 무엇보다 성직우월주의를 거부하기 위해서다. 중세적 관념에서는 성직이 일반 직업보다 훨씬 더 우월하게 여겨졌다. 그런 가치관을 루터는 거부하고 모든 사람이 자신의 직업을 유지하면서 그 일에 충실하면 그것이 하나님께 영광이 된다고 보았던 것이다. 그렇다면, 루터가 직업 간 유동성을 인정한 까닭은 무엇인가? 이는 신분 상태를 고착된 것으로 보는 중세의 운명적 사고방식을 거부하기 위한 것이었다. 이와 관련하여 루터는 교육의 중요성을 강조하였다. 루터는 한 편지에서 "도시가 일시적인 휴식을 위해서 교량, 도로, 골목, 댐 그리고 그와 같은 것에 대해서는 그렇게 많은 돈을 쓰면서 왜 가난한 젊은이들과 한 두 명의 교사와 교장을 위해서는 필요한 돈을 지출하려 애쓰지 않느냐?"고 따지듯이 물었다.[251] 루터는 모든 사람이 기초 교육을 받아야 하며, 가난한 자들은 장학금을 주어서라도 기초 교육의 혜택을 누려야 한다고 주장했다. 루터는 교육을 통해서 한 사람이 자신의 직업을 바꾸어 다른 직업으로 변경할 수 있다고 보았으며, 이를 통해 사회적 신분의 변경도 가능하다고 보았다.[252] 따라서 루터는 중세 사회의 성직자 중심의 위계질서와 운명론적 사회 구성 및 신분 관념을 자신의 직업소명설에 나타나는 두 측면[직업 간 불유동성과 유동성]을 통해서 거부하고 있다.

루터의 율법과 복음론 그리고 직업 윤리

루터 학자 알브레히트 페터스Albrecht Peters는 루터가 율법과 복음의 구분과 귀속 관계를 극도의 정확성과 엄격함으로 철저하게 숙고했다고 주장했다.[253] 실제로 루터는 "성경의 모든 것과 모든 신학적 지식은 율법과 복음에 대한 올바른 이해에 달려 있다"라고 말했다.[254] 루터에게 율법과 복음의 관계를 적절하게 아는 것은 '최고의 기독교적 예술'이었다.[255] 율법과 복음에 대한 당시 로마교회의 이해는 루터가 보기에 매우 왜곡되었다. 그들은 복음을 일종의 율법으로 만들고 있었기 때문이다. 그렇게 되어 복음은 더 이상 병을 치료하는 약이 될 수 없었고, 사람들에게 위로가 되지 못했다.[256] 루터 자신도 율법과 복음의 관계를 이해하는 것을 매우 힘들어했으며, 다른 사람들 중에서 그것을 제대로 이해하는 사람을 거의 발견할 수 없었다고 말했다. 그러나 자신은 성령을 교사로 삼아서 이 문제를 풀길 원한다고 밝혔다.[257] 루터에게 있어서 율법은 '하나님의 뜻의 표현'Ausdruck des Willens des Gottes이었다.[258] 그는 자연법이 십계명 안에 도식적으로 요약되어 있다고 보았다.[259] 그리고 십계명의 요점은 제1계명 속에 있다고 생각했다. 루터는 율법의 요약이 황금률이며 또한 사랑의 이중 계명 속에 들어 있다고 보았다. 제1계명이 뜻하는 것 역시 사랑의 이중 계명이다.[260] 따라서 루터에게 모든 죄는 제1계명에 대한 위반이며, 모든 참된 선행은 제1계명에 대한 준수였다.

루터는 율법의 '용도'를 둘로 보았다.[261]

첫째 용도는 '시민적 혹은 정치적 용도'usus civilis seu politicus다. 이것은 인간의 공동생활을 가능하게 하는 율법의 용도다. 율법이 없으면 경제적, 사회적, 그리고 제도적인 교회 생활도 불가능해진다. 인간은 본래 경건하지 않기에 하나님은 율법이라는 외적 장치를 통해 그들이 악한 행동을 못하도록 막으셨다.[262] 루터는 "만나는 모든 것에 분노를 뿜어내지 못하도록, [미쳐 날뛰는 짐승의 목에 사슬을 묶듯이] 율법은 어리석게 미쳐 날뛰는 사람을 묶어 더 이상 죄를 짓지 못하도록 한다"라고 적었다.[263]

둘째 용도는 '신학적 혹은 책망적 용도'usus theologicus seu elenchthicus다. 이것은 갈라디아서 3:24에 가장 잘 표현된 것이다.[264] 율법은 우리의 죄를 깨닫게 하여 그리스도께로 나아오도록 한다. 하나님 앞에서 인간은 결코 율법의 성취로 칭의를 얻을 수 없다. 심지어 루터는 하나님의 도움을 받는다고 하더라도 그렇게 될 수 없다고 말한다. 왜냐하면, 하나님은 율법을 통한 칭의를 의도하신 적이 없기 때문이다.[265] 만일 율법이 제1용도만 있다면 모든 사람은 그리스도와 무관할 것이다. 하지만 율법은 근본적으로 죄를 폭로하여 인간의 죄악된 기질을 인식하도록 하여 그리스도께 나아오도록 돕는다.[266] 루터는 인간의 죄의 문제는 그 본질적인 측면에 있다고 주장했다. 이것은 인간이 한동안 죄를 짓지 않는다고 해도 해결되지 않는 문제다. "장소와 시간에 상관없이 사람이 있는 곳에는 반드시 이 [본질적인] 죄가 있다."[267] 따라서 루터는 바울에게서 "율법을 통하여 제시된 구원의 길은 더 이상 가능하지 않다"는 것을 배웠다.[268] 율법은 질병을 발견하게 하고, 약을 제공하는 것은 복음이기 때문이다.[269]

이제 루터에게 복음은 무엇인가? 우선 루터에게 복음의 체험은 언제나 율법과의 연관성 속에서만 가능하다는 것을 인지해야 한다.[270] 루터는 율법이 무엇인지 제대로 알지 못하는 사람은 복음마저도 율법으로 만들어 버리게 될 것이라고 생각했다. 그렇다면 다시, 루터에게 복음은 무엇인가? 그것은 예수 그리스도의 구원에 관한 메시지다. 루터는 복음이 가져오는 것은 '용서'와 '생명'과 '구원'이라고 말한다. 그는 "죄의 용서가 있는 곳에 생명과 구원 역시 있다"라고 주장한다.[271] 율법이 인간을 죄인으로 만든다면, 복음은 새로운 일이 일어나도록 한다. 그러나 루터는 이 복음을 매우 **동적**으로 파악하고 있다. 그는 복음은 언제나 새롭게 발견되어야 한다고 주장한다. 인간 스스로는 구원을 유지할 힘이 없기 때문이다. 인간은 지속해서 복음과 새로운 만남을 이어가야 한다. 루터의 신학에서 율법과 복음은 언제나 긴장 관계에 있으며 항상 함께 등장한다. 이것은 그의 칭의론에서 '죄인이자 의인'simul peccator et justus 이라는 표현이 주는 긴장과 같은 맥락이다.[272] 루터에 따르면, 그리스도인은 실제로 죄인이지만, 하나님의 인정과 확실한 약속 가운데 의인이 된다. 그렇기에 루터는 그리스도인이 삶 속에서 실패를 겪을 때마다 다시금 **이신칭의**의 가르침으로 돌아가야 한다고 권면한다. 신자는 자기 안에서는 죄인이지만 그리스도 안에서는 의인이라는 사실을 십자가의 그리스도 앞에서 재확인한다. 그리하여 신자는 "자기 자신의 모든 경험에 반대하여 하나님이 '너는 오케이야'라고 말하는 것"을 듣게 되는 것이다.[273] 바로 그 자리에서 신자의 성화는 다시 시작된다. 이러한 내용을 직업 윤리에 적용해 본다면 어떻게 말할 수 있을까?

첫째, 루터의 소명론 안에 중세 후기의 잘못된 선행론이 들어설 자리는 없다. 신자는 어떻게 해서든 선행을 통하여 의롭게 되지도, 구원을 얻지도 못한다. 신자가 직업과 일을 통하여 얻는 것은 구원이나 칭의가 아니라 복음의 감동이며 하나님의 은혜의 현실성이다. 그렇기에 율법과 복음의 관계에서 소명론을 보자면, 신자는 직업과 일의 영역에서 겸손으로 하나님을 의지해야 함을 깨닫게 된다.

둘째, 보다 적극적인 측면이다. 그리스도의 복음 안에서 신자는 자유로운 자로서 일을 할 수 있고, 일을 해야 한다. 한편으로 신자는 직업과 일의 세계 속에서도 율법의 정죄를 당하게 된다. 그러나 그리스도와 연합한 신자는 다시금 복음으로 돌아가 새롭게 시작할 수 있다. 루터는 이렇게 말한다. "발전한다는 것, 그것은 언제나 새롭게 시작하는 것이다."[274] 그렇기에 일터 속에서 살아가는 신자는 루터와 함께 매일 "주여, 내가 주님을 향하여 살기 시작할 수 있도록 나를 도우소서!"라고 기도할 수 있다.[275]

셋째, 생각할 수 있는 것은 복음의 범위다. 루터는 십계명의 첫 계명을 율법의 총괄 개념인 동시에 복음의 총괄 개념으로 여겼다. 하나님을 사랑하는 자는 이제 직업과 일의 영역에서도 보다 더 많은 기획을 시도할 수 있다.[276] 루터의 직업소명설에는 [칼뱅주의와 대조적으로] 피조 세계에 대한 책임성을 약화한다는 비판이 늘 있었다. 이에 대해서는 루터의 직업소명설 외에 루터가 제시한 창조론으로 답할 수 있다. 루터는 자신의 『창세기 강의』에서 하나님께서는 창조하신 천지를 포기하지 않으시고 보존하시고 다스리신다고 주장한다.[277] 루터는 아담이 지녔던 피조물에 대한 지배권을 이제 그리스도께서 가지고 계신다고 주장한다. 그렇기 때문에 그리스도 안에 있는 성도들 또한 세상에 대한 책임을 맡고 있고, 그것은 비단 동료 인간에 대한 책임뿐 아닌 피조 세계 전체에 대한 책임으로 해석할 수 있다.[278] 따라서 루터의 직업소명설은 인간 외에 동물이나 자연에 대한 고려가 전혀 없다고 할 수 없으며, 오히려 기독론 안에서 간접적으로 설명되고 있다고 볼 수 있다.

특별히 이 점에서 루터의 신학적 인간론을 고찰할 필요가 있다. 루터의 인간론은 고립된 하나의 주제가 아닌, 창조와 구속이라는 큰 틀에서 다뤄진다. 루터는 인간이 하나님으로부터 '이성'이라는 가장 큰 은사를 부여받아, 하나님과 협력하여 피조 세계를 보존하고 다스리는 책임을 부여받았다고 주장한다.[279] 그리고 신자와 불신자 모두를 위해서는 '창조 질서'가 주어져 인간의 모든 관계[결혼, 가족, 민족, 국가, 인종, 경제, 정부]에 적용되는데, 이에 대해서는 신자뿐 아니라 불신자 역시 인식할 수 있다고 루터는 생각했다.[280] 그리고 모든 인간은 하나님의 대리자로서 세상을 다스리고 하나님을 섬기라는 명령을 부여받았다. 물론 죄인인 인간은 그것을 제대로 수행할 수 없지만, 그럼에도 불구하고 그 명령은 '신분과 직업을 통해서' 구체화될 것이다.[281] 여기서 신분이란 위에서 말한 가정, 교회, 국가에서의 신분을 가리킨다. 가정에서의 신분은 가족과 중세적 대가족에 속한 모든 사람[종들까지]을 포함한다. 교회에서의 신분은 목회자뿐 아니라 교회와 신앙과 관련된 일을 하는 모든 사람을 가리킨다. 국가에서의 신분은 제후, 시의원, 판사, 변호사 등 모든 공인(公人)과 직장인을 아우른다. 이처럼 루터의 창조론은 한 사회 전체, 국가 전체, 세계 전체를 아우르는 측면을 분명히 내포하고 있다. 그리고 그것은 복음의 포괄성과 역동성 가운데 신자의 삶의 모든 영역과 결합할 수 있는 중요한 가르침이다.[282]

볼프의 비판에 대한 재반박

이상과 같은 고찰을 통해 루터의 소명론에 대한 미로슬라브 볼프의 비판을 다음과 같이 재반박할 수 있다.

첫째, 볼프는 루터의 직업 소명설이 일과 관련하여 소외 현상을 극복하지 못한다고 비판했다. 현대 사회에서 소외 현상이란 인간이 비인간화를 겪을 때 발생한다. 하지만 루터의 직업 소명설에서는 인간이 결코 비인간화를 겪지 않는다. 왜냐하면 그리스도인은 자신과 자신이 하는 일에 일차적으로 집중하지 않고, 하나님께서 주신 은혜를 주목하며 일을 통해 하나님과 이웃을 섬기는 삶에서 보람을 찾기 때문이다. 그렇기에 루터의 직업 소명설은 일에 있어서 소외 현상을 막을 수 있는 가장 확실한 길을 제시한다.

둘째, 볼프는 루터의 직업 소명설에서 외적 소명이 영적 소명보다 더 높은 자리를 차지하게 됨으로써 후자가 전자에 의해 흡수되어 버린다고 비판했다. 하지만 루터에게 외적 소명은 영적 소명에 근거해 있는 것이며, 영적 소명과의 연관성 속에서만 인정받을 수 있었다. 특별히 이는 루터가 제시한 믿음과 선행의 관계에서 잘 드러났다. 또한 세 신분 상태에 대한 루터의 이론은 그가 결코 외적 소명 즉 세상 속에서의 직업을 다른 소명들보다 높은 자리에 두지 않았음을 알려준다. 오히려 루터는 세 신분 상태 모두를 강조했기 때문이다.

셋째, 볼프는 루터가 일을 하나님 수준으로 격상시키고 동시에 사회의 구조악 개선을 차단한다고 비판했다. 하지만 일이 하나님의 소명 때문에 가치 있게 되는 것과 일이 독자적으로 하나님 수준으로 올라가는 것은 다른 문제다. 루터의 직업 소명설은 일을 오히려 철저하게 하나님 아래에 둔다. 그리고 루터는 그의 창조론과 교육론을 통하여 사회 개선에 적극적인 관심을 가졌다. 신자는 창조주의 동역자로서 그가 하는 일은 이 땅을 창조주의 뜻대로 변화시켜 가는 창조주의 마스크와 같다.

넷째, 볼프는 루터의 직업 소명설에서 직업을 바꾸는 것은 불가능하다며 비판했다. 그러나 이것은 너무나 큰 왜곡이다. 루터는 얼마든지 교육을 통해서 더 나은 직업을 가질 수 있다고 주장했다. 루터 자신의 삶이 그것을 보여준다. 다만 그가 경계했던 것은 한 직업에 종사하면서 만족하지 못한 채 계속해서 다른 직업에만 눈길을 돌리는 삶의 태도였다. 그리고 루터는 단지 돈을 위해서 직업을 바꾸는 것을 비판했다. 하나님께서 주신 소명을 더 분명히 깨닫고 직업을 바꾸는 것에 대해 루터가 거부했을 리 만무하다. 그렇기에 직업 선택과 관련된 루터의 견해를 '외적 소명을 찾는 윤리'ethica ad vocationem externam 와 '외적 소명 안에 머무는 윤리'ethica in vocatione externa 로 구분하여 이해하는 것이 바람직하다.[283] '외적 소명을 찾는 윤리'란 아직 직업을 구하지 못한 이들이 직업을 찾는 과정에서 필요한 윤리다. 이것은 루터의 소명론보다 교육론이 더 적용되어야 한다. '외적 소명 안에 머무는 윤리'란 이미 직업을 찾은 이들이 자기 일에 임하는 태도를 다루는 윤리다. 루터는 이미 직업을 찾은 이들에게 그 직업에 충실하라고 권면한다. 이것은 직업을 수행하는 태도와 관련된다. 이 둘을 루터에게서 찾을 수 있는데도 불구하고 후자에 대해 말한 것을 전자에까지 성급하게 적용해 버리는 것은 신중하지 못한 생각이다.

마지막으로, 볼프는 루터가 아닌 **루터파**를 언급하면서 그들은 한 사람에게 오직 한 가지의 일만을 하도록 강요한다고 비판한다. 현대 루터파가 그런 생각을 갖고 있는지는 별개의 문제로 여기더라도 루터는 당연히 그런 생각을 하지 않았을 것이다. 만일 한 사람이 여러 가지 직업에 종사하는 경우, 루터는 그 모든 직업을 묶어서 소명으로 생각했을 것이기 때문이다. 루터 자신도 교수요 목사요 음악가로 활동하지 않았던가. 따라서 볼프의 루터 비판은 루터의 작품을 자세히 읽은 뒤 충분히 재반박할 수 있는 나약한 비판이다.

결론: 21세기 한국 교회를 위한 루터의 직업 윤리

루터의 소명론 및 직업 윤리를 21세기 한국 교회에 다음과 같이 적용해 볼 수 있다.

첫째, 루터의 소명론 및 직업 윤리는 모든 그리스도인이 소명을 가졌으며 그 소명은 교회 활동 외에 가정이나 직장에서의 삶을 아우른다. 루터는 구원을 받은 사람[영적 소명]이라면 이 세상의 일[외적 소명]을 부여받은 것이라고 가르쳤다.[284] 그리하여 그는 중세의 성직주의와 수도원주의를 반대하고 삶의 모든 영역을 소명의 영역으로 가져왔다. 그리스도인은 이제 가정, 교회, 사회 속에서의 삶에 대해 책임 의식을 가지고 살아야 한다.

둘째, 루터의 소명론과 직업 윤리에 따르면 그리스도인이 [하나님과 그리스도의 기쁨을 위해] 교회와 세상 속에서 일을 해야 한다는 것을 가르친다. 그리스도인의 삶의 통전성^{unitas}은 하나님의 부르심에 기인한다. 그리스도는 우리 삶 전체의 주인이시다. 따라서 그리스도인은 어디서나 주님 앞에서 살아감을 기억하고 매사에 충실해야 한다.

셋째, 루터의 '소명론'은 특히 부모와 교사가 자신의 소임을 다하도록 독려한다. 루터는 부모와 교사의 권위의 원천이 그들 스스로에게 있는 것이 아니라 하나님의 부르심으로부터 왔다는 것을 주장하였다. 부모와 교사의 권위가 실추되고 있는 오늘날 이런 관점은 더욱 큰 의미를 지닌다. 부모와 교사는 시대의 상황적 어려움에서도 더욱 책임감을 가지고 자신의 소임을 감당해야 한다.

넷째, 루터의 직업 윤리는 직업과 일을 칭의의 수단이 아닌 은혜의 선물로 이해한다. 오늘날 한국 사회에서 직업은 돈벌이의 수단 혹은 자기 성취와 자랑의 도구가 되고 있다. 하지만 루터는 직업이나 일이 자기 자랑의 근거가 되어서는 안 된다고 주장한다. 인간이 하나님 앞에 설 수 있는 것은 오직 그리스도의 십자가의 은혜를 믿는 길밖에는 없기 때문이다. 따라서 직업이나 일은 그리스도를 믿고 하나님의 은혜를 받은 사람이 행하는 자유로운 활동이다. 우리는 일의 노예가 아니며 우리의 직업이 우리의 정체성을 정해 주는 것도 아니다. 다만 우리는 하나님의 부르심 속에서 그 일을 하고 있을 뿐이며, 그렇기에 묵묵히 최선을 다하는 것이다.

다섯째, 루터의 직업 윤리는 하나님의 부르심 위에 그 가치를 둔다. 우리 각 사람은 자신의 일에 자부심을 가질 수 있다. 그 자부심은 일 자체가 주는 것이 아닌 하나님이 나를 부르셨고, 그 부르심에 믿음으로 응답하고 있다는 사실에서부터 나온다. 그렇기에 모든 일은 평등하며 하찮을 것없는 일이란 세상에 없다. 열등감이나 우월감을 낳는 비교 의식은 루터의 직업 윤리에 들어설 자리가 없다.

여섯째, 루터의 직업 윤리는 일을 통해 하나님과 이웃을 섬길 수 있다는 것을 강조한다. 사람은 자신의 직업과 일에 충실함으로써 하나님을 섬길 수 있다. 그리고 우리는 이웃을 섬김으로써 동시에 하나님을 섬길 수 있다. 이 둘은 루터의 직업 윤리와 일의 윤리에서 분리되지 않는다. 하나님은 우리의 직업과 일을 통하여 이 세상에 유익을 주신다.[285] 아울러 루터가 구제 또한 강조했다는 것을 기억할 필요가 있다. 그는 소유 자체가 도둑질이라고 생각하지 않았다. 하지만 개인적인 필요를 채우고 남은 것이 이웃들에게 도움이 되지 못한다면, 그 소유는 도둑질이 된다고 생각했다.[286]

일곱째, 루터의 직업 윤리는 '외적 소명을 찾는 윤리'와 '외적 소명 안에 머무는 윤리'로 구분하여 이해하고 적용해야 한다. '외적 소명을 찾는 윤리'란 외적 소명 즉 직업을 찾는 과정에서 적용되는 윤리로서, 루터의 직업 소명설보다는 그의 교육론과 관련된다. 루터는 자신의 교육론을 통해, 누구든지 다양한 직업을 찾아갈 수 있다고 말했다. 그리고 그런 과정을 정부와 사회가 도와주어야 한다고 주장했다. 따라서 루터의 직업 윤리는 오늘날 한국의 청년 실업 문제에도 충분히 적용할 만한 가치를 지니고 있다. 정부는 청년들이 각자의 소명과 능력에 따라 적절한 직업을 찾도록 안내해 주어야 하고 교육 과정에서부터 그런 요소를 강화해야 한다. '외적 소명 안에 머무는 윤리'란 이미 직업을 찾은 이들이 자기 일에 임하는 태도를 뜻한다. 루터는 이미 직업을 찾은 이들에게 그 직업에 충실하라고 권면한다. 물론 이것은 직장을 바꿀 수 없다는 말이 아니다. 다른 직장을 찾을 수 있고, 심지어 여러 직업을 가질 수도 있다. 하지만 중요한 것은 일에 임하는 태도다. 직업을 가진 사람은 일을 하나님의 소명의 관점에서 파악하여 자부심과 열심을 가져야 한다. 루터의 직업소명설의 핵심은 직업에 대한 선택보다 직업에 대한 기본자세 즉, 자신의 일을 사랑하며 만족하는 삶과 타인을 위한 봉사의 삶, 그리고 하나님 앞에서 책임 있게 살아가는 삶의 태도에 놓여 있음을 기억해야 한다.

　　루터의 직업 윤리와 관련하여 마지막으로 한 가지 덧붙이고 싶은 것은 '휴식과 쉼'에 대한 그의 태도다. 루터는 일의 신학도 전개했지만 쉼의 신학도 놓치지 않았다. 그에게 일이란 인간의 자기 성취력을 뽐내는 수단이 아닌 하나님과 이웃을 섬기기 위한 은혜의 선물이었다. 따라서 그는 "사람은 휴식으로도 하나님을 섬긴다. 그렇다. 쉬는 것 외에 아무것도 없이 말이다"라고 말했다.[287] 한번은 멜란히톤이 식탁에서 여전히 글을 쓰며 일을 하고 있었다고 한다. 그때 루터가 일어서서 그의 손에서 펜을 빼앗아 버렸다는 일화가 있다. 루터의 직업 윤리를 논하는 이 글에서 그의 휴식의 윤리를 덧붙인 것은 노동의 과다 현상으로 수많은 사람이 고통을 겪고 있는 한국 사회에 대한 안타까움 때문이다.[288]

3장

철학적
윤리학과
기독교
윤리학

철학적 윤리학

윤리적 전통의 세 가지 유형

대표적인 철학적 윤리학에는 크게 세 가지 유형이 있다.[1] 그것은 **실존론적 윤리학, 의무론적 윤리학, 목적론적 윤리학**이다.[2] 존 프레임은 포괄적이고 엄밀하지는 않지만 아래와 같이 세 전통을 묶어 설명한다.

'실존론적 전통'에는 소피스트 Sophist, 흄 David Hume, 루소 Jean-Jacques Rousseau, 카를 마르크스 Karl Marx, 프리드리히 니체 Friedrich Wilhelm Nietzsche, 루드비히 비트겐슈타인 Ludwig Josef Johann Wittgenstein, 정서주의, 실존주의, 포스트모더니즘 등을 포함시킨다.

'목적론적 전통'에는 키레네 학파의 쾌락주의, 에피쿠로스 Epicurus, 아리스토텔레스 Aristotle, 존 듀이 John Dewey, 공리주의 등을 포함시킨다.

'의무론적 전통'에는 플라톤 Plato, 견유학파의 냉소주의, 스토아 철학, 임마누엘 칸트 Immanuel Kant, 관념론, 무어 George Moore 와 프리처드 Harold Arthur Prichard 등을 포함시킨다.

사실 이런 분류는 매우 피상적이다. 하지만 교육적인 목적을 위해서 비록 거칠지만 이 정도라도 분류해 놓는 것이 좋다. 이 중에서 실존론적 전통의 니체, 목적론적 전통의 에피쿠로스학파, 의무론적 전통의 칸트를 생각해 보자.

실존론적 전통의 한 예: 프리드리히 니체

프리드리히 니체는 '넘어가는 인간'위버멘쉬, 초인(超人)을 제안한다. 그 사람은 스스로 삶을 결정하는 사람이다. 그는 다른 사람이 만든 도덕에 종속되지 않는다. 그에게 윤리적 근원은 힘의 의지이며, 그런 의지를 발휘하는 자신이다. 니체는 『도덕의 계보』 제2논문에서 종교란 죄책감에서부터 기원하는 것이라고 주장한다. 채권자와 채무자의 관계가 처음에는 개인 대 개인에서 발생하였고, 그것이 점차 개인과 공동체의 관계에서 발전하였다가, 급기야 개인과 신과의 관계에도 적용되는 것으로 발전하였다. 니체는 그리스도의 속죄 개념은 예수가 만든 것이 아니라, 예수 이후의 '자칭' 기독교도들[특히 바울]이 만든 것으로, 기독교를 영원히 저질 종교로 만들고, 인간을 영원한 채무자로 만든 비극이라 설명하고 있다. 따라서 니체는 속죄 개념을 완전히 없애야 인간이 진정 자유로워지고, 디오니소스적이고 창조적인 인간이 될 수 있다고 주장한다.

니체는 "나는 내 작품을 온몸과 삶으로 쓰며, 순수하게 정신적인 문제가 무엇인지 알지 못한다"라는 말을 남겼다.[3] 다시 말해 니체의 철학은 단지 정신적이고 사변적인 철학이 아닌 전인격과 삶으로 표현되는 작업이었다. 이 점에 있어서 그는 파스칼Blaise Pascal, 키르케고르Søren Kierkegaard, 비트겐슈타인과 유사성이 있다. 니체는 소크라테스와 기독교를 비판했다. 어떤 이상의 세계를 정해 놓고 그것에 사람들을 가두려고 하기 때문이다. 그는 심지어 다윈주의 진화론도 거부했다. 인류 전체가 발전해 나간다는 생각을 거부했기 때문이다. 그는 위버멘쉬와 같은 한 개인이 기존의 도덕적 틀과 관념들을 물리치고 자신의 인생을 개척해 나가는 모델을 선호했다. 그런 점에서 니체는 예수 그리스도를 인정했다. 그가 보기에 그리스도는 진정한 그리스도인이자 유일한 그리스도인이었다.[4] 니체는 말년에 정신병을 앓았다. 그런데 정신병을 앓기 얼마 전부터 니체는 자신을 그리스도와 동일시하였고, 심지어 편지 끝에 '십자가에 달린 자'라는 사인을 남기기도 했다.[5] 여러 학자가 인정하는 바와 같이 말년의 니체는 그리스도에 대해 우호적인 생각을 가졌다.[6] 이는 실존론적 윤리의 관점에서 볼 때, 니체가 자신의 온 삶을 바쳐서 자신이 지향했던 윤리적 삶을 구현하고자 했던 증거라고 볼 수 있다.

목적론적 전통의 한 예: 에피쿠로스학파

에피쿠로스학파는 쾌락주의자라고 알려져 있다. 그들을 이해하기 위해서는 당시 헬레니즘 철학자들의 입장과 비교해 볼 필요가 있다. 헬레니즘 시대에 성공적인 삶은 내적인 흥분으로부터 자유를 누리는 삶이었다.[7] 회의주의자[퓌론주의]와 에피쿠로스학파는 이러한 상태를 '영혼의 평정'^{아타락시아, ataraxia}이라 일컬었다. 반면, 스토아 철학자들은 최고의 삶의 방식을 가리켜 어떤 감정의 동요도 없는 '무정념의 상태'^{아파테이아, apatheia}라고 불렀다. 하지만 이러한 상태들이 내포하는 의미는 거의 같다.

에피쿠로스 철학자들은 불쾌감으로부터 해방되고 최고의 쾌락을 추구할 때 완전한 선^善이 달성되고, 가장 행복할 수 있다고 보았다.[8] 그들은 쾌락을 '목적'^{텔로스, telos}으로 삼았다. 그런 점에서 에피쿠로스주의자들을 목적론적 윤리학 전통에 넣을 수 있다. 그들이 쾌락을 최고선으로 보았다고 해서, 당장에 눈앞에 보이는 쾌락만을 적극적으로 추구했다고 여겨선 안 된다. 그들은 전체를 놓고서 상대적으로 많은 쾌락을 주는 삶이 무엇인지에 대해 고민했다. 예를 들어 도박을 즐기는 에피쿠로스주의자가 있다고 하자. 그가 도박 때문에 몸이 망가지고 인생이 불행해진다고 한다면 그는 더 이상 도박을 하지 않는 길을 택한다. 길게 봤을 때 도

박을 계속하는 것이 쾌락을 감소시키기 때문이다. 이처럼 에피쿠로스주
의자 역시 쾌락의 총합을 계산하면서 삶을 결정했다. 그러나 그들에게는
그 쾌락의 총합을 **누가, 어느 시기에, 어떤 방식**으로 할 것이냐 하는 문제
가 항상 남는다. 이것은 '최대 다수의 최대 행복'을 주장했던 제레미 벤담
Jeremy Bentham 과 존 스튜어트 밀 John Stuart Mill 의 경우에도 마찬가지다. 벤담은
'쾌락 계산법' hedonistic calculus 의 방법론을 제안했지만, 과연 그것이 가능한
지는 의문이다.[9]

의무론적 전통의 한 예: 임마누엘 칸트

임마누엘 칸트는 의무론적 윤리를 대표하는 철학자다. 칸트의 주저는 세
비판서, 『순수이성비판』, 『실천이성비판』, 『판단력비판』이다. 『순수이성
비판』에서 칸트는 순수이성이 알 수 있는 것이 무엇인지를 묻고는 가지
계 noumenon 는 알 수 없지만, 현상계 phenomenon 는 알 수 있다고 보았다. 그에
따르면 신神은 현상계에 속한 존재가 아니다. 따라서 이성으로는 신에 대
해서 알 수 없다고 보았다. 이처럼 칸트의 비판이론은 신학에 치명적인
어려움을 가져다주었다. 『실천이성비판』은 칸트의 윤리를 매우 잘 알 수
있는 책이다. 그런데 이 작품에서 칸트는 자신이 앞문에서 거부했던 것
을 뒷문으로 받아들이는 것 같은 인상을 준다. 『순수이성비판』에서 불가
지론의 영역에 놓았던 신, 영혼의 불멸, 자유를 『실천이성비판』에서는 윤
리적 실천을 위해 요청 postulate 하고 있기 때문이다. 그러나 어찌 보면 이런
태도는 솔직한 것이다. 신, 영혼의 불멸, 자유를 먼저 상정하지 않고 윤리
를 구성하는 것은 지극히 어렵기 때문이다.

　　칸트는 『실천이성비판』에서 윤리적 삶이 가장 이상적인 삶이라고
주장한다. 그는 의무를 구성하는 명령에는 가언명령 conditional imperative 과 정
언명령 categorical imperative 이 있다고 했다. 가언명령이란 "행복해지고 싶으면

다른 사람을 도와주어라"라는 명령과 같이 조건이 붙는 명령이다. 반면
정언명령이란 "거짓말을 해서는 안 된다"라는 절대적 명령이다. 칸트는
정언명령이 모든 사람에게 보편타당한 도덕법칙이 될 수 있다고 보았다.
칸트는 자신이 이상화한 목적의 왕국의 세 가지 법칙을 제안했다.

첫째 정식 | "네 의지의 준칙이 항상 준칙인 동시에 보편적 입법의 원리로
서 타당할 수 있도록 행위하라."

둘째 정식 | "너 자신의 인격에서나 모든 타인의 인격에 있어서 인간성을 단
순히 수단으로서만 사용하지 말고 동시에 목적으로 사용하도록 행위하라."

셋째 정식 | "너의 준칙을 통하여 너 자신이 항상 보편적 목적의 왕국의 법
칙을 세우는 구성원처럼 행위하라."

이 중에서 사람을 단지 수단이 아닌 목적으로 대해야 한다는 법칙은 매
우 실제적인 윤리적 함의들을 갖고 있다. 마이클 샌델은 이 법칙에서부
터 도출되는 윤리를 성관계, 매춘, 장기(臟器) 매매, 거짓말 등을 예로 들어
다룬 적이 있다. 칸트는 아무리 자유로운 성관계라고 하더라도 서로가
상대방의 '인간성과 육체와 영혼'을 공유하는 전인적인 성관계가 아니면
상대방과 자신의 인간성을 욕보이는 행위라고 보았다. 칸트는 자유로운
성관계가 두 사람에게 만족을 준다 해도 이런 전인적인 성관계가 아니
면, 상대의 인간성을 욕보이는 것이고, 그 인간성을 욕정과 끌림을 충족
하는 도구로 이용하는 것이라고 주장했다. 그래서 칸트는 오로지 부부끼
리의 성관계만이 '인간의 품위'를 떨어뜨리는 것을 막을 수 있다고 결론
내린다.[10]

이런 측면에서 칸트는 사람은 그 누구도 "자기 팔다리를, 심지어는 치아 하나라도 팔 자격이 없다"라고 주장했다. 매춘도 똑같은 이유로 거부되어야 한다. 인간이 다른 사람의 성욕을 충족시키기 위해 자신을 수요 대상으로 만드는 행위는 마치 스테이크로 허기를 채우듯이 자신을 대상으로 삼아 욕구를 채우도록 허락하는 행위가 되기 때문이다.[11] 칸트는 어떤 경우에도 거짓말을 해서는 안 된다고 주장했다. 심지어 친구가 자기 집에 숨어 있는데 살인자가 와서 그 친구를 찾을 때조차도 거짓말을 해서는 안 된다고 주장한다. 이런 극단적이고 비타협적인 태도에 대해 프랑스 철학자 뱅자맹 콩스탕Benjamin Constant은 반대했다. 그는 진실을 말해야 할 의무는 진실을 알 자격이 있는 사람만을 대상으로 하며, 살인자와 같은 사람은 당연히 여기에 해당하지 않는다고 주장했다.[12] 하지만 칸트는 콩스탕의 주장에 흔들리지 않았다. 칸트는 진실 원칙이 비록 당사자나 다른 사람에게 큰 불이익을 가져다준다고 할지라도 반드시 지켜져야 한다고 가르쳤다. 칸트에게 도덕은 결과가 아닌 원칙의 문제였다. 그것은 그가 주장했던 정언명령으로부터 당연히 따라 나오는 원리였다. 칸트는 살인자에게 거짓말을 하는 행위가 잘못인 이유는 살인자에게 해가 되기 때문이 아니라 진실 원칙을 위반하기 때문이라고 대답했다.

그러나 칸트의 정언명령을 위반하지 않고도, 위에서 말했던 살인자로부터 친구를 보호할 수 있는 길이 하나 있다. 그것은 진실을 말하되 오해를 일으킬 수 있는 말을 살인자에게 하는 것이다. "내 친구는 여기 없어요"라고 빤한 거짓말을 하기보다는, "한 시간 전에 저 아래 가게로 가는 걸 봤어요"라며, 맞는 말이지만 오해할 말을 하는 것이다. 이처럼 맞는 말이지만 오해를 일으키는 발언은 정언명령을 위협하지 않는다. 결과론자의 주장을 근거로 도덕법의 절대성을 훼손한 것은 아니기 때문이다. 물론 약간의 타협처럼 보이긴 한다. 하지만 칸트 역시 이런 방식에 의존

하여 딜레마를 빠져나온 적이 있다.[13]

『판단력비판』에서 칸트는 미학적 판단에 대해 논한다. 아름다움이란 모든 사람이 가지고 있는 공통 감각에 호소하는 것이다. 따라서 그는 '미적 판단의 주관적 보편타당성'이란 개념을 제안했다.

이처럼 칸트는 『순수이성비판』에서 나는 무엇을 알 수 있는가를 물었고, 『실천이성비판』에서 나는 무엇을 행해야만 하는가를 물었으며, 『판단력비판』에서는 나는 무엇을 희망해도 좋은가를 물었다.[14] 흥미로운 것은 기독교의 세 가지 덕인 믿음, 사랑, 소망이 칸트의 『순수이성비판』[믿음과 지식과 인식의 문제], 『실천이성비판』[사랑과 윤리와 도덕의 문제], 『판단력비판』[소망과 아름다움의 문제]에서 각각 다뤄진다는 점이다. 이런 점에서, 칸트 사상의 기독교적 근거에 대해 논하는 것은 충분한 의미가 있을 것이다.[15]

철학적 윤리와 기독교 윤리와의 접점과 차이점

기독교 윤리학이 철학적 윤리학의 세 유형[실존론적 윤리학, 의무론적 윤리학, 목적론적 윤리학] 중 어느 하나를 고집할 필요는 없다. 오히려 이 세 가지를 종합적으로 사용할 필요가 있다.

코넬리우스 반 틸Cornelius Van Til을 발전시킨 존 프레임은 기독교 윤리학이 추구해야 할 선행의 세 가지 필요충분조건을 논한다. 그것은 '바른 동기', '바른 기준', '바른 목적'이다. 바른 동기는 믿음으로 정결해진 마음이다. 바른 기준은 하나님의 말씀이다. 바른 목적은 하나님의 영광이다. 존 프레임은 세 가지 요소를 웨스트민스터 신앙고백서 제16장 7절에서 찾는다.[16]

중생 받지 못한 자들의 행위가 그 자체로는 하나님께서 명령하신 일일 수도 있고, 자신과 남에게 유익할 수도 있을 것이다.왕하 10:30, 31, 왕상 21:27, 29, 빌 1:15,16, 18 그렇지만 그 행위가 믿음으로 깨끗해진 마음에서 나오지 않으며,창 4:5, 히 11:4. 6 말씀을 따라,고전 13:3, 사 1:12 올바른 방식으로 행해지지도 않으며 올바른 궁극 목적인 하나님의 영광을 위하여 행한 것도 아니다. 그러므로 그 행위는 죄스러운 것이요 하나님을 기쁘시게 할 수 없으며 하나님에게 은혜를 받게 하지도 못한다.학 2:14, 딛 1:15, 암 5:21, 22, 호 1:4, 롬 9:16, 딛 3:5 그러함에도 그들이 선행을 소홀히 행하면 더 죄스러운 일이요 하나님을 노하시게 한다.시 14:4; 36:3, 욥 21:14, 15, 마 25:41~43, 45; 23:23

웨스트민스터 신앙고백서는 불신자들의 선행을 논하면서 그들이 바른 동기, 바른 기준, 바른 목적이라는 세 가지 기준에 있어 하나님의 뜻을 채우지 못하므로 그들의 선행은 하나님을 기쁘시게 할 수 없다고 말한다. 바른 동기, 바른 기준, 바른 목적이 기독교 윤리학에서 매우 중요하다. 이 세 가지가 확립될 때 우리는 기독교 윤리학이 경계해야 할 율법주의, 인본주의, 방종주의를 물리칠 수 있다.[17] 우리는 믿음에서 나오는 깨끗한 마음으로부터 선을 행해야 한다. 우리는 자신의 의를 만족시키고 외식에 빠지는 율법주의에 물들어서는 안 되며, 인간의 이성을 하나님의 계시의 말씀보다 우위에 두어서도 안 된다. 인본주의를 배격해야 한다. 우리는 삶의 목적을 바로 알고 언제나 하나님 중심적으로 행동해야 한다. 그런 사람은 방종주의적인 삶을 살 수 없다.

존 프레임은 이어지는 논의에서 바른 동기를 실존론적 윤리학과 연결하고, 바른 기준을 의무론적 윤리학과 연결하며, 바른 목적을 목적론적 윤리학과 연결한다. 따라서 기독교 윤리학은 실존론적 윤리학, 의무론적 윤리학, 목적론적 윤리학을 종합한 윤리학이라고 볼 수 있다. 한편, 헤르만 바빙크 역시 기독교에서 가르치는 윤리를 하이델베르크 교리문답 91 문답에서 말하는 선행으로 설명한다. 이러한 선행은 참된 믿음을 원리로, 하나님의 율법을 규범으로, 하나님의 영광을 목적으로 삼는 선행이다.[18] 그런 점에서 바빙크가 제시하는 성화론은 청교도들이 만든 웨스트민스터 신앙고백서와 서로 일치하는 면이 있다.

에마뉘엘 레비나스의 윤리학

에마뉘엘 레비나스의 윤리

에마뉘엘 레비나스Emmanuel Levinas는 2차 세계대전 때 유대인 수용소에서의 경험과 히브리 성경[구약성경]에 대한 해석, 자신의 철학적 연구에 기반하여 '타자의 얼굴의 윤리학'이라는 주제의 책들을 내놓았다.[19] 그는 주체subjectum 중심적 서구 형이상학을 거부하고, 대속적 주체 개념을 제안하였다. 즉 아래로sub 놓여서iectum 사고와 활동의 중심이 되려는 자의 철학이 아니라, 아래로sub 들어가서iectum 타자와 세상을 떠받치는 자의 철학을 개진하였다.

　　레비나스의 윤리가 갖는 의의는 매우 풍부하다. 그는 윤리를 제일철학으로 규정하면서 서구 철학이 가졌던 근원적인 문제점을 드러냈다. 레비나스는 프랑스 철학이 가장 융성했던 시기에 살았다. 20세기 초반의 신칸트주의를 거쳐, 1930년대까지의 베르그송주의의 유행, 그리고 헤겔주의의 등장, 1930년대와 40년대의 현상학, 2차 세계대전 이후의 실존주의, 1950년대와 60년대의 구조주의, 1960년대와 70년대의 후기구조주의, 1980년대의 윤리와 정치철학으로의 회귀현상 등 레비나스가 살았던 시대의 프랑스 철학은 매우 다양한 조류의 철학이 시험되고 있었다. 레비나스의 사상은 처음에는 이러한 조류에서 크게 두각을 나타내지 못했다. 그는 단지 후설과 하이데거의 전문가 정도로만 인식되었다. 그러나 1960대에 데리다$^{Jacques Derrida}$가 레비나스를 본격적으로 연구하기 시작했고, 1980년대 이후로는 프랑스 철학계에서 윤리, 정치, 종교가 주요 화두로 부상하면서 일종의 레비나스 르네상스가 형성되었다. 그 이후로 레비나스의 영향력은 굉장히 거대했다. 그가 죽은 이듬해 장-뤽 마리옹이 레비나스를 위해 남긴 조사弔詞에서 철학사에 큰 족적을 남긴 20세기 프랑스 철학자 두 명을 뽑으라면 베르그송과 레비나스를 들 수 있다고 말했다.[20]

레비나스의 윤리학의 중심 화두는 '타자'였다. 그는 타자와의 관계성은 단지 이해나 인식으로 환원될 수 없다고 보았다. 오히려 타자와의 관계성은 항상 윤리적이며 인간이 자기 자신이 어떠하다고 생각하는 경험을 구조화하는 데 있어서 필수적이다. 레비나스는 상호주체성의 의미를 윤리에서 찾았다. 그때까지의 서구 철학이 인식 주체 중심의 철학을 전개하여 타자를 대상화하였다면, 레비나스는 타자에 대한 책임성은 초월적이며, 비가역적인 것이라고 주장했다. 나를 향해 다가오는 타자의 얼굴에서 나는 신의 얼굴의 현현을 본다. 『전체성과 무한』에서 레비나스가 말했듯이 타자는 고아와 과부의 모습으로 다가온다. 따라서 나는 그들을 윤리적으로 대할 수밖에 없다.[21] 타자의 얼굴은 '현상학적'으로 다가오지 않는다. 왜냐하면 레비나스에게 타자란 생각이나 반성의 대상이 아니기 때문이다. 1965년에 낸 '수수께끼와 현상'$^{Enigma and Phenomenon}$이란 논문에서 레비나스는 타자가 '현상'이 아닌, '수수께끼'와 같다고 적었다.[22] 타자는 궁극적으로 지향성으로 포섭되지 않으며, 이해하기에 불투명하기 때문이다. 이 점에서 레비나스 연구가 사이먼 크리칠리$^{Simon Critchley}$는 레비나스가 후설의 현상학을 방법론적으로 사용했지만, 그것에 맹목적으로 헌신하지는 않았다고 평가한다.

또한 레비나스는 서구 형이상학의 역사가 '존재론'에 너무 집중되

어 있었으며, 존재론이 가지고 있는 내부적인 한계성으로 인하여 결과적
으로는 윤리적 책임성이 무시되었다고 주장한다. 서구 철학의 존재론은
실재론이든 관념론이든 타자를 인식의 대상으로 삼고 있다. 여기에서 타
자는 어떤 개념 안에 종속되고 만다. 이런 점에서 레비나스는 하이데거
의 철학을 비판한다. 파르메니데스로부터 하이데거에 이르기까지 존재
론은 타자의 다양한 형태를 모두 동일한 것으로 전환하여 이해한다. 존
재론에서 타인은 마치 음식이나 음료처럼 인식된다. 그리하여 타자는 내
가 '거머쥐는'com-prehend 대상으로 전환되고, 내 처분으로 조작될 수 있는
대상으로 전락하고 만다.[23] 따라서 레비나스는 '주체'subject 를 데카르트적
인 '사유하는 자아'ego cogitans 로 규정하지 않고, 타자의 부름에 "내가 여기
있습니다"라고 응답하는 '나'로 규정한다. 그에게 윤리란 일종의 스포츠
경기를 관람하는 것과 같이 거리 두기가 가능한 일이 아니다. 오히려 레
비나스에게 윤리란 내가 충분히 만족시킬 수도 없고 그렇다고 피할 수도
없는 타자의 요구를 경험하고 반응하는 일이다.[24]

이상과 같은 면에서 보자면, 레비나스의 윤리학은 서구 지성사에서
굉장한 의미를 지닌다. 그러나 레비나스 연구가들도 인정하는 약점이 있
다. 우선, 레비나스 윤리학은 아리스토텔레스 이후, 스토아 철학으로 이
어지는 윤리학이 지닌 약점을 여전히 극복하지 못했다. 그것은 윤리적
행위자를 어느 정도 '타자보다 나은 자'로 보는 엘리트주의적 특성이다.
아래에 들어가서 타자를 떠받치려면 여전히 타자를 떠받치는 힘이 있음
을 전제로 한다. 이러한 윤리적 구도 속에서 타자는 여전히 "'좀 더 강한'
나에 의해 떠받쳐지는 '나보다 약한' 존재"로서 남게 된다.

레비나스 윤리학의 대속 개념은 분명 히브리 성경과 신약성경에 나
타난 모티브를 붙잡은 것이다. 그럼에도 불구하고 레비나스가 엘리트주
의적 윤리학의 약점을 극복하지 못하는 까닭은 그의 윤리학이 나치 수용

소의 경험에 강하게 기반하고 있기 때문인 듯하다. 나치 수용소에서 그는 살려달라고 애원하는 타자의 얼굴을 보지 못하는 강자들의 모습에 큰 환멸을 느꼈다. 그에게 윤리란 연약한 자의 부르짖는 얼굴을 마주 대하는 '실존적 경험'이다. 그러나 수용소의 경험은 인간을 둘로 양분하는 결과를 낳고 말았다. 그것은 타자를 대속하는 힘 있는 주체와 그것을 받아들여야 하는 연약한 대상의 양분이다. 수용소에서 나치 군인은 절대적으로 강한 존재며, 포로는 절대적으로 약한 존재다. 강자는 약자의 얼굴의 현현 속에서 거부할 수 없는 윤리적 의무를 발견한다. 여기서 레비나스 윤리학이 가질 수 있는 문제점 두 가지가 발견된다.

첫째, 왜 타자는 언제나 연약한 자여야만 하는가라는 질문이다.

둘째, 그렇다면 연약하며 결백한 자인 포로는 강하고 포악한 군인의 얼굴을 볼 때 어떤 윤리적 가능성을 지닐 수 있는가라는 질문이다.

물론 레비나스의 '향유', '거주', '여성'의 개념 속에서 이런 문제가 약간 지양될 가능성이 있으나 완전히 극복되지는 못한다. 그렇기에 레비나스의 윤리학은, 약자를 위한 윤리학이긴 하지만 그 실천에 있어서는 강자만을 대상으로 삼는 윤리학이다. 가난하고 약한 과부와 고아의 얼굴을 한 타자와의 대면에서 나는 스스로가 부자인 것을 알게 되는 식이다.[25]

이런 점에서 보자면 칸트의 의무론적 윤리 deontological ethics 는 강점이 있다. 왜냐하면 칸트의 윤리학에서는 도덕적 의지를 가진 자라면 누구나 실천할 수 있는 윤리를 제시하고 있기 때문이다. "사람을 오직 수단으로서만 대하지 말고 언제나 동시에 하나의 목적으로 대하라"는 칸트의 정언명령에서, 타자는 수단이 아닌 목적이 된다. 칸트는 모든 사람에게 이런 명령이 주어져 있다고 본다. 그래서 칸트의 윤리학은 엘리트주의를 극복하는 **보편성**을 지닌다. 하지만 칸트 윤리에도 역시나 엘리트주의적 요소가 있다. 실천이성의 정언명령이 모든 자에게 보편적이고 동일하다고 생각하는데, 실제로 실천이성의 명령에 따라 생각할 줄 아는 자들은 소수이기 때문이다. 동시에 칸트 윤리학의 약점은 연약한 타자에 대한 사유가 부족하다는 점이다. 칸트에게 윤리는 타자를 대신하는 의무가 아닌, 개인의 의무다.

그러나 신약성경의 윤리는 레비나스와 칸트의 장점을 지니면서도 동시에 그것들의 약점을 극복할 수 있는 윤리를 제시하고 있다. 신약성경에는 레비나스 윤리가 말하는 대속 사상이 있다. 그리스도는 세상 죄를 지고 가는 하나님의 어린양이다. 또한 거기에는 칸트가 경고하는 것, 인간을 수단으로 대상화하는 시도가 거부된다. "오직 하나님의 영광을 위하여"라는 최상의 목적과 견주어지지만 않는다면 말이다. 그러나 신약성경의 윤리는 엘리트주의에 빠지지 않는다. 그것은 믿는 자라면 누구나 따라야 하는 보통 사람의 윤리다. 그리고 칸트와 달리 신약성경은 더불어 사는 삶, 양방향적 소통을 강조한다. 한 가지 덧붙이자면 신약성경의 윤리는 아리스토텔레스적 덕의 윤리 또한 담아낼 수 있다. 그것은 생활인의 윤리, 지식만이 아니라 행동 또한 강조하는 윤리를 표현한다.[26] 이런 점에서 신약성경의 윤리는 아리스토텔레스, 칸트, 레비나스의 윤리를 넘어설 수 있는 가능성을 풍부하게 제시하고 있다.

레비나스의 윤리의 한계

레비나스는 윤리를 제일철학이라 부른다. 그는 서구의 형이상학이 타자를 자기화하고 동일화하는 폭력을 낳았다고 비판한다. 그러나 레비나스 철학이 과연 윤리학을 정립할 수 있는 여지를 주는가? 그의 기획은 윤리학적으로 큰 기여를 했지만, 다른 한편으로 레비나스의 윤리는 여전히 약점을 지니고 있다. 레비나스 연구가로 유명한 로버트 베르나스코니 Robert Bernasconi 는 레비나스의 윤리가 가진 한계를 몇 가지로 지적하였다.

첫째, 유대인으로서 팔레스타인을 용납하지 못하는 문제이다. 쉴로모 말카Shlomo Malka가 팔레스타인 분쟁 문제에 대해 질문했을 때, 레비나스는 대답하기를 부당하게 이웃을 공격하는 자는 원수가 될 수 있으며, 적어도 우리는 누가 옳고 누가 그른지 분별할 수는 있어야 한다고 주장했다.[27] 그러나 그는 팔레스타인 아랍인들을 '타자'로 품으라는 말카의 초대는 분명하게 거부하였다. 이것은 그의 윤리학이 가진 한계를 보여주는 것이다.

둘째, 남성으로서 여성주의에 대해 심각하게 생각하지 않았다. 시몬 드 보부아르Simone de Beauvoir가 지적하였듯이, 비록 레비나스가 『시간과 타자』에서 타자의 문제를 여성과 관련하여서도 논했지만 여전히 문제는 드러난다. 레비나스가 남자의 타자는 여자라고 할 때, 그는 여전히 여자의 타자가 남자라는 사실이 무엇을 뜻하는지는 탐구하지 않는다. 레비나스는 필연적으로 상호성을 배제할 수밖에 없는 그러한 비대칭성을 유지할 뿐이다.[28]

셋째, 유럽인으로서 그는 타 문화권에 대해 여전히 우월의식을 지니고 있다. "타자는 나 자신이 아닌 자이다"라고 레비나스가 말했을 때, 그는 자신의 이 명제를 문화적, 민족적, 종교적, 인종적 측면으로 적용하고 싶어 하지 않았다.[29] 그는 유럽이 다른 문화권이나 역사들보다 더 앞서 간다고 생각하였다. 그리고 '서구적 사유의 관대함'the generosity of Western thought에 대해서도 말한다. 이것은 나치로부터 핍박을 받고, 서구 철학의 전체성을 고발했던 사람이 발언했다고 보기에는 참 이상한 말이 아닌가라고 베르나스코니는 질문한다.[30]

레비나스 윤리에 묻고 싶은 질문들

베르나스코니가 던진 질문들 외에도 나는 레비나스 철학에 묻고 싶은 것들이 있다. 이 내용은 단지 레비나스의 윤리만을 비판하기 위해 던지는 질문이 아니다. 그 외에 다른 철학적 윤리학에 대해서 던질 수 있는 질문을 레비나스 윤리학을 하나의 예로 들어 다루는 것이다.

타자를 무조건적으로 섬기는 동력은 어디서 나오는가?

그리스도인들은 나를 대신 죽으신 그리스도를 묵상하고, 성령의 능력으로 충만해진 상태가 아니면 다른 사람을 내 몸과 같이 사랑할 수 있는 원천이 내 안에서 나올 수 없다고 믿는다. 레비나스 윤리가 말하는 타자의 명령에 대해 반응하는 힘은 어디서 나올까? 만일 그것이 죄인인 인간의 내부에서 나오기를 기대한다면, 레비나스의 철학은 오히려 윤리학의 종말을 불러오지 않는가? 즉 죄인에게 진정한 윤리란 불가능하다는 것을 알려주는 것이 아닐까?

타자가 나에 대한 의무를 다하지 않을 때 타자를 어떻게 포용할 수 있는가?

레비나스의 철학은 나에 대해서 가혹하리만치 너무 많은 것을 요구하는 것 같다. 사실 레비나스 자신도 이런 질문에 제대로 답을 하지 못한 경우가 있다. 이에 대해서 이미 폴 리쾨르는 '이웃의 개념'이 잘못 설정된 것이 문제라는 지적을 간접적으로 한 바 있다.[31] 레비나스가 팔레스타인 아랍인들을 품지 못할 때, "너희 원수를 사랑하며 너희를 박해하는 자를 위하여 기도하라"는 예수님의 말씀은 오히려 빛이 나지 않을까?

레비나스 윤리학의 타자와 제삼자 개념은
아래와 같은 문제들을 갖고 있지 않은가?
첫째, 제삼자가 누군지 알 수 없는 경우가 많다. 예를 들어 대학 입학에서

가중치를 주는 문제를 생각해 보자(샌델,『정의란 무엇인가』1장 참조). 텍사스대학 로스쿨에서는 소수민족이 법조계에 기여하는 일을 확대하기 위하여 소수민족 출신의 지원자에게 과중치를 주는 제도를 마련했다. 그런데 대학 당국이 생각하는 소수민족은 구체적으로 누구를 가리키는가? 소수민족 출신이라고 다 특혜를 줘야 하는가? 어떤 백인은 어떤 흑인보다 더 가난하고 열악한 환경에서 자랐을 수도 있다. 이런 때는 어떻게 해야 하는가?

둘째, 제삼자, 제사자, 제오자 등을 고려해야 할 경우가 많다. 아리스토텔레스의『니코마코스 윤리학』은 이 문제를 좀 더 실제적으로 다루고 있다.『니코마코스 윤리학』9권 2장을 보면, '서로 다른 친애의 우선성 문제'를 다룬다. 해적에 갇힌 나를 보석금을 내고 풀어준 사람이 있다. 만일 그 사람과 나와 나의 아버지가 동시에 해적에게 갇히면 어떻게 해야 할까? 아리스토텔레스는 아버지를 먼저 구해야 한다고 주장한다. 하지만 아리스토텔레스도 역시 그 사람과 나 사이에는 누가 먼저인지를 판별하지는 않는다. 이와 비슷하게 많은 상황에서 제삼자는 단독으로 등장하지 않고, 다수로 등장한다.

셋째, 제삼자가 우선시 되어야만 하는 상황에서도, 내 앞에 있는 타자에게 더 충실할 수밖에 없는 상황이 있지 않은가? 예를 들어 기아로 죽어가고 있는 아프리카 난민의 소식을 듣지만, 자선사업가인 나는 여전히 우리 주변의 가난한 사람을 먹이는 일에 우선적으로 관심을 가지고 있다.

넷째, 그 반대로, 타자가 우선시 되어야만 하는 상황에서도, 제삼자에게 더 충실할 수밖에 없는 상황도 있지 않은가? 선교사는 자기 자녀를 챙겨야 함에도 불구하고, 실제로는 받은 사명 때문에 현지인들을 위해서 더 많은 시간과 노력을 쓴다.

다섯째, 제삼자가 역사적 과거의 사람들이라면 어떻게 해야 하는가?

예를 들어 일제 통치, 나치 문제, 흑인 차별, 여성 차별, 세월호 문제 등.

여섯째, 타자 얼굴의 현현 개념과 제삼자 개념은 서로 양립할 수 있는가? 타자는 절대적이다. 그런데 제삼자를 과연 상정할 수 있을까? 타자가 절대적으로 나타난다는 사실과, 정의 문제에는 제삼자가 고려되어야 한다는 주장은 상호 모순되지 않는가?

일곱째, 타자는 절대적으로 나타나지 않고, 언제나 삼자, 사자, 오자 등과 함께 나타나지 않는가? 절대적 타자 l'autre absolu 가 아니라, 타자들로서의 타자 l'ature comme les autres 가 더 맞는 표현이 아닐까?

결론적으로, 고아와 과부로 대표되는 타자의 얼굴을 신의 현현으로 보는 레비나스의 윤리적 기획에는 이상과 같은 '정의'正義의 문제들을 다룰 때 어려움을 지닌다. 물론 이러한 어려움을 쉽게 해결해 주는 철학적 윤리는 없다. 하지만 레비나스의 윤리는 그 고유한 특성으로 말미암아 이상과 같은 문제들에 대해 특히 더 취약할 수가 있다.

속죄 개념을 거부−변형한 철학자들(칸트, 니체, 레비나스)

칸트는 『이성의 한계 안에서의 종교』에서 기독교 속죄 개념을 비판한다. 만일 속죄가 있다면, 윤리에 대해 할 말이 줄어들거나 없어질 것이다. 칸트는 우리는 우리에게 주어진 능력대로 윤리적 삶을 살아야 한다고 주장한다. 소위 말하는 정언 명령, "네 행동의 준칙이 너의 의지를 통하여 하나의 보편적인 자연법칙이 되는 것처럼 행동하라"는 이 명령은 어디까지나 '나의 의지를 통하여' 수행하는 것이지, 누군가가 대신해 주는 것이 아니다.

니체는 여기서 한 걸음 더 나아간다. 『도덕의 계보』 제2 논문에서 니체는 종교란 죄책감에서부터 기원하는 것이라고 주장한다. 채권자와 채무자의 관계가 처음에는 개인 대 개인에서 발생하였고, 그것이 점차 개인과 공동체의 관계로 발전하였다가, 급기야는 개인과 신과의 관계에도 적용되는 것으로 발전하였다. 니체는 그리스도의 속죄 개념은 예수가 만든 것이 아니라, 예수 이후의 '자칭' 기독교도들[특히 바울]이 만든 것으로, 기독교를 영원히 저질 종교로 만들고, 인간을 영원한 채무자로 만든 비극이라고 설명한다. 따라서 니체는 속죄 개념을 완전히 없애야 인간이 진정 자유로워지고, 디오니소스적이고 창조적인 인간이 될 수 있다고 한다.

레비나스는 현대 사상가 중 아주 드물게 속죄 개념을 긍정적으로 도입해서 철학적-윤리학적으로 적용한 사람이다. 레비나스에게 타자는 고아와 과부의 모습으로 찾아온다. 그 힘은 막강하며, 그들이 요구하는 윤리는 절대적이다. 타자의 얼굴은 마치 신의 현현처럼 나에게 엄습해 온다. 나는 그렇게 고아와 과부의 모습으로 다가오는 타자를 떠받들 의무가 있다. 『존재와 다르게: 본질의 저편』에서 레비나스가 말하듯, 나는 한 사람의 메시아로서, 타자를 속죄시킬 사람이 된다. '나'라는 주체subjectum는 타자의 밑바닥sub으로 들어가iectum 그곳에서 타자를 받들어 섬길 책임이 있다. 레비나스의 철학에서 속죄는 우리 각 개인의 사명이자 의무다.

윤리 명령을 '내가' 실행해야 했기에 속죄를 거부했던 칸트, 죄의식이란 개념을 없애고 스스로를 창조해야 하는 '내가' 되어야 했기에 속죄를 거부했던 니체, 신의 얼굴로 현현하는 타자를 밑바닥에서부터 섬겨야 하는 '내가' 되어야 했기에 속죄를 활용했던 레비나스. 이 세 사람의 철학에서 공통적으로 강조되는 것은 속죄는 '내가' 거부하거나, '내가' 행하는 것이라는 점, 속죄는 '나'에게 달려 있다는 것이다.

하지만 성경에서 말하는 속죄는 분명하다. 기독교의 속죄 개념은 '나 대신, 우리 대신 그리스도께서'라는 정신에 기반한다. 초기 기독교 신경들의 속죄 부분에서 가장 강조된 것은 '우리 대신'이라는 개념이었다[니케아 신경, 니케아-콘스탄티노플 신경 등]. 이 경우, 우리는 속죄에 있어 무력하다. 구원 사건은 '우리 밖에서, 우리와 무관하게, 우리가 모르는 사이에' 이뤄진 사건이다. 그 이후에 '우리 안에서, 우리와 더불어, 우리를 통하여'의 차원이 제시된다. '우리 밖에서'extra nos의 차원과 '우리 안에서'in nobis의 차원이 모두 합쳐서 '우리를 위하여'pro nobis의 차원을 형성하지만, 그 순서는 '우리 밖에서'가 먼저이고, 그다음에 '우리 안에서'가 적용된다. 그러나 철학자들의 속죄 개념은 처음부터 끝까지 '우리가, 내가' 그 개념을 규정하며 주도한다. 십자가의 도는 1세기 사상가들에게나 18-20세기의 사상가들에게나 여전히 잘 이해되지 않는 개념, 그저 받아들일 수 없는 개념이다. 그렇기에 '엄격한 칸트주의자', '완고한 니체주의자', '철저한 레비나스주의자'는 '소박한 그리스도인'이 될 수 없는 것이다.

> 십자가의 도가 멸망하는 자들에게는 미련한 것이요. 구원을 받는 우리에게는 하나님의 능력이라(고전 1:18).

레비나스와 히브리어 성경

레비나스의 철학을 형성한 근간에는 후설의 현상학, 하이데거의 『존재와 시간』, 러시아의 문학, 셰익스피어, 베르그송 등이 있겠지만, 그 안에 성경을 빼놓을 수가 없다[물론 그가 말하는 성경이란 히브리어 성경, 즉 유대인의 성경이다]. 그는 매주 토요일마다 히브리어 성경을 읽고 공개 강의하는 시간을 가졌으며, 랍비들의 성경 해석에 관한 책도 썼다. 한마디로 말해 그에게 성서는 '책 중의 책'이었다.[32] 레비나스의 성경관에는 세 가지 특징이 있다.

첫째, 다양한 해석 가능성을 인정한다는 점이다. 그에게 있어서 성경은 다양한 주석을 통해 여러 가지로 해석될 수 있는 개방된 형태의 이야기책이었다. 그는 이 해석의 다양성을 통해 초월을 느꼈다. 그리고 풍요로운 해석을 맛보는 것을 하나의 '제의'라고 표현했다. 그는 여러 해석이 서로 부딪히고 상충할 수 있는 가능성을 인정했다. 그때 전통의 문제가 발생한다. 하지만 그는 전통에 대해 무조건 복종해야 하는 것이 아니라, 전통마저도 다시 해석해야 한다고 주장한다. 레비나스에게 해석이란 생각하지 못한 것을 '하는 말'로 이끌어내는 시도다. '하는 말'le idre이란 '한 말'le dit과는 달리, 상대방과 의사소통하는 직접성과 현장성을 가진 행위다. 따라서 레비나스가 말하는 '전통 해석하기'는 전통을 타자의 요청과 필요에 따라 재수용하는 방식을 취한다.

둘째, 레비나스에게 성경은 윤리를 가르쳐 주는 책이다. 성경은 그로 하여금 주변 사람들을 모두 의식하면서 철학을 하도록 가르쳤다. 성경 안에는 인간의 삶이 의미를 갖기 위해서 꼭 이야기되어야 할 중요한 요소들이 담겨 있다. 그것은 윤리다. 윤리가 성경 전체를 지배하고 있다. 윤리를 제일철학이라고 부른 레비나스는 성경을 철학과 대립하기보다는 오히려 밀접한 관계를 갖는 책으로 여겼다. 그는 자신이 성경과 철학을 일부러 일치시킨다거나 화해시키려고 한 적은 결코 없다고 말한다. 그의 철학에서 그 둘이 일치되는 것처럼 보였다면, 그것은 철학이 철학 이전의 체험에 바탕을 두기 때문이고, 그런 기본 체험이 성경을 통해서 레비나스 안에 형성되었기 때문이다.

레비나스에게 성경이 기적적인 이유는 각각 다른 사람에 의해 기록된 문서가 같은 내용, 즉 윤리라는 푯대를 향해 모이고 있다는 점 때문이었다. 성경의 윤리성, 그것이 바로 레비나스가 생각하는 성경 전체를 관통하는 주제다. 사실 이러한 관점, 즉 성경을 윤리의 관점에서 본 시도는 이미 많이 나타났다. 칸트, 리츨이 대표적이다. 그러나 레비나스는 이들보다 훨씬 적극적으로 성경의 언어들에게 윤리의 세례를 주어 자신의 철학으로 도입했다. 루터는 한때 철학의 언어가 신학에 사용되려면 세례를 받아야 한다고 했는데(Luther, Weimarer Ausgabe, vol. 39/I, 229, ll. 23-26), 레비나스의 작업은 그것의 역작업이라 할 수 있다.

셋째, 레비나스는 유대인 문제와 관련하여 성경을 읽었다. 레비나스가 성경을 읽는 독특한 관점이 하나 더 있는데, 그는 말하기를, 윤리적 집중 외에 성경이 가진 또 하나의 통일성은 그 안에 등장하는 역사가 하나하나 끊어진 사건의 나열이 아니라, 세상에 흩어진 유대인들의 운명과 직접 관련 있는 의식에 있다고 했다. 유대인이며, 또한 나치 독일의 포로수용소에서 몇 년을 보냈던 그는 자신의 경험에 비추어 성경을 읽을 수밖에 없었다. 그리스도인들은 구약성경 속의 유대인들을 보더라도, 단지 교회 시대 이전의 [선택받았으나 최종적으로 불순종하였던] 하나님의 백성 정도로 본다. 하지만 레비나스는 히브리 성경 속에 나타나는 유대인의 모습에서 자신과 가까웠던 고통 받는 유대인들의 얼굴을 떠올렸다. 따라서 성경에 기록된 유대인의 고난을 볼 때 그는 그리스도인보다 훨씬 더 깊은 감정이입을 할 수밖에 없다.

이러한 레비나스에게 성경은 그 어떤 책과도 비교할 수 없는 예언자 정신의 책, 책 중의 책인 것은 당연했다. 하이데거가 인간을 '죽음을 향한 존재'Sein zum Tode 라고 표현했는데, 레비나스에게 인간은 '책을 향한 존재'Sein zum Buch 였다. 특별히 레비나스 자신에게 이 말을 적용한다면, 이 때의 책은 무엇보다 성경이 될 것이다.

슈베이커의 책임 윤리와 니버의 기독교 현실주의

윌리엄 슈베이커의 '생명에 대한 책임 윤리'

윌리엄 슈베이커William Schweiker 교수는 시카고 대학 신학부의 윤리학 교수다. 그는 자신의 윤리를 '책임 윤리'라고 표현하는데, 그것을 이해하기 위해서는 먼저 도덕 실재론과 도덕 반실재론에 대해서 이해할 필요가 있다.

　　도덕 실재론이란 인간 사회에 타당한 도덕규범이 실재, 자연, 인간 실존에 내재해 있다는 사상이다. 아리스토텔레스는 인간이 로고스적 존재[이성적으로 사고하고 말을 할 줄 아는 존재]인 동시에 폴리스적 존재[사회를 구성하여 사는 존재]라고 규정하였다. 인간이 본질상 이러한 존재인 이상 인간은 행복하게 살기 위해서 이성을 최대한 발휘하며, 최적의 공동체를 이루어 살아야 한다. 헬레니즘 시기의 스토아 철학자들은 우주에 존재하는 자연법칙과 인간 내면에 존재하는 도덕법칙은 일치한다고 주장하였다. 교부신학에서도 역시 하나님은 동일한 로고스를 통하여 우주를 만드시고, 인간의 이성도 만드셨다. 따라서 그 로고스의 법칙에 따라서 살아야만 인간은 진리를 깨달을 수 있고, 인간답게 살 수도 있다. 칸트에게 인간의 마음에 있는 도덕 법칙이란 밤하늘의 빛나는 별빛만큼이나 선명한 것이었다. 사실 서양 윤리학 역사에 나타난 대부분의 도덕 이론은 실재론에 해당한다. 도덕 실재론은 도덕 질서를 하나님이 정하셨다는 사실과 인간 실존은 본성상 도덕적 특성을 지닌다는 가정에 근거한다.

　　이와 반대로 도덕 반실재론은 다른 말로 윤리적 구성주의라고 표현할 수도 있는데, 쉽게 말해 인간의 도덕이란 상황과 문화에 따라 '구성되어 가는 것'이지 어떤 고정된 것이 아니라는 주장이다. 그렇다고 해서 도덕 반실재론이 도덕적 신념 자체를 모조리 거부하는 것은 아니다. 다만 도덕 신념의 타당성이 문화에 따라 상대적이라는 것을 주장할 뿐이다. 육체적으로 약한 아이가 태어나면 유기해 버렸던 스파르타 사람들의 행동을 현대 서구인의 관점에서는 받아들이기 힘들지만, 고대 스파르타 사회와 문화 속에서는 얼마든지 용인될 수 있는 행동이었다. 이러한 도덕 반실재론, 윤리적 구성주의는 '자유'와 '관용'의 정신에 기초한다. 특히 인간 이성의 자율성 및 개성에 대한 강조, 제국주의 및 전제주의에 대한 반발, 무엇보다 관용과 다양성에 대한 이해 증진 때문에 도덕 반실재론은 상당한 호응을 얻게 되었다.

이제 슈베이커 교수에게, "당신의 윤리학은 도덕 실재론인가요, 도덕 반실재론인가요"라고 물어보자. 그는 이 질문에 대해 자신의 윤리학은 그 둘을 배타적으로 취하지 않으며, 그 둘을 적절하게 종합하는 것이라고 대답한다. 도덕 반실재론이 주는 통찰력은 삶의 여러 특수한 요소가 도덕적 행위에 반영될 수밖에 없다는 점에 있다. 그리고 도덕 실재론이 주는 통찰력은, 각각의 공동체가 좀 더 나은 윤리적 선택을 할 만한 가치가 있다는 것을 부정하지 않는다는 점에 있다. 슈베이커 교수는 자신의 윤리를 '책임 윤리'라고 부르는데, 그 이유는 인간 실존이 처한 문화가 요구하는 필요와 인간이 가진 가치를 동시에 고려하면서, 이 둘 모두에 책임감 있게 응답하려는 윤리학이기 때문이다.

그렇다면 "왜 우리는 문화적 필요와 인간의 가치에 책임성을 가져야 하는가?"라는 질문이 떠오를 것이다. 그에 대한 슈베이커 교수의 답은 두 가지다.

첫째, 그렇게 살지 않으면 인간의 삶은 무의미해지기 때문이다. 문화적 필요와 인간의 가치에 책임지지 않으려는 삶은 결국 사회의 불안을 증가시키고, 인간 개인에게 이익이 되지도 않는다.

둘째, 인간의 삶은 하나님께서 주신 고귀한 생명에 기초하고 있기 때문이다. 하나님께서 주신 삶에 대해서 인간은 감사와 경외로 응답해야 한다(요일 4:20). 그에 대한 마땅한 자세는 인간 삶의 통전성integrity을 존중하고 증진시키는 삶을 사는 것이다.

누구든지 하나님을 사랑하노라 하고 그 형제를 미워하면 이는 거짓말하는 자니 보는 바 그 형제를 사랑하지 아니하는 자는 보지 못하는 바 하나님을 사랑할 수 없느니라(요일 4:20).

따라서 우리는 책임 윤리를 '생명[삶]에 대한 존중에 근거하여 삶의 통전성을 함양하는 윤리'라고 정의할 수 있다. 스토아적 윤리를 '자연'에 대한 존중으로, 바르트의 신학이 지향하는 윤리를 '말씀'에 대한 존중으로, 칸트의 윤리를 '도덕 법칙'에 대한 존중으로, 하이데거의 윤리를 '존재'에 대한 존중으로, 레비나스의 윤리를 '타자'에 대한 존중으로 표현한다면, 슈베이커 교수의 윤리는 '생명'에 대한 존중으로 표현할 수 있다.[33]

라인홀드 니버의 기독교 현실주의

라인홀드 니버는 기독교 현실주의의 윤리로 큰 영향을 미쳤다.[34] 니버는 예수님께서 이 세상에서 실현할 수 없는 윤리의 이상을 제시했다고 주장한다. 그렇다고 해서 우리는 예수님의 윤리를 적절하게 약화시켜선 안 된다. 오히려 우리는 예수님의 윤리가 갖는 그 '실현 불가능성'을 그대로 두어야 한다. 그렇다면 우리는 어떻게 살아야 하는가? 한편으로 우리는 예수님의 윤리 앞에 좌절과 탄식을 해야 한다.[35] 사랑의 법은 불가능한 가능성 impossible possibility 이다.[36] 하지만 이런 불가능성은 우리에게 정의의 규범들이 가진 한계를 보여주는 궁극적인 관점을 보여줌으로써 현실성을 갖는다.[37] 우리는 그 안에서 현실적인 대안들을 찾아야 한다. 예를 들어, 우리는 현실적으로 필요하다면 폭력을 사용해서라도 예수님이 말씀하신 사랑의 이상에 최대한 가까이 다가가야 한다.[38] 이런 점에서 라인홀드 니버의 윤리학은 결과론적 요소를 갖고 있다.[39] 그의 윤리가 가진 약점은 세상의 목소리에 너무 쉽게 타협할 수 있다는 점이다. 그 결과는 교회와 세상의 구분이 흐려지는 현상으로 이어진다.[40]

진화론과 윤리학

다원주의 진화론과 윤리학

다원주의 진화론의 신학적 문제점

기독교 철학자 피터 밴 인와겐Peter van Inwagen은 진화론이 말하는 내용이 기독교 신앙이 말하는 진리와 조화될 수 없다고 주장한다.[41] 콜린 건튼Colin E. Gunton이 지적한 것처럼, 진화론적 사고는 그것이 헤겔식의 사유든 다윈식의 사유든 간에, 기독교 신학의 관점에서 볼 때 다음과 같은 문제들이 있다.[42]

첫째, 진화론적 사고는 죄의 의미를 매우 약화시킨다. 약육강식의 원리나 적자생존의 원리, 그리고 도킨스가 말하는 유전자의 이기성selfishness에 대해서 진화론은 윤리, 도덕적인 판단을 내리지 않는다. 진화론에서는 악, 질병, 죽음의 문제를 다만 자연적 과정으로 본다. 이것은 성경의 가르침과 정면으로 충돌한다.[43]

둘째, 진화론적 사유는 예수 그리스도의 십자가의 의미를 상대화시킨다. 죄에 대해서 잘못 판단하고 있는 진화론적 사유 속에서 십자가는 그 의미가 약화될 수밖에 없다. 죄와 죽음이 자연적 과정이라면, 왜 그것에 대한 처방이 꼭 십자가의 형태로 주어져야 하는지에 대해 진화론은 설명할 수 없다. 하나님은 죄와 죽음을 하나님의 창조 안에 내재되어 있는 자연적 과정으로 설정해 놓으셨는데, 다른 한편으로 그 죄와 죽음을 극복하기 위해 하나님의 아들을 십자가에 내어주셨다는 것은 일종의 모순적인 하나님을 생각하지 않고서는 받아들이기 힘든 주장이다. 콜린 건튼이 말했듯이 죽음에 대한 진화론적 생각은 고린도전서 15장이 말하는 죽음과는 전혀 다른 것이다.[44]

셋째, 진화론적 사유는 종말론을 변형시킨다. 특별히 헤겔식의 진화론적 사유 속에서 종말이란 단지 처음부터 내재된 역사적 변증법의 결론일 뿐이다. 종말은 시작 안에 이미 씨앗으로 들어있던 것이 때가 되어 출현할 뿐이다. 이곳에 하나님의 개입은 필요하지 않다.

요약하자면, 진화론은 기독교의 죄론, 기독론, 종말론과 심각하게 불협화음을 일으키는 사상이므로 성경을 전통적인 입장에서 믿는 그리스도인들은 받아들일 수 없다.[45]

다윈주의 진화론의 과학적 문제점

과학적 측면에서 보았을 때 다윈주의 진화론이 갖는 문제점은 다음과 같다.

첫째, 기원에 관한 설명이 불가능하다. 최초의 물질이 어떻게 존재하게 되었는지에 대해서 전혀 설명하지 못한다. 그저 물질은 영원하다는 가설 정도만 가능하다. 이것은 아리스토텔레스가 주장했던 바다. 하지만 기독교 신학은 이 점에 있어서 아리스토텔레스를 철저하게 거부하였다. 성경은 '무에서의 창조'creatio ex nihilo를 가르치기 때문이다.

둘째, 물질에서 생명으로의 '화학진화'에 대해서는 전혀 증명된 바가 없다.[46] 오파린-할데인 가설의 기초가 되었던 원시 대기에 대한 가설, 타르 비슷한 라세미 혼합물 정도를 만들어 낸 밀러-유레이 실험 등은 화학진화를 증명해 내지 못했다. 프로티노이드protinoid에서 미소구체

microsphere를 만든 폭스 실험도 역시 생명의 기원과는 아무 관련이 없다. 생명은 생명으로부터만 유래한다는 '생명속생설'은 과학적 상식에 속한다.

셋째, 중간 형태의 화석의 부재를 설명하기 곤란하다. 진화가 매우 오랜 시간 동안 점진적으로 이뤄진다고 주장하는 계통점진이론을 주장하는 사람들은 어떻게 해서 중간 형태의 화석이 그렇게 적은지 설명할 수 없다. 스티븐 제이 굴드 Stephen Jay Gould 는 중간 형태의 화석이 극히 적다는 것은 진화론자들 사이에서는 영업 비밀에 속한다며 비판했다. 물론 굴드 자신이 제안했던 단속평형설 역시 근거가 부족하다.[47] 단속평형설이란 유성 생식을 하는 생물 종의 진화는 큰 변화 없는 안정기와 급속한 종분화가 이루어지는 분화기로 나뉜다는 진화이론이다. 다윈주의 진화론은 모든 생명체가 '생명의 나무' tree of life 로 연결된다고 하지만 이것은 증명된 적이 없다.

넷째, 인간의 의식의 출현에 대해 설명할 수 없다. 인간이 동물과 다른 점은 탁월한 정신세계를 가졌다는 점이다. 인간은 고도의 언어생활을 하며, 문화를 축적한다. 인간은 동물과 다른 의식을 가지고 살아간다. 이것은 다윈주의 진화론으로 설명할 수 없는 미궁과 같다.

다섯째, 생물의 정교한 구조에 대해 설명할 수 없다. 과학계에서 흔히 우주의 나이로 추정하는 140억 년은 지구상에 현존하는 수백만 종의 생명체들은 물론, 아미노산으로부터 단백질 분자가 자연적인 메커니즘을 통해 합성되는 데 필요한 시간도 되지 못한다. 아무리 작은 확률이라도 오랜 시간만 지나면 무엇이든 자연적으로 일어날 수 있다는 주장은 현대우주론에 의해 정면으로 부정되고 있다. 시간은 하나님의 피조물일 뿐, 무언가를 만들어 낼 수 있는 전능자가 아니다.[48]

다윈주의 진화론의 윤리적 문제점
다윈주의 진화론은 윤리적으로도 아주 심각한 문제를 지니고 있다.

첫째는 이성적 사유의 문제다. 만일 인간이 짐승에서부터 진화되었다고 주장한다면, 인간이 이성적인 사고를 한다고 어떻게 증명할 수 있겠는가? 그리고 그런 이성적인 추론을 어떻게 올바르다고 보장할 수 있겠는가? 진화론자에게 무엇이 '이성적'이라는 것은 상대적인 것에 불과한 것처럼 보인다.

둘째는 윤리적 토대의 문제다. 인간이 맹목적인 자연 과정을 통해 동물에서부터 진화되었다고 주장한다면, 윤리적 삶에 대해 의미 있게 말할 수 있는 근거는 약해진다. 진화론자들이 가진 관점에서는 윤리적 사고의 토대가 어디에 근거하고 있는지 말하기가 곤란해진다. 비윤리적인 일들이 진화의 과정을 거치면 당연한 일처럼 생각될 수도 있다고 누군가가 주장한다면 그에 대해 적절하게 대답할 논리가 부족해진다. 그렇다면 비윤리적인 사람들은 단지 진화에 있어서 한 단계 앞서나가고 있을 뿐이라고도 말할 수 있게 되지 않을까?

셋째는 동물의 권리와 책임의 문제다. 인간이 동물에서부터 진화되었다고 주장하면서 인간의 우위성을 여전히 주장하는 것도 역시 모순처럼 보인다.[49] '동물권리'를 주장하면서 인간에게 인권이 있듯 동물에게도 같은 권리가 있다고 주장하는 이들도 있다. 그러나 여전히 질문할 수 있는 것은 동물의 권리를 인정하는 자들도 역시 동물들에게 책임을 요구할 수는 없다는 사실이다. 윤리는 권리와 책임이 동시에 요구된다. 하지만 동물들에게는 권리와 책임을 동일하게 부여할 수 없다. 동물들이 인간처럼 윤리적으로 판단하고 행동하지는 않기 때문이다. 그렇기에 진화론에 근거하여 동물권리를 주장하는 이들의 논변에는 이처럼 비대칭적인 요소가 있을 수밖에 없는 것이다.

여기에서 반드시 한 가지 덧붙여야 하는 것은 하나님의 직접적인 창조를 강력하게 가르치는 성경 안에는 사실 동물을 보호하고 동물과 공존하는 방식에 대한 다양한 가르침들이 나온다는 것이다. 노아의 방주는 인간만이 아니라 동물 또한 구원하는 방주였다(창 6:18-20). 노아 언약 안에는 인간뿐 아니라 모든 생물을 홍수로 멸하지 않고 오히려 보호하시겠다는 하나님의 의지가 담겨 있다(창 9:9-10). 이사야 선지자가 제시하는 종말론적 비전은 인간과 다양한 동물이 평화롭게 공존하는 세상으로 묘사된다(사 11:6-9). 사도 바울은 온 세상의 피조물들이 하나님의 자녀들이 나타나기를 고대한다고 기록한다. 피조물이 지금은 허무한 데 굴복하지만, 언젠가는 피조물도 썩어짐의 종노릇 한 데서 해방되어 하나님의 자녀들이 누리는 영광의 자유에 이르게 될 것이다(롬 8:19-22). 교부 아타나시우스는 인간의 구원은 온 우주 만물이 생명을 얻고 썩어짐에서 벗어나는 첫 시작이라고 주장한다. 따라서 성경과 전통신학은 동물을 포함한 모든 생물의 보존과 생존과 회복과 인간과의 공존에 대한 내용들을 담고 있다.[50]

자연주의와 윤리학

자연주의의 문제

자연주의 naturalism 란 자연 즉, 물질세계를 넘어서는 그 어떤 현상이나 존재를 부인하는 형이상학적 경향이다. 자연주의는 신을 부정하므로, 무신론을 당연히 포함하는 사상이다. 미국의 유명한 기독교 철학자인 앨빈 플랜팅가 Alvin Plantinga 박사는 인간이 가진 '도덕적 의무감', '적합한 기능에 대한 인식', '지각 능력'은 자연주의로 설명할 수 없고, 오직 신에 의한 인간 창조를 가정할 때만 합리적으로 설명 가능하다고 주장한다.[51] 그는 무신론자의 자기모순을 지적할 수 있는 아주 강력한 논변論辯을 주장했다.

아래의 공식으로 표현된다.

"P(RM/N&E)는 매우 낮다."(여기서 P는 확률, RM은 환원론적 물질주의, N은 자연주의, E는 진화론의 약자다.)

1. 환원론적 물질주의: 정신 현상은 전부 물질 현상으로, 특히 뇌의 작용으로 전부 설명된다는 입장.
2. 자연주의: 초자연이나 영적인 것은 없으며, 세상에는 오직 자연과 자연의 작용만 있다는 입장.
3. 진화론: 생물의 기관은 진화의 과정을 거쳐서 지금의 복잡성과 적응성을 획득하게 되었다는 입장.

"P(RM/N&E)는 매우 낮다"라는 공식을 말로 풀자면, "만일 자연주의와 진화론이 옳다고 믿는 상황에서 환원론적 물질주의가 성립하는 가능성은 적다"는 것이다. 복잡한 증명 과정이 있지만, 생략하고 플랜팅가 박사의 논지를 쉽게 설명하겠다. 자연주의와 진화론이 옳다고 믿는 사람들은 인간의 인식이 형이상학적 신념에 근거해 있다고 믿을 가능성이 적다. 이는 당연한 것이, 자연주의자이면서 진화론자인 사람은 존재의 궁극적 요소를 물질이라고 생각하므로, 세계의 본질과 그 성격을 물질 이상의 것에서 찾는 형이상학적 신념을 신뢰할 리가 없기 때문이다. 이것은 자연주의자이면서 진화론자인 사람들 스스로가 강력하게 주장하는 내용이다. 그런데 플랜팅가 박사가 보기에, 자연주의와 그것에 기반을 둔 환원론적 물질주의는 **형이상학적인 신념**이다. 그것은 다만 하나의 작업가설이고 그렇기에 '자연주의로만 증명될 수는 없는 믿음'이다.

따라서 "P(RM/N&E)는 매우 낮다"는 공식을 약간 변형시켜 말해보자면, "신은 없고 다만 보이는 자연과 물질만 있다고 믿는 사람들은 스스로의 생각이 옳다고 가정하기가 어렵다"는 것이고, 그렇기에 "만일 자연주의자가 강력하게 무신론을 주장한다면 스스로 모순되는 행동을 하고 있다"는 것이다. 사실, 오늘날 대부분의 이론적 무신론자들은 '자연주의자'다. 그렇기에 플랜팅가 교수가 제안한 위의 공식은 무신론자들의 자기모순을 합리적으로 지적할 때 아주 유용하다.

대부분의 과학철학자들은 '형이상학적 측면에서의 자연주의'를 견지하고 있다.[52] 여기서 말하는 '형이상학적 측면에서의 자연주의'metaphysical naturalism 는 '방법론적 측면에서의 자연주의'methodological naturalism 와 구분되는 것이다. '형이상학적 측면에서의 자연주의'가 바로 위의 공식에서 플랜팅가 교수가 염두에 두고 있는 자연주의다. '방법론적 측면에서의 자연주의'는 형이상학적 요소들을 인정하지만, 연구자가 쓰는 방법론에 있어서는 자연주의를 따른다는 입장이다.

자연주의자이면서 진화론자인 사람의 자기모순

플랜팅가 교수가 제안한 또 다른 공식이 있는데, "P(R|N&E)는 매우 낮다"는 것이다. 여기서 R은 인간의 인식 구조가 신뢰할 만하다고 믿는 것이며, N은 자연주의, E는 진화론이다. 따라서 "P(R|N&E)는 매우 낮다"는 말을 쉽게 풀자면, "자연주의와 진화론을 신봉하는 사람들은 인간의 인식 구조가 신뢰할 만하다고 믿을 가능성이 낮다"는 것이다. 세상에는 오직 자연과 자연의 작용만 있고, 생물의 진화 역시 오로지 자연의 작용에만 근거한다면, 인간의 인식 구조가 신뢰할 만하다고 믿어야 할 근거는 없다. 왜냐하면 인간의 인식 구조의 진화가 오직 물질에 의해서 이뤄졌기 때문에 그것의 임의성을 통제할 그 어떤 방어 장치나 제어 장치가 없기 때문이다. 자연주의자이면서 진화론자인 사람은 인간의 인식 구조를 묘사할 수는 있어도 그것이 '옳다/그르다', '믿을 수 있다/없다'를 규정할 근거나 기준을 제시할 수 없다. 따라서 자연주의자이면서 진화론자

인 사람은 자신의 주장 역시 제대로 작동하고 있는 인식 구조에 의해 나온 것인지 아닌지 판단할 능력이 없다. 그것이 옳다고 판단을 내리는 순간 그는 더 이상 철저한 자연주의자이면서 진화론자가 될 수 없게 된다.

자기가 옳다고 말하자니 자기 신념을 벗어나야 하고, 자기 신념을 유지하자니 자기가 옳다고 말할 수 없게 되는, 이런 모순을 자연주의자이면서 진화론자가 어떻게 설명할 수 있겠는가? C. S. 루이스는 '자연주의'가 형이상학을 배제하고자 하지만, 사실상 "자연주의 자체가 하나의 형이상학이다"라고 주장한다. 그는 다음과 같이 '자연주의'의 모순을 예리하게 꿰뚫는다.

> 사고를 진화적 현상으로 여기는 사람들의 사고에 대한 묘사는, 늘 그들 자신이 그 순간 행하고 있는 사고만큼은 암묵적으로 예외로 대접할 수밖에 없습니다. 왜냐하면 그렇게 묘사된 사고는, 다른 모든 개별적인 경우와 마찬가지로 개별적인 순간 개별적인 의식 속에서, 일반적인 그리고 대부분 이성과 무관한 자연이라는 전체 연동체계의 작동을 보여줄 뿐이기 때문입니다.……자연에 대한 우리의 개념 전체는 우리가 그 순간 실제하고 있는 사고에 의존해 있는 것이지, 그 반대일 수 없습니다. 우리가 실제로 하고 있는 그 사고가 바로 기본적 실재이며, 우리는 그것에 기초해서 그 밖의 다른 것들의 실재성을 인정하게 되는 것입니다. 따라서 그것이 자연에 잘 들어맞지 않는 것은 어쩔 수 없는 일입니다. 분명 우리는 그런 이유로 그 행위를 포기하지는 않을 것입니다. 만일 포기한다면 우리는 자연 역시 포기할 수밖에 없습니다.[53]

루이스는 인간의 사고思考란 진화론자들이 주장하는 그런 형태의 자연을 초월하여 일어나는 현상이라고 주장한다. 만일 그렇지 않고 인간의 사고가 자연에 종속된다면 그것은 맹목적인 현상 외에 아무것도 아니기 때문이다. 따라서 루이스는 자연주의자의 주장은 결국 스스로의 주장을 말살하여, 마치 독 안에 든 쥐와 같이 도망갈 수 없는 상태에 처해 있다고 생각한다.

플랜팅가의 주장 설명

형이상학이란 것은 쉽게 정의하자면, '존재의 궁극적 원인이나 실체를 찾는 학문'이라고 할 수 있다. "자연주의와 그것에 기반을 둔 환원론적 물질주의가 형이상학이다"라는 플랜팅가 교수의 주장은 "자연주의와 환원론적 물질주의는 오직 자연주의의 틀 안에서만 증명될 수 없는 신념이다"라는 말이다. 이 말은 옳다. 실제로 "자연주의자이면서 진화론자는 형이상학적 신념을 가질 수 없다"는 것은 자연주의자이면서 진화론자인 사람들 스스로가 강력하게 주장하는 내용이기 때문이다. 그렇게 생각함으로써 그들은 스스로 모순을 범하고 있다. 그들은 자신들이 누구보다 강력한 형이상학적 견해를 갖고 있지만 사실이 아닌 것처럼 생각한다.

예를 들어서, 영국의 자연주의 철학자 에이어 Alfred Jules Ayer 는 철저한 자연주의자가 되기 위해서는 형이상학적 주장들을 모두 다 배격해야 하는 것으로 보았다. 에이어는 "신은 존재한다", "인간은 영혼이 있다", "인간은 자유롭다" 등의 형이상학적 주장들을 "아하!", "쯧쯧", "크크"와 같은 감탄사와 다를 바 없는 표현으로 여겼다. 따라서 플랜팅가 박사가 "자연주의자이면서 진화론자는 형이상학적 신념을 가질 수 없다"고 말한 것은 증명해야 할 내용을 논증의 한 부분으로 삼는 '순환논증'이 아니라, 자신이 논박하려는 자연주의자와 진화론자가 주장하는 바[그리고 아마도 대부분의 사람이 인정하는바]를 가져와 논증에 활용한 것으로 생각해야 한다. 자연주의자이면서 진화론자인 사람도 형이상학적 신념을 가질 수 있다고 보는 이들도 있겠으나, 아마 극소수일 것이고 그 주장 자체가 모순이라고 봐야 한다. 물론, 이 모든 논의는 '자연주의', '진화론', '형이상학'의 의미를 어떻게 규정하느냐에 따라 달라질 문제이긴 하다. 하지만 플랜팅가의 논변은 자연주의자, 진화론자의 모순을 공격하는 데 굉장히 유용하면서도 설득력 있는 주장이다.

기독교 윤리의 특수한 주제들

기독교 윤리의 핵심 원리인 사랑과 공의

기독교 윤리의 핵심 원리는 사랑과 공의다.[54] 이 두 가지 요소는 하나님의 성품의 가장 중요한 측면이다. 종종 사랑과 공의는 서로 대립하는 것처럼 보인다. 하지만 그 둘은 대립하는 것이 아닌, 하나님의 성품에 모두 속한다. 공의는 사랑 안에서 시행될 때 가장 선하게 실현된다. 사랑은 정의를 놓치지 않을 때 더욱 빛난다. 고대 이스라엘 사회에서 하나님의 율법이 가르치는 '공의'와 '사랑' 사이에는 아무런 긴장이 없었다고 반 담은 주장한다. 의와 공의를 추구하라는 '하나님의 방식'이 하나님을 사랑하고 이웃을 사랑하라는 명령에서 시작한다는 것을 재판장은 생각해야 했기 때문이다.[55]

사랑과 공의는 개인 윤리뿐 아니라, 공공 윤리와도 함께 갈 수 있다. 헨리 스토브 Henry Stob 는 "현행법의 적절한 적용을 위해서 사랑이 필요하다"라고 주장했다.[56] 판넨베르크 Wolfhart Pannenberg 도 법과 사랑이 함께 작용할 수 있음을 보여주었다. 그는 복음의 궁극적 목적은 율법의 실현이 아니라 사랑의 완성임을 적절하게 지적했다. 이 점에 있어서 그는 루터와 동일한 생각을 했다.[57] 하지만 동시에 판넨베르크는 사랑이 율법을 가장 적절하게 해석하고 개선할 수 있도록 도와준다고 보았다. 믿음은 사랑으로 역사한다.[58] 신자가 가진 자유는 사랑 가운데 역사함으로써, 신자의 행위의 내용과 방식을 결정한다. 이처럼 판넨베르크에게 그리스도인의 삶을 궁극적으로 조절하는 것은 '사랑'이다. 하지만 그는 공의를 무시하지 않는다. 인간 사회를 정의롭게 형성하는 것 역시 하나님의 뜻이라 보았기 때문이다.[59]

월터스토프[Nicholas Wolterstorff] 역시 정의와 사랑의 문제에 깊이 천착했다.[60] 그는 세상에 영향을 미치는 '세계 형성적 기독교'는 이 세상을 정의롭게 하면서도 동시에 사랑이 주는 평화가 가득한 곳으로 만든다고 보았다. 그리스도인들이 특히 가난하고 약한 자들을 도울 때 그런 일이 가능하다고 보았다.[61]

기독교 윤리와 아디아포라

'아디아포라'란 선하다고 할 수도, 악하다고 할 수도 없는 사물이나 행동을 말한다.[62] 기독교 윤리학과 신학에서 아디아포라가 과연 존재하는가에 대한 토론은 여전히 끊이질 않는다. 모든 것이 하나님께 속하여 있고 우리는 하나님께 영광을 돌리면서 살아야 한다는 점에서 아디아포라는 없다. 신앙에서 중립 지대는 없기 때문이다. 하지만 그렇다고 해서 신자에게 자유가 없는 것은 아니다. 오히려 신자는 온전한 자유 속에서 살아간다. 따라서 너무 강박 관념에 시달리면서 "이 행동이 정말 옳은가?"를 항상 물을 필요는 없다. 우리는 성경을 기준으로 옳은 것을 추구하되 많은 부분 자유를 누리면서 살 수 있다.

하지만 어떤 사안에 대해서 신자들 사이에 의견 충돌이 있을 경우에는 어떻게 해야 하는가? 일단 우리는 최대한 건전한 성경 해석을 바탕으로 올바른 선택을 해야 한다. 하지만 여전히 신자들 사이에서 성경 해석의 의견이 다를 경우에는 '허용된 것'이 있음을 기억해야 한다. 우리는 그럴 때 비로소 서로를 향한 존중과 이해를 배우게 될 것이다.

기독교 윤리에서 의무 간의 충돌

살다보면 누구나 성경에서 명령하는 의무들 사이에 충돌이 생기는 경우를 만나게 된다.[63] 예를 들어, 자기 집에 유대인을 숨겨둔 한 선량한 독일인을 생각해 보자. 그는 나치가 와서 "유대인이 이 집에 있느냐?"라고 물을 때 어떻게 대답해야 하는가? 그 유대인의 생명을 구하기 위해서는 거짓말을 해야 한다. 반대로, 진실을 말한다면 그 유대인의 생명은 위태롭게 될 것이다. 이런 충돌의 상황에서 우리는 어떻게 처신해야 하는가?

우선 상대적으로 더 중요한 계명이 있다는 것을 기억해야 한다. 하나님을 섬기는 것이 가장 중요하다. 그리고 생명을 구하는 것이 진실을 말하는 것보다 더 중요하다. 우리는 자기가 살려고, 혹은 다른 사람을 살리기 위해서 신앙을 부인해서는 안 된다. 그러나 우리는 다른 사람을 구하기 위해서라면 때로 거짓말을 할 수 있다. 이 경우, 거짓말이 죄가 되지 않는 것은 아니다. 하지만 이는 용납받을 수 있는 죄다.[64]

그렇다면 유사한 무게의 양자 사이에서 택해야 하는 경우에는 어떻게 해야 할까? 예를 들어 산모나 태아의 생명 중 하나를 택해야 하는 경우에는 어떤 선택을 해야 하는가? 구명보트에서 탑승 인원이 초과한 경우와 같이, 나의 생명이나 다른 사람 중 하나를 택해야 하는 경우라면? 환자에게 죽음의 순간을 알릴 것인가, 아니면 끝까지 비밀로 할 것인가? 다른 사람의 비밀을 공개할 것인가, 아니면 끝까지 숨겨야 하는가? 이런 문제에서는 신중한 결정을 내릴 수밖에 없다. 상황에 따라 보다 큰 선을 취하도록 노력해야 한다. 지혜를 간구하면서 성령님께 의존하고 최종적인 결정을 내려야 한다.

기독교 윤리와 경우론

경우론 또는 결의론으로 번역하는 'casuistry'라는 단어는 '경우'를 뜻하는 라틴어 'casus'에서 유래했다. 이것은 특정한 경우에 어떤 행동이 더 윤리적인 행동인가 결정해 주는 것을 말한다. 경우론을 아예 거부하는 사람도 있다. 모든 상황을 초월해서 유효한 법칙이란 있을 수 없다고 보기 때문이다. 하지만 인간의 삶은 어느 정도 보편성과 규칙성을 지닌다. 따라서 경우론을 완전히 거부할 필요는 없다. 그렇다면 우리가 두 경우 사이에서 선택을 해야 한다면 어떤 선택이 더 옳을까?[65]

첫째, 교본론tutorianism으로 알려진 도덕 체계는 가장 안전한 길을 선택하도록 가르친다.

둘째, 비교개연론probabiliorism이라고 부르는 도덕 체계는 한 행동이 도덕적으로 악하기보다 선할 가능성이 더 크다면 그 행동을 선택해도 괜찮다고 가르친다.

셋째, 개연론probabilism으로 알려진 도덕 체계에서는 한 행동이 도덕적으로 잘못되었다는 것이 명백하더라도 그 행동 안에 선하다고 부를 수 있는 어떤 가능성이 존재한다면 그 행동을 선택해도 된다고 가르친다. 이 경우에는 그 행동을 옹호하는 몇몇 저술가의 이름을 언급하기만 해도 그 행동을 정당화시키기에 충분하다.

넷째, 방종론laxism이라고 부르는 도덕 체계는 한계까지 나아간다. 만약 잘 알려진 단 한 명의 작가라도 어떠한 행동을 선하다고 한다면 그 일을 행할 수 있다는 것이다. 물론 이러한 방종론은 교회로부터 공개적으로 정죄되었다.

개신교 역사에서 '더 진전한 종교개혁'Nadere Reformatie을 주창했던 윌리엄 퍼킨스William Perkins, 윌리엄 에임스William Ames, 히스베르투스 푸치우스Gisbert Voetius와 같은 신학자들은 경우론에 대한 수많은 논문을 썼다. 그들은 다음과 같이 말했다.[66]

첫째, 그들은 성경을 신앙과 도덕의 유일한 권위로 보았다. 반면 다른 권위에 대해 호소하는 일은 거의[혹은 아예] 없었다.

둘째, 그들은 도덕의 일반적인 원리들을 강조했다. 그들은 '경우들'을 모범으로 선택했고, 정확한 적용에 대한 책임은 개별 신자들에게 남겨두었다.

셋째, 그들은 경우론을 고해성사를 담당해야 할 신부뿐 아니라 모든 사람이 접근할 수 있는 대중적인 학문으로 만들었다. 모든 사람이 스스로 고해할 수 있었다.

넷째, 그들은 로마 가톨릭이 가르쳤던 '가벼운 죄'와 '도덕적 죄'의 구분을 따르지 않았다. 비록 여러 가지 죄 가운데 실제로 등급의 차이가 있더라도, 원칙상 모든 죄는 도덕적인 성격을 지니고 있다. '가벼운 죄'와 '도덕적 죄'의 구분을 이렇게 거부하는 것은 라틴 전통의 '경우론'에 깔려있는 기초를 허무는 것이었다.

다섯째, 그들은 온 힘을 다해서 개연론probabilism을 반대했다. 그리고 우리는 푸치우스, 에임스 등과 같은 사람들이 가장 안전한 길을 선택하는 교본론tutiorianism과 밀접하게 연결되어 있음을 발견할 수 있다.

불신자들의 선행 문제

우리는 이런 질문을 할 수 있다. "불신자들이 때로는 그리스도인들보다 더 선하지 않은가? 그들의 선행은 가치가 있지 않은가?" 우선 불신자들의 선행이 무가치하다고 보아서는 안 된다는 사실을 지적하고 싶다. 그들의 선행은 하나님께서 주신 본성의 빛에 근거한 것이며, 일반 은총에 근거한 것이다. 하지만 그 선행이 하나님께서 받으실 만한 선행은 아니다. 왜 그런가? 신자의 선행과 불신자의 선행이 다른 다섯 가지의 이유가 있다.[67]

첫째, 선을 행하는 동기가 다르다. 신자는 하나님께 영광을 돌리고, 하나님의 은혜에 감사를 표하기 위하여 선행을 한다. 그러나 불신자의 선행은 그런 목적이 없다. 결국 그 선행의 목적은 인간 중심적이다.

둘째, 선을 행하게 하는 동인動因이 다르다. 신자의 선행은 그리스도를 믿는 믿음으로부터 나타난다. 또한 성령께서 주시는 능력으로 선행을 한다.[68] 그러나 불신자는 오직 자신의 능력으로 선행을 한다. 따라서 하나님께 영광이 되지 못한다.

셋째, 선을 행할 때 참조점이 다르다. 신자에게는 하나님의 말씀이 기준이 된다. 그러나 불신자는 자신의 판단을 최우선적 기준으로 삼는다.

넷째, 선을 행하는 태도가 다르다. 신자는 하나님의 주권을 인정하는 가운데, 인간의 부족함을 인식하면서 선을 행한다. 그러나 불신자는 그렇지 않다. 불신자는 자신의 능력만을 신뢰한다.

다섯째, 선을 행할 때 기대하는 바가 다르다. 신자는 종말론적인 완성을 바라보며 선을 행한다. 그러나 불신자는 그렇지 않다.

헤르만 바빙크는 이러한 내용을 담아서, "그리스도인들의 도덕적 삶은 믿음을 뿌리로, 율법을 규칙으로, 하나님의 영광을 목표로 갖고 있다"라고 하였다.[69] 불신자의 선행은 이런 관점에서 볼 때 분명한 한계를 지닌다. 하지만 그렇다고 해서 그리스도인들은 우월감에 빠져서는 안 된다. 오히려 그리스도인은 원리에서뿐만 아니라 실제적인 측면에서도 비그리스도인보다 더 탁월한 선행을 행하는 사람이 되어야 한다. 아래 예수님의 말씀은 신자가 착한 행실로써 하나님께 영광을 돌리고, 사람들에게 복음을 드러내는 자가 되어야 한다고 가르친다.

> 이같이 너희 빛이 사람 앞에 비치게 하여 그들로 너희 착한 행실을 보고 하늘에 계신 너희 아버지께 영광을 돌리게 하라(마 5:16).

4장

기독교 사회윤리

국가와 교회의 관계

아우구스티누스의 교회와 국가 이해

아우구스티누스는 5백만 단어에 이르는 많은 저술을 남겼다. 그중에 『그리스도교 교양』, 『고백록』, 『삼위일체론』, 『신국론』은 그리스도인이라면 반드시 읽어야 할 고전이다. 이 중에서 아우구스티누스의 정치사상을 가장 잘 보여주는 작품은 『신국론』이다. 그의 작품들은 대체로 특정한 역사적, 교회적 상황과 개인의 문제에 답하고자 기록되었는데 『신국론』 역시 그러하다.

고트족이 로마를 위협했을 당시 로마인들은 그 위기의 원인을 그리스도인들에게로 돌렸다. 로마가 전통적인 신들을 버리고 기독교를 택했기 때문에 그런 어려움을 당했다는 비난이었다. 그리스도인들 역시 혼란에 빠졌다. 어떻게 기독교 국가인 로마가 이교도의 침입에 의해 위기를 겪을 수 있느냐는 질문을 던질 수밖에 없었다. 아우구스티누스는 『신국론』에서 이 두 가지 질문에 답하면서 국가와 교회의 관계를 논하였다. 여기서 '국가'는 황제가 다스리는 로마 제정^{帝政}을 말한다.

'순례자'인 그리스도인들의 경제생활
아우구스티누스는 이 작품에서 두 도성 즉, **하나님의 도성**과 **지상적 도성**

이 있다고 주장했다. 이 두 도성 사이에는 결코 중립 지대가 없다. 많은 이들은 그리스도인들이 두 도성 모두에 속해 있다고 착각하지만 사실은 그렇지 않다. 아우구스티누스의 『신국론』에서 하나님의 도성과 지상적 도성은 대립적이다. 누구든지 오직 한 쪽에만 속할 수 있지, 양쪽 모두에 속할 수는 없다(『신국론』 10.7; 11.28; 12.9). 그는 그리스도인들을 '순례 자'peregrinus 라고 불렀다. 그들은 중생을 통하여 하나님의 도성에 속하였다. 신자는 다만 순례자와 나그네로서 지상적 도성에 있을 뿐이다. 그들은 아무리 안락한 집에 거주할지라도 자신을 순례자로 생각하는 사람들이다.

순례자들은 이 땅의 좋은 것들을 다만 나그네로서 사용한다. 때때로 그들은 자발적 가난voluntaria paupertas 을 선택하여, 자신의 재물을 가난한 자들에게 나눠 주며 자신의 인생 여정의 발걸음을 가볍게 한다. 아우구스티누스는 책임감 없는 부자들과 재물을 무조건 경멸하는 자 모두를 거부한다. 그는 부와 재물이 하나님의 축복이 될 수 있다는 사실과, 가난이 신앙의 덕을 키우는 데 도움이 될 수 있다는 사실 양쪽 모두를 가르치고 있다. 그럼에도 불구하고 아우구스티누스는 자발적 가난에 더 큰 방점을 찍는다. 심지어 로마의 관리들도 자발적 가난과 검소한 삶을 실천하였음을 지적하면서, 부자의 중요한 역할은 가난한 자들을 돕는 것이라고 말한다. 그리스도인들은 무엇보다도 경제생활에서 순례자적인 삶을 실천해야 한다.

'순례자'인 그리스도인들의 기본 덕목

아우구스티누스에게 인간이란 본향을 찾아가는 여정 중에 있는 존재다. 하나님의 형상을 회복하는 것은 하나님을 더욱 닮아가는 것이다(『삼위일체론』 7.6.12). 이 세상은 신자들과 맞지 않는 곳이다(『고백록』 7.10.16). 신자는 그리스도인들을 특정한 정치 체제 아래에 함께 속한 시민으로 보기보다, 하나님의 도성에 속한 공통 순례자로 여겨야 한다. 그런 점에서 아우구스티누스는 그리스도인들을 '하나님의 온 가족'이라고 불렀다(『신국론』1.29). 아우구스티누스는 순례자의 삶이 결코 만만하지 않다는 것을 잘 알고 있었다. 순례자는 온전한 복락을 오직 영원한 본향에서만 즐길 수 있다. 이 땅의 삶은 그들에게 고통의 연속이다. 그렇지만 순례자는 육이 아닌 영을 따라 살아야 한다. 이때 성령님께서 그들을 도와주신다. 이 땅에 사는 순례자들이 천상의 도성이 주는 평화를 갈구하며 한숨 쉴 때, 성령님께서는 내적인 사역을 통하여 순례자들을 치료해 주신다(『신국론』15.6).

　순례자들은 그들의 감정과 의지조차도 하나님의 뜻에 따라 조절해야 한다(『신국론』14.9.1, 14.9.5). 특별히 그들은 겸손해야 한다. 아름다운 여인은 자신의 미모를 자랑하지 말아야 한다. 하나님께서 그런 미모를 악한 사람들에게 주신 까닭은 그리스도인들이 그런 것을 대단하게 생각하지 않도록 하기 위함이다(『신국론』15.22). 아우구스티누스는 세상의 것들이 아무리 좋다 할지라도 순례자들은 그것을 상대화시켜야 한다고 말한다. 순례자들의 중심 덕목은 '믿음', '소망', '사랑'이다. 하나님께서 주시는 상급을 바라보는 자는 이 불행한 세상 속에서도 믿음으로 살아야 한다(『신국론』17.13). 순례자는 부활의 소망 가운데 살아야 한다(『신국론』15.18). 그들은 자신의 자유의지에 너무 큰 확신을 갖지 않고 오히려 주 하나님의 이름을 의지해야 한다(『신국론』15.21). 천상의 도성의 원리는 명령을 내려야 마땅해 보이는 자들이 도리어 섬기는 데 있다. 그들은 권력을 사랑하지 않고, 다른 사람들에 대한 의무에 충실하다. 그들은 권력을 자랑하지 않으며, 자비를 사랑하는 자들이다(『신국론』19.14). 질서가 어긋난 사랑은 자기 사랑이며 탐욕이다. 반대로, 바른 질서 안에 있는 사랑을 가리켜 아우구스티누스는 '카리타스'caritas라고 부른다. 카리타스의 사랑은 사랑해야 마땅한 것을 제대로 사랑하는 것이다. 이 세상의 역사는 상반된 두 사랑[정욕적 사랑과 카리타스적 사랑]의 대립의 역사였다. 이것이 바로 두 도성 즉, 지상적 도성과 하나님의 도성의 차이를 만들어 낸다.

아우구스티누스는 사랑의 질서를 강조한다. 먼저, 하나님을 가장 사랑해야 한다. 그리고 다른 모든 것을 하나님 **때문에** 사랑해야 한다. 이러한 사랑의 질서를 인간이 가져야 하는 이유는 영원한 본향을 향해 나아가는 존재이기 때문이다. 인간은 한시적 존재다 $^{homo\ temporalis}$ (『신국론』 12.15.8). 인간의 궁극적인 완성과 만족은 오직 미래에 있다. 이 순례 여정의 끝은 하나님의 뜻에 온전히 복종하는 것이다. 순례자의 개인적 삶과 사회적 삶은 오직 이런 법칙에 근거하여 결정되어야 한다.

'순례자 공동체'인 교회

교회 역시 마찬가지다. 교회는 순례자들의 공동체다. 주 예수 그리스도의 구속을 받은 가족은 왕이신 그리스도의 순례자 도성이다(『신국론』 1.35). 그리스도는 모든 순례자를 영원한 본향으로 이끄시는 참된 길이다(『시편강해』 90.2.1, 『신국론』 11.2). 그리스도의 몸된 교회는 이 지상적 도시에서 순례자로 살아가면서, 그리스도를 닮아가는 덕을 쌓는다. 오직 그리스도인만이 참된 순례자가 될 수 있다(『신국론』 16.41; 17.3). 아우구스티누스는 『신국론』에서 여러 번 하나님의 도성, 순례자들의 공동체를 교회와 동일시한다(『신국론』 15.1.1-2; Cf. 8.24.2; 10.6; 13.16.1; 16.2.3). 그러나 이때 말하는 교회는 참된 교회다. 우리 그리스도인들은 하나님의 도성이다(『신국론』 19.23.5). 아우구스티누스는 교회의 대적들이 교회 안에 들어와 있을 수 있다고 믿는다. 하지만 그는 『신국론』에서 거짓 교회와 참 교회를 애써 구분하지 않는다. 그가 교회를 하나님의 도성과 동일시했을 때 그는 참 교회가 하나님의 도성이라는 것을 당연히 전제한다.

아우구스티누스는 완전주의적인 교회관을 표방했던 **몬타누스파**나 **도나투스파**를 거부한다. 지상의 교회는 완전하지 않으며, 선과 악이 혼합되어 있다. 그러나 그렇다고 해서 지상의 교회를 포기해서는 안 된다. 이 땅의 교회가 천상의 도성과 대립하지 않기 때문이다. 대립하는 것은 '지상의 도성'과 '천상의 도성'이다. 순례자 교회는 하나님의 말씀과 성령으로 다스림을 받는다. 성경은 하나님의 뜻이 불변하는 법으로 작용하는 천상의 도성에서부터 지상의 순례자들에게 주어진 것이다(『신국론』 10.7). 또한 하나님은 성령을 보내셔서 순례자들 안에서 역사하게 하신다. 성경과 성령, 이 두 가지 도움으로 순례자들은 격려를 받는다(『신국론』 15.6).

아우구스티누스는 순례자의 삶에서 기도의 중요성을 매우 강조한다. 특별히 주기도문이 핵심이다. 주기도문은 순례자를 위한 기도다(『신국론』 21.27.4). 순례자들은 주기도문의 첫 세 간구에서 하나님께 받아들여지기를 기도하고, 나머지 네 간구에서 이 여정에 필요한 것들을 공급해 주시길 기도한다. 주기도문의 모든 간구에서 순례자들은 영생을 위해 기도드린다(『설교』 58.10.12, 『주님의 산상설교』 2.10.36-37). 아우구스티누스는 비록 참된 선이 의가 되긴 하지만, 순례자들의 의는 온전한 덕의 완성에 놓여 있는 것이 아니라 죄의 용서에 놓여 있다고 주장한다(『신국론』 19.27). 그래서 모든 사람은 "우리가 우리에게 죄 지은 자를 사하여 준 것 같이 우리 죄를 사하여 주시옵고"라고 기도해야 하는 것이다. 아우구스티누스는 순례자들이 다른 사람을 받아들일 수 있는 것은 오직 기도를 통해서만 가능하다고 주장한다.

로마는 참된 국가인가?

아우구스티누스의 정치 신학에서 무엇보다 중요한 것은 그가 인간 사회의 지속적 발전 혹은 진보에 대한 이야기들을 거부했다는 사실이다. 지상적 도성은 영원히 존재하는 궁극적인 선을 줄 수 없다. 오직 하나님의 도성만이 영원하다(『신국론』 5.16). 지상적 도성의 사람들은 오직 자기 사랑에 이끌려서 사는 사람들이다(『신국론』 14.2.1-2; 14.9.6). 그들은 마지막 날에 심판을 받아 영원한 불에서 형벌을 받을 것이다(『신국론』 21.23).

아우구스티누스는 힘주어 말하기를 "정의가 없는 곳에 법이란 없으며, 정의가 없는 곳에 더 이상 국가republic도 존재하지 않는다"라고 주장하였다(『신국론』 19.21). 정의가 없다면, 이 지상의 나라는 거대한 강도떼일 뿐이다(『신국론』 4.4, 4.6). 이런 점에서 아우구스티누스는 로마가 국가가 아니라고 주장한다(『신국론』 2.21.4, 19.21). 그런데 그는 나중에 "로마 시민도 시민이요, 로마 역시 국가이다"라고 말한다(『신국론』 19.24). 겉으로 보기에 모순된 발언처럼 보이는 이 말은 그가 취한 이중적 사유방식과 문맥에 따라서 살펴야 한다(이 책의 '아우구스티누스 윤리학 전략의 이중성' 부분 참조). 앞에서 아우구스티누스가 정의롭지 않은 국민을 가리켜 국민이 아니라고 했을 때, 그는 엄격한 기준에서 말한 것이다. 그러나 그는 여기서 보다 나은 국민과 보다 열등한 국민을 구분하고 있다. 국민들이 보다 고상한 목표를 추구할 때, 그들은 보다 나은 국민이 되지만, 반대로 보다 낮은 목표를 추구하면 그들은 열등한 국민이 된다(『신국론』 19.24). 이런 관점에서 볼 때, 로마는 그 자체가 지상적 도성은 아닐지라도, 지상적 도성의 시민으로 가득 차 있는 열등한 국가라는 결론이 나온다.

그리스도인의 시민적 책임 1: 사랑

그렇다면 지상적 도성의 시민과 천상적 도성의 시민이 섞여 있는 국가에 사는 순례자들의 의무는 무엇인가? 아우구스티누스는 로마 제국의 변화를 위한 사회 개혁 프로그램을 제시하지 않는다. 그는 어떤 정치 의제를 만드는 데 관심이 없다. 그는 구속의 대상은 개인이지 사회가 아니라고 주장한다. 그럼에도 불구하고 아우구스티누스는 그리스도인들의 사회적 역할을 제시하고 있다.

이웃을 '사랑'하는 것이 그리스도인들의 의무다. 기독교의 핵심은 하나님을 사랑하고 이웃을 사랑하는 것에 있다(『신국론』 10.3.2). 아우구스티누스는 이렇게 적는다. "그리스도인은 하나님을 사랑하고, 자신을 사랑하고, 이웃을 사랑해야 한다. 하나님을 사랑하는 자는 그 자체로 자신을 제대로 사랑하는 것이다. 그리고 그리스도인은 이웃이 하나님을 사랑하도록 도와주어야 한다. 왜냐하면 그들은 이웃을 내 몸과 같이 사랑하라는 명령을 받았기 때문이다. 그리스도인은 이 일을 아내와 자식과 가솔을 위하여 실천해야 한다(『신국론』 19.14)."

그리스도인은 어떻게 자신을 제대로 사랑할 수 있을까? 하나님을 사랑할 때 비로소 자신을 오류 없이 사랑할 수 있다. 하나님을 사랑하는 자는 하나님의 뜻대로 자기 자신도 사랑할 것이다. 이렇게 사랑에 대한 바른 질서가 잡힌 그리스도인은 이웃을 제대로 사랑할 수 있다. 무엇보다 그들은 이웃들에게 하나님을 사랑하도록 촉구할 것이다. 그것이 자기 자신처럼 이웃을 사랑하는 방식이다. "하나님을 사랑하도록 설득하는 것", 이것이 바로 아우구스티누스가 생각한 '전도'의 의미다. 그리스도인은 먼저 하나님을 사랑하고, 그 사랑 안에서 자신과 이웃을 사랑하며, 결국 이웃이 하나님을 사랑하도록 설득해야 한다. 이런 과정을 통해 사회의 평화는 얻어질 것이다.

그리스도인의 시민적 책임 2: 평화

아우구스티누스의 정치 신학에서 중요한 것은 '평화'를 추구하는 것이다. 그에게 평화란 모든 인간 존재의 근거이며 인간의 궁극적 목적이다

(『신국론』 19.13.1; 19.17; 19.20). 아우구스티누스는 평화의 종류를 모두 열 가지로 나눈다(『신국론』 19.13.1).

1. 몸의 평화

2. 비이성적 영혼의 평화

3. 이성적 영혼의 평화

4. 몸과 영혼의 평화

5. 인간과 하나님 사이의 평화

6. 인간과 인간 사이의 평화

7. 가정의 평화

8. 시민적 평화

9. 천상 도시의 평화

10. 만물의 평화

* 2와 3에서 영혼을 비이성적 부분과 이성적 부분으로 나누는 것은 헬라 철학에 기인한 것임

평화를 갈구하지 않는 사람은 아무도 없다(『신국론』 19.12.1). 하나님의 도성의 시민들도, 지상적 도성의 시민들도 모두 평화를 갈구한다(『신국론』 19.17). 바로 이 점에서 두 도성의 시민들이 협력할 수 있는 여지가 생긴다. 지상적 도성의 시민들은 지상적 도성 방식의 평화를 원한다(『신국론』 19.17). 천상적 도성의 시민들은 지상적 평화가 천상적 평화와 다르다는 것을 안다. 천상적 평화만이 온전한 질서와 조화 속에서 하나님을 누리고 다른 것들을 하나님 안에서 즐길 수 있기 때문이다(『신국론』 19.17). 하지만 그들은 이것을 한시적으로 이용해야 한다(『신국론』 19.17, 19.19). 그들은 이 평화 속에서 삶의 필수적인 것을 얻기 때문이다. 그 일

은 신앙에 방해가 되지 않고 오히려 필요한 것이다(『신국론』19.17). 따라서 천상적 도성의 시민들은 이 지상적 평화를 가급적 모든 영역에서 확장해야 한다.

순례자들은 이 땅에서 두 가지 종류의 평화를 누린다. 하나는 이 세상 사람들과 공유하는 평화이며, 다른 하나는 오직 신앙을 통해서만 가능한, 하나님과 함께 누리는 독특한 평화다(『신국론』19.27). 아우구스티누스는 이 세상 사람들과 공유하는 평화를 지상적 평화, 바벨론의 평화, 일시적 평화라고 부른다(『신국론』19.17; 19.26). 선한 자와 악한 자 모두, 이 일시적 평화를 즐긴다. 순례자들은 그것을 없애거나 폐기하지 않는다 (『신국론』19.17; 19.26). 오히려 예레미야나 바울이 그랬듯이, 순례자들은 지상적 평화를 위해 기도해야 한다(렘 29:7, 딤전 2:2). 아우구스티누스에게 평화는 사회적 영역에서 가장 중요한 요소였다. 그럼에도 불구하고 그는 지상적 평화가 불완전한 평화라는 사실을 분명히 인식했다(『신국론』19.27). 오직 천상적 도성의 최고선만이 온전하고 영원한 평화이기 때문이다(『신국론』19.20).

그리스도인의 시민적 책임 3: 정의

아우구스티누스는 그리스도인의 사회생활에서 '정의'를 매우 강조한다. 평화는 정의를 통해서 유지되는 것이다(『신국론』19.27). 정의란 무엇인가? 아우구스티누스는 "각자에게 각자의 것을 주는 것"이라는 플라톤, 아리스토텔레스, 키케로의 정의 개념을 받아들인다. 그러나 여기에 종교적 차원을 덧붙인다. 정의로운 자는 무엇보다 하나님께 그분의 것을 돌려드려야 한다. 이것을 다른 말로 예배라고 한다. 아우구스티누스는 하나님을 제대로 예배하지 않는 자는 정의를 행할 수 없다고 주장한다. 정의를 제대로 행하기 위해서는 하나님을 올바르게 섬길 수 있어야 한다. 바

로 이런 이유로 아우구스티누스는 『신국론』에서 로마의 우상숭배를 그
토록 반대했던 것이다(『신국론』 19.22-19.23.4). 사랑으로 역사하는 믿음
(갈 5:6)이 있는 곳, 바로 그곳에 정의가 있다(『신국론』 19.23.5). 반대로
불경건한 자들의 도성에는 정의가 없다(『신국론』 19.24). 아우구스티누스
가 로마 사회에 영향을 미치려는 기본 전략은 사회 개혁 프로그램 제시
가 아니라, 로마의 종교적 환경을 바꾸는 데 있었다.

그리스도인의 시민적 책임 4: 기도

아우구스티누스는 '기도'야말로 그리스도인의 사회생활과 시민 생활에
서 가장 중요한 것이라고 역설한다. 지상적 정의와 지상적 평화 모두 불
완전하다(『신국론』 19.27). 우리의 의가 참된 선인 한 참된 의가 되긴 하
지만, 여전히 우리의 의는 덕의 완성이 아니라 죄의 용서를 통해 획득되
는 의다. 우리가 아무리 죄와 더불어 싸울지라도 여전히 악은 남아 있다.
따라서 우리는 기도하는 가운데 용서를 구하며, 다른 사람들을 용서해야
한다. 바로 이것이 의를 획득하는 길이다.

아우구스티누스는 결론적으로 말하기를 기도야말로 순례자들의 중
요한 특징이 된다고 주장한다. '정의'와 '평화'는 오직 하늘에서만 입을
맞출 수 있다. 순례자들이 복된 자들이라 불리는 이유는 미래의 영원한
평화와 정의를 소망하면서 살아가기 때문이다. 이생을 뛰어넘는 것에 소
망을 두지 않고, 다만 이생에서만 행복을 소유하려는 것은 거짓 행복을
찾는 것이며 결국 불행에 빠지고 만다(『신국론』 19.20). 순례자들은 영원
한 평화와 정의를 소망하면서 기도하는 자들이다. 순례자들의 이웃을 위
한 기도는 결국 영원한 평화와 정의를 이웃들이 누리기를 소망하는 기도
여야 한다(『신국론』 19.17). 따라서 아우구스티누스에게 기도란 사회적이
고 정치적인 행동이다.

교회와 국가의 관계

아우구스티누스는 『신국론』에서 이 땅에는 천상 도성의 지상적 표현인 '교회'와 천상 도성과 지상 도성이 함께 섞여 있는 '국가'가 존재한다고 가르친다. 천상 도성과 지상 도성은 서로 대립적이다. 그리스도인은 순례자이며, 비그리스도인은 순례자가 아니다.

그들은 천상의 도성인 '교회'와 천상 시민과 지상 시민이 공존하는 '국가'에서 살아간다. 어떻게 교회는 국가에 영향을 미칠 수 있을 것인가? 아우구스티누스는 교회가 사회 변혁 프로그램을 제시하는 적극적인 정치 행동을 해야 한다고 주장하지 않는다. 교회는 이 땅에서 순례자의 삶을 살아갈 뿐이다. 그런데 참된 순례자의 삶은 그 자체로 사회에 영향을 미치게 되어 있다. 왜냐하면, 교회는 국가에 '사랑'을 권면[전도]하고, 국가가 '평화'를 추구하는 일에 적극적으로 협력하며, 국가가 '정의'를 실현하도록 촉구[예배]한다. 무엇보다 교회는 '기도'를 통해 타인을 용서하고 하나님께 용서를 구하며 최종적 완성을 소망한다. 따라서, 아우구스티누스의 『신국론』이 제안하는 그리스도인의 사회 정치적 행동은, '사랑', '평화', '정의', '기도'라는 네 단어로 요약할 수 있다.

루터의 교회와 국가 이해

루터의 두 왕국론

초기 루터는 국가의 수장이 로마 가톨릭을 믿는 상황에서 글을 썼다. 그에게 신앙의 자유란 로마 가톨릭의 종교 권력과 로마 가톨릭적인 세속 정부로부터의 자유였다. 이후에 루터는 두 왕국론을 주장했다. 그리스도인은 '법에 의해 다스려지는 지상 왕국'과 '복음에 의해 다스려지는 천상 왕국' 둘 모두에 속해 있다. 하나님은 두 팔을 사용하셔서 세상을 다스리신다. 한 쪽 팔은 '국가'이며, 다른 쪽 팔은 '교회'다. 지상 왕국을 반드시 그리스도인이 다스려야 하는 것은 아니다. 지상 왕국의 통치 원리는 따로 있다. 그리스도인의 신체와 재산은 국왕의 지배 아래 놓여있다. 국가는 자연법과 사람의 법을 중심으로 다스려진다. 하지만 교회는 하나님의 법에 의해 다스려져야 한다. 교회는 영적인 일에 있어서 오직 말씀의 통치를 받는다.

두 왕국 이론과 법, 그리고 성도의 삶

루터는 우리가 그리스도인이라면 누군가를 법정에 고소하거나, 스스로에 대해 변호해서는 안 된다고 주장한다. 하나님의 왕국에서는 오직 '사랑'과 '섬김'만이 존재해야 하기 때문이다. 그렇기 때문에 우리는 교회 안에서 우리를 공격하는 자들에게도 복수하려 해서는 안 된다.

그러나 우리는 세상에 사는 사람으로서 다른 사람을 법정에 고소할 수 있다. 세상 사람들과의 관계에서 신체와 재산의 문제가 생겼을 때, 그리스도인이라 할지라도 세속법에 의지할 수 있다. 그렇지만 아무리 세상 사람과의 관계에서 생긴 일이라 하더라도 우리는 그리스도인답게 처신해야 한다. 세상 사람 누군가가 그리스도인인 나를 때렸을 때 바로 받아쳐서는 안 된다. 세상 사람 누군가가 그리스도인인 나의 물건을 훔쳤을 때 나 역시 무력을 사용하여 그것을 되찾으려고 해서는 안 된다. 우리의 자연적 성향은 신속한 복수를 원하지만 그렇게 해서는 안 된다. 이런 일을 당했을 때, 그리스도인인 우리는 국가에 속한 사람으로서, 정당한 법적 절차를 이용할 수 있다. 그러나 어떤 증오나 적개심을 가지고 행해서는 안 된다.

성도의 사회생활

만일 정당한 법적 절차를 거칠 수 없을 때 누가 우리를 부당하게 대한다면 어떻게 할 것인가? 루터는 "그리스도인이라면 참아야 한다"라고 말한다. 루터는 참는 것이 먼저이고, 그다음에 법적인 절차를 거쳐 소송하는 것이 옳은 순서라고 주장했다. 신자는 교회 안에서든, 세속 정부 아래서든 언제나 그리스도인답게 행해야 한다. 루터는 그리스도인 법집행자들에게 이렇게 권면한다. "판사의 자리에 앉아 일할 때 그리스도인으로서가 아닌 판사로서 그 임무를 수행해야 한다." 그러나 그 집행자는 그리스도의 마음을 지닌 판사여야 한다. 더 나아가 자신의 판단으로 누군가를 벌한다는 것에 대한 조심스러움과 안타까움을 가져야 한다.

말씀의 우선성

그리스도인은 두 법칙, 즉 하나님 말씀의 법칙과 세상의 법칙 안에 살아간다. 하지만 하나님께서 주신 말씀의 법칙이 더 우선되어야 한다. 그리스도인은 지상에서 동시에 수행해야만 하는 이 두 인격[성도로서의 인격과 시민으로서의 인격] 사이의 차이를 배워야 한다. 우리는 악에 대해 저항하고, 복수하는 것이 아닌 그리스도인으로서의 인내를 배워야 한다. 특히 우리가 그리스도인이 된 것 때문에 받는 고난이라면 달게 받아야 한다. 그러나 동시에 우리는 자신의 신체를 방어하고 재산을 보호하기 위해 법을 사용할 수 있는데, 이는 우리에게 주어진 의무이며 권리다.

두 왕국론의 한계

그리스도께서는 세속 정부를 전복할 의사가 없었다. 교회는 국가의 일에 참견해서는 안 된다. 하지만, 국가에게는 종교의 보호를 위해 필요에 따라서 교회에 개입할 책임과 권한이 있다[농민 봉기의 경우]. 비교해 보자

면, 일반적인 시민의 삶을 제어하고 다스리는 데 있어, 교회의 권한보다
는 국가의 권한이 더 많다고 볼 수 있다. 가령, 국가와 교회가 빈민들을
구제하는 일에 있어서 협력할 때도 있다. 교회는 구제가 필요한 대상을
판단하는 일을 돕고, 시의회는 기금을 마련한다. 그러나 대부분의 영역에
서 루터는 철저하게 국가와 교회라는 두 왕국을 갈라놓는 편이다. 국가
가 교회의 복음 사업과 예배를 방해하지 않는 한, 교회는 국가에 대해 뭐
라 말할 책임이 없다. 하지만 국가가 교회의 복음 사업과 예배를 방해하
는 경우에는 교회는 국가에 항거해야 한다.

　　루터파의 두 왕국론은 이런 한계점이 있다. 두 왕국론의 오용과 몰
이해로 말미암아 나치 치하 아래 대부분의 독일 교회들은 국가에 대해
일제히 항거하지 못했다. 다만 소수자였던 고백교회는 나치에 대항하였
다. 고백교회 안에는 '루터파'와 '개혁파'가 함께 있었다. 루터파 고백교
회 신자들은 개혁파 고백교회 신자들보다 더 자주 "그래도 국가 교회로
돌아가야 하지 않겠는가?"라고 질문하였다. 이는 루터파가 지닌 교회와
국가에 대한 이해가 가진 한계점이 드러나는 질문이었다.

재세례파의 교회와 국가 이해

재세례파에 대한 오해

재세례파는 세속 정부에 대해 무책임한 입장을 취한 것으로 알려져 왔
으나 그것은 그들의 주장을 단편적으로만 이해한 것이다. 재세례파 역시
국가와의 관계에 있어서 건전한 견해를 가지고 있다. 그들은 로마서 13
장에 근거하여 국가를 하나님께서 만드신 것으로 인정했다. 이 점에 있
어서 그들은 종교개혁자들과 같은 견해를 가지고 있다. 재세례파는 국가
가 하나님이 세우신 기관이기 때문에, 아무리 악하다 하여도 혁명적으로

국가에 저항할 수는 없다고 주장했다.

재세례파의 특징

재세례파는 국가와 교회의 철저한 분리를 강조했다. 재세례파는 국가의 임무를 인간 사회의 질서를 유지하는 것에 있다고 보았다. 이 점은 재세례파의 대표적 고백서인 슐라이트하임 고백서 6항에 표현되어 있다. "칼은 하나님께서 그리스도의 완전성 밖에서 정하신 것이다. 칼은 사악한 자를 징벌하며 사형에 처하게 한다. 그리고 선한 자를 지키며 보호한다." 재세례파의 창시자라 할 수 있는 메노 시몬스^{Menno Simons} 도 역시 "국가는 악한 자를 징벌하며, 선한 자를 보호하고, 공정한 정의를 집행하며, 과부와 고아와 가난한 자들을 돌보며, 하나님과 그분의 말씀에 어긋나지 않는 공권력을 행사한다"라고 적었다. 시몬스는 정부조차도 피를 흘리는 방식으로 일해서는 안 된다고 보면서, 사형제도는 허용될 수 없다고 주장했다.

재세례파가 생각하는 국가의 역할

재세례파는 국가 권위의 한계 또한 설정했다. 국가는 영적 영역에 간섭해서는 안 된다. 국가가 사람들의 마음을 다스리려고 하는 시도는 월권을 행사하는 것이다. 오직 그리스도만이 양심의 주인이시다. 바로 이 점에 있어 '종교개혁자들'과 '재세례파'가 갈라진다. 종교개혁자들은 국가가 신앙을 수호하는 측면이 있다고 보았다. 그리하여 국가는 교회의 하나됨을 도와주어야 하며 분파주의를 막아야 한다고 보았다. 그러나 재세례파는 기독교 왕국^{corpus christianum} 의 개념을 인정하지 않았다. 그들에게 국가와 교회는 전혀 다른 기관이었다.

　　그렇다면 만일 국가가 신앙의 영역을 침범하여 박해한다면 어떻게 해야 하는가? 재세례파는 수동적으로 저항하고 고난을 감수하는 태도를 취해야 한다고 주장했다. 그들은 결코 적극적인 봉기를 하지 않는다. 재세례파의 역사 속에서는 '뮌스터 봉기 사건'과 같은 사건이 있긴 했지만 그것이 재세례파의 일반적인 태도는 아니었다. '뮌스터 봉기 사건'은 1534년에 뮌스터의 재세례파 교도들이 시정부를 장악하여 구약 시대와 같은 신정정치를 시도했던 사건을 가리킨다. 그들은 1년 뒤에 군대에 의해 진압되었다.

공직 참여 금지

국가에 대한 재세례파의 태도 중 종교개혁자들과 가장 대비가 되는 독특한 지점은 그들이 결코 정부 관리나 공무원이 되려고 하지 않는다는 점일 것이다. 그들은 칼을 사용해서 범법자를 처벌하는 것은 세속 정부의 일이지, 결코 그리스도인들이 할 수 있는 일은 아니라고 생각했다. 재세례파가 그렇게 생각한 이유는 아래의 근거들 때문이다.

첫째, "그리스도인들의 정부 참여에 대한 성경적 근거가 없기 때문이다"(펠릭스 만즈, 1525).

둘째, 예수 그리스도께서 그렇게 하지 않으셨기 때문이다. 어떤 사람이 예수님께 찾아와서 "내 형을 명하여 유산을 나와 나누게 하소서"라고 하자, 예수님은 "이 사람아 누가 나를 너희의 재판장이나 물건 나누는 자로 세웠느냐"라고 대답하시며, 그 일에 개입하지 않았다(눅 12:13-15). 이것은 예수님이 세속 정부의 일에 관여하지 않으셨다는 것을 보여준다. 재세례파는 그리스도의 말씀과 행동을 최고의 준거점으로 삼았다.[1] 그들은 그리스도께서 정부의 일에 참여하지 않으셨기에 그들 역시 그렇게 살아야 한다고 주장했다.

셋째, 세속 정부와 교회의 방식이 완전히 대조되기 때문이다. 이방인의 집권자들은 사람들을 임의로 주관하고 그 고관들은 그들에게 권력을 행사한다. 그러나 교회는 그렇지 않아야 한다. 그리스도인 중 누구든지 크고자 하는 자는 다른 이들을 섬기는 자가 되어야 하고, 누구든지 으뜸이 되고자 하는 자는 다른 이들의 종이 되어야 한다(마 20:25-27).

넷째, 국가와 교회는 근원적으로 분리되기 때문이다. 재세례파는 "밖에 있는 사람들을 판단하는 것이야 내게 무슨 상관이 있으리요마는 교회 안에 있는 사람들이야 너희가 판단하지 아니하랴"(고전 5:12)는 말씀을 근거로 세상은 사탄의 도성이며, 따라서 그리스도의 제자들은 그것과 어떤 관련성도 없다고 주장했다.

종교개혁자들은 재세례파가 이토록 사회 질서 유지에 대한 책임을 부인하면 세상에 혼란이 올 것이라고 말했지만, 재세례파는 정부 관리들을 채울 충분한 사람들이 세상에 있으며, 그렇기 때문에 무질서는 오지 않을 것이라고 반박했다. 재세례파는 세속 정부 앞에서 서약 혹은 맹세를 하거나, 군복무를 하거나, 전쟁세를 낼 수 없다고 주장했다. 그리스도인은 스스로 권징을 통해서 교인들의 행동을 통제하면 된다. 물론 중범죄를 저지른 사람은 국가에 의해서 당연히 처벌을 받아야 한다. "구약성경에 보면, 다윗이나 다니엘과 같이 관리로 일한 사람들이 있지 않은가?"라는 질문에 재세례파는 구약이 아닌, 그리스도가 우리의 기준이 되어야 한다고 답한다.

재세례파의 변화

그런데 이러한 초기 재세례파의 엄격한 관행은 세월이 갈수록 점차 완화되었다. 그리하여 19세기와 20세기를 거치면서 유럽에 사는 재세례파 교도들은 정부 참여에 대해 관대해졌다. 지역에 따라서 여전히 정부 참여를 반대하는 재세례파 교도들이 있는가 하면, 참여해도 괜찮다고 생각하는 재세례파 교도들도 있다. 미국 재세례파의 경우 경찰과 군대가 아니면 정부 관리직을 맡을 수 있다고 본다. 따라서 현재 전체적인 상황을 볼 때 재세례파는 살인하지 말라는 명령을 엄격하게 지키길 원하므로 군인이나 경찰로 일하지는 않지만 그 외의 정부 관리로 일하는 것은 허락하는 편이다.

현대 재세례파 이론들

신학적으로 봤을 때, 정부에 대한 재세례파의 태도는 이중적이라고 볼 수 있다. 우선 그들은 정부를 하나님께서 세우신 기관으로 인정한다. 그러나 다른 한편으로 정부에 참여하는 것은 권하지 않는다. 재세례파의 신학자 중에 이를 말끔하게 해결한 사람은 없다. 이론적으로 그들은 국가와의 분리를 강조했지만, 실제로는 국가에 참여하는 이들도 많은 것이 현실이다. 현대 재세례파 이론가들 중 국가에 대한 교회의 의무를 일종의 '증인'이나 '모델'로 보는 이들이 있다. 교회는 지상에 잠시 거주하도록 천상 왕국이 파견한 이방인과 같다. 따라서 교회는 국가에 대한 책임을 온전한 공동체를 이룸으로써 실천한다. 교회는 스스로 대안 공동체가 되고, 이 공동체를 통해 사회와 국가가 선한 영향을 받도록 한다. 무력을 사용하라는 명령이 아니라면 교회는 국가에 복종할 수 있다. 교회가 국가와 대립 관계에 있다고 하여 무조건 거부하는 것은 아니기 때문이다. 그러나 이러한 복종은 복종을 통한 변화를 기대하는 '혁명적 복종'이다. 물론 혁명적 복종의 실효성이 크기 때문에 그것을 실천하는 것은 아니다. 비록 혁명적 복종이 실패할 가능성이 크다 하더라도, 교회는 이를 실천한다. 이것이 하나님의 뜻이라 생각한다.

『기독교강요』의 특성

국가에 대한 칼뱅의 견해를 두고서 학자들 간에 논쟁은 여전히 진행 중이다. 칼뱅이 민주주의의 발전에 기여했다는 의견이 지배적인 가운데, 가끔 어떤 학자는 칼뱅의 정치에 대한 견해가 민주정보다 오히려 혁명을 지지하는 것이었다고 주장하기도 한다. 이렇게 주장이 나뉘는 것은 주로 『기독교강요』 4권 마지막 장에 대한 해석의 차이 때문이다. 칼뱅은 총 80개의 장으로 이뤄진 자신의 대작 『기독교강요』(1559년 최종판)의 제일 마지막 장에서 '국가 통치'를 논하고 있다. 왜 하필이면 제일 마지막에 국가를 논하고 자신의 대작을 마치는 것일까? 그것은 『기독교강요』의 구조면에서 답할 수 있고, 칼뱅의 저의底意를 가늠하여 답할 수도 있다. 우선 구조면에서 찾을 수 있는 답을 제시하고, 그의 숨은 의도를 헤아려 보는 답은 결론부에서 제시하겠다.

『기독교강요』의 구조는 여러 면에서 독특하다. 사도신경을 따라 성부, 성자, 성령의 삼분구성을 갖는 것 같지만, 한편으로는 십계명(2.8.13-50)[2], 사도신경(2.16), 주기도문(3.22.34-42)이라는 신앙고백문의 형식 또한 담고 있기 때문이다. 사실 1536년의 초판 『기독교강요』는 총 6장으로 이뤄져 있었는데, 첫 네 개의 장이 십계명 해설, 사도신경 해설, 주기도문 해설, 성례전 설명으로 구성되어 있다. 이것은 루터의 교리문답서의 순서를 따른 것이라고 많이 지적되는데,[3] 루터의 교리문답뿐 아니라 많은 교리문답서들이 이런 순서를 밟고 있다. 사실 그 뿌리는 내가 추정하건대 '믿음, 소망, 사랑에 관하여'라는 별명을 가진 아우구스티누스의 '신앙핸드북'Enchiridion이었을 것이다. 아우구스티누스가 다룬 믿음 부분이 사도신경 해설로, 소망 부분이 주기도문 해설로, 사랑 부분이 십계명 해

설로 점차 발전되어 교리문답서에까지 그 영향을 드러낸 것이다.[4]

　　그런데 문제는 국가 통치에 대한 내용을 책의 끝에 다룬 것은 삼위일체적 구조에도, 교리문답의 구조에도 잘 맞지 않는다는 점이다. 그에 대해서 어떤 학자는 『기독교강요』가 로마서의 구조를 따르고 있기에 끝부분에서 국가를 다루고 있다고 말한다.[5] 이는 상당히 설득력 있는 견해다. 『기독교강요』의 구조에 영향을 주었으며, 그 역시 로마서의 구조를 따른 멜란히톤의 『신학총론』Loci Communes도 역시 1521판을 초판으로 시작해서 마지막 판까지 국가와 집권자에 대한 논의를 마지막 부분에서 다루고 있다. 이런 것을 고려해 볼 때, 칼뱅이 국가 통치를 제일 뒤로 뺀 원인을 로마서와 『신학총론』의 구조의 영향에서 찾을 수 있다.

　　그럼에도 불구하고 해결되지 않은 질문이 있다. 로마서나 『신학총론』은 국가와 집권자에 대한 논의를 오로지 뒤쪽에만 위치시키지 않는 반면, 칼뱅은 그것을 제일 뒤로 미루어 놓았다는 점이다. 그것은 칼뱅의 저의에서 답을 찾을 수 있을 것이다. 그에 대한 논의는 이 글의 제일 마지막에 다루기로 하고, 먼저 문제가 되는 『기독교강요』 4권 20장 전체의 내용을 하나씩 살피면서 칼뱅이 제시하는 국가와 교회의 관계를 정리해 보자.

재세례파를 의식한 서술

칼뱅은 『기독교강요』에서 로마 가톨릭의 신학과 관습을 반대하고, 한편으로는 급진 종교개혁의 일파였던 재세례파의 신학과 행태를 반대하면서, 성경적 균형을 잡으려고 시도한다. 국가 통치를 다루는 4권 20장에서도 역시 칼뱅은 재세례파를 의식하면서 '국가론과 교회'와 '국가'의 관계를 정립하고 있다. 그는 재세례파를 하나님께서 정하신 제도를 전복하려는 자들이라고 묘사하며 비판한다.[6] 또 한편 그는 군주에게 아첨하는 자들을 경계하고 있는데, 그들은 군주의 권력을 하나님의 지배와 대등하게 생각하기 때문이다(4.20.1).

두 가지 통치

두 극단 사이에서 균형을 잡은 이후, 칼뱅은 두 왕국론을 제시한다(4.20.1).[7] 이것은 이미 칼뱅이 앞에서도 몇 차례 논한 내용이었다(3.19.16; 4.10.3-6). 그는 그리스도의 왕국과 세속 지배권은 전혀 다르다고 주장한다. 세상의 제도에서 그리스도의 왕국을 찾으려는 시도를 '유대적인 허망한 생각'이라며 비판한다(4.20.1). 그리스도의 통치와 세상의 통치는 서로 구별된다. 비록 어떤 이가 세상의 통치에서는 종의 신분일지라도, 만약 그리스도인이라면 그는 복음 안에서 자유인이다. 그러나 이 두 가지 통치가 서로 대립하지는 않는다(4.20.2). 한 사람이 두 가지 통치에 동시에 속할 수 있다는 말이며, 교회와 국가가 상호보완의 관계가 될 수 있다는 말이다. 이 점을 아우구스티누스의 '천상의 도성'과 '지상의 도성'의 대립 관계와 헷갈리면 안 된다.

아우구스티누스에게 있어서 사람은 '천상의 도성'과 '지상의 도성' 양쪽 모두에 속할 수 없는 존재다.[8] 전자는 구원받은 사람들의 도성이고 후자는 구원 받지 못한 자들의 도성이기 때문이다. 그러나 루터와 칼뱅은 한 사람이 그리스도의 영적인 왕국에도 속하고 세속적 왕국에도 속할 수 있다고 생각했다. 물론 아우구스티누스에게 있어서도 한 사람은 국가에 속하는 동시에 교회에도 속할 수 있다. 그러나 아우구스티누스의 용법에서 '지상의 도성'은 국가, '천상의 도성'은 교회로 각각 일치되는 것은 아니다. 이 점을 혼동하면 아우구스티누스의 '두 도성론'과 루터 혹은 칼뱅의 '두 왕국론'을 섞어버릴 수가 있으므로 주의해야 한다. 칼뱅은 아우구스티누스에게 해당하는 '천상의 도성'을 '영적이고 내적인 그리스도의 왕국', '하나님의 나라', '진정한 조국'[9] 이라고 표현한다.

국가의 기능

중요한 점은 칼뱅에게 국가란 그 자체로 나쁜 것이 아니라, 나름의 선한 목적을 가지고 하나님께서 만드신 기관이라는 것이다(4.20.2). "국가 통치에 지정된 목적은, 우리가 사람들과 함께 사는 동안 하나님께 대한 외적인 예배를 존중하고 보호하고, 건전한 교리와 교회의 지위를 수호하며, 우리를 사회생활에 적응시키며, 우리의 행위를 사회정의와 일치하도록 인도하며, 우리가 서로 화해하게 하며, 전반적인 평화와 평온을 증진하는 것이다"(4.20.2). 따라서 성도가 이 땅에서 '나그네 생활'을 할 때 이러한 국가가 보조 수단으로서 필요하며, 이것을 빼앗는 것은 그 사람에게서 인간성 humanitatem 을 빼앗는 것이 된다(4.20.2). 이처럼, 국가란 하나님의 뜻에 따라 인간에게 주어진 기관이다.

칼뱅은 특별히 그리스도인의 삶과 관련하여 정부의 주요 기능을 제시한다. 정부는 "우상 숭배, 하나님의 이름에 대한 모독, 하나님의 진리에 대한 훼방 그리고 그밖에 종교에 대한 공공연한 방해가 사회에 발생하거나 만연하지 않도록 하고, 치안을 유지하며, 시민의 재산을 보호하고, 인간 상호 간의 선한 교제를 가능하게 하며 정직과 겸양의 덕을 보존한다. 요컨대 그리스도인들이 공개적으로 종교 생활을 할 수 있도록 하여 사회에 인간성이 보존되도록 한다"(4.20.3).

『기독교강요』 4.8.10에서 칼뱅은 가톨릭교회의 오류를 지적하면서, 종교를 바로 잡는 의무는 인간이 할 수 있는 것이 아니라 하나님의 소관이라고 하였다. 그렇다면 위의 인용에서 칼뱅은 국가가 종교를 바로 잡는 일을 해야 한다고 주장하는 것 같은데 그렇다면 하나님의 소관에 속하는 일을 국가가 해야 한다고 말하는 셈이 아닐까? 독자들이 오해할 수 있는 가능성을 인식한 칼뱅은, 한편으로는 "하나님의 율법에 포함된 진정한 종교에 노골적이고 공개적인 모독을 가하는 자에게는 반드시 벌을 줘서 그런 일이 없도록 하는 정부를 시인"하면서도, 다른 한편으로 "사람들이 마음대로 하나님께 대한 예배와 경건의 법을 정하는 것을 용인하지" 않는 것은 4.8.10에서나 여기서나 마찬가지라고 주장한다(4.20.3). 이처럼 칼뱅에게 국가는 그리스도인의 삶에서도 꼭 필요한 기관인 동시에, 하나님의 권세 아래에 있는 기관이다.

집권자에 관하여

칼뱅은 정부politicae administrationis의 주제를 세 가지로 나눠서 다룬다.[10] 그 세 가지 주제는 '집권자', '법', '백성'이다. 그런데 이 세 가지는 모두 '법'을 가지고 설명할 수 있다. 집권자는 '법의 보호자와 수호자'이다. 법은 집권자의 통치 수단이다. 백성은 법의 통치를 받고 집권자에게 복종하는 자들이다.[11] 칼뱅은 이 세 가지 주제를 상술한다.

우선, 집권자들을 살펴보자. 집권자들은 그 지위를 하나님께서 정하신다(4.20.4). 이것은 집권자들이 하나님의 권세 아래 있으며, 하나님께서 시키시는 일을 해야 함을 보여준다. "지상의 모든 일에 대한 권위가 왕들과 다른 권력자들의 수중에 있다는 것은 인간성의 패악성 때문에 생긴 일이 아니라 하나님의 섭리와 거룩한 명령에서 유래한 일이라는 뜻이다"(4.20.4). 다스리는 것도 역시 하나님께서 주신 은사 중의 하나다(4.20.4, 고전 12:28). 권세는 하나님의 명령이며, 하나님으로부터 오지 않는 권세는 없다(롬 13:1-2).

이런 인식에서 파생되는 결과는 두 가지다.

첫째, 그리스도인들은 집권자들을 부인하거나 배척해서는 안 된다(4.20.5). 다윗은 그리스도의 왕권을 인정하고 그 아래 존재하기만 한다면 집권자가 되는 것을 인정한다(4.20.5, 시 2:12).[12] 바울은 "임금들과 높은 지위에 있는 모든 사람을 위하여" 기도하라고 명령한다(딤전 2:1-2). 그 이유는 성도들이 "모든 경건과 단정함으로 고요하고 평안한 생활을" 할 수 있도록 하기 위해서다(4.20.5).

둘째, 집권자들은 하나님의 대리자로서 그 직무에 충실해야 한다. 칼뱅은 일종의 신정 정치를 생각하지 않았다. 그러나 그가 생각한 정부는 건전한 종교를 보살펴 주는 정부였다. "만일 주권자들이 자기가 하나님의 대리자라는 것을 생각한다면, 그들은 모든 주의와 정성과 열성을 다하여 사람들을 향해서 하나님의 섭리와 보호와 선과 후의와 공의를 나타내도록 노력해야 한다"(4.20.6). 만일 그들이 자기 직무를 태만히 여긴다면 그들은 하나님의 저주를 받을 것이다(4.20.6, 렘 48:10). "집권자들이 어떤 과오를 범한다면, 그것은 사람들을 괴롭히는 악행이 될 뿐 아니라 하나님의 지극히 거룩한 심판을 더럽힘으로써 하나님 자신을 모독하는 일이 된다"(4.20.6, 사 3:14-15 참조). 그들은 하나님의 대리자로 봉사하고 있기 때문에 가장 거룩한 직책을 맡았다고 생각해야 한다(4.20.6).

따라서 재세례파와 같이 정부의 직책이나 관직을 맡는 것을 거부하고 또한 집권자들의 권위를 배격하는 것은 성경적이지 않다.[13] 칼뱅은 구약과 신약의 여러 구절을 근거로 왕, 권세자, 정부 등은 하나님의 지혜와 섭리에 의해 주어진 것임을 거듭 주장한다(4.20.7, 롬 13:1, 잠 8:15; 24:21, 벧전 2:17 참조).

여기서 한 가지 주목할 것은 칼뱅이 정부의 임무나 권세자의 역할 등을 다룰 때, 그리스도인으로 구성된 정부나 그렇지 않은 정부를 구분하고 있지 않다는 점이다. 잠언 8:15-16을 인용할 때 그가 이해했던 것은 소위 말하는 기독교 국가가 아니라, 일반적인 국가들이었다(4.20.4; 4.20.6도 참조).[14] 그는 하나님께서 각각의 백성들에게 그들에게 맞는 정부 형태와 위정자들을 주셨다고 한다(4.20.8). 그가 키케로나 솔론이나 세네카의 글을 인용하는 것 역시 그들이 보편적으로 통용될 수 있는 정부의 기능과 역할을 다뤘기 때문이다. 만일 '기독교 정부'[그런 것이 가능한지 의문이지만]를 염두에 두고 논했다면 칼뱅은 그것을 반드시 밝혔을 것이다. 그러나 칼뱅이 이 장 전체에서 다루는 국가나 정부는 일반적인 국가와 정부를 뜻한다.[15]

차선의 정부 형태

이어서 칼뱅은 정부와 관련하여 몇 가지 주제를 더 다루는데, 이 주제 중 어떤 것들은 재세례파를 의식하며 쓴 것이 분명하다. 우선 칼뱅은 정부 형태에 있어서 왕정, 귀족정, 민주정을 제시하고서, 이 중에서 '귀족정과 민주정을 결합한 제도'가 다른 형태보다 나은 모델이라고 주장한다(4.20.8). 그런 선택을 하게 된 이유는 인간의 타락성 때문이다. 즉, 공정하며 자제력이 강한 왕은 아주 드물기 때문이며, 민중 또한 난동을 부리며 타락할 여지가 있기 때문이다.[16] 물론 정치가 소수 당파로 타락하는 것 역시 쉬운 일이지만, 여러 사람이 정권을 운영한다면 그래도 타락한 자를 억제할 수 있을 것이다. 칼뱅은 구약 시대 이스라엘 백성 사이에서 하나님께서 제정하신 정부 형태 역시 '민주 정치에 가까운 귀족 정치'라고 해석한다(4.20.8).[17]

칼뱅이 이렇게 '귀족정과 민주정을 결합한 제도'를 선호했던 이유는 그것이 "자유를 적절한 절제로 조절하고 견고한 기초 위에 바르게 확립하는 정치 제도"라고 보았기 때문이다(4.20.8). 그는 자유가 잘 조절되는 정치 체제 아래 있는 백성들이 가장 행복할 것이라고 생각했다. 따라서 집권자들은 전력을 다하여 어떤 의미에서든지 자유가 침범당하거나, 감소되는 것을 막아야 한다. 왜냐하면 그들은 자유의 수호자로 임명되었기 때문이다. 만약 그들의 각성과 주의가 불충분하다면 그들은 자신들의 직책에 불충실하게 되며 조국에 대해서는 반역자가 될 것이다(4.20.8). 앞에서 칼뱅은 집권자가 '법의 보호자와 수호자'가 된다고 말했는데, 여기서는 집권자들이 '자유의 수호자'라고 하여, 법의 목적은 결국 자유에 있다는 것을 밝히고 있다.

한편, 칼뱅은 여러 나라가 다양한 정부 조직에 의해 통치되고 있다면서, 특정한 정부 형태를 고집하지 않는 유연성을 보여준다. 하나님이 각 시대, 장소, 민족에 따라서 다른 형태의 정부를 두셨다면, 자신의 삶 속에 주께서 세우신 사람들에게 복종하는 것은 백성의 의무가 된다(4.20.8).

집권자의 직책과 십계명의 두 돌판

칼뱅은 위정자들의 직무를 율법의 두 돌판과 관련하여 설명한다(4.20.9).[18] 십계명의 첫째 판에 적힌 계명들은 하나님 경외에 관한 계명들이다. 칼뱅은 키케로와 같은 세속 학자들 또한 하나님의 권리를 무시하고 사람의 일만을 돌보는 법률은 본말이 전도된 것이라 인정했음을 밝힌다. 위정자들은 종교를 잘 돌봐야 할 책임이 있다.[19]

십계명의 둘째 판에 적힌 계명들은 사람들에게 '공평'과 '정의'를 행하도록 하는 계명들이다(4.20.9). 왕들은 시편 82:3-4의 말씀대로, 가난한 자와 고아를 위하여 판단하며 곤란한 자와 빈궁한 자에게 공의를 베풀고, 가난한 자와 궁핍한 자를 악인들의 손에서 구원해야 한다.[20] 요컨대, 집권자들은 공중의 무죄와 겸손과 예절과 평온의 보호자와 옹호자로 임명되었으며 사회 전체의 안전과 평화를 확보하도록 노력해야 한다(4.20.9). 집권자는 시민적 덕의 수호자다. 그 일을 위해서 집권자는 솔론의 말처럼 상벌賞罰에 의해 사회를 유지한다. 이것은 정의와 공평에 대한 성경의 가르침과 연결된다. 칼뱅은 "정의란 무죄한 사람들을 지켜주며, 감싸주며, 보호하며, 변호하며, 해방시켜 주는 것"으로, "공평이란 담대한 악인들을 방어하고 그 폭행을 억압하며 그 비행을 벌하는 것"으로 규정한다.[21] 한마디로 말해, 집권자는 십계명에서 규정한 위대한 이중 계명 [하나님 경외와 이웃 사랑]을 공적으로 수행하는 자다.

집권자들의 강제력 행사와 정당한 전쟁

칼뱅은 다시 한번 재세례파들을 의식하여 위정자들이 강제력을 사용하여 공평을 실시하는 것이 성경적으로도 정당하다고 주장한다(4.20.10). 가장 중요한 이유는 악한 자들을 징벌할 때 위정자들은 자신의 사사로운 감정으로 하는 것이 아니라, '하나님의 사자'使者로서 그 일을 행하기 때문이다(롬 13:4).[22] 칼뱅은 구약 시대의 여러 사례를 들어 사람들이 악인을 하나님의 사자로서 징벌하는 일을 정당화한다(출 2:12; 32:27-28, 왕상 2:5-6; 8-9, 시 101:8).

만일 칼로 죄인과 악인을 추궁하는 것이 집권자들의 진정한 의라면, 악인들이 도살과 살육을 자행할 때 칼을 집에 넣어 두기만 하고 피를 흘리지 않는 집권자들은 최대의 불경죄를 범하게 될 것이며 선하고 의롭다는 칭찬은 도저히 받을 수 없을 것이다(4.20.10).

또한, 칼뱅은 집권자들이 강제력을 행사할 때 두 가지를 주의해야 한다고 주장한다. 한편으로, 집권자들은 너무나 잔인하고 가혹하게 징벌해서는 안 된다. 그러나 반대로, 그들은 관용에 대한 미신적인 애착으로 가장 잔인한 온유에 빠지지 않도록 주의해야 한다(4.20.10).

아울러 집권자들은 정당한 전쟁을 수행할 수도 있다. 당시 재세례파는 슐라이트하임 고백서 제4조와 6조에 나타나 있듯이, 전쟁은 그 어떤 형태로든 정당화될 수 없다고 주장했다. 이에 대해서 칼뱅은 "몇 사람만을 해한 강도들을 처벌하는 것이 당연하다면, 한 나라 전체를 황폐하게 만드는 강도들을 버려둘 것인가?"라고 질문하면서, 집권자들은 공정한 처벌로 개인들의 비행을 억제해야 하듯, 그들이 다스리는 영토가 적의 공격을 받을 때는 전쟁으로 방어해야 한다고 주장했다(4.20.11). 칼뱅은 구약이나 사도들의 글이나, 예수님의 지상 사역 가운데서도 정당한 전쟁을 금지하는 규정은 없다고 주장한다(4.20.12). 아우구스티누스가 말했듯이, 기독교 교리가 모든 전쟁을 배척한다면, 군인들이 구원에 관한 지도를 요청했을 때 무기를 버리고 군대에서 완전히 물러서라고 충고했을 것이다. 그러나 그들은 "사람에게서 강탈하지 말며 거짓으로 고발하지 말고 받는 급료를 족한 줄로 알라"라는 충고만을 받았다(눅 3:14, 4.20.12).

그러나 공권력 사용처럼, 전쟁에 있어서도 '자제'와 '인도적 정신'은 필수적으로 함께 가야 한다. 칼뱅은 아우구스티누스의 말을 다시 한번 인용하여, 집권자들은 "벌을 받을 사람의 특별한 과실만을 보지 말고 그에게 있는 인간의 공통된 본성에 동정하라"고 충고한다(4.20.12). 그들은 무기에 호소하기 전에 모든 방법을 강구해야 한다(4.20.12). 오직 백성의 유익만을 위해 전쟁을 개시하고 수행할 수 있는 것이지, 집권자 자신의 사적인 감정에 지배되어서는 안 된다(4.20.12).[23]

정부의 과세권

칼뱅은 정부의 과세권에 대해서도 역시 균형 잡힌 충고를 한다. 우선 그는 정치가들이 백성들로부터 거둔 세금을 공공의 유익뿐 아니라, 자신의 유익을 위해서도 쓸 수 있다는 것을 인정한다. 그러나 세금은 '백성의 고혈'이므로 그것을 아끼지 않는 것은 '극도의 잔혹한 행위'가 된다(4.20.13). 군주들의 수입은 개인 재산이 아니라 국민 전체의 재산이다

(롬 13:6 참조). 그들이 부과하는 각종 조세는 필요한 공공의 재원에 불과하며 이유 없는 과세는 전제적 착취가 된다(4.20.13). 따라서 군주들은 무엇을 하든지 하나님 앞에서 '깨끗한 양심'으로 해야 한다(4.20.13).

칼뱅의 견해에 대한 정리

여기까지가 정부에 대한 세 가지 주제인 '집권자', '법', '백성' 가운데 첫째 항목인 집권자에 대한 칼뱅의 논의다. 긴 논의를 정리하자면, 아래와 같다.

첫째, 칼뱅은 재세례파와는 달리 국가 제도를 악하게 보지 않았다. 그리스도인은 교회에 속하여 있지만 국가의 통치 역시 받고 있다. 물론 그들의 정체성과 삶을 규정하는 본질적인 기초는 그리스도의 통치에 있다. 하지만 정부 역시 그리스도인이 나그네의 삶을 살아가는 가운데 필수적인 요소가 된다.

둘째, 국가는 시민 생활을 보호하고 사람들 사이의 정의와 평화를 증진시켜야 한다.

셋째, 국가는 종교 생활을 보호해야 한다. 참된 종교를 훼방하는 자를 벌하고, 그리스도인들이 공개적으로 종교 생활을 할 수 있도록 도와주어야 한다.

넷째, 집권자는 하나님께서 세우신 대리자다. 집권자는 법과 자유와 시민적 덕의 수호자이다. 따라서 집권자는 하나님께서 주신 직무를 수행해야 하며, 백성들은 집권자들에게 복종해야 한다. 집권자들은 십계명의 두 돌판에 따른 일 즉, 하나님을 경외하고 백성을 돌보는 일을 수행해야 한다.

다섯째, 모든 정치 형태에는 단점이 있지만, 그나마 귀족정과 민주정을 혼합한 정치 형태가 인간이 가진 죄악성의 발현을 가장 잘 억제할 수 있는 정치 형태다.

여섯째, 집권자들은 하나님의 사자로서 공공의 유익을 위해 필요한 경우 공권력을 행사할 수 있다. 그러나 강제력을 사용할 때 집권자들은 관용의 미덕과 공의의 시행 사이에서 적절한 균형을 유지해야 한다.

일곱째, 집권자들은 국가를 보호하기 위해 꼭 필요한 경우에는 정당한 전쟁을 수행할 수 있다. 그러나 그들은 전쟁 개시와 전쟁 수행에 있어서 자제심과 인도적 정신을 최대한 발휘해야 한다.

여덟째, 정부는 과세권이 있으므로 백성들은 세금을 내야 한다. 위정자들은 국민의 고혈인 세금을 반드시 필요한 공공의 사업을 위해 써야한다. 하나님의 대리자로서 집권자들은 무엇이든 하나님 앞에서 깨끗한 양심으로 행해야 한다.

이렇게 국가의 의의(意義) 및 기능, 집권자의 직무, 백성의 의무 등을 다룬 이후에 칼뱅은 법과 백성에 대해 논한다.

칼뱅의 교회와 국가 이해 2

집권자들과 십계명에 나오는 '사랑의 이중 계명'

그리스도인은 하나님께서 직접 집권자를 세우셨다는 것을 기억하며 복종해야 한다. 동시에 집권자들은 하나님의 대리자 역할을 하므로 충실하게 그 일을 감당해야 한다. 특별히 칼뱅은 집권자들이 십계명의 두 돌판을 성취하는 자가 되어야 한다고 강조한다. 여기서 우리는 율법의 핵심 정신인 '사랑의 이중 계명'이 사회 정치적으로도 적용될 수 있다는 사실을 알 수 있다.[24] 칼뱅은 마치 이것의 예를 보여주려는 듯이, 자신의 전쟁론과 세금에 대한 견해에서 위의 내용을 접목한 균형 잡힌 견해들을 보여준다. 이처럼, 집권자의 의무에 대해 다룰 때 칼뱅은 이미 하나님의 모든 '법'의 요약[25]이라고 할 수 있는 십계명을 깊이 관여시켰다.

법과 집권자의 밀접한 관계

칼뱅은 이어서 본격적으로 '법'이라는 주제를 다룬다(4.20.14). 그는 법을 가리켜 '국가의 가장 튼튼한 힘줄'이라고 말한다. 키케로의 『법률』[De] [legibus]편을 인용하면서, 그가 플라톤을 따라 법률을 '나라의 영혼'이라고 불렀다는 사실을 지적한다(4.20.14). 칼뱅은 집권자와 법의 '상호 의존 관계'를 지적한다. 법 없이 집권자는 없으며, 그 반대도 마찬가지다. 칼뱅은 다시 한번 키케로를 인용하여, "법은 무언의 집권자요 집권자는 살아 있는 법이다"라고 정리한다.[26]

구약 율법의 특성과 분류

하지만 칼뱅은 국가를 위해서 어떤 법이 가장 좋은가 하는 문제는 다룰 수 없다고 생각했다. 그런 논의는 끝이 없기 때문이다.[27] 그래서 칼뱅은 "하나님 앞에서 경건하게 사용될 수 있는 법은 어떤 것이며 어떤 법이 사람 사이에 실시될 수 있는가에 대해서"만 간단히 말한다(4.20.14). 그가 간단하게라도 이 문제를 언급하려는 이유는 어떤 이들이 "모세의 정치 체제를 무시하고 국가의 관습법으로 통치하더라도 나라는 바르게 구성될 수 있다"는 주장을 부인하기 때문이다(4.20.14). 즉 어떤 이들은 나라가 제대로 구성되려면 반드시 모세의 정치 체제를 따라야만 한다고 생각했던 것인데, 칼뱅은 이에 대해 반대하는 입장이었고, 그래서 구약 율법과 정치의 관계를 다룬 것이다.[28]

칼뱅은 우선 구약에 나오는 율법을 도덕법[道德法], 의식법[儀式法], 재판법[裁判法]으로 나누었다.[29] 그리고 이 세 가지를 각각 고찰하여, 신약 시대에 적용되는 법과 적용되지 않는 법을 판단해야 한다고 주장했다. 의식법과 재판법에도 이미 도덕법적 요소가 있다는 것을 옛사람들도 알고 있었다. 하지만 전체 율법 중 일부만 따로 떼어내서 도덕법이라고 부른 것은 의식법과 재판법은 시대에 따라 가변적이고 폐기가 가능한 것들이기 때문이다. 반면 도덕법은 그렇지 않다. 그것은 '도덕의 진정한 거룩함'을 지탱하는, 올바른 생활을 위한 '불변의 표준'이 된다(4.20.14).

도덕법, 의식법, 재판법의 특징

칼뱅은 사랑의 이중 계명을 도덕법의 핵심으로 본다. 도덕법이 하나님을 경배하라는 명령과 진실한 사랑으로 사람들을 대하라는 명령으로 나뉘기 때문이다(4.20.15). 도덕법은 하나님의 뜻에 따라 생활을 정돈하고자 하는 모든 민족과 모든 시대의 사람들을 위해 정해 주신 의의 표준 곧 참되고 영원한 표준이 된다. 동시에 이것은 '모든 사람'에게 적용된다. 하나님의 영원불변한 뜻은 우리 모든 사람이 하나님을 경배하며 서로 사랑하는 것이기 때문이다(4.20.15). 이처럼 칼뱅은 도덕법이 모든 사람을 위한 법이며, 특별히 하나님의 백성들을 위한 법으로서 시대와 장소를 초월하여 요구되는 법이라고 주장한다. **의식법**은 유대 민족을 인도했던 후견인後見人의 역할을 했다. 의식법은 장차 올 실체[예수 그리스도의 인격과 사역]에 대한 예표였다. **재판법**은 유대 민족의 통치를 위해 주어진 법이다. 재판법의 정신은 평화와 공평과 공의였다(4.20.15).

의식법은 경건에 관한 법이지만 신약 시대에 와서는 폐지되었다. 하지만 여전히 경건은 유지될 수 있었다. 마찬가지로 재판법 역시 폐지되었지만, 여전히 법의 정신인 사랑의 의무는 남아있을 수 있었다. 따라서 이 모든 것을 고려해 볼 때 각 민족은 자기에게 맞는 법들을 제정할 수 있다. 하지만 그 법들의 형식은 다를지라도 그 원리에 있어서만큼은 '사랑'이라는 '영원한 표준'ad perpetuam illam charitatis regulam 에 맞춰져야 한다

(4.20.15). 칼뱅은 사랑의 표준에 맞지 않는 법률의 예를 든다. 도둑질을 영예롭게 보는 법률, 난잡한 성행위[30]를 허용하는 법률, 그 외의 수치스럽고 상식을 넘어선 일을 인정하는 법률. 이러한 일들은 정의에 있어서뿐만 아니라 인간성과 예절에도 어긋나는 일들이기 때문에 법으로 인정될 수 없다(4.20.15).

'법의 제정'과 법 제정의 원리가 되는 '공정성'의 차이점

칼뱅은 도덕법이 의식법 또는 재판법과는 다른 성격을 지닌다는 사실을 두 가지 요소의 대조를 통해 보충 설명한다.[31] 그 두 요소란 '법의 제정'legis constitutio 과 법 제정의 근거가 되는 '공정성'aequitas 이다. '법의 제정'에 있어서는 나라마다 차이가 있다. 이것은 경험상 너무 명백하다. 그러나 법 제정의 근거가 되는 '공정성'의 경우, 당연히 요청되는 것이므로 어느 법에서든지 동일하게 존재한다(4.20.16).

하지만 이런 질문을 할 수 있다. "공정성에 대한 생각 역시 사람마다 다르지 않을까?" 하지만 칼뱅은 그렇지 않다고 주장한다. 왜냐하면 공정성의 전체 원리가 도덕법에 규정되어 있는데, 도덕법이란 모든 사람의 마음에 동일하게 새겨진 '자연법의 증거'naturalis legis testimonium [32] 에 불과하기 때문이다. 따라서 공정성만이 모든 법의 '목적'과 '표준' 그리고 '한계'가 되어야 한다. 역으로 공정성만 확인된다면 꼭 유대인의 율법이 아니라 하더라도 우리 삶을 인도하는 법이 될 수 있다.

어떤 이들은 모세법을 폐기하고 새로운 법을 채택하는 것을 두고 하나님의 법을 모욕하는 것으로 착각하는데, 칼뱅은 전혀 그렇지 않다고 판단했다. 모세법은 모든 시대 모든 민족에게 주신 보편법이 아니다. 하나님께서 유대 민족을 인도하실 때 특수하게 사용하신 법이다. 따라서 지금 우리는 모세법이 아닌 다른 법을 채택할 수 있다. 이처럼 칼뱅은 자연법에서 나온 도덕법이 불변한 것처럼, 도덕법에서 나온 공정성이 법 제정의 보편 근거가 된다고 주장한다.[33] 따라서 공정성만이 확인될 수 있다면 제정된 법의 양태가 모세법과 다르더라도 우리는 그 법을 채택할 수 있다고 칼뱅은 주장한다(4.20.16).

그리스도인과 소송 문제

칼뱅은 『기독교강요』 4권 20장 17절부터 21절까지 긴 지면을 할애하여 '그리스도인의 소송 문제'를 다룬다. 이 문제는 루터도 역시 중요하게 다뤘던 내용이다.[34] 먼저 유념해야 할 것은, 칼뱅이 집권자들에 대한 복종의 맥락에서 소송 문제를 다루고 있다는 점이다. 이것은 중요한데, 왜냐하면 칼뱅은 집권자를 하나님께서 세우신 대리자로 여겼기 때문이다. 집권자가 하나님의 대리자라면, 집권자 앞에서 재판을 받는 것은 성경적으로 전혀 근거 없는 일이 아니다. 실제로 칼뱅은 신자들이 세상 사람들과의 관계, 동료 그리스도인들과의 관계에서도 소송을 할 수 있다고 주장한다.

그는 바울을 인용하며 관원들은 '우리의 유익을 위한 하나님의 사자'라고 단언한다(4.20.17, 롬 13:4 인용). 하나님은 집권자들을 세우셔서 우리가 악인들의 불의에 희생되지 않고 고요하고 평안한 생활을 하게 하셨다(딤전 2:2). 따라서 법정을 통해 "집권자에게 도움을 호소하더라도 경건에 위반되지 않는 것이 분명하다"라고 칼뱅은 주장한다(4.20.17). 그러나 그는 곧장 제한 사항을 달았다. "소송광訴訟狂이 되어서는 안 된다. 증오심과 복수심으로 소송해서도 안 된다. 형제를 해하기 위해서 소송하거나 무자비하게 소송해서도 안 된다"(4.20.17). 칼뱅은 이러한 제한 사항들을 세우면서 자신의 말이 오해되지 않기를 바랐다.

정당한 소송이란?

그렇다면 그리스도인들은 어떻게 소송을 바르게 이용할 수 있는가? 우선 법적 절차를 지켜야 한다. 원고는 원고대로, 피고는 피고대로 자신의 권리만을 주장해야 한다. 피고는 평온한 마음으로 변명하며, 자기 권리를 법적으로 옹호해야 한다. 원고 역시 법관에게 고소 이유를 말하고, 공정하고 선한 결과를 구해야 한다(4.20.18). 상대방에 대한 복수심이나 증오심, 투쟁욕은 멀리해야 한다. 사랑이 결여된 소송은 아무리 공정하다 하여도 불경건한 소송이 되고 말 것이다(4.20.18). 물론 칼뱅은 이런 일이 현실에서 거의 일어나기 힘들다는 것을 알고 있다. 그렇지만 집권자의 도움이 '하나님의 거룩한 선물'이라면 우리는 그 도움을 더럽히지 않도록 주의해야 한다(4.20.18).

그리스도인은 어떠한 법적 소송도 할 수 없다고 주장하는 사람들에게 칼뱅은 바울 역시 법정에 호소한 사건을 상기시킨다. 바울은 자기를 고발하는 사람들의 중상을 논박하며 동시에 그들의 간계와 악의를 폭로했을 뿐 아니라(행 24:12 이하) 로마 시민으로서의 특권을 주장했으며(행 16:37; 22:1, 25), 필요에 의해 불의한 재판장을 기피하고 가이사의 법정에 호소했다(행 25:10-11). 이것은 그리스도인에게 복수심을 품지 말라고 한 명령과 모순되지 않으며, 오히려 이는 그리스도인의 법정에서 복수심을 멀리 축출한다(레 19:18, 마 5:39, 신 32:35, 롬 12:19)고 칼뱅은 주장한다(4.20.19). 민사 사건을 재판관에게 맡기지 않는 것이 오히려 그릇된 것이다. 복수심을 내려놓고 공공의 유익을 위해 소송하는 경우라면 복수하지 말라는 명령에 위배되지 않는다는 것이다.

어떤 사람은 이렇게 말할 것이다. "그리스도인은 원수를 스스로 갚지 말고 다만 주의 손을 기다리라고 하셨기 때문에(롬 12:19), 자기나 타인을 위해서 법관의 원조를 청하는 사람은 천상의 보호자가 하실 복수를 앞질러 하는 것이다"(4.20.19). 그러나 칼뱅은 그런 생각에 반대하면서, "법관이 하는 복수는 사람이 하는 것이 아니라 하나님이 하시는 것"이라고 주장한다(롬 13:4). 하나님께서는 우리의 행복을 위해 법관을 두시고 원수를 갚으신다는 주장이다(4.20.19).

소송에 대한 균형 잡힌 태도

칼뱅은 재세례파를 의식하면서 소송에 대한 자신의 생각은 예수님께서 하신 말씀 즉, 오른편 뺨을 치는 자에게 왼편 뺨도 돌려 대라는 명령(마 5:39-40)과 상호 충돌하는 것이 아니라고 주장한다.[35] 그리스도께서는 복수심을 버리라고 명령하셨다. 칼뱅 역시 그렇게 주장한다. 그리스도인은 선으로 악을 이기도록 노력해야 한다. 그러나 칼뱅은 그리스도인이 평온하고 온건한 마음 상태로 법관의 도움을 받아, 원수로부터 자신을 보호할 수 있다고 주장했다(4.20.20). 그는 그리스도인이 사회 복지를 향한 열의로 극악한 죄인 곧, 죽음에 의해서만 변화될 것 같은 죄인에 대한 처벌을 요구할 수도 있다고 주장한다(4.20.20).[36] 칼뱅은 아우구스티누스와 자신의 생각이 같다고 말한다.

첫째로 의롭고 경건한 사람은 악인의 악의를 참고 견뎌야 한다.

둘째로 의롭고 경건한 사람은 악인에게 유익이 되는 일이라면 소송을 할 수 있어야 한다(4.20.20).

바울이 고린도전서 6:5-8에서 소송을 무조건 반대한 것은 아니었다고 칼뱅은 해석한다. 바울이 지적하고 있는 점은, 그들의 과격한 분쟁으로 인하여 복음이 불신자 사회에서 멸시를 받게 되었다는 것과 교우들이 자신의 손해를 인내할 생각은 없고 남의 소유를 탐내며 서로를 공격했던 것 때문이다(4.20.21). 칼뱅은 기독교 신자라면 법정에 호소하기보다는 언제든지 자신의 권리를 양보하겠다는 생각으로 행동해야 한다고 주장한다. 하지만 "손해가 너무 클 때 그리고 사랑을 잃지 않고 재산을 지킬 수 있다고 생각할 때는 법에 호소하더라도 바울의 말에 배치되지 않는다"라고 주장한다(4.20.21). 사랑을 버리고 하는 일과 사랑의 한계를 벗어난 모든 분쟁은 절대로 공정하지 못하며 경건하지도 않다(4.20.21). 소송에 대한 칼뱅의 견해를 살펴보면, 이 글의 시작에서 우리가 말했던 것처럼, 율법의 핵심 정신인 '사랑의 이중 계명'이 사회정의의 영역인 소송 문제에도 적용될 수 있다는 사실을 잘 배울 수 있다.

칼뱅의 교회와 국가 이해 3

집권자들의 '지위' 때문에 그들을 공경함

법이라는 주제와 소송의 문제를 길게 다룬 칼뱅은 또 다른 주제로 넘어간다. 그것은 불의한 통치자에 대한 복종의 문제다(『기독교강요』 4.20.22-29). 칼뱅은 집권자들에 대한 국민의 첫째 의무는 그들의 '지위'를 가장 존귀하게 여기는 것이라고 말한다(4.20.22). 그들은 하나님의 사자使者와 대표자의 지위를 가지고 있기 때문이다. 이것은 구약과 신약 모두에서 가르치는 내용이다(잠 24:21, 벧전 2:17). 따라서 백성은 집권자에게 복종함으로써 하나님을 향한 복종을 드러내게 된다. 통치자들의 권력은 하나님으로부터 나왔기 때문이다(4.20.22). 칼뱅은 다시 한번, 집권자들의 인물보다는 그의 '지위'를 강조한다. 그들의 '지위'를 존경하기에 그들을 공경하는 것이다.

이처럼 집권자를 공경하는 백성은 자신의 의무를 다해야 한다. '세금', '공직', '방위의 임무'를 다해야 하며, 집권자의 명령에 복종해야 한다(4.20.23). 이것은 당시 재세례파와는 다르게 행동할 것을 요구한 것이다. 더 나아가 칼뱅은 백성들이 통치자들의 안전과 번영을 위해 기도해야 한다고 주장한다(딤전 2:1-2). 칼뱅은 집권자들에 항거하는 것은 하나님을 향해 항거하는 것이라고 주장한다. 개인으로서 시민은 집권자의 직무를 침범해서는 안 된다. 정부의 규정을 개정해야 할 필요가 있을 때도 한 시민 개인은 법에 손을 댈 수 없다. 시민은 명령 없이 어떠한 일을 해서도 안 된다. 군주들이 세운 자문관들이 그 일을 대신할 수 있는 집권자의 손이 된다(4.20.23). 이처럼 칼뱅은 집권자들의 '지위'를 매우 존중하고 있다.

그런데 전제가 있다. 칼뱅이 여기서 말하는 복종의 대상이 되는 집권자들은 모두 "참으로 그 칭호를 받을 만한 자격이 있는 사람"magistratum……qui vere sit quod dicitur이다(4.20.24). 그들은 "국부, 국민의 목자, 평화의 수호자, 의의 보호자, 무죄한 사람을 위한 복수자"이다(4.20.24). 백성들이 이런 집권자를 존경하는 것은 너무나 당연하다.

하나님의 심판의 대행자가 되는 악한 집권자들

그렇다면 불의한 집권자에 대해서는 어떻게 해야 할 것인가? 어느 시대건 불의한 집권자는 늘 있었다. 그들은 자기 쾌락만을 추구하며, 자신의 재산을 불리기에 여념이 없다. "또 어떤 사람들은 순전히 강도질을 하고 집을 털며 부녀자를 강간하며 무고한 사람들을 학살한다"(4.20.24). 이런 자들을 집권자로 인정하고 그 권위에 복종해야 한다는 말에 고개를 끄덕일 사람은 거의 없을 것이다. 사람들은 그들이 집권자가 가져야 마땅한 하나님의 형상을 갖지 않았으며, 하나님의 사자의 흔적을 전혀 갖고 있지 않다고 여길 것이다. 더 나아가 시민들은 성경이 지배자의 '존귀'와 '권위'를 가르칠지라도, 악한 그들을 지배자로 인정하지 않을 것이다. 사람들은 늘 합법적인 임금은 사랑하고 공경하였고, 난폭한 군주는 미워하며 저주했다(4.20.24).[37]

이처럼 악한 지도자들을 인정하지 않는 것은 통념이다. 그러나 칼뱅은 아무리 악한 집권자라 할지라도 그들의 권위를 무조건 배척해서는 안 된다고 주장한다(4.20.25). 집권자는 누구든지 하나님께서 주신 위엄을 부여받았다고 성경은 가르치기 때문이다. 하지만 동시에 성경은 악한 집권자들을 "하나님께서 땅 위에 내리시는 진노"라고 가르친다(4.20.25, 욥 34:30, 호 13:11, 사 3:4; 10:5, 신 28:29 참조). 이런 생각이 사람들에게 이해되지 않을 것이라는 사실을 칼뱅 또한 인정한다. 그러나 아무리 악한 자라도 공적 권력을 잡고 있다면, 그에게는 하나님이 주신 고귀하고 거룩한 권능이 있다고 칼뱅은 가르친다. 따라서 칼뱅은 "공적 복종에 관해서는 가장 훌륭한 왕에게 바치는 공경과 존경을 악한 지배자에게도 마찬가지로 바쳐야 한다"라고 가르친다(4.20.25).

실제로 성경은 많은 곳에서 악한 왕에게도 복종하라고 가르친다 (4.20.26, 28). 다니엘서는 특히 그 점을 강조한다(단 2:21, 37-38; 4:17; 5:18-19). 선지서에도 이러한 가르침이 나오는데, 대표적으로 예레미야는 바벨론 왕을 섬기라고까지 말한다(렘 27:5-8, 17). 따라서 칼뱅은 모든 왕의 권위를 세우는 하나님의 동일한 명령이 가장 무가치한 왕에게까지 적용된다는 사실을 기억해야 한다고 말하며, 왕답지 못한 왕에게는 불순종해도 된다는 선동적인 생각을 해서는 안 된다고 주장한다 (4.20.27). 백성이 왕에게 할 수 있는 일은 다만 왕의 명령에 복종하는 것뿐이다(4.20.26). 칼뱅은 "우리의 지배자들이 어떤 사람이든 간에 우리는 그들에게 최대의 존경을, 따라서 최대의 충성을 바쳐야 한다"라고 결론 내린다(4.20.29).

악한 지도자들을 두고 하나님 앞에서 간청함

"통치자들도 통치를 받는 국민에 대해서 책임을 져야 한다"라고 주장하는 사람들이 있을 것이다. 이를 칼뱅 또한 알고 있었다(4.20.29). 그는 그것을 부인하지 않았다. 사실 칼뱅은 통치자의 직무를 율법의 두 돌판과 관련하여 설명했다(4.20.9). 집권자들은 경건하여 하나님을 섬겨야 하고, 사람들에게 '공평'과 '정의'를 행해야 한다. 다시 말해, 집권자는 십계명에서 규정한 위대한 사랑의 이중 계명[하나님 경외와 이웃 사랑]을 공적으로 수행해야 한다. 그러나 위정자가 의무를 다하지 않을 경우에는 어떻게 할 것인가? 칼뱅은 성경에서 남편과 아내, 부모와 자식에 대한 의무와 책임을 규정할 때, 남편이나 부모가 자신의 의무를 다하지 않을지라도, 아내와 자녀들에게 순종의 의무를 가르치고 있는 것을 상기시킨다. 그와 마찬가지로 위정자들이 자신의 의무를 다하지 않을 때도 백성들은 순종의 의무를 다해야 한다(4.20.29). "그러므로 잔인한 군주가 우리를 학대할 때……우리는 우선 우리 자신의 비행을 생각해야 한다"(4.20.29). 그럴 때 우리는 겸손하게 되며 불안과 초조를 억제할 수 있을 것이다(4.20.29).

그렇다면 악한 집권자들의 병폐는 어떻게 할 것인가? 칼뱅은 그들의 병폐를 시정하는 것은 "우리가 할 일이 아니며 우리는 다만 주의 도움을 간청할 수 있을 뿐이다"라고 말한다(4.20.29). 그는 여기서 신앙을 요청한다. 하나님께서 왕의 마음을 보의 물과 같이 인도하실 것을 믿어야 한다고 말한다(잠 21:1). 하나님은 심판관이 되셔서 악한 자들을 반드시 심판하실 것이다(시 2:10-12). 하나님은 백성들, 특히 가난하고 약한 자들을 괴롭히는 집권자들을 반드시 멸망시키실 것이다(사 10:1-2). 따라서 칼뱅은 악한 집권자들에게도 복종하되, 하나님의 심판을 기다리면서 자신을 먼저 돌아볼 것을 권하고 있다(4.20.29).

역사 속에서 악한 왕들을 심판하시는 하나님

칼뱅은 성경 역사 속에 하나님이 개입하셔서 악한 왕들을 심판하시는 실레들이 많았다는 사실을 밝힌다. 역사에는 하나님의 선하심과 권능과 섭리가 나타난다(4.20.30). 모세와 옷니엘은 이방 왕들을 심판하는 도구로 사용되었다. 또한 앗수르와 바벨론은 이스라엘과 유다의 악한 왕들을 심판하는 도구로 사용되었다(4.20.30). 모세와 옷니엘의 경우에는 하나님의 합법적인 소명에 의해서 파견된 자들이다. 그들이 무력으로 왕들에 대항한 것은 하나님의 명령을 행한 것이다. 그들은 하나님의 권위를 위임받아 행했기에, 왕권을 인정하신 하나님의 의도를 거스르지 않을 수 있었다. 비록 인간들에 의해 왕들이 벌을 받았을지라도 그것은 만왕의 왕이신 하나님께서 자신을 거스르는 부하를 처벌하신 것과 같이 합법적인 일이었다(4.20.30). 앗수르와 바벨론의 경우에는, 하나님의 뜻대로 인도되어 무의식적으로 하나님의 일을 실행한 것이었다. 그들은 오직 악행만을 계획했을 뿐인데, 하나님은 그것을 이용하여 이스라엘과 유다를 심판하셨다(4.20.30). 여호와께서는 사람을 통하여 자신의 일을 성취하신다. 하나님은 거만한 왕들의 피비린내 나는 홀을 꺾으시며 용인할 수 없는 정부를 전복시키신다(4.20.31). 칼뱅은 이러한 사실들을 "군주들은 듣고 떨라"라고 경고한다(4.20.31).

왕권을 견제하기 위해 임명받은 관리들의 의무

그럼에도 불구하고 칼뱅은 일반 백성들이 왕을 심판해서는 안 된다고 다시 한번 강조한다. 그들은 다만 복종하고 인내해야 한다(4.20.31). 그러나 여기까지 칼뱅이 말했던 백성은 사사로운 개인이었다. 하지만 만일 악한 왕의 전횡을 억제할 목적으로 임명된 국민의 관리들이 있다면,[38] 그들은 반드시 자신의 역할을 수행해야 한다고 칼뱅은 주장했다. 그 관리들은 왕의 방종에 대하여 그 직책에 따라 항거해야 한다. 만일 그들이 군주의 폭정을 못 본 체한다면, 칼뱅은 "그들의 이 위선을 극악한 배신행위라고 선언할 것"이라고 말한다(4.20.30). "그들은 하나님의 명령에 의해서 국민의 자유를 보호하는 자로 임명된 것을 알면서도 그 자유를 배반하는 부정직한 자가 되었기 때문이다"(4.20.30).

가장 중요한 불복종의 의무

칼뱅은 여태껏 집권자에 대한 복종의 의무만을 주로 강조했다. 악한 왕이 있다 해도 복종해야 한다. 악한 왕을 견제할 수 있는 사람은 사사로운 개인이 아니라 그런 일을 하도록 위임받은 관리들이다. 그러나 이 단락에서, 즉 『기독교강요』의 가장 마지막 단락에서 칼뱅은 '한 가지 예외'를 언급한다. 그는 그것을 '가장 중요한 일'이라고 주장하는데, 이는 세상 왕에게 복종하기 위해서 하나님께 불복종하는 일이 있어서는 결코 안 된다는 것이다(4.20.32). 칼뱅의 말은 그대로 인용할 가치가 있다.

왕의 모든 명령도 하나님의 명령에 양보해야 하며 왕의 권력은 그분의 위엄 앞에 굴복해야 한다. 그분을 위해서 우리가 사람들에게 복종하는 것인데, 사람들의 비위를 맞추기 위해서 그분을 불쾌하게 한다면 이는 얼마나 미련한 짓이겠는가? 그러므로 주께서는 왕들의 왕이시므로, 주께서 입을 여실 때는 누구보다도 먼저, 또 누구의 말보다도 중요하게 그분의 말씀을 들어야 한다. 그다음, 권위자들에게 순종해야 한다. 그러나 주 안에서만 그들에게 순종해야 한다. 만일 그들의 명령이 하나님의 말씀과 반대되는 것이라면, 그 명령을 존경하지 않아야 한다. 이런 경우에는 집권자들이 가진 위엄을 조금도 염려할 필요가 없다. 그들이 하나님의 권력 앞에 굴복한다고 하여도 그들의 위엄은 조금도 상하지 않을 것이기 때문이다(4.20.32).

칼뱅은 악한 왕에게도 복종해야 할 가르침의 이유를 다니엘서를 통해 주장하면서, 불경건한 왕의 명령에 복종하지 않았던 다니엘의 행동에 대해서는 결코 죄가 아니라고 말한다(단 6:22-23). 오히려 분수를 모르고 교만하여진 그 악한 왕이야말로 하나님과 사람 앞에서 자신의 권한을 포기한 자가 된 것이다. 이처럼 악한 왕에게 복종하는 것은 오히려 죄를 짓는 일이 된다. 구약의 이스라엘 백성이 악한 왕에게 복종했을 때, 하나님은 도리어 그들을 책망하셨다(호 5:11, 13).

칼뱅은 "절개를 지키는 데에는 큰 위험이 따른다는 것을 안다"라고 적었다(4.20.32). 왕은 항거하는 사람을 가장 싫어하기 때문이다(잠 16:14). 그러나 베드로의 말처럼 사람보다 하나님에게 순종하는 것이 마땅하다(행 5:29). 따라서 우리는 경건을 버리기보다는, 고통을 받는 편이 주께서 요구하시는 순종을 실천하는 것이라 여기며 위로를 받아야 한다(4.20.32). 칼뱅은 바울의 가르침에 따라, "우리는 그리스도에 의해서 구원을 받았고 그리스도께서는 우리의 구원을 위해서 자신을 희생하셨으므로, 우리는 사람들의 악한 욕망의 종이 되어서는 안 되며 더욱이 그들의 불경건한 명령에 복종해서는 안 된다"(고전 7:23)라고 말하면서 자신의 『기독교강요』를 끝맺고 있다(4.20.32). 어떻게 보면 갑작스러운 결말이지만, 이 마지막 말에서 국가 통치에 대한 자신의 논의의 결론을 충분히 읽어낼 수 있다. 그리스도에 의해 구원받은 자들은 그리스도를 따르는 자들이 되어야 한다는 것이다. 사실 이 말이 『기독교강요』의 결론인지도 모른다.

'국가 통치'를 제일 마지막에 다룬 의도

칼뱅은 총 80개의 장으로 이뤄진 자신의 대작 『기독교강요』의 마지막 장에서 '국가 통치'에 대해 논한다. 여기서 칼뱅은 선한 집권자이건 악한 집권자이건 간에 그 아래에 있는 시민들은 복종할 것을 명한다. 그러나 관리들은 악한 집권자를 견제하고 교정할 의무가 있다고 주장한다. 하지만 악한 집권자가 하나님을 거역하는 것을 명한다면 모든 그리스도인은 그에 대해 항거하고 하나님만을 섬겨야 한다고 칼뱅은 힘주어 말한다. 『기독교강요』의 제일 마지막 장에 '국가 통치'를 두고, 그것의 제일 마지막 부분에서 '시민 불복종'을 둠으로써 칼뱅은 한편으로 가톨릭 군주의 시선을 피하고자 했지만 다른 한편으로는 자신이 진정으로 하고 싶었던 말 즉, 우리는 사람이 아닌 하나님을 두려워해야 하며 하나님을 따르기 위해서는 왕의 명령도 거부할 수 있어야 한다는 말을 하고 싶었던 것이다.

하나님과 사람에 대한 지식을 논하는 것으로 시작한 『기독교강요』는 하나님에 대한 복종이 사람에 대한 복종보다 우선해야 한다는 결론으로 끝을 맺고 있다. 이처럼 하나님에서부터 시작하여 하나님께로 돌아가는 **하나님 중심적인** 칼뱅 신학의 구조는 하나님의 영광을 추구하는 삶 속에서 구체적으로 실현되고 있다. 오늘날 한국 교회가 칼뱅의 가르침을 익혀 실천한다면 국가를 향한 교회의 의무를 가장 성경적으로 실천할 수 있을 것이다. "찬양은 하나님께!" "Laus Deo!"[39]

교회와 국가의 관계에 대한 결론

아우구스티누스는 로마 제국이 부도덕으로 쓰러진 상태에서 교회의 입장을 정리하였다. 루터는 초기에 가톨릭 국가에서 개신교회가 어떻게 처신해야 하는지에 대하여 논하였다가, 후기에는 개신교 국가에서의 '개신교회'와 '국가'의 관계를 논하였기에 입장 변화가 있었다. 칼뱅은 제네바에서의 목회 경험의 큰 영향을 받아, 기독교 시민 정부와 교회의 구별되면서도 대등하며, 상호 간 적절하게 돕는 관계에 대하여 논하였다. 재세례파는 국가와 교회의 분리를 가장 강하게 주장했다. 그들에게 교회는 국가 내에 있는 또 하나의 대안 공동체로서, 국가와 전혀 다른 원리 속에서 살아가는 공동체였다.

이 네 가지 모델 중 어느 하나가 절대적으로 우월하다고 볼 수는 없다. 국가의 상태, 교회의 상황에 따라서 다른 모델을 취할 수 있다고 생각한다. 하지만 칼뱅의 모델이 전반적으로는 균형이 잘 잡혀 있고, 교회와 국가의 상호 책임성을 적절하게 강조하고 있다. 하지만 칼뱅의 경우에는 집권자 역시 그리스도인임을 상정하고 있기에, 한국과 같은 세속 국가에 바로 적용하기는 곤란하다.

현재의 한국적 상황에서는 재세례파의 모델도 필요하다. 국가의 타락성이 여지없이 드러나고 있으며, 교회 또한 교회답지 못한 상황이기 때문이다. 아마도 아우구스티누스와 재세례파와 칼뱅의 모델을 적절하게 융합하여 전략적으로 교회와 국가의 관계를 풀어가는 것이 지혜로운 선택이 될 것이다. 교회는 정의와 평화와 질서의 유지를 국가에 요구해야 하며, 이 점에 있어 필요하다면 협력해야 한다[아우구스티누스]. 교회는 타락한 국가의 힘이 교회 안으로 들어오지 않도록 신앙의 순수성 회복에 주력해야 한다[재세례파]. 국가는 신앙의 자유를 보장해줘야 하지만, 교회의 영적인 일에는 관여할 수 없다[칼뱅]. 적어도 국가와 교회는 공통분모인 법질서의 실현만큼은 보장할 수 있도록 노력해야 한다[자연법 사상].

웨스트민스터 대교리문답으로
구성한 공공신학

공공신학적 토대 위에 선 교육의 필요성

'공공신학'ᵖᵘᵇˡⁱᶜ ᵗʰᵉᵒˡᵒᵍʸ 이란 기독교 신앙과 가치를 가지고 사회의 공공선, 복지, 평등, 정의, 인간 존엄성, 공적 대화와 정치 시스템 등을 발전시키고 향상하기 위한 목적으로 구성된 신학이다.[40] 기독교 전통에서 공공신학이 본격적으로 논의된 것은 어제오늘의 일이 아니다. 성도의 공적인 삶에 관한 논의는 이미 교부시대에도 나타났다.[41] 이는 구약 선지서, 예수님의 말씀, 그리고 신약 서신서의 가르침에 기초하고 있기에, 공공신학의 뿌리는 역시 성경이라고 할 수 있다.[42] 20세기에 들어서 공공신학은 매우 활발하게 논의되고 있는 신학의 한 영역이다. 여러 전통의 학자들이 공공신학의 논의에 몸담고 있으며,[43] 이들의 신학적 전통은 매우 다양하다. 그들은 일관성 있는 공공신학을 확립한 다음, 구체적 제안들을 내놓고 있다.

그러나 안타깝게도 한국 개신교 안에는 일관성 있는 공공신학의 근거를 제시하는 학자가 많지 않다.[44] 특별히 교회 현장에서 공공신학의 가르침이 필요하다는 것에 공감하는 목회자들과 신자들이 있을지라도, 공공신학을 어떻게 교육해야 하는지 모르는 이들이 대부분이다. 그래서 기독교의 사회적 책임을 민감하게 느끼는 성도들 가운데는 일관성 있는 공공신학을 먼저 확보하지 않고 사회참여에 곧장 뛰어드는 사람들이 적지 않다.[45] 그럴 경우 행동의 일관성이 결여될 뿐 아니라, 결국은 특정 정치 계파의 편협한 대의와 의제에 종속되어 성도가 진정 추구해야 할 하나님 나라 운동을 제대로 실천하지 못할 가능성이 높다. 이러한 문제에 봉착하지 않기 위해서, 그리스도인이 우선 추구해야 하는 것은 이미 주어진 공공신학의 유산들을 깊이 살펴보고 일관성 있는 공공신학적 기반을 확립하는 것이며, 그다음 그 원리에 근거하여 공적 영역에서 활동하는 것이다. 아래 글은 한국 개신교의 주류 교단인 장로교의 소중한 유산 웨스트민스터 대교리문답The Westminster Larger Catechism을 통해 공공신학 교육의 성경적이며 일관성 있는 토대를 보여줄 것이다.[46]

공공신학의 토대로서 개신교 신조들

과연 개신교 신학에서 성경적이며 일관성 있는 공공신학의 토대를 발견할 수 있을까? 이 물음에 대해서라면 너무나 당연하게 "그렇다!"라고 대답할 것이다. 왜냐하면 16-17세기 개신교 신학자, 목회자들은 처음부터 교회의 개혁뿐 아니라, **국가**와 **사회**의 개혁을 추구했기 때문이다. 우리는 루터와 멜란히톤, 츠빙글리와 칼뱅을 비롯한 종교 개혁자들이 힘썼던 사회 개혁에 대해 익히 알고 있다.[47] 그리고 그 신학의 노선을 이어갔던 영국[잉글랜드와 스코틀랜드]의 청교도들 역시 국가와 사회의 공적 영역을 위한 개혁 활동에 참여했다.[48] 그렇기 때문에 그들이 남겨 놓은 신앙고백서들에 공공신학적 함의가 풍부하게 담겨있는 것이다.

얼핏 봐서는 '교리문답서'와 '공공신학'의 관련성을 이해하지 못할 수도 있다. 교리문답은 신자라면 알아야 할 신앙의 기본 사항들을 가르치기 위해 작성된 경우가 많고, 그 내용은 주로 기독교의 주요 교리인 신론, 기독론, 구원론 등을 다루고 있다. 그 구성에 있어서 많은 개신교 교리문답은 십계명 해설, 사도신경 해설, 주기도문 해설의 방식을 취한다.[49] 사실상 모든 개신교 신조에서, 그리고 신조의 모든 항목에서 공공신학의 메시지를 직접적으로 찾는 것은 불가능하다. 하지만 개신교 신조들은 대부분 성도의 믿음과 전체적인 삶을 다루고 있기 때문에, 그 안에 공공신학적 **함의**가 담겨 있다는 것 또한 사실이다.[50] 개신교 교리문답서로부터 공공신학을 읽어낸 두 가지 예를 카를 바르트[Karl Barth]와 아브라함 카이퍼[Abraham Kuyper]에게서 찾을 수 있다. 20세기 신학에 가장 큰 영향을 미친 카를 바르트가 나치에 반대하기 위해 작성한 '바르멘 신학선언'[Die Barmer Theologische Erklärung, 1934]의 제1항은 매우 유명하다.

> 예수 그리스도는 성경에서 우리에게 증거된 것처럼, 우리가 들어야 하며 사나 죽으나 믿고 순종해야 할 하나님의 유일한 말씀이다. 우리는 하나님의 이 유일한 말씀과는 별개로 그리고 그것과 나란히 다른 사건들, 권세들, 형상들, 그리고 진리들 역시 교회가 설교의 원천으로서 하나님의 계시로 인정할 수 있고 해야 하는 것처럼 여기는 잘못된 가르침을 배격한다.[51]

그런데 이 선언문의 어구들을 자세히 보면, 마치 하이델베르크 교리문답의 제1문답을 떠올리게 한다. 실제로 바르트는 바르멘 신학선언 1항을 하이델베르크 교리문답의 제1문답에 근거하여 작성하였다고 말한 바 있다.[52] 최근 독일의 소장파 여성신학자는 바르트가 하이델베르크 교리문답을 자신의 시대에 비추어 읽음으로써 공공신학적 자료로 활용하였다는 것을 잘 논증하였다.[53]

네덜란드의 수상[首相]을 지냈던 아브라함 카이퍼 역시 마찬가지다.

목회를 했던 그는 개혁파 신앙고백문에 지대한 관심을 보였다. 그는 개혁파의 대표적인 세 신조[하이델베르크 교리문답, 도르트 신경, 벨직 신앙고백서]를 출간하는 것을 감수했다. 그리고 그는 직접 신조들에 관한 설교를 했다.[54] 특히 하이델베르크 교리문답에 관한 방대한 분량의 설교집에서, 그는 이 고백문이 갖는 공공신학적 성격을 여러 차례 언급하고 있다.[55] 이처럼 바르트와 카이퍼는 개혁파 신조인 하이델베르크 교리문답을 공공신학적 토대로 사용한 좋은 예가 된다.

공공신학의 토대인 웨스트민스터 대교리문답

공공신학의 토대로 사용할 수 있는 개신교 신조는 하이델베르크 교리문답뿐만이 아니다. 다양한 종류의 개신교 신조 중에서 특히 장로교 유산인 웨스트민스터 대교리문답은 공공신학적 함의를 풍부하게 담고 있다.[56] 사실 웨스트민스터 대교리문답은 소교리문답이나 하이델베르크 교리문답보다 더욱 공공신학적이라고 할 수 있는데, 이는 몇 가지의 이유가 있다.

첫째, 웨스트민스터 대교리문답은 성인成人들의 교리 교육을 위해 특별히 작성된 것이다.[57] 다른 교리문답에 비해서 내용이 자세할 뿐 아니라 특히 신자들의 사회생활에 대해 [내가 보기에 의도적이라 볼 수 있을 만큼] 자주 언급하고 있다.[58]

둘째, 웨스트민스터 대교리문답은 다른 교리문답에 비해서 개인보다는 교회 공동체의 삶에 대해 매우 자세히 서술하고 있다.[59] 공적 영역에서의 지침들을 자주 언급하고 있으며 이것은 공공신학에 응용할 여지를 많이 제공한다.

셋째, 웨스트민스터 대교리문답의 십계명 해설은 그 자체로 공공신학의 교본敎本으로 사용될 수 있다. 대교리문답의 십계명 해설 부분은 16명 이상의 목회자들과 신학자들의 공동 작업으로 이뤄낸 결실이다.[60] 작성자들은 신자들의 삶의 여러 면모에 대해 목회적이고, 실제적으로 접근하며, 신학적으로도 아주 깊이 있게 다루었다.

그럼에도 불구하고 웨스트민스터 대교리문답은 상대적으로 덜 주목을 받아 왔고, '대교리문답'과 '공공신학'의 관계를 다룬 작품은 아직까지 없었다. 밴 딕스호른Chad B. Van Dixhoorn은 웨스트민스터 신조에 대해서는 7종 이상의 주석이, 웨스트민스터 소교리문답에 대해서는 24종 이상의 주석이 발간되었으나, 웨스트민스터 대교리문답에 대해서는 토마스 리즐리Thomas Ridgley가 쓴 하나의 주석만이 발간되었을 뿐이라고 분석한다.[61] 최근에 다시 웨스트민스터 대교리문답은 주목을 받아 비평편집본이 나오긴 했지만,[62] 전체 웨스트민스터 대교리문답에 관한 주석은 리즐리 이후에 단 한 권만 더 출간되었을 뿐이다. 따라서 대교리문답에서 읽어낸 공공신학을 다루는 이 장은, 개신교 신조에서 공공신학적 토대를 발견할수 있음을 보여줄 뿐 아니라, 대교리문답에 관한 연구의 부족을 메워주는 기여 또한 할 수 있으리라 기대한다.

웨스트민스터 대교리문답은 모두 196문답으로 구성되어 있다. 이는 107문답으로 구성된 소교리문답에 비해 거의 두 배 정도 많은 문답수이며, 분량도 소교리문답의 2.5배 정도나 된다. 이렇게 많은 분량을 순서대로 살피면서 공공신학을 찾아내는 것은 오히려 비효과적이다. 이하에서는 전체 대교리문답을 고찰하되, 공공신학의 목적, 방법, 내용, 그리고 공공신학과 신앙의 관계라는 측면으로 관련된 항목을 묶어, 공공신학 교육을 숙고하고자 한다.

웨스트민스터 대교리문답에서 읽어낸 공공신학의 목적

사람의 첫째 되고 가장 고귀한 목적

| 웨스트민스터 대교리문답 제1문답 |

대1 | 사람의 첫째 되고 가장 고귀한 목적이 무엇입니까?

답 | 사람의 첫째 되고 가장 고귀한 목적은 하나님을 영화롭게 하고, 그분을 영원토록 온전히 즐거워하는 것입니다.[63]

하나님은 이 세상을 선한 목적을 가지고 창조하셨다(대15).[64] 특별히 하나님은 지식과 의와 거룩함에 있어 인간을 하나님의 형상대로 지으시고, 그들의 마음에 하나님의 법을 새기시고, 그것을 성취할 능력과 모든 피조물을 통치하는 권세를 인간에게 주셨다(대17). 이것은 인간이 가지고 있는 선한 목적을 알려준다. 이 모든 선한 목적에는 질서가 있어서, 그중에는 우선하는 선한 목적이 있다.[65] 대교리문답이 말하는 첫째 되고 가장 고귀한 목적이란, 최고의 목적 summum bonum 을 말하며 목적들을 찾아가다가 가장 상위에서 마주하게 되는 유일한 목적을 말한다.[66] 이 목적의 이유는 그 자체로 명백하여 증명할 필요가 없다. 사람이 가진 선한 목적들 중에서 가장 높은 목적은 "하나님을 영화롭게 하고, 그분을 영원토록 온전히 즐거워하는 것"이다.

만일 인간의 최고 목적이 바로 하나님의 영광과 하나님을 즐기는 것[67]에 있다면 공공신학의 목적 역시 그러해야 할 것이다. 그렇다면 하나님의 영광을 위한 삶이란 과연 무엇인가? 대교리문답은 십계명 중 제1계명을 해설하면서 하나님의 영광을 위한 삶에 대해 자세히 설명한다(대 103-106). 하나님의 영광을 위한 삶은 하나님께서 홀로 참되신 하나님 이시며 그분이 우리의 하나님인 것을 알고 인정하며, 하나님만을 생각하 고, 묵상하고, 기억하고, 높이고, 공경하고, 경배하고, 좋아하고, 사랑하고, 사모하고, 경외함으로 그분에게만 예배하고, 영화롭게 하는 것이다(대13 에 나오는 '찬송'의 의무도 참조). 또한 하나님을 믿고, 의지하고, 바라고, 기 뻐하고, 즐거워하고, 하나님에 대한 열심을 가지고 모든 찬송과 감사를 그분께 드리고, 전인격적으로 그분에게 순종하고 복종하며, 그분을 기쁘 게 하기 위하여 범사에 조심하고, 만일 무슨 일에든지 하나님을 노엽게 하면 슬퍼하며 겸손히 하나님과 동행하는 것이다(대104). 그런 사람은 우상숭배를 하지 않고 자신의 마음을 성령으로 통제한다(대105).[68]

하나님의 영광을 위한 삶과 타자를 책임감 있게 사랑하는 삶

한 가지 중요한 사항으로 기억해야 할 것이 있다. 대교리문답 112문답 [십계명 제 3계명 해설]에서는 하나님의 영광을 위한 그리스도인의 삶을, 타자를 위한 공적인 삶과 연결시킨다. 하나님께서는 스스로 완전하시지 만, 홀로 계시지 않고, 자신의 형상대로 인간을 창조하셨다. 그리고 인간 을 사랑하는 분으로 계시길 원하셨다. 따라서 하나님의 영광을 위하여 살아가는 사람은 반드시 동료 인간을 사랑하는 가운데 자신의 신앙을 표 현하고자 한다(문102; 122). 예수님께서 친히 말씀하신 율법의 핵심은 바로 하나님 사랑과 이웃 사랑이라는 사랑의 이중 계명으로 요약되는데, 이 둘은 서로 밀접하게 연관된다(마 22:37-40, 요일 4:20).[69]

또한, 하나님의 영광을 위하여 살아가는 신자는 하나님의 성품을 자 신의 삶의 모든 측면을 통해 드러낸다. 자존하는 영이신 하나님은 지극 히 지혜로우시며, 지극히 거룩하시며, 지극히 의로우시며, 지극히 자비로

우시며, 은혜로우시며, 오래 참으시며, 선하심과 진실하심이 풍성한 분이다(대7). 바로 이러한 하나님의 속성을 신자는[비록 인간의 한계성 안에서이긴 하지만] 마땅히 닮게 되어 있다.[70] 그리고 그런 측면은 공적 삶의 영역에서도 반드시 드러나게 된다. 이는 그들이 자신들의 삶에서 설교 말씀을 듣고 열매를 맺기 때문이며(대160), 신자 안에 들어와 내주^{內住} 하시는 성령님의 강력한 활동을 통해서 그 전인^{全人}이 하나님의 형상대로 새롭게 되기 때문이다(대75).

전통적으로 개혁신학은 선행^{善行}을 믿음의 결과이자 열매, 신앙의 표와 인, 믿음과 영생의 길, 하나님의 은혜를 받아 누리는 방법, 선택의 목적, 무엇보다 감사의 방편으로 보았다.[71] 대교리문답 역시 성화^{聖化}의 삶을 감사의 열매이자 표현으로 묘사한다(대69; 75; 167).[72] 중생한 사람들은 "자신들의 순종의 법칙인 도덕법을 따름으로써 감사를 표시"한다(대97). 도덕법의 요약은 십계명인데(대98), 십계명의 둘째 부분은 모두 이웃 사랑에 대한 계명이다(대122). 이러한 이웃 사랑은 다양한 방법으로 나타나며 그런 사랑의 활동을 통하여 복음이 전파될 뿐 아니라(대53), 또한 하나님의 나라가 이 땅에 임하게 된다(문191-주기도문 둘째 기원 해설).

따라서 대교리문답이 함의하는 공공신학의 목적을 한마디로 정리한다면 "하나님의 영광을 위한 이웃 사랑의 실천"이다. 공공신학의 목적이 이렇게 정립될 때 신앙은 정치나 사회 프로그램에 종속되지 않고 정치적 극단주의를 피하며,[73] 시류에 영합하지 않을 수 있다. 신앙이 일으키는 변화는 이 세상의 정치, 사회, 과학, 경제가 일으키는 변화와는 근본적으로 다르다.[74] 물론 정치, 사회, 과학, 경제가 일으키는 변화 역시 대단한 것이며, 신앙 역시 이 영역들을 이용할 수 있다. 하지만 그것들이 일으키는 변화를 하나님께서 신자를 통해 하시는 일들과 동일시해서는 안 된다. 하나님의 일의 목적은 믿음, 소망, 사랑의 증진이며, 그 궁극적 목적은 하나님의 영광의 현시現示다.

웨스트민스터 대교리문답에서 읽어낸 공공신학의 방법

본성의 빛을 참조하고 성경으로 검토하여 수용함

대교리문답은 공공신학의 목적뿐 아니라 방법에 대한 암시暗示 또한 주고 있다. 대교리문답 2문답은 하나님에 대한 지식은 "본성의 빛과 그가 하신 일들"이 분명하게 선포하고 있으나, "하나님의 말씀과 성령만이 사람들의 구원을 위하여 그들에게 하나님을 충분하고 효과적으로 나타내" 준다고 가르친다. 여기서 우리는 '본성의 빛'과 '하나님의 사역'과 '말씀'과 '성령'이라는 네 가지 지식의 원천을 발견한다. 웨스트민스터 신앙고백서 1장 1절에 나오는 '자연[본성]의 빛'은 "자연 가운데 있는 하나님의 계시를 파악하는 이성"과 동의어로 사용되는 표현이다. 때로 '자연[본성]의 빛'은 '자연계시'와 동의어로 사용되기도 한다.[75] 개신교 신학은 자연법 사상을 발전시키면서 인간의 양심에 하나님의 법이 새겨져 있음을 강조하였다.[76] 사실 이것은 성경(롬 1:18-20; 2:14-15)에서부터 시작하여 교부와 중세를 거쳐 개신교 신학에까지 이어진 사상이다.[77]

이러한 본성의 빛 안에는 하나님의 능력과 신성에 대한 지식뿐 아니라, 옳고 그름에 대한 판단과 이성적 추론 능력 등이 포함된다. 따라서 신자는 본성의 빛에 근거하여 공공신학의 방법론들을 발전시킬 수 있다.[78] 또한 그렇기 때문에 신자는 비그리스도인들의 공공철학, 사회 윤리, 정치경제학, 사회학 등 역시도 이용할 수 있다. 하지만 신자는 그럴 때 그들의 자연적 이성과 이 세상에 나타난 하나님의 사역을 언제나 '말씀'이라는 안경과 '성령'이라는 교사教師의 도움을 받아서 재해석하여 비판적 수용을 할 필요가 있다. 따라서 우리는 대교리문답이 가르치는 대로, 신앙과 행위의 유일한 법칙인 신구약성경(대3)을 공공신학을 위한 최고의 법칙과 안내자로 늘 참조해야 한다. 공공신학은 타학문과 소통해야 하지만 성경과 건전한 기독교 신학을 일차적 대화 상대자로 삼아야 한다. 성경 연구와 말씀 설교가 없는 공공신학은 있을 수 없다(대4).[79]

세상의 죄를 지적함

공공신학은 이 세상의 죄를 지적하는 것을 자신의 중요한 방법론으로 삼아야 한다. 대교리문답은 그 자체만으로도 '회개를 위한 기도문'이라 불릴 수 있을 만큼 죄에 대해 매우 상세하게 지적하고, 이를 여러 항목에 싣고 있다. 대교리문답이 정의하는 '생명에 이르는 회개'란 하나님의 성령과 말씀으로 죄인의 마음속에 역사하는 구원의 은혜인데, 이로써 죄인은 자기 죄의 위험과 추함과 가증함을 보고 느끼게 되고, 그리스도 안에서 통회하는 자에게 베푸시는 하나님의 자비를 깨달아 참회하게 된다(대76). 그리하여 자기 죄를 슬퍼하고 미워하여 모든 죄에서 돌이켜 하나님께로 돌아서며, 새로운 순종의 모든 길에서 부단히 하나님과 동행하기를 의도하고 노력하는 것이 바로 대교리문답 76문답이 가르치는 참된 회개다. 이 내용은 공공신학과 직접 관련되지는 않지만, 공공신학의 방법론을 위한 중요한 모티프를 제공한다. 특히 마지막 문장에서 회개하여 순종의 삶을 사는 이들이 죄를 슬퍼하고 미워하여 모든 죄에서 돌이켜 하나님께로 돌아서서 살아간다고 할 때, 우리는 공공신학이 세상의 죄를 폭로하고 교정하는 태도를 하나의 방법론으로 삼을 수 있다는 것을 알게 된다.[80]

우리가 본성의 빛 아래에서 활동하는 비그리스도인들의 공공철학, 사회 윤리, 정치 경제학, 사회학을 이용할 수 있지만 그 학문들을 비판적으로 검토해야 하는 까닭은 그들의 이성 자체가 죄로 오염되어 있는 까닭에 반反성경적인 사상들을 마치 진리처럼, 혹은 반드시 붙잡아야 할 논제로 여기고 있기 때문이다. 이런 비판적 거리두기는 공공신학 이론 정립을 위한 방법론으로서뿐 아니라, 공공신학을 삶 속에서 구체적으로 실현하기 위한 방법론으로서도 중요한 전략이다. 그리스도인은 공적인 삶의 영역에서 하나님의 뜻과 말씀에 어긋나거나, 불법적이거나 비합법적인 수단을 사용하거나 의뢰해서는 결코 안 된다. 그것은 우상숭배와 같기 때문이다(대105-십계명 제1계명 해설).

공공신학의 공동체

공공신학의 과제를 혼자서는 감당할 수 없다. 교회와 공동체를 강조하는 대교리문답의 지혜를 따라서 우리는 공공신학 역시 모임과 조직을 통해 이루어 나가야 한다. 대교리문답은 62-64문답에서 교회에 대해 반복적으로 가르치고 있다.[81] 지상의 "유형 교회는 세상의 모든 시대와 세계 모든 곳에서 참된 신앙을 고백하는 모든 사람과 그들의 자녀들로 구성된 공동체"이다(대62). 유형 교회는 하나님의 특별한 돌보심과 다스리심을 받으며, 모든 원수의 반대에도 불구하고 모든 시대에 보호를 받고 보전된다. 또한 성도의 교제와 구원의 통상적 방편들을 누리며, 복음 사역을 통하여 그리스도께서 교회의 모든 회원에게 제공하시는 은혜를 누린다(대63). 세상에 이보다 더 확실하고 안전한 공동체가 있겠는가? 따라서 기독교 공공신학은 유형 교회에 근거하여 이뤄져야 마땅하다. 유형 교회의 도움과 지원과 영적 자양분을 받지 못하는 공공신학은 얼마 못 가 사라지고 말 것이다. 반대로 건강한 성경적 교회에 터를 잡고 이뤄지는 공공신학은 서로에게 도움을 주고받으며 지속적인 성장을 할 수 있다(대99.7).

이처럼 교회에 특별한 의미가 있는 까닭은 그리스도께서 '교회의 머리'가 되시기 때문이며(대52), 승천하신 그리스도께서 교회를 모으시고 지키시기 때문이며(대54), 은혜와 영광 중에 그분과 더불어 연합하고 교제하기 때문이다(대65). 교회는 자신의 머리이자 신랑이신 그리스도에게 영적이고 신비하게, 그러면서도 실제적으로, 또한 나눌 수 없게 결합되어 그 은덕을 누린다(대66; 69; 82-83). 이처럼 그리스도와의 연합을 매우 강조하는 것이 대교리문답의 특징인데, 그렇다고 한다면 공공신학의 방법에 있어서도 우리는 그리스도와의 연합을 깊이 묵상해야 할 것이다. 그리스도는 우리에게 공적 영역에서의 삶의 모범이 되실 뿐 아니라, 그 삶을 우리가 실천할 수 있게끔 실제적인 능력을 공급해 주시는 분이기 때문이다. 이에 대해서는 아래(7절)에서 더 다루겠다.

무엇보다 교회는 삼위 하나님의 모상模像으로서 삼위의 다양성과 한 분 하나님의 일치성을 드러낼 수 있는 기관이다(대9-11; 60; 167; 168).[82] 현대 한국 사회는 매우 분화되어 있고 다원화되어 있으며 상대주의적인 반면에, 다른 한편으로는 서로를 용납하지 못하고 다름을 극복하지 못하며 극단적인 편 가르기를 하는 문화에 익숙해져 있다. 이런 상황에서 삼위 하나님의 도움으로 공공신학을 실천하고자 하는 신자들은 다양성 속에서 일치성을 추구하고, 일치성 속에서 다양성을 용인함으로써 이 세상에 아주 독특한 '대안 공동체'의 모습을 보여줄 수 있다. 그들은 각자가 속한 영역에서 활동하면서 다른 사람들을 참조하고 도와주는 유연성과 적극성을 발휘할 수 있다. 그리하여 공공신학을 실현하는 공동체는 일치성과 다양성의 조화와 신비를 가장 깊이 경험할 수 있는 곳이 되며, 다양성 속의 일치를 추구하는 것이 공공신학의 한 방법론이 될 수 있다는 지혜를 대교리문답을 통해 얻을 수 있다.

종말의 빛 아래에서 겸손함

그렇다면 신자의 공공신학과 그 실천은 완전할 수 있는가? 결코 그렇지 않다. 개신교, 특별히 개혁파 신앙고백문들이 한결같이 가르치는 바는 불신자는 멸망 받아야 마땅한 죄인이라는 사실뿐 아니라, 말씀과 성령으로 거듭난 신자 역시도 죄인이라는 사실이다. 왜냐하면 비록 신자라 할지라도 하나님의 계명을 온전히 지킬 수 없고, 오히려 날마다 생각과 말과 행동으로 하나님의 계명을 범하기 때문이다(대149). 따라서 기독교 공공신학은 종말의 빛 아래에서 자신의 한계를 스스로 인식하고 부지런하면서도 겸손하게 사명을 감당해야 한다. 기독교 공공신학의 희망은 인간에게 있는 것이 아니라 하나님께 있다.

주기도문 첫 기원을 설명한 대교리문답에서처럼, 우리는 공공신학을 할 때 우리 자신과 모든 사람 안에 하나님을 영화롭게 할 수 없는 전적인 무능함과 부적합함이 있다는 것을 인정하면서, 하나님께서는 자신의 은혜로 모든 사람이 하나님 자신과 성호, 속성, 규례, 믿음, 사역과 자기를 알게 하시기를 기뻐하신다는 것을 인정해야 한다. 그리고 궁극적으로는 하나님께서 무신론, 무지, 우상숭배, 신성모독과 그에게 모독이 되는 모든 일을 막으시고 제거하시며, 온 우주를 주관하시는 그의 섭리로 자신의 영광을 위해 모든 것을 운행하고 처리하시도록 기도해야 한다(대190). 공공신학에 있어서 우리의 성화와 구원이 온전케 되며, 사탄이 우리 발밑에 짓밟히게 되고, 우리가 영원히 죄와 시험과 모든 악에서 완전하게 자유케 되는 것은 하나님께서 하실 종말론적 사역이다(대195). 우리는 하나님의 작정과 섭리 속에서 그것이 이뤄질 것을 믿으며 오늘도 종말의 끝[83]을 기다리는 확실성 속에서 우리의 일을 감당해야 한다(대14, 18).

웨스트민스터 대교리문답에서 읽어낸 공공신학의 내용

행위언약(생명의 언약)과 은혜언약

웨스트민스터 신조들과 대소교리문답은 성경에 나오는 언약들을 '행위언약'과 '은혜언약'으로 양분하는 특성을 가지고 있다. 이것은 사실 은혜언약의 은혜성을 더욱 강조하기 위한 방편이었다. 타락 이전에도 역시 아담은 하나님의 호의好意에 근거하여 살아갔지만, 타락 이후 아담을 비롯한 모든 인간은 오직 하나님의 은혜에만 근거하여야 구원받을 수 있다는 사실을 가장 강조하는 방법은 바로 행위언약과 은혜언약을 양분하는 것이다.[84]

대교리문답은 하나님께서 아담을 창조하신 이후에 가장 먼저 주신 계명들을 '생명의 언약'이라고 부르며, 그 안에 선악과 금지 명령과 함께 다른 계명들을 포함시키고 있다(대20).[85] 그 다른 계명들의 내용은 에덴을 가꾸는 것, 다른 피조물들을 다스리는 것, 돕기 위한 배필과 결혼하고 자녀를 출산하는 것, 하나님과 교통交通하는 것, 안식일을 지키는 것, 하나님께 인격적으로 영구히 복종하는 것이다(대20).[86] 하나님은 인간을 자신의 형상대로 지으셔서 지식과 의와 거룩함에 있어 하나님을 닮게 하시고, 그들의 마음에 하나님의 도덕법을 새기시며, 그 법을 성취할 능력과 모든 피조물을 통치하는 권세를 주셨다(대17).

공공신학의 내용으로 우리는 위의 '생명의 언약'에 나오는 계명들을 상정할 수 있다. 왜냐하면 이 계명들은 '도덕법'道德法으로서 타락 이전뿐 아니라 타락 이후에도 여전히 구속력과 유용성이 있기 때문이다(대92-97). 특히 대교리문답은 도덕법이 십계명에 요약적으로 제시되어 있다고 가르친다(대98). 여기서 한 가지 짚고 가야 할 것은 '도덕법'은 보통 인간의 양심에 새겨진 자연법을 가리킨다는 점이다. 그렇다면 위에서 '생명의 언약'에 나오는 계명들을 과연 도덕법으로 부를 수 있을 것인가? 이것을 위해서는 인용 구절들을 살펴보아야 한다.

대92 | 하나님께서 사람에게 순종의 법칙으로 처음 계시하신 것이 무엇입니까?

답 | 선악을 알게 하는 나무의 실과를 먹지 말라는 특별한 명령 외에, 무죄의 상태에 있는 아담과 그의 안에 있는 전 인류에게 계시하신 순종의 법칙은 도덕법이었습니다(창 1:26; 27, 롬 2:14, 15; 10:5, 창 2:17).

여기서 인용하고 있는 구절들을 고찰해 볼 때, 대교리문답은 '도덕법'을 '생명의 언약'에 나오는 계명들(창 1:26-27; 2:17)과 인간의 양심에 새겨진 '율법의 행위들'(롬 2:14, 15) 모두를 통칭하는 것으로 본다. 따라서 '도덕법'이라는 넓은 범주가 있는데, 도덕법이 타락 전 아담에게 주어졌을 때는 '생명의 언약'에 나오는 계명들로 구체화되었고, 그 이후 모세와 이스라엘 백성들에게 주어졌을 때는 '십계명'으로 요약되었으며, 모든 인간에게 주어질 때는 양심에 새겨진 '율법의 행위들'로 표현된 것이다. 따라서 우리는 대교리문답의 성경 해석과 논리에 따라, 아래와 같은 내용들을 공공신학의 과제로 삼을 수 있다. 창조된 환경을 보존하고 가꾸는 것[87], 다른 피조물들을 적절하게 보호하고 이용하는 것, 결혼과 가정 제도를 건전하게 유지하고 발전시키는 것, 예배를 위한 삶의 패턴과 시공간적 환경을 조성하는 것, 공공의 삶의 영역에서도 하나님의 법에 복종하기 위해 노력하는 것 등이 있다.[88] 그런데 이런 내용들은 대교리문답의 십계명 해설에 매우 상세하게 나와 있으므로 십계명의 관련된 항목들을 살펴보면서 더 자세히 고찰하기로 하자.

십계명 제4계명: 주일성수

대교리문답 십계명 부분은 공공신학을 위한 매니페스토manifesto 라고 부를 수 있을 만큼 공공신학적인 함의들을 깊고 넓게 담고 있다.[89] 우리는 이미 위에서 대교리문답이 가르치는 공공신학의 목적을 살피면서 십계명 제1, 제2, 제3계명을 다룬 바 있다. 십계명 제4계명과 그 이후 계명들의 설명은 보다 구체적으로 공공신학의 실천 의제로 다룰 수 있다.

제4계명에서 우리는 건전한 주일 문화 회복을 위한 공공신학적 실천 사항들을 발견할 수 있다. 대교리문답은 구약의 안식일을 신약의 주일과 동일하게 본다. 안식일 혹은 주일을 거룩하게 하려면 죄악된 일들뿐 아니라 다른 날에 합당한 세상일과 오락을 그만두고 온종일 거룩하게 휴식을 취하되, 일과 자비를 베푸는 등 부득이한 일을 제외하고는 공사公私 간에 하나님을 예배하는 일에 온전히 하루를 보내는 것을 기쁨으로 삼아야 한다. 이 목적을 위하여 우리는 마음을 준비해야 하고, 세상일을 부지런하게 정리하고 적절히 처리하여 주일의 의무들을 더 자유로이 이행할 수 있어야 한다(대117). 이 교리적 가르침을 공공신학적으로 적용해 본다면, 우리는 극단적 오락과 쾌락에 빠지지 않는 사회, 적절한 안식이 있는 사회, 선한 일에 힘쓰고 자비를 베푸는 사회를 떠올리게 된다. 쾌락주의적이며 분주하며[90] 이기적인 현대 도시인들의 삶의 체질 개선을 위해서 그리스도인이 할 수 있는 일은 주일을 주일답게 지킴으로써 작은 일들부터 먼저 실천하는 것이다. 그것이 제4계명 설명에서 대교리문답이 보여주는 공공신학적 실천사항이다(대115-121 전체 참조).

십계명 제5계명: 부모 공경

제5계명에서 제10계명까지는 사람에 대한 신자의 의무를 담고 있다. 그 요약은 "우리 이웃을 우리 자신 같이 사랑하며, 남에게 대접을 받고자 하는 대로 우리도 남을 대접하는 것"이다(대122). 부모 공경에 관한 제5계명을 대교리문답은 아주 포괄적으로 이해한다. "제5계명이 말하는 부모는 육신의 부모뿐 아니라 연령과 은사에 있어서 모든 윗사람과, 특히 가정과 교회와 국가에 하나님께서 우리 위에 세우신 권위의 자리에 있는 자들을 의미한다"고 적고 있다(대124). 그리고 "제5계명의 일반적인 범위는 우리가 아랫사람, 윗사람, 또는 동등한 사람으로서 갖는 여러 인간 관계에서 서로 빚지고 있는 의무들을 행하는 것"(대126)으로 규정하면서 각각의 관계성 속에서 의무들을 상세히 기술하고 있다(대127-132). 이것은 사회의 기본적 관계에서 질서와 예절의 의무를 설정함으로써 사회의 안정을 유지하고자 하는 의도성을 보여준다. 이 해설들은 사회적 관계 속에서 사랑과 정의가 어떻게 조화롭게 꽃피울 수 있는지에 대해 보여준다.[91]

대교리문답이 가르치는 아랫사람들과 윗사람들, 그리고 동등자 간의 관계에서 취해야 하는 마음 자세와 행동 가짐을 반복하여 읽고 깊이 숙고하여,[92] 부모와 자식, 스승과 제자, 교회 내 직분자와 비직분자, 위정자와 국민, 직장 상사와 직원 등의 관계에 적용해 보자. 그렇게 되면 현대 한국 사회에 만연한 갑질 문화, 무례한 태도, 연고주의, 지나친 경쟁의식 등이 사라질 것이다. 대교리문답의 해설처럼 "세상이 변화된다면 하나님께서 세상의 창조주로서 주인이시며, 예수님께서 세상을 이기셨다고 말씀하신 선언이 구체적으로 실현된다"고 볼 수 있다.[93] 이것을 우리는 가족, 국가, 남자와 여자의 관계, 평등, 노예제도, 소수자들의 권리, 장애인들에 대한 정책에도 적용할 수 있다.[94] 특별히 제5계명은 부모와 자녀들 사이의 윤리 및 결혼 생활에 대한 깊은 의미를 지닌다.[95]

십계명 제6계명: 살인 금지

예수께서는 형제에 대하여 노하거나 욕설을 하는 자는 살인죄를 지은 것과 마찬가지라고 하셨다(마 5:21-22). 형제를 미워하는 자마다 살인하는 자다(요일 3:15). 신자는 원수마저도 사랑해야 한다(마 5:44, 눅 6:27, 35, 롬 12:17-21). 이처럼 성경은 살인죄를 분노 및 미움과 연결시키며 보다 적극적으로 사랑을 명령한다. 대교리문답은 제6계명 해설에서 이러한 성경의 정신을 따른다(대135). 대교리문답은 신자가 자신과 다른 사람들의 생명을 보존하기 위해 모든 세심한 연구와 올바른 노력을 기울이도록 권면한다. 이것은 사회적 약자를 보호하고, 자살을 금지하며, 타자의 생명을 귀하게 생각하는 것이다.[96] 이어서 대교리문답은 신자가 누구의 생명이든 부당하게 앗아가려는 모든 생각과 의도를 대적하고, 모든 격정을 억누르고, 그런 모든 기회와 유혹과 행위를 피해야 한다고 가르친다. 이것은 폭력에 대한 분명하고도 단호한 입장이다. 더 나아가 대교리문답은 폭력에 대항하는 정당한 방어와, 하나님의 손길을 기다리며 견디는 것과, 마음의 평온함, 영혼의 즐거움을 위해 힘쓸 것을 권면한다. 우리는 여기에서 국가 간 관계의 정당한 전쟁에 대해서 숙고하고(대136의 정당전쟁론 참조), 사회적 관계에서 복수를 하면 안 된다는 것을 배울 수 있다. 대교리문답은 음식물, 약, 수면, 노동과 오락을 적절하게 사용할 것도 가르친다. 여기서 우리는 탐식, 약물 중독, 일중독, 오락[컴퓨터 게임, 도박, 스포츠] 중독 등을 그리스도인들이 대항해야 할 것들로 배운다.[97] 이것은 단지 개인 윤리가 아니라 얼마든지 사회 윤리로 확장될 수 있는 여지를 가지고 있다.

대교리문답이 마지막으로 권면하는 것들을 [자비로운 생각과, 사랑, 긍휼, 온유, 부드러움, 친절, 화평함과, 부드럽고 예의바른 말과 행동, 관용과 화해하려는 자세, 해를 입힌 것에 대한 관용과 용서, 악을 선으로 갚음과 낙

심한 자들을 위로하고 도우며 무고한 자들을 보호하고 변호하는 것] 우리가 공공의 장에서 실천한다면 우리는 생명 보호, 전쟁, 낙태, 인공 수정, 인간 복제, 장기 기증, 죽음, 안락사, 자살, 환경, 장애인, 폭력 사회, 피로 사회, 민주적 절차[토론 및 투표], 남북 분단 및 통일, 테러 문제 등에 관한 근원적인 해결 원리 및 그에 근거한 대책을 발견할 수 있을 것이다. 대교리문답 제6계명 해설(대135-136)에서 제시하는 바들은 사회적 약자들을 보호하기 위해 공공복지, 세금 정책, 교육 시스템 등에 두루 적용할 수 있다. 여기에 한부모 가정, 다문화 가정 및 이주 노동자들을 돕기 위한 적극적 정책 수립도 넣을 수 있다.

그중 한 예로 사형 제도를 생각해 보자. 아더 홈즈^Arthur F. Holmes가 말한 것처럼 원칙적으로 말하자면 성경은 사형 제도를 금하지 않지만, 그렇다고 해서 사형 제도를 성경에서 직접 도출할 수 있는 것처럼 생각해서도 안 된다.[98] 구약성경에 나오는 사형 제도는 오늘날 사형 제도와 다른 차원에서 생각되어야 하기 때문이다. 구약성경에는 간음이나 부모를 저주한 사람을 사형시키도록 한다. 하지만 오늘날 민주국가에서는 그렇게 하지 않는다. 만일 우리가 사랑과 관용을 강조하는 대교리문답 제6계명 해설의 정신에 따라서 사형 제도를 생각해 본다면, 사형 제도가 "도덕적으로 허용 가능하지만, 도덕적으로 이상적이지는 않다"는 아더 홈즈의 결론에 동의할 수 있을 것이다.[99] 따라서 극단적인 경우에는 사형 제도가 집행될 수 있겠으나, 사랑의 원리에 따라서 되도록 시행하지 않는 것이 좋다. 사형 제도는 '정의상'^de iure 시행 가능하지만, '실제상'^de facto 시행하지 않는 제도다.[100]

십계명 제7계명: 간음 금지
대교리문답은 제7계명에서 요구하는 의무가 "몸, 생각, 감정, 말, 행동에 있어서 순결함이며, 우리 자신과 다른 사람들의 순결을 보존하는 것" 그리고 "눈과 모든 감각을 조심하고 절제하며, 순결한 교제를 유지하고, 복장을 단정하게 하는 것"이며, "금욕의 은사가 없는 이들은 결혼하고, 부부는 사랑으로 동거하며 우리의 소명을 부지런히 수행하고, 부정의 모든 경우를 피하여 그 유혹들에 저항하는 것"이라고 규정한다(대138). 이어지는 문답에서는 "제7계명에서 금지하는 죄는 요구된 의무를 소홀히 하는 것 외에, 간통, 음행, 강간, 근친상간, 남색, 모든 비정상적인 색욕들"이라고 한다. 또한 아래와 같은 것도 금한다. "모든 부정한 상상, 생각, 의도와 감정, 모든 부패하고 추잡한 대화, 또는 거기에 귀 기울이는 것과, 음탕한 눈길, 뻔뻔스럽고 경박한 행동, 단정치 못한 복장" 등이다. 그리고 "합법적 결혼을 금하고 불법적 결혼을 시행하는 것, 매춘가를 허락하고, 용납하며, 보존하고, 방문하는 것, 독신에 얽매이게 하는 서약과, 결혼을 지나치게 미루는 것, 한 사람 이상의 아내나 남편을 동시에 취하는 것, 부당한 이혼, 혹은 버림, 게으름, 탐식, 술취함, 부정한 교제, 음탕한 노래, 서적, 그림, 춤, 연극 등 우리 자신이나 다른 사람들 안에 음란을 자극하거나 행하는 다른 모든 것들"을 전부 금해야 한다고 가르친다.

현대 한국 사회는 과연 성(性)의 홍수 시대라고 부를 수 있다. 아침부터 저녁까지 우리는 항상 성에 노출되어 있다. 포르노, 성폭력, 강간, 동성애, 간음, 이혼 문제가 만연해 있다. 십계명 7문답에 대한 대교리문답 해설은 이런 모든 것을 금지한다.[101]

십계명 제8계명: 도적질 금지

대교리문답의 십계명 제8계명 해설은 사회 정의의 문제를 직접적으로 다루고 있다.[102] 마치 법률 전문가가 작성한 것과 같은 느낌을 주는 십계명 8계명 해설은 다음과 같다(딤전 3:8).

대141 답 │ 제8계명에서 요구하는 의무는 사람과 사람 사이의 계약과 거래에 있어서 진실과 신실함과 공정함입니다. 모든 이에게 각자의 몫을 주며, 정당한 소유주로부터 불법으로 압류한 재물을 반환하는 것입니다. 우리의 능력과 다른 사람들의 필요에 따라 값없이 내어주며, 빌려주는 것입니다. 이 세상 재물에 대한 우리의 가치판단, 소원과 애착을 절제하며, 우리 본성의 유지에 필요하고 편리하며, 우리의 상태에 적합한 것들을 획득하고 보존하며 사용하고 처리하려는 신중한 배려와 연구를 하는 것입니다. 정당한 직업과, 그것에 근면하며, 검소하고, 불필요한 법정 소송[103]과 보증, 그 외에 채무 같은 것을 피함입니다. 우리 자신뿐 아니라 다른 사람들이 부와 부동산을 획득하고 보존하며 증진시킬 수 있도록 모든 정당하고 합법적인 수단들을 동원하여 노력하는 것입니다.

대142 답 │ 제8계명에서 금지하는 죄는 요구된 의무를 소홀히 하는 것 외에, 도적, 강도, 사람 납치, 장물취득, 사기거래, 저울과 치수를 속이는 것, 지계표를 옮기는 것, 사람들 사이에 맺어진 계약이나 신탁에 있어서 부정과 불성실함입니다. 억압, 강탈, 고리대금, 뇌물, 해코지하는 소송, 부당하게 공유지를 사유화하는 것과, 사람들을 추방하는 것입니다. 물건 값을 올리기 위한 사재기, 불법적인 직업, 우리 이웃에게 속한 것을 빼앗거나 억류하거나, 우리 자신을 부유하게 하는 다른 모든 부당하고 악한 방법입니다. 탐욕, 세상 재물을 과도하게 소중히 여기며 애착하고, 세상 재물을 획득하고 보존하며 사용하는 데 신뢰하지 못하고 노심초사하는 것이며, 다른 사람들의 번영을 시기하는 것입니다. 마찬가지로 게으름, 방탕, 낭비성 게임이며, 우리들의 부동산에 대하여 부당한 편견을 가지게 하여 하나님께서 우리에게 주신 재물을 적절히 사용하여 그 위로를 누리지 못하게 하는 다른 모든 것입니다.

위 인용문의 첫 문장에서처럼 정의^{正義}를 "모든 이에게 각자의 몫을 주는 것"^{suum cuique tribuere}이라고 규정하는 것은 플라톤, 아리스토텔레스, 키케로, 유스티니아누스 법전, 아우구스티누스, 아퀴나스, 칼뱅의 사상에서도 나타난다.[104] 대교리문답은 이런 정의의 원칙에 따라서 정당한 소유주로부터 불법으로 압류한 재물을 반환할 것을 요구한다. 그와 동시에 우리의 능력과 다른 사람들의 필요에 따라 값없이 나눠 주라고 명하면서 사랑을 언급한다. 이처럼 정의와 사랑을 공적 영역에서 함께 적용할 수 있는 이유는 이 세상 재물에 대한 우리의 '소원'과 '애착'을 절제하기 때문이다. 우리는 이어지는 내용들에서 파산한 자들에 대한 공적 탕감 시스템, 국고 및 공적 자산과 기물을 보호하고 관리하는 것, 타인의 재산과 생명을 보호하는 일, 사행성 복권^{福券} 산업을 막는 것, 부동산 투기, 온-오프 라인상의 상거래 질서 확립[매점매석 거부], 과소비 거부, 물질주의와 향락주의 거부, 음식이나 자원 낭비 방지 운동, 채무 청산 운동 등을 생각할 수 있다.[105]

십계명 제9계명: 거짓 증거 금지

십계명 제9계명은 언어생활에 대한 계명이다. 원래 이 계명은 소송에서 거짓 증거하지 말라는 명령이었지만 대교리문답은 이 계명을 확대 해석하여 포괄적인 적용을 시도한다.

> 대144 답 | 제9계명에 요구하는 의무는 사람과 사람 사이의 진실과 우리 이웃의 명예를 우리 자신의 것과 같이 보존하고 증진하는 것입니다. 진리를 위해 나서서 옹호하며, 재판과 정의에 있어서나 다른 어떠한 일에 있어서라도 진심으로 성실하게, 자유롭게, 명백하게, 그리고 온전하게 진실만을 말하는 것입니다. 우리 이웃을 자비롭게 평가하고, 그들의 명예를 사랑하며

바라고 기뻐하며, 그들의 연약함을 슬퍼하고 덮어주며 그들의 은사와 은혜를 기꺼이 인정하는 것입니다. 그들의 결백을 변호하고, 그들에 관한 좋은 소문을 쾌히 받아들이되, 나쁜 소문은 받아들이기를 원치 않으며, 험담하는 자들과 아첨하는 자들과 비방하는 자들을 저지시키는 것입니다. 우리 자신의 좋은 평판을 사랑하고 보호하며 필요할 때는 이를 변호하며, 정당한 약속을 지키고, 어떤 것이든지 참되고 정직하며 사랑스럽고, 좋은 평판이 있는 것들을 연구하고 실천하는 것입니다.

대145 답 | 제9계명에서 금지하는 죄는 특별히 공적 재판에서 우리 자신과 이웃의 진실과 명예를 해치는 모든 일입니다. 거짓 증거를 제공하며 위증을 사주하고, 고의적으로 나서서 악한 주장을 변호하며, 진실을 대적하고 억압하는 것입니다. 불의한 판결을 내리고, 악을 선하다 하며 선을 악하다 하고, 악인에게 보상하기를 의인에게 하듯이 하며, 의인에게 보상하기를 악인에게 하듯이 하는 것입니다. 위조, 진실을 은폐하는 것이며, 공의로운 소송에서 부당하게 침묵하는 것과, 불법에 대해 우리가 책망하고 다른 이들에게 항의해야 할 때 잠잠고 있는 것입니다. 때에 맞지 않게 진실을 말하거나 그릇된 목적을 위해 악의적으로 말하거나, 아니면 진실과 공의에 불리하도록 그릇된 의미나 의심스럽고 애매한 표현으로 진리를 왜곡하는 것입니다. 비진리를 말하며 거짓말하고, 비방하며 험담하고 훼방하며, 나쁜 소문을 퍼뜨리고 수군거리며 조소하고 욕하며, 경솔하고 가혹하며 편파적으로 비난하는 것입니다. 의도와 말과 행동을 곡해하는 것이며, 아첨과 헛된 자랑, 우리 자신이나 남들을 지나치게 높게 혹은 낮게 평가하는 것입니다. 하나님의 은사와 은혜를 부인하는 것입니다. 적은 과실들을 더욱 악화시키고, 자유롭게 고백하도록 요청받았을 때 죄를 숨기고 변명하거나 경감하는 것입니다. 약점을 쓸데없이 찾아내며 헛소문을 퍼뜨리고, 악한 소문을 받아들이고 지지

하며 공정한 변호에는 귀를 막는 것입니다. 악하게 의심을 품는 것이며, 마땅히 받을 만한 자격이 있는 자에게 돌아가는 명예에 대해 시기하며 배 아파하고, 그것을 손상시키려고 애쓰거나 갈망하며, 그들의 불명예와 오명을 기뻐하는 것입니다. 조소하듯이 멸시하는 것, 맹신적으로 존경하는 것, 정당한 약속을 위반하는 것입니다. 좋은 평판을 들을 수 있는 일을 소홀히 하고, 불미스러운 일을 초래할 수 있는 것들을 우리 자신이 행하거나 피하지 않거나, 다른 사람들이 못하도록 우리가 할 수 있는 한 막지 않는 것입니다.

대교리문답은 그리스도인이 사회의 언어를 관리, 통제해야 함을 가르친다. 우리가 대교리문답의 가르침을 깊이 유념한다면 인터넷을 통해서 허위 사실을 유포하거나, 명예를 훼손하는 행동을 하거나, 천박한 비속어들을 남용하는 일 등을 하지 않게 될 것이다. 오늘날 한국 사회는 공인소人들부터 언어가 너무 경박하고 폭력적이며 메마르고 거짓으로 가득 차 있다. 이런 상황에서 신자는 사회 정치적 영역과 공적 영역에서의 언어 순화와 미화를 위해서 노력해야 할 것이다. 하나님의 자녀들이 이 사회의 언어를 책임짐으로써 기여해야 한다. 성경 전체에서 우상숭배 금지 명령 다음으로 가장 자주 등장하는 명령이 말에 대한 명령이다.[106] 대교리문답의 십계명 해설 중 9계명에 대한 해설이 가장 긴 이유도 그곳에 있을 것이다.

십계명 제10계명: 탐심 금지

십계명의 마지막 열 번째 계명은 세상의 법과 하나님의 법이 가장 차이 나는 지점이다. 세상의 법은 인간의 내면에 대해 언급하지 않는다. 그러나 하나님께서 주신 도덕법의 핵심을 담고 있는 십계명은 마지막을 마음에 대한 명령으로 끝맺고 있다. 탐내지 말라는 계명을 마지막 계명으로 주신 까닭은 제1계명부터 9계명 모두 인간의 탐심貪心 즉 인간의 왜곡되고 과도하며 타락한 욕망 때문에 생길 수 있는 죄를 지적하고 있기 때문이다. 골로새서 3:5에서 가르치는 바처럼 탐심을 '우상 숭배'라고 한다면, 십계명은 우상숭배 금지 명령에서 시작하여 우상숭배 금지 명령으로 끝나는 셈이다.

대교리문답은 이를 이웃에 대한 의무의 마지막 계명으로 해석한다. 우리는 내면적 움직임과 애정을 통해 이웃의 모든 소유를 돌보고 증진시킬 수 있도록 자신의 형편에 온전히 만족하며, 이웃을 향해 인자한 마음을 가져야 한다고 가르친다(대146). 다시 말해 만일 우리가 자신의 재산에 만족하지 못하며, 우리 이웃의 재물을 시샘하며, 더불어 이웃의 소유에 과도한 끌림과 애착을 갖는다면 그것은 열 번째 계명을 범하는 것이다. 이처럼 대교리문답은 공적인 영역에서도 역시 인간의 마음의 중요성을 가르치고 있다. 따라서 공공신학이 올바르게 정립되려면 성령님의 은혜와 말씀에 의한 양육과 기독교 세계관을 내면화하는 일들이 필요하다.

특히 대교리문답은 주기도문을 해설하면서 끝마치는데, 이것 역시 인간의 내면의 변화를 중요하게 여기는 지점이라고 볼 수 있다. 주기도문의 결론은 "나라와 권세와 영광이 아버지께 영원히 있사옵나이다. 아멘"이다. 이에 대한 대교리문답의 해설을 보면, 오직 하나님의 약속만 의지하는 성도는 공적 영역에서도 하나님의 영원한 주권과 전능과 영광스러운 탁월성만이 드러나도록 간구하면서 모든 영광을 하나님께 돌려드려야 함을 깨닫게 된다. 이처럼 대교리문답은 하나님의 영광에서 시작하는 1문답에서 하나님의 영광으로 돌아가는 마지막 196문답에 이르기까지 순환적 구조를 지닌다. 공공신학 역시 그 구조를 취하는 것이 가장 적합할 것이다.

웨스트민스터 대교리문답에서 나타난 공공신학 교육

이상에서 살펴본 바와 같이, 대교리문답의 십계명 해설편은 공공신학의 구체적 실천사항들을 매우 다각도로 제시해 주고 있어서, 이것을 유념하고 실천할 때 신자들의 공적 생활이 훨씬 더 하나님의 뜻과 영광에 합당하게 될 것이다. 뿐만 아니라 신자들을 사회적 책임을 잘 감당하는 그리스도인이 되게 함으로써 이웃들에게 큰 유익을 줄 것이다. 따라서 대교리문답은 공공신학의 목적과 방법론을 십계명 해설에서 포괄적이면서도 세부적인 실천으로 풀어내고 있다고 볼 수 있다.

그렇다면 구체적으로 어떻게 웨스트민스터 대교리문답으로 공공신학을 교육할 것인가? 우선, 교육자는 웨스트민스터 대교리문답 1문답과 십계명 제1계명 해설(대103-106)을 중심으로 공공신학의 일차적인 목적이 하나님의 영광에 있다는 것을 충분히 가르쳐야 한다. 하나님의 영광이란 막연하고 추상적인 것이 결코 아닌 우리의 삶의 모든 부분을 지배하는 가장 근원적이고 구체적인 목적이다. 그리고 교육자는 십계명 제3계명 해설(대112)을 근거하여 하나님의 영광을 위한 삶은 이웃 사랑을 통해 구체적으로 드러난다는 것을 가르침으로써 신자의 공적 책임성을 고취시켜야 한다. 이때 교육자는 개신교 신학이 가르치는 바처럼 선행이란 믿음의 당연한 결과이자 신자의 삶의 길임을 가르침으로써 신자들이 율법주의나 반율법주의 양쪽 모두에 빠지지 않도록 도와주어야 한다.

그다음 교육자는 성경에서 직접 도출된 가르침이 공공신학의 가장 중요한 근거가 된다는 것과, 아울러 본성적 빛의 선물로 주신 추론 신학적 내용과 타학문 등도 성경의 조명하에 공공신학의 재료가 될 수 있다는 것을 가르쳐야 한다. 교육자는 공공신학의 중요한 방법론으로써 세상의 죄를 지적하는 것, 공동체적 삶 속에서 세상의 빛과 소금이 되는 것을 교육해야 한다. 그리고 이 모든 활동이 이미 임했지만 아직은 그 끝에 도달하지 못한 하나님 나라의 역사의 도상^{途上}에서 펼쳐지는 것임을 알려줌으로써 패배주의나 섣부른 승리주의 혹은 낙관주의에 빠지지 않도록 도와주어야 한다.

교육자는 공공신학의 내용을 통해서, 행위언약의 명령으로 주어진 문화 명령을 상기시켜야 한다. 더 나아가 은혜언약 아래에 사는 성도들은 그 문화 명령을 그리스도와 성령의 능력으로 감당할 수 있어야 한다. 아울러 공공신학의 구체적 실천 사항들을 웨스트민스터 대교리문답의 십계명 해설 부분에서 취하여 가르침으로써, 신자의 공적 책임성을 구체적인 삶의 현장에서 어떻게 실천해 나갈 수 있는지에 대해 알려준다. 그리고 신자들은 이런 활동을 소그룹에서 진행함으로써 서로에게 지혜를 배우고 상호 점검을 하게 될 것이다. 그뿐만 아니라, 공공신학적으로 일관성 있고 역동성 있는 성도의 삶을 배울 것이다.

가장 중요한 것은 이런 활동들이 신자의 신앙에 근거해야 한다는 점이다. 신자는 공공신학을 통한 책임감 있는 삶의 활력과 에너지를 어떤 이데올로기나 정치 그룹에서부터 얻는 것이 아닌 '믿음'으로부터 얻어야 한다. 하나님 아버지의 자녀된 신자는 그리스도와 연합한 자로서 그리스도의 삼중직을 공적으로 수행하며, 기도 가운데 성령의 일하심을 간구해야 한다. 웨스트민스터 대교리문답으로 공공신학을 가르치는 교육자의 최대 임무는 성부, 성자, 성령 하나님의 도우심과 은혜를 공적 삶의 현장에서 느끼고 경험하도록 도와주는 것이어야 한다.

맺음말

그러므로 형제들아, 내가 하나님의 모든 자비하심으로 너희를 권하노니 너희 몸을 하나님이 기뻐하시는 거룩한 산 제물로 드리라. 이는 너희가 드릴 영적 예배니라. 너희는 이 세대를 본받지 말고 오직 마음을 새롭게 함으로 변화를 받아 하나님의 선하시고 기뻐하시고 온전하신 뜻이 무엇인지 분별하도록 하라(롬 12:1-2).

기독교는 몇몇 사문화^{死文化}된 교리를 믿는 종교가 아닌, 주 예수 그리스도와의 생생한 교제로 말미암는 생명의 삶이 담긴 종교다. 만일 기독교 신학이 삶과 실천의 문제를 놓친다면 그것은 이미 기독교 신학이기를 포기한 것이다. 그렇기에 역사상 모든 탁월한 신학은 윤리학을 하나의 독립된 분과로 다루는 여부와 상관없이 윤리적 문제에 깊은 관심을 드러냈다. 아우구스티누스를 비롯한 교부들의 글에서 교회 현장의 문제들을 세세하게 다룬 것이나, 루터와 칼뱅을 비롯한 종교개혁자들의 작품에서 십계명에 대한 심도 깊은 논의들을 보게 되는 것도 그런 까닭이다. 기독교 신학은 윤리학에서 그 아름다운 꽃과 고상한 열매를 맺게 된다.

기독교 윤리는 항상 성경에서 그 근거를 논한다. 성경은 신앙과 삶을 위한 최고의 규범이 되기 때문이다. 그래서 이 책에서는 성경으로부터 윤리적 교훈을 도출하는 방법에 대하여 여러 가지로 논하였다. 그리고 구약 속의 윤리와 신약 속의 윤리를 '하나님 나라의 관점'과 '율법-그리스도-성령-사랑의 사각형'에서 다루었다. 기독교 윤리학이 성경을 주목해야 하고 참조할 수 있다는 것은 기독교 윤리학의 의무이면서 특권이다. 이는 오늘날 다원주의, 상대주의, 개인주의와 같은 시대에 더욱 그러하다. 따라서 기독교 윤리학은 자신의 시작점과 근거를 언제나 성경 위에 두는 '성경적 위치잡기'biblical positioning 를 시도해야 한다.

그와 동시에 기독교 윤리학은 편협한 성경주의에 갇혀서는 안된다. 기독교 윤리학은 오히려 다양한 철학적 윤리를 탐색하고 그것으로부터 교훈을 얻기를 원한다. 이 책에서 실존론적 윤리학, 목적론적 윤리학, 의무론적 윤리학을 다룬 이유도 그 때문이다. 그러나 기독교 윤리학은 철학적 윤리학을 마냥 따라갈 수 없다. 현대의 철학적 윤리학은 중세 유명론唯名論에서 시작되어 계몽주의啓蒙主義에서 완성된 '세속 이성'과 '종교적 권위'의 분리에 근거하여 대부분의 작업이 이뤄지기 때문이다.

하지만 기독교 윤리학은 '철학적 윤리'를 결코 무시해서는 안 된다. 기독교 윤리학은 기독교회 안에서만 통용되는 것이 아니라 더 넓은 공적 영역에서도 타당성을 지녀야 하기 때문이다. 그렇게 되기 위해서는 사람들의 상식과 일반적 이성의 장場에서 통용되는 언어로 윤리 문제를 다루어야 하고, 사람들을 설득할 수 있어야 한다. 철학을 참고하고 그것으로부터 취사선택하여 배우되, 철학적 윤리가 가진 한계 또한 인식하면서 보다 건전한 성경적 윤리학을 세워나가는 일이 기독교 윤리학의 중요한 작업이다.

이와 함께 생각할 수 있는 것은 '교회의 중요성'이다. 이 책의 마지막 부분에서 교회와 국가의 관계를 다루고, 또한 기독교 공공신학을 교회의 교리문답에서 찾아내고자 한 것 역시 그런 맥락이다. 교회는 그리스도인들이 윤리적 삶을 연습하고 실천하는 훈련장이 된다. 그리고 교회는 일반 사회 속에서 윤리적 비전을 제시하는 기관이 된다. 이 점은 '재세례파적 관점'이나 '베네딕트 옵션'을 취하든, 아니면 '보다 변혁적이고 참여적인 관점'을 가지든 마찬가지로 적용되는 사실이다. 오늘날 한국교회는 윤리적으로 매우 취약해졌다. 이 책을 쓰면서도 안타까웠던 점이 바로 그 지점이었다. 하지만 주님의 교회는 언제나 소망이 있다고 믿는다. 자신에게 그 근거를 두지 않고 빛들의 아버지에게 소망을 두기 때문이다 (약 1:17).

교의학과 윤리학의 관계에 대한 관점은 개신교 신학에서 크게 세 가지 정도의 흐름으로 나눠진다.[1]

첫째, 교의학보다 윤리학을 더 상위에 두었던 그룹이다. 이 그룹에 속하는 사상가들은 임마누엘 칸트의 영향을 많이 받았다. 대표자들 중에는 에른스트 트뢸치가 있다. 그는 윤리에 신학의 목적을 설정하고 기독교의 실천성에 방점을 두었다.

둘째, 교의학을 윤리학보다 더 상위에 두는 그룹이다. 카를 바르트가 대표적이다. 바르트는 그의 『교회교의학』에서 삼위일체 하나님께서 하신 일들을 교의학적으로 진술하면서 윤리를 그 안에 포함시켜 다루었다. 그러다 보니 적어도 겉으로 보기에는 교의학이 윤리학을 집어삼킨 듯한 인상을 주기도 한다.

셋째, 교의학과 윤리학을 상호보충적인 관계성 속에서 파악하는 그룹이다. 프리드리히 슐라이어마허가 대표적이다. 본회퍼나 판넨베르크도 이 그룹에 속한다. 이들은 교의학과 윤리학을 따로 분화시켜 다루고 각각 역할을 분담시켰다.

오늘날의 복잡해진 현실과 신학의 전문적인 분업 환경을 고려하면 위의 세 가지 모델 중 슐라이어마허의 모델이 가장 적합해 보인다. 헤르만 바빙크도 100여 년 전에 『개혁교의학』Gereformeerde Dogmatiek 과 함께 『개혁윤리학』Gereformeerde Ethiek 을 따로 저술하였다. 기독교인의 삶에서 윤리적 측면을 무시한 '무율법주의'의 위험과 그 반대 극단으로 윤리주의에 빠져버린 '율법주의'의 위험 두 가지를 모두 경계하면서, 바빙크는 기독교 윤리가 가진 특수성을 '삼위일체이신 하나님'과 '하나님의 형상인 인간'이라는 관점 속에서 잘 드러내었다. 이 책은 이러한 전통을 존중하면서, 교의학과 윤리학의 상호관련성을 보여주고자 했다. 이러한 '기초 윤리학'의 토대가 건실할 때, 기독교 윤리학은 구체적인 삶의 문제를 다루는 각론을 보다 의미 있게 전개할 수 있을 것이다.

마지막으로, 교부 아우구스티누스의 한 구절을 인용하면서 책을 마무리 짓고자 한다. 당시 로마의 정치가였던 보니파키우스Count Boniface 에게 보낸 편지에서, 아우구스티누스는 기독교 윤리의 내용이자 목적인 '사랑'의 이중 계명을 강조한다. 그리고 그 사랑이 하나님에 대한 '믿음'과 종말론적 '소망' 안에 정 위치할 때 세상을 초월하면서도 변화시키는 힘을 발휘할 수 있다고 주장한다. 이러한 믿음, 소망, 사랑 안에서 기독교인은 매일 윤리적으로 성장한다. 그러기 위해서 기독교인은 종말에 뵙게 될 하나님을 갈망하며, 주님의 감미로움과 기쁨을 사모하며 살아야 한다.

이 사랑[하나님 사랑과 이웃 사랑] 속에서 우리 선조들과 족장들과 선지자들과 사도들은 하나님을 기쁘시게 하였다네. 그 안에서 참된 순교자들은 심지어 피 흘리기까지 사탄을 대적하였지. 순교자들 안에서 그 사랑은 결코 차가워지거나 실패하지 않았기에 그들은 결국 승리하였다네.

그 사랑 안에서 선한 신자들은 나날이 발전을 이뤄내지. 지상의 나라를 얻기를 구하지 않고 천상의 나라에 도달하기 바라면서 말이야. 현세적이지 않고 영원한 상속을 바라고, 은이나 금이 아닌 천사들의 썩지 않을 부요를 바란다네. 이 세상의 그 어떤 좋은 것들도 구하지 않는 셈인데, 그것들은 삶을 불안하게 만들고 죽을 때 가져가지도 못할 것들이기 때문이지. 오히려 선한 신자들은 하나님을 보기를 갈망한다네.

주님의 감미로움과 기쁨은 이 지상의 것들 속에 있는 형상의 모든 아름다움을 초월할 뿐만 아니라, 심지어 하늘의 것들의 아름다움도 초월하지. 그것은 영혼들의 모든 사랑스러움도 초월한다네. 아무리 그것이 아름답고 거룩하든 말일세. 또한 저 위의 천사들과 능력들의 모든 아름다움도 초월하지. 언어가 주님에 대해 표현하는 모든 것도 초월할 뿐 아니라, 정신이 상상할 수 있는 모든 것 또한 초월한다네.

그러니 저 위대한 약속이 성취될 때까지 우리는 절망하지 말아야겠네. 실로 그 약속은 대단하니까. 오히려 우리는 신앙을 가지고서 그것을 획득하도록 해야 하네. 그 약속을 만드신 분은 바로 위대하신 주님이시니까.

저 복된 사도 요한이 말씀하신 것과 같네.

이제 우리는 하나님의 자녀입니다. 우리가 어떻게 될지는 아직 나타나지 않았습니다. 그러나 그리스도께서 나타나시면 우리가 그분과 같이 될 줄을 아는 것은 그분이 계신 그대로 그분을 볼 것이기 때문입니다(요일 3:2).

_아우구스티누스, 『편지』 189.3.

주

서론: 복음에 나타난 윤리

1　이것은 다드(C. H. Dodd)가 제안했던 '케리그마'(kerygma)와 '디다케'(didache)의 구분
과도 연결될 수 있다. 다드가 원래 제안했던 둘 사이의 구분은 마가복음과 다른 복음서
사이의 관계성을 논하는 맥락에서 나왔다. 다드는 마가복음은 일반인들에게 복음을 '선
포'(케리그마)하는 복음서라고 한다면, 나중에 마태와 누가는 그것에 '교훈'(디다케)의 요소
를 덧붙여서 확장했다는 것이다. 그러나 이런 주장은 비판을 받았다. 복음서가 다른 방식
으로 기록된 것은 지역적, 문화적, 신학적 이유에 근거한다(Dunn의 지적). 또한 다드가 너
무 날카롭게 케리그마와 디다케를 구분한 것은 옳지 않다(Evans, Nineham의 지적). 다드
가 케리그마에서 디다케적 요소를 전혀 배제한 것도 틀렸다(Worley의 지적). 다드의 견해
를 다 받아들일 수는 없지만, 그가 말했던 케리그마와 디다케의 구분은 본문의 성격을 분
별하는 데 있어 때로 유용하다. 아래 문헌들을 참조하라. C. H. Dodd, *The Apostolic
Preaching and Its Development* (London: Hodder & Stoughton, 1936); J. D. G.
Dunn, *Unity and Diversity in the New Testament* (2d ed.; Philadelphia: Trinity Press
International, 1990); C. F. Evans, "The Kerygma," *JTS* (n.s.) 7 (1956) 25-41; D. E.
Nineham, "Eyewitness Testimony and the Gospel Tradition," *JTS* (n.s.) 9.1 (1958)
13-25; 9.2 (1958) 243-252; 11.2 (1960) 253-264; R. C. Worley, *Preaching and
Teaching in the Earliest Church* (Philadelphia: Westminster, 1967). 자세한 논의는 J.
B. Polhill, "Kerygma and Didache," in Ralph P. Martin and Peter H. Davids, eds.,
Dictionary of the Later New Testament and Its Developments (Downers Grove, IL:
InterVarsity Press, 1997), 626-629을 참조하라.

2　http://www.biblicaltraining.org/에 있는 로마서에 대한 더글라스 무(Douglas Moo)의
강의에서 12장 도입부.

3　더글라스 J. 무, 『NICNT 로마서』, 손주철 옮김(서울: 솔로몬, 2011), 1002.

4 Wilfried Härle, *Dogmatik*, 4th ed. (Berlin: De Gruyter, 2012), 309.

5 Härle, *Dogmatik*, 310.

6 로마서 12:1은 "그러므로 형제들아"라고 시작한다. 그리고 "권하노니"라는 말이 들어간다. 이처럼 바울 서신에서 "그러므로"라는 말이나, "형제들아"라는 호격이나, "권하노니"라는 권면 어구가 들어가면 새로운 단락이 시작된다는 표시다. 1세기는 글보다는 말로 표현하는 구술문화(口述文化)였다. 바울 서신도 모두가 읽은 것이 아닌, 누군가가 읽는 것을 함께 들었다. 심지어 혼자 성경을 읽을 때도 소리 내어 읽었다. 그렇다 보니, 편지를 들을 때 이런 전환 어구가 나오면 사람들은 "이제 새로운 주제가 시작되는구나"라고 느낄 수 있었다. 바울은 그런 전환 어구를 세 번이나 사용하여, 12장부터 큰 주제가 시작됨을 알린다. 참고로, 5세기 교부 아우구스티누스의 『고백록』을 보면, 그의 스승 암브로시우스 목사가 책을 소리 내지 않고 묵독하는 것을 보고 아우구스티누스가 놀라는 장면이 나온다. 그때까지만 해도 책을 읽는다는 것은 그야말로 소리 내어 읽는 것을 뜻했다. 구약성경에서 묵상하다(히브리어, '하가')는 역시 소리 내어 중얼거린다는 것을 뜻한다.

7 5세기의 위대한 교부 아우구스티누스는 『고백록』(10.29)에서 "[하나님이여] 명하는 바를 주옵시고, 원하는 바를 명하소서"(Da quod iubes, et iube quod vis)라는 기도를 남겼다. 하나님께서 명하시는 것을 하나님으로부터 구하는 것은 올바른 일이다. 에드워즈가 말했듯이 우리가 하나님을 가장 많이 의존할 때, 하나님은 가장 큰 영광을 받으신다.

8 헬라어 어순에 따르면, "살아 있는, 거룩한, 하나님께서 기뻐하시는 제사"가 된다.

9 슈라이너는 이런 대조를 무시한다. 던은 대조를 지적하지만 시대의 차이를 읽어내지 못한다. 토머스 슈라이너, 『BECNT 베이커 신약성경 주석, 로마서』, 배용덕 옮김(서울: 부흥과 개혁사, 2012), 761-762; James D. G. Dunn, *Romans 9-16*, vol. 38B, Word Biblical Commentary (Dallas: Word, Incorporated, 1998), 710.

10 유대교와 기독교의 차이점은 죽음과 생명의 차이라고 할 수 있다. 유대교는 '접촉을 통한 부정'의 종교이다. 부정한 사람이 다른 사람과 접촉하면 그 사람마저 부정하게 된다. 그러나 기독교는 '접촉을 통한 거룩'의 종교다. 그리스도인이 부정한 사람과 접촉하여 오히려 자신의 거룩과 생명을 전달할 수 있다.

11 Ernst Jenni and Claus Westermann, *Theological Lexicon of the Old Testament* (Peabody, MA: Hendrickson Publishers, 1997), 1104: "The often-accepted basic meaning "set apart" (cf. e.g., Eichrodt 1:270-272) may only be inferred…"

12 J. E. Hartely, "Holy and Holiness, Clean and Unclean," ed. T. Desmond Alexander and David W. Baker, *Dictionary of the Old Testament: Pentateuch* (Downers Grove, IL: InterVarsity Press, 2003), 420.

13 David P. Wright, "Holiness: Old Testament," ed. David Noel Freedman, *The Anchor Yale Bible Dictionary* (New York: Doubleday, 1992), 237-238을 보라.

14 Hartely, "Holy and Holiness, Clean and Unclean," 430.

15 하늘로부터 소리가 있어 말씀하시되, 이는 내 사랑하는 아들이요 내 기뻐하는 자라 하시

니라(마 3:17); 말할 때에 홀연히 빛난 구름이 그들을 덮으며 구름 속에서 소리가 나서 이르시되, 이는 내 사랑하는 아들이요 내 기뻐하는 자니 너희는 그의 말을 들으라 하시는지라(마 17:5); 하늘로부터 소리가 나기를 너는 내 사랑하는 아들이라. 내가 너를 기뻐하노라 하시니라(막 1:11); 성령이 비둘기 같은 형체로 그의 위에 강림하시더니, 하늘로부터 소리가 나기를 너는 내 사랑하는 아들이라. 내가 너를 기뻐하노라 하시니라(눅 3:22); 지극히 큰 영광 중에서 이러한 소리가 그에게 나기를, 이는 내 사랑하는 아들이요 내 기뻐하는 자라 하실 때에 그가 하나님 아버지께 존귀와 영광을 받으셨느니라(벧후 1:17).

16 아버지께서 나를 사랑하신 것 같이 나도 너희를 사랑하였으니 나의 사랑 안에 거하라. 내가 아버지의 계명을 지켜 그의 사랑 안에 거하는 것 같이 너희도 내 계명을 지키면 내 사랑 안에 거하리라. 내가 이것을 너희에게 이름은 내 기쁨이 너희 안에 있어 너희 기쁨을 충만하게 하려 함이라(요 15:9-11).

17 개역개정은 '로기켄'이라는 단어를 '영적'이라고 번역하지만, 슈라이너는 '합리적인' 혹은 '합당한'으로 번역하는 것이 더 낫다고 논증한다. 슈라이너, 『BECNT 베이커 신약 성경 주석, 로마서』, 763.

18 이상의 예들은 아래의 책에서 가져온 것이다. Albino Barrera, *Market Complicity and Christian Ethics*, New Studies in Christian Ethics, 31 (Cambridge, UK: Cambridge University Press, 2011), 1-2.

19 Barrera, *Market Complicity and Christian Ethics*, 2.

20 유튜브에 있는 "J.I. Packer-On Personal Holiness"라는 강의의 26분 근처를 보라. https://www.youtube.com/watch?v=EDnk-jSz7Z4 (2019.4.11. 접속)

21 토머스 슈라이너, 『BECNT 베이커 신약성경 주석, 로마서』, 배용덕 옮김(서울: 부흥과개혁사, 2012), 763.

22 아르메니아 정교회 신학자인 비겐 구로이안의 주장이다. Vigen Guroian, "Seeing Worship as Ethics," in Vigen Guroian, *Incarnate Love* (1987), 71. Bernd Wannenwetsch, *Political Worship: Ethics for Christian Citizens* (Oxford: Oxford University Press, 2004), 17에서 재인용.

23 네 마음을 다하고 목숨을 다하고 뜻을 다하고 힘을 다하여 주 너의 하나님을 사랑하라 하신 것이요. 둘째는 이것이니 네 이웃을 네 자신과 같이 사랑하라 하신 것이라 이보다 더 큰 계명이 없느니라(막 12:30-31).

24 이러한 다양한 주제를 존 프레임은 십계명에 각각 할당하여 자세히 다룬다. 존 M. 프레임, 『기독교 윤리학』, 이경직, 김진운, 박성관, 박예일, 이진영 옮김(서울: 개혁주의신학사, 2015), 제4부를 보라.

25 마음에 대한 논의는 제임스 사이어, 『코끼리 이름 짓기』, 홍병룡 옮김(서울: 한국기독학생회 출판부, 2007), 58-59를 참조.

26 유튜브에 있는 "J.I. Packer-On Personal Holiness"라는 강의의 27분 근처를 보라. https://www.youtube.com/watch?v=EDnk-jSz7Z4 (2019.4.11. 접속)

27 기독교회에서 학문과 목회 공동체 전통은 매우 중요한 역할을 감당했다. 바실리우스의 수
　 도원 공동체, 아우구스티누스의 카시키아쿰 공동체, 칼뱅의 금요 목회자 모임 등은 '함께
　 살아감'(synousia)과 '함께 신학함'(syntheologia)의 전통을 잘 보여준다. J. 다우마, 『개혁주
　 의 윤리학』, 신원하 옮김(서울: 기독교문서선교회, 2003), 70.을 보라.

1장　기독교 윤리학의 토대

1　J. 다우마, 『개혁주의 윤리학』, 신원하 옮김(서울: 기독교문서선교회, 2003), 15

2　같은 책, 15에서는 ethos(에토스)나 ēthos(에이토스)의 의미를 엄밀하게 구분할 수 없다고
　 본다.

3　Allen Verhey, "Ethics in Scripture," ed. Joel B. Green, *Dictionary of Scripture
　 and Ethics* (Grand Rapids, MI: Baker Academic, 2011), 5: "Ethics may be defined as
　 disciplined reflection concerning moral conduct and character."

4　J. 다우마, 『개혁주의 윤리학』, 신원하 옮김(서울: 기독교문서선교회, 2003), 17을 참조하여
　 수정했다.

5　참고로 동물의 권리에 대해서는 아래 책들을 보라. Angus Taylor, *Animals & Ethics:
　 An Overview of the Philosophical Debate*, ed. John W. Burbidge (Buffalo:
　 Broadview Press, 2009), 특히 제3장; Andrew Linzey and Clair Linzey, eds., *The
　 Palgrave Handbook of Practical Animal Ethics*, The Palgrave Macmillan Animal
　 Ethics Series (London: Palgrave Macmillan UK, 2018), 266에서는 덴마크 농림식품부 장
　 관을 역임했던 댄 조르겐센(Dan Jørgensen)이 했던 주장 즉, "동물의 권리는 종교보다 앞
　 선다"라는 말을 소개한다.

6　Thomas Conner, "Robot Rights," New Media & Society, 2019; Herman Tavani,
　 "Can Social Robots Qualify for Moral Consideration? Reframing the Question
　 about Robot Rights," *Information* 9, no. 4 (2018): 73; Jennifer Robertson, *Robot
　 Rights vs. Human Rights* (University of California Press, 2017); Shesen Guo and
　 Ganzhou Zhang, "Robot Rights," *Science* (New York, N.Y.) 323, no. 5916 (2009):
　 876. David J. Gunkel, *Robot Rights* (Cambridge, MA: MIT Press, 2018), 서론
　 (Introduction)에서는 로봇 윤리를 생각할 때, 로봇을 능동적 행위자(agent)의 입장에서만
　 볼 것이 아니라, 수동적 피해자(patient)의 입장에서도 생각해야만 로봇의 권리를 제대로
　 파악할 수 있다고 제안한다.

7　헤로도토스의 『역사』를 보더라도 이런 모습은 자주 나온다. 한 예로, 헤로도토스, 『역사』 2
　 권 35장에 보면, 아이깁토스(=이집트)인들이, "짐을 나를 때에는 남자들은 머리에 이고 여
　 자들은 어깨 위에 얹는다. 또 소변을 볼 때에는 여자들은 똑바로 서서 보고 남자들은 앉
　 아서 본다"라고 하는데, 이렇게 사람들의 습속에 대한 관찰에 따른 서술이 서술 윤리학의

시초가 된 것이라 볼 수 있다. 『역사』의 번역은 Herodotos, 『역사』, 김봉철 옮김(서울: 도
서출판 길, 2016), 223에서 인용함.

8   『연대기』의 원전 편집본은 Goodyear의 편집본이 좋다. 그 외에도 Fisher와
Koestermann의 편집본이 좋다. F. R. D. Goodyear, *The Annals of Tacitus, Books
1-6*, edited with a commentary (Cambridge, UK: Cambridge University Press, 1972);
C. D. Fisher, ed., *Cornelii Taciti Annalium* (Oxford: Oxford University Press, 1902);
E. Koestermann, ed., *Cornelius Tacitus, Annalen*, 4 Vols., (Heidelberg: Carl Winter,
1963-1968).

9   Goodyear, *The Annals of Tacitus*, 32-37.

10   "Is-Ought Problem"에 대해서는 아래 사이트를 참조하라. http://plato.stanford.edu/
entries/hume-moral/#io

11   존 M. 프레임, 『기독교 윤리학』, 이경직, 김진운, 박성관, 박예일, 이진영 옮김(서울: 개혁주
의신학사, 2015), 52.

12   같은 책, 52.

13   Wayne Grudem, *Christian Ethics: An Introduction to Biblical Moral Reasoning*
(Wheaton: Crossway, 2018), 37: "Christian ethics is any study that answers the
question, 'What does the whole Bible teach us about which acts, attitudes, and
personal character traits receive God's approval, and which do not?'" 그루뎀은
John M. Frame, *The Doctrine of the Christian Life: A Theology of Lordship*, First
edition (Phillipsburg, NJ: P & R Publishing, 2008), 10에 나오는 정의를 수정했다고 밝히
고 있다.

14   J. 다우마, 『개혁주의 윤리학』, 신원하 옮김(서울: 기독교문서선교회, 2003), 26을 약간 수정
했다.

15   이것은 직접 인용이라기보다는 헤겔의 『철학사』에 고대 철학 부분을 나름대로 요약한 것
이다.

16   이것을 게오르그 짐멜은 '가장 외적인 결단'과 '가장 내적인 결단'이라고 표현하거나, '행
위자 자신의 행복'과 '도덕적 의무 이행'이라고 표현한다. 그런데 짐멜이 말하는 '도덕적
의무 이행'이라고 했을 때의 '도덕'은 주로 사회적 측면을 뜻한다. 게오르그 짐멜, 『근대
세계관의 역사』, 김덕영 옮김(서울: 길, 2007), 129.

17   헤겔은 『안티고네』를 매우 좋아하여 그리스어에서 직접 번역하기도 했다. 강성화, "헤겔
『법철학』", 「철학사상연구소」, 별책 제2권 제7호 (2003), 1쪽 참조. 학계의 원로 가운데
이태수 선생 외에, 지틀리히카이트와 모랄리테트를 고민한 또 다른 한국 학자로 김우창
교수를 들 수 있다. 김우창 교수도 나름의 방식으로 그 둘 사이를 설명하였다. 김우창, 문
광훈, 『세 개의 동그라미』(서울: 민음사, 2016) 참조.

18   위의 강의는 이태수 선생(서울대 철학과 명예교수)께서 2007년 11월 6일에 강의하신 내용
을 내가 약간 덧붙이고, 수정한 것이다.

19   Hans-Richard Reuter, "Warum Ethik?," in *Handbuch der Evangelischen Ethik*, eds. Wolfgang Huber et al. (München: C.H. Beck, 2015), 11-14을 보라.

20   세속화의 다양한 의미에 대해서는 오언 채드윅, 『19세기 유럽정신의 세속화』, 이정석 옮김(서울: 현대지성사, 1999); 이정석, 『세속화 시대의 기독교』(서울: 이레서원, 2000); 찰스 테일러, 『세속화와 현대 문명』, 김선욱 외 옮김(서울: 철학과현실사, 2003)을 참조하라.

21   한스 큉, 『세계 윤리 구상』, 안명옥 옮김(칠곡군: 분도출판사, 1992)를 보라.

22   Sandra Sullivan-Dunbar, *Human Dependency and Christian Ethics, New Studies in Christian Ethics* (Cambridge, UK: Cambridge University Press, 2017), 제2장과 3장을 보라.

23   Otfried Höffe, *Moral als Preis der Moderne: Ein Versuch über Wissenschaft, Technik und Umwelt* (Frankfurt a.M.: Suhrkamp, 1993)를 보라.

24   J. 다우마, 『개혁주의 윤리학』 신원하 옮김(서울: 기독교문서선교회, 2003), 52.

25   아우구스티누스, 『신국론』, V.10.2: "Male autem vivitur, si de Deo non bene creditur."

26   바르트는 교의학과 윤리학을 분리해서 다루지 않았다. 그러나 이 방법 역시 너무 고집스럽게 주장할 필요는 없다. J. 다우마, 『개혁주의 윤리학』, 신원하 옮김(서울: 기독교문서선교회, 2003), 233-234 참조.

27   같은 책, 52.

28   같은 책, 53에서 재인용.

29   같은 책, 53. 원래 칸트는 "개념 없는 직관은 맹목이고, 직관 없는 개념은 공허하다"라고 말했다.

30   이 책에서 『하이델베르크 교리문답』은 성약출판사 홈페이지에서 제공하는 것을 인용함.

31   히브리어 명사형으로 '기름 부음 받은 자'는 '마쉬아흐'이다. 시편 105:15에서는 선지자들에게 이 명사를 적용하였다. 그리고 레위기 4:3, 5, 16에 보면 제사장을 가리켜서 이 명사형을 사용하였다. 하지만 이 명사형이 가장 많이 사용되는 경우는 '왕'이다. 시편 18:50; 132:10 등을 보면, 특별히 다윗 왕가의 왕과 관련하여 '기름 부음 받은 자'라는 명사형이 사용된다. 그 외에도 제왕 시편이라고 불리는 시편들(시편 2, 18, 20, 21, 45, 72, 89, 101, 110, 132, 144)에서 '기름 부음 받은 자'는 왕을 가리킨다. 그럼에도 불구하고, '기름 부음 받은 자'가 왕뿐 아니라, 제사장과 선지자도 해당된다고 보는 견해는 틀린 것이 아니다. Marinus de Jonge, "Messiah," ed. David Noel Freedman, *The Anchor Yale Bible Dictionary* (New York: Doubleday, 1992), 779-780을 참조하라.

32   이하의 내용은 우병훈, 『예정과 언약으로 읽는 그리스도의 구원』(서울: SFC출판부, 2013), 제1장을 두루 수정하고 발전시킨 것이다. 그리스도의 세 직분에 대한 신학적으로 탁월한 논의는 아래 책에서 발견된다. Robert J. Sherman, *King, Priest, and Prophet: A Trinitarian Theology of Atonement* (New York: T & T Clark International, 2004).

33   하이델베르크 교리문답 제13문답을 보라.

문 | 우리가 스스로 하나님의 의를 만족시킬 수 있습니까?

답 | 결코 그렇지 않습니다. 오히려 우리는 날마다 우리의 죄책(罪責)을 증가시킬 뿐입니다.

34 하물며 영원하신 성령으로 말미암아 흠 없는 자기를 하나님께 드린 그리스도의 피가 어찌 너희 양심을 죽은 행실에서 깨끗하게 하고 살아 계신 하나님을 섬기게 하지 못하겠느냐?(히 9:14)

35 이 예수를 하나님이 그의 피로써 믿음으로 말미암는 화목 제물로 세우셨으니 이는 하나님께서 길이 참으시는 중에 전에 지은 죄를 간과하심으로 자기의 의로우심을 나타내려 하심이니(롬 3:25).

그는 우리 죄를 위한 화목 제물이니 우리만 위할 뿐 아니요 온 세상의 죄를 위하심이라(요일 2:2).

사랑은 여기 있으니 우리가 하나님을 사랑한 것이 아니요 하나님이 우리를 사랑하사 우리 죄를 속하기 위하여 화목 제물로 그 아들을 보내셨음이라(요일 4:10).

36 아래 글에서는 식사가 포함되어 있었다는 점에서 유월절 제의가 화목제사에 해당하는 것으로 본다. J. G. Simpson, "Eucharist," in James Hastings et al., *Dictionary of the Bible* (New York: Charles Scribner's Sons, 1909), 245: "This is especially evident in the Passover, which is a sacrifice (Ex 12:27, 34:25, Nu 9:7, 13), and, as including a repast, should rank among the peace-offerings. The Eucharist, therefore, is a sacrifice, not as the commemoration of the death of Christ, but as the means of participation in the Paschal Lamb slain for us (1 Co 5:7), in the offering of the body of Christ once made on the Cross (He 10:10; cf. Jn 19:36, 1 Co 10:17)." 또한 아래 글에서는 세례와 할례를 서로 연결시키고, 성찬을 화목제와 연결시킨다. Newport J. D. White, "LORD'S DAY," ed. James Hastings et al., *A Dictionary of the Bible: Dealing with Its Language, Literature, and Contents Including the Biblical Theology* (New York: Charles Scribner's Sons, 1911-1912), 139: "Baptism was soon seen to be analogous to circumcision (Col 2:11), and also to the legal ablutions (He 10:22); while the Eucharist corresponded to the peace-offerings (1 Co 10:16-21, He 13:10)." Thomas R. Schreiner and Matthew R. Crawford, *The Lord's Supper* (Nashville: B&H Academic, 2011), 제3과 각주 51: "Collins ("The Eucharist as Christian Sacrifice," 3 and n. 6) urges that the Eucharist be interpreted in light of OT peace offerings, and that the early fathers understood this, while later fathers failed to distinguish between various OT sacrifices, resulting in the misconception of the Eucharist as a propitiatory sacrifice (ibid., 8-9)." 한편 뉴볼트는 십자가의 희생이 번제, 속죄제, 화목제를 모두 지시한다고 주장한다. W. C. E. Newbolt, *The Sacrament of the Altar*, ed. W. C. E. Newbolt and Darwell Stone, The Oxford Library of Practical Theology (London; New York; Bombay; Calcutta: Longmans, Green, and Co., 1909), 153: "These Jewish sacrifices may be gathered into three groups, namely,

Burnt-offerings, Sin-offerings, and Peace-offerings. The Holy Eucharist, as did the Sacrifice of the Cross, represents all three." 또한 아래의 책을 보라. 브랜트 피트리, 『성만찬의 신비를 풀다』, 최현만 옮김(평택: 에클레시아북스, 2016), 제3장과 4장(특히 86-89쪽).

37 2세기 초에 쓰인 『디다케』 9장 4절에 성찬의 빵에 대해 이렇게 고백하는 내용이 나온다. "이 빵 조각이 산들 위에 흩어졌다가 모여 하나가 된 것처럼, 당신 교회도 땅 끝에서부터 당신 나라로 모여들게 하소서." 한국 교회의 성찬도 이런 교제의 요소를 도입할 수 있다. 목사나 장로가 성도에게 빵을 나눠주면서 혹은 성도들이 서로에게 성찬 빵과 잔을 전달하면서 "당신을 위한 그리스도의 몸과 피입니다"라고 말할 수 있다. 그리고 성도들의 일체감을 위해서 빵과 잔을 갖고 있다가 다 같이 한 번에 먹는 것도 좋은 방법이다.

38 이를 이레나이우스(140-203), 테르툴리아누스(160-220), 아우구스티누스(354-430) 등과 같은 초대 교회 교부들은 '전체 그리스도'(totus Christus)의 교리로 발전시켰다. Emile Mersch, *The Whole Christ: The Historical Development of the Doctrine of the Mystical Body in Scripture and Tradition*, trans. John R. Kelly (Ex Fontibus Company, 2018); Egon Franz, *Totus Christus: Studien über Christus und die Kirche bei Augustin* (Bonn: Rheinischen Friedrich-Wilhelms-Universität, 1956); 김남준, 『교회와 하나님의 사랑』(서울: 총회출판국, 2019)을 참조하라.

39 리처드 B. 헤이스, 『예수 그리스도의 믿음』, 최현만 옮김(서울: 에클레시아북스, 2013)을 참조하라. 한편, 중세에는 "그리스도께서 신앙(fides)을 가졌다"라는 식으로는 말하지 않았다. J. S. Preus, *From Shadow to Promise. Old Testament Interpretation from Augustine to the young Luther* (Cambridge, MA, 1969), 226-233; J. S. Preus, "Old Testament promissio and Luther's new Hermeneutic", *Harvard Theological Review* 60 (1967), 145-161; Heiko Augustinus Oberman, "Wir Sein Pettler. Hoc Est Verum. Covenant and Grace in the Theology of the Middle Ages and Reformation," in *The Reformation: Roots and Ramifications*, trans. Andrew Colin Gow (Grand Rapids, MI: Eerdmans, 1994), 91-115쪽 특히 110쪽을 참조하라.

40 조엘 비키, 마크 존스, 『청교도 신학의 모든 것』, 김귀탁 옮김(서울: 부흥과개혁사, 2015), 411-412쪽 참조. 요한계시록 5:6, 7, 8, 12, 13; 6:1, 16; 7:9, 10, 14, 17; 12:11; 13:8, 11; 14:1, 4, 10; 15:3; 17:14; 19:7, 9; 21:9, 14, 22, 23, 27; 22:1, 3에 '어린양'이란 표현이 나온다. 특히 아래 구절들을 중심으로 살펴보라. 내가 또 보니 보좌와 네 생물과 장로들 사이에 한 어린양이 서 있는데 일찍이 죽임을 당한 것 같더라. 그에게 일곱 뿔과 일곱 눈이 있으니 이 눈들은 온 땅에 보내심을 받은 하나님의 일곱 영이더라(계 5:6).이는 보좌 가운데에 계신 어린양이 그들의 목자가 되사 생명수 샘으로 인도하시고 하나님께서 그들의 눈에서 모든 눈물을 씻어 주실 것임이라(계 7:17). 성 안에서 내가 성전을 보지 못하였으니 이는 주 하나님 곧 전능하신 이와 및 어린양이 그 성전이심이라(계 21:22). 그 성은 해나 달의 비침이 쓸 데 없으니 이는 하나님의 영광이 비치고 어린양이 그 등불이

되심이라(계 21:23). 무엇이든지 속된 것이나 가증한 일 또는 거짓말하는 자는 결코 그리로 들어가지 못하되. 오직 어린양의 생명책에 기록된 자들만 들어가리라(계 21:27). 또 그가 수정 같이 맑은 생명수의 강을 내게 보이니. 하나님과 및 어린양의 보좌로부터 나와서(계 22:1). 다시 저주가 없으며 하나님과 그 어린양의 보좌가 그 가운데에 있으리니. 그의 종들이 그를 섬기며(계 22:3). 한편, 클라스 스킬더는 요한계시록에서 그리스도께서 '어린양'으로 불리는 장면을 주석하면서, 이 땅에서의 기억이 어떤 식으로든 보존될 것을 추정하고 있다. K. Schilder, *Heaven, What Is It?* (Eerdmans, 1950) 참조.

41 증언하기를 네가 영원히 멜기세덱의 반차를 따르는 제사장이라 하였도다(히 7:17).

42 인자가 온 것은 섬김을 받으려 함이 아니라 도리어 섬기려 하고 자기 목숨을 많은 사람의 대속물로 주려 함이니라(마 20:28). 인자가 온 것은 섬김을 받으려 함이 아니라 도리어 섬기려 하고 자기 목숨을 많은 사람의 대속물로 주려 함이니라(막 10:45).

43 오히려 자기를 '비워'(헬라어-에케노센) 종의 형체를 가지사 사람들과 같이 되셨고(빌 2:7).

44 개역개정 성경에서 14절과 15절에 대칭적으로 걸리는 '카아쉐르-켄'의 구문을 살리지 못한 것이 아쉽다. "그가 이러이러 하였던 것처럼, 그렇게 저러저러 하리라"하는 대칭구조이다.

45 히브리어 사전 HALOT(#5791)에서는 14절에 나오는 '상하다'(미쉬하트)라는 단어를 '비인간적으로 일그러진'(inhumanly deformed)이라고 해석하고 있다.

46 참고로, 사회학에서 'subhumanization' 또는 'dehumanization'이라는 용어는 사회 구조 속에서 비인간적인 사태가 형성될 때를 가리킨다. 본문에서는 그와 다른 의미를 부여하였다.

47 여기에서 히브리어 '러로쉬'라는 부분은 '머리로서'라는 뜻이다. 만물의 머리로서 높으신 주님을 고백하는 것이다. "Head Christology", "Caput Christology"라는 용어는 필자가 만든 것이다. 그리고 역대상 29:11에서 히브리어 '러로쉬'라는 부분은 '머리로서'라는 뜻이다. 만물의 머리로서 높으신 주님을 고백하는 것이다.

48 하나님 혹은 그리스도가 만물의 머리가 되신다는 것은 만물의 통치자인 것을 뜻하지, 만물과 연속선상에 있음을 뜻하지는 않는다.

49 톰 라이트, 『하나님은 어떻게 왕이 되셨나』, 최현만 옮김(평택: 에클레시아북스, 2013), 2, 3부를 보라.

50 김남준, 『교회와 그리스도의 남은 고난』(서울: 생명의말씀사, 2015)를 참조하라.

51 오직 사랑 안에서 참된 것을 하여 범사에 그에게까지 자랄지라. 그는 머리니 곧 그리스도라(엡 4:15).
이는 남편이 아내의 머리 됨이 그리스도께서 교회의 머리 됨과 같음이니. 그가 바로 몸의 구주시니라(엡 5:23).
그는 몸인 교회의 머리시라. 그가 근본이시요 죽은 자들 가운데서 먼저 나신 이시니. 이는 친히 만물의 으뜸이 되려 하심이요(골 1:18).
머리를 붙들지 아니하는지라. 온 몸이 머리로 말미암아 마디와 힘줄로 공급함을 받고 연합하여 하나님이 자라게 하시므로 자라느니라(골 2:19).

특별히 요한계시록에는 머리에 대한 표현들이 많이 나온다. 요한계시록 1:14; 4:4; 9:7, 8, 17, 19; 10:1; 12:1, 3; 13:1, 3; 14:14; 17:3, 7, 9; 18:19; 19:12 등을 보라.

52 Frank Thielman, *Ephesians*, Baker Exegetical Commentary on the New Testament (Grand Rapids, MI: Baker Academic, 2010), 110: "God has used this power for the advantage of the company of believers, a group that Paul now calls 'the church.'"

53 이것은 매우 신비로운 가르침이다. David E. Garland, *1 Corinthians*, Baker Exegetical Commentary on the New Testament (Grand Rapids, MI: Baker Academic, 2003), 201-202에 나오는 자세한 논의를 참조하라. 갈랜드는 다니엘 7:22, 유다서 14-15, 마태복음 19:28, 누가복음 22:30, 요한계시록 2:26-27; 22:5, 디모데후서 2:12 등을 관련 구절로 제시하고 해설하고 있다.

54 아래 구절도 역시 그런 맥락에서 해석해야 한다. 그 후에는 마지막이니 그가 모든 통치와 모든 권세와 능력을 멸하시고 나라를 아버지 하나님께 바칠 때라(고전 15:24). Roy E. Ciampa and Brian S. Rosner, *The First Letter to the Corinthians*, The Pillar New Testament Commentary (Grand Rapids, MI; Cambridge, U.K.: William B. Eerdmans Publishing Company, 2010), 765-767쪽을 참조하라. 조엘 비키, 마크 존스, 『청교도 신학의 모든 것』, 김귀탁 옮김(서울: 부흥과개혁사, 2015), 411-412쪽도 참조하라.

55 특히 마태복음은 구약의 예언서의 다양한 성취를 아주 잘 묘사한다. 또한 누가복음에서도 예수님은 그것을 가르치셨다. 또 이르시되 내가 너희와 함께 있을 때에 너희에게 말한 바 곧 모세의 율법과 선지자의 글과 시편에 나를 가리켜 기록된 모든 것이 이루어져야 하리라 한 말이 이것이라 하시고(눅 24:44).

56 네 하나님 여호와께서 너희 가운데 네 형제 중에서 너를 위하여 나와 같은 선지자 하나를 일으키시리니 너희는 그의 말을 들을지니라(신 18:15).

57 사람의 모양으로 나타나사 자기를 낮추시고 죽기까지 복종하셨으니 곧 십자가에 죽으심이라(빌 2:8).

58 중세의 신학자 아벨라르두스(1079-1142)는 바로 이러한 사랑의 감화를 강조했다. Peter Abailard, "Exposition of the Epistle to the Romans (Excerpt from the Second Book)," in *A Scholastic Miscellany: Anselm to Ockham*, ed. Eugene R. Fairweather (Philadelphia: Westminster, 1961), 283. 하지만 그의 견해가 펠라기우스주의는 아니라는 사실을 아래 논문에서 강조한다. Thomas Williams, "Sin, Grace, and Redemption in Abelard" in Jeffrey Brower and Kevin Guilfoy, eds., *The Cambridge Companion to Abelard* (Cambridge, UK; New York: Cambridge University Press, 2004), 258-278. 아래 웹사이트에서 볼 수 있다. http://shell.cas.usf.edu/~thomasw/abelard.htm

59 조엘 비키, 마크 존스, 『청교도 신학의 모든 것』, 김귀탁 옮김(서울: 부흥과개혁사, 2015),

405, 411~412쪽도 참조하라.

60 그는 보이지 아니하는 하나님의 형상이시요 모든 피조물보다 먼저 나신 이시니(골 1:15).

61 오직 그리스도는 죄를 위하여 한 영원한 제사를 드리시고 하나님 우편에 앉으사 그 후에
    자기 원수들을 자기 발등상이 되게 하실 때까지 기다리시나니 그가 거룩하게 된 자들을
    한 번의 제사로 영원히 온전하게 하셨느니라(히10:12-14).

62 『하이델베르크 신앙고백』과 『웨스트민스터 소교리문답』은 성약출판사 홈페이지로부터
    인용한다. 하지만 성구에 있어서는 성약에서 제시하는 것과 다른 구절들을 넣기도 했다.

63 리처드 멀러, 『칼빈 이후 개혁신학』, 한병수 옮김(서울: 부흥과개혁사, 2011), 43.

64 Ronald Feenstra, "The Atonement and The Offices of Christ", *Theological Forum*,
    Vol. XXV, No. 3 (1997). 이하에서 핀스트라의 견해를 요약한다.

65 마이클 호튼, 『언약적 관점에서 본 개혁주의 조직신학』, 이용중 옮김(서울: 부흥과개혁사,
    2012), 417.

66 독립개신교회 교육위원회 옮김, 『하이델베르크 신앙고백』(서울: 성약출판사, 2004)에서 인용.

67 하나님의 백성들이 제사장이라는 구절은 아래 구절들이 있다. 이에 대한 논의는 그레고리
    K. 빌, 『성전 신학』, 강성열 옮김(서울: 새물결플러스, 2014), 544-549를 보라.

    너희가 내게 대하여 제사장 나라가 되며 거룩한 백성이 되리라. 너는 이 말을 이스라
    엘 자손에게 전할지니라(출 19:6).

    그러나 너희는 택하신 족속이요 왕 같은 제사장들이요 거룩한 나라요 그의 소유가
    된 백성이니 이는 너희를 어두운 데서 불러 내어 그의 기이한 빛에 들어가게 하신 이의
    아름다운 덕을 선포하게 하려 하심이라(벧전 2:9).

    그의 아버지 하나님을 위하여 우리를 나라와 제사장으로 삼으신 그에게 영광과 능력
    이 세세토록 있기를 원하노라 아멘(계 1:6).

    그들로 우리 하나님 앞에서 나라와 제사장들을 삼으셨으니 그들이 땅에서 왕 노릇
    하리로다 하더라(계 5:10).

    이 첫째 부활에 참여하는 자들은 복이 있고 거룩하도다. 둘째 사망이 그들을 다스리
    는 권세가 없고 도리어 그들이 하나님과 그리스도의 제사장이 되어 천 년 동안 그리스도
    와 더불어 왕 노릇 하리라(계 20:6).

68 신자가 제사장으로서 기도의 직무에 충실해야 하는 것에 대해서는 그레고리 K. 빌, 『성전
    신학』, 강성열 옮김(서울: 새물결플러스, 2014), 544-545를 보라. 아울러, 아래 책을 보라.
    이운연, 『성전, 사랑과 그 설렘』(여수: 그라티아출판사, 2011).

69 이에 대해서는 아래의 졸고를 참조하라. B. Hoon Woo, "Pilgrim's Progress in
    Society—Augustine's Political Thought in The City of God," *Political Theology*
    16.5 (2015): 421-441.

70 칼뱅은 특별히 말씀을 전하는 목사는 정치가들을 도와서 죄를 짓는 사람이 점점 적어지
    도록 힘써야 한다고 했다. 칼뱅은 이 일을 위해서 목사와 정치가들이 서로 방해하지 않고
    서로가 연결되어 도와야 한다고 주장했다(『기독교강요』 4.11.3). 물론 칼뱅의 말은 기독교

사회였던 제네바 시와 유럽의 여러 도시의 상황을 염두에 두고 이해해야 한다. 하지만 오늘날 정치와 종교, 국가와 교회가 구분되어야 한다고 해서 서로 분리될 수는 없다는 사실을 알아야 한다. 정치 영역은 그리스도인의 삶의 중요한 부분이므로, 목사들은 교인들이 정치적으로 의무감과 책임감을 가지고, 성경적 가치관에 따라서 정치적 판단을 하도록 도와야 한다. 특별히 칼뱅이 말했듯이, 세상에 범죄를 막는 일에 교회는 정치가들과 협력할 필요가 있다.

71 성도들은 왕으로서 그리스도와 함께 다스릴 것이다.

또 내가 보좌들을 보니 거기에 앉은 자들이 있어 심판하는 권세를 받았더라. 또 내가 보니 예수를 증언함과 하나님의 말씀 때문에 목 베임을 당한 자들의 영혼들과 또 짐승과 그의 우상에게 경배하지 아니하고 그들의 이마와 손에 그의 표를 받지 아니한 자들이 살아서 그리스도와 더불어 천 년 동안 왕 노릇 하니(계 20:4).

아래 구절에서는 왕적 직무와 제사장적 직무가 함께 나타난다.

그러나 너희는 택하신 족속이요 왕 같은 제사장들이요 거룩한 나라요 그의 소유가 된 백성이니 이는 너희를 어두운 데서 불러 내어 그의 기이한 빛에 들어가게 하신 이의 아름다운 덕을 선포하게 하려 하심이라(벧전 2:9).

이 첫째 부활에 참여하는 자들은 복이 있고 거룩하도다. 둘째 사망이 그들을 다스리는 권세가 없고 도리어 그들이 하나님과 그리스도의 제사장이 되어 천 년 동안 그리스도와 더불어 왕 노릇 하리라(계 20:6).

72 1541년과 1561년의 교회 헌법에서 칼뱅은 네 가지 형태로 직분을 나눴다. 이는 목사(pastores), 교사(doctores), 장로(presbyteri), 집사(diaconi)이다. 오토 베버,『칼빈의 교회관』, 김영재 옮김(수원: 합신대학원출판부, 2008), 65. 칼뱅이 이렇게 직분론을 구체화시킨 것에는 부서(Bucer)의 영향이 크다. 칼뱅은 스트라스부르에서 3년간 지내면서 부서에게서 교회론에 대해 많은 내용을 배웠다. 빌렘 판 엇 스페이커르,『칼뱅의 생애와 사상』, 박태현 옮김(서울: 부흥과개혁사, 2009, 131). 스페이커르는 "교회관에 있어서, 칼뱅은 전적으로 부서와 외콜람파디우스의 발자취를 따랐다"고 말한다(앞 책, 130). 그러나 나중에 칼뱅은 목사직 안에 교사직을 포함함으로써, 최종적으로 삼중직의 직분론을 전개했다. 한편, 1561년에 나온 벨직 신앙고백서 30조에도 세 직분을 구분한다. "하나님의 말씀을 설교하고 성례를 시행하기 위해서 사역자 혹은 목사들과, 목사들과 함께 교회 회의(당회)를 구성할 감독들과, 집사들이 있어야 한다." 1618년에 나온 도르트 교회정치 2조에서도 "세 직분이 구분되어야 한다. 말씀의 사역자, 장로, 집사. 어떤 목사들은 신학생들을 교육시키는 일을 위해, 또 다른 목사들은 선교 사역을 위해서 구별된다"라고 적고 있다. 대한예수교장로회 고신총회,『헌법 해설』(2014), 160에서 재인용.

73 카이퍼와 바빙크의 견해가 그러했다. 대한예수교장로회 고신총회,『헌법 해설』(2014), 160.

74 코넬리스 반 담,『성경에서 가르치는 장로』, 김헌수, 양태진 옮김(서울: 성약출판사, 2012). 이 책은 장로직뿐 아니라, 직분에 대한 성경적 이해를 아주 잘 설명하고 있다.

75 한병수, 『개혁파 정통주의 신학 서론』(서울: 부흥과개혁사, 2014), 117에서 "어거스틴 해석학의 핵심은 하나님의 말씀을 해석할 때 어떤 구절도 하나님 사랑과 이웃 사랑으로 귀결되지 않으면 아무것도 해석하지 않았다는 점에 있습니다"라고 잘 정리하고 있다.

76 이런 점에서 김근주, 『나를 넘어서는 성경 읽기』(서울: 성서유니온, 2016)의 제11장에 나오는 주장은 좀 더 정교화되지 않으면 '상황 윤리'로 오해될 소지가 있다. 그 책(163-164쪽)에서는 노예제도를 예로 들면서, "사랑의 법에 부합하지 않는 성경 읽기와 이해는 본문과 일치하더라도 재고되어야 한다고 조심스럽게 말할 수 있다. 왜냐하면 '사랑하지 아니하는 자는 하나님을 알지 못하나니 이는 하나님은 사랑이심'(요일 4:8)이기 때문이다"라고 했는데, 역으로 그곳에서 말하는 '사랑'은 누가 규정한 사랑인가에 대하여 물어야 할 것이다. 아우구스티누스에게는 '사랑의 법'도 중요했지만, '법에 대한 사랑'도 중요했다. 여기서 '법'이란 하나님의 뜻을 모아놓은 율법을 넓은 의미로 표현한 것이다. 따라서 성경이 말하는 '사랑'의 의미에 대한 보다 깊은 탐구 없이 '사랑의 법'에 따라 성경을 해석해야 한다는 주장은 아직 절반 이상은 말하지 않은 셈이라 볼 수 있다. 노예제도와 같은 문제 말고, 예를 들어 동성애나 이혼, 혹은 안락사와 같은 이슈들에 대해서 어떤 결정이 '사랑의 법'에 따른 해석인지 결정하기는 쉽지 않을 것이다. 전통적인 기독교 윤리학 전통은 십계명이 '하나님 사랑'과 '이웃 사랑'으로 요약됨을 알면서도, 여전히 열 가지 계명 모두를 중요하게 다룬다. 그 이유는 '사랑'이라는 말이 갖는 모호성과 임의성을 극복하기 위해서다. 아래 논의도 보라. 송영목, 『다차원적 신약 읽기』(서울: 기독교문서선교회, 2018), 제5부에 나오는 "루터의 십계명 교리문답에서 배우는 선교적 교회".

77 이 작품은 *Patrologia Latina*, 34에 실려 있다. 보다 최근의 편집으로는 *Corpus Scriptorum Ecclesiasticorum Latinorum*, 12에 실린 것을 보라.

78 다음과 같은 아우구스티누스의 작품들을 보라. *ep.* 229.1; *en. Ps.* 123.3; *s.* 49.5; 146.2; *c. Faust.* 22.60. 아우구스티누스의 작품 약어에 대해서는 Allan D. Fitzgerald, ed., *Augustine through the Ages: An Encyclopedia* (Grand Rapids, MI: Eerdmans, 1999), xxxv-xlii를 보라.

79 Anne-Marie la Bonnardiere, *Saint Augustin et la Bible* (Paris: Beauchesne, 1986), 401-402를 보라.

80 Gerald W. Schlabach et al., "Ethics," ed. Fitzgerald, *Augustine through the Ages*, 324.

81 네덜란드의 더 진전한 종교개혁에 대해서 독일 학계는 주로 단순히 '경건주의'로 치부하거나 '실천만 강조한 신학'으로 잘못 해석하는 경향이 있다. 대표적으로 Hauschild(하우쉴트)의 교회사(*Lehrbuch der Kirchen- und Dogmengeschichte, Bd.2, Reformation und Neuzeit*)를 보면 그렇게 정리되어 있다. 그러나 이는 잘못된 해석이다. 마스트리히트의 책에서 보듯이, '네덜란드의 더 진전한 종교개혁'은 교리와 생활 모두를 다룬다. 한편, 'Nadere Reformatie'의 번역에 대해서는 Adriaan C. Neele, *Petrus Van Mastricht (1630-1706): Reformed Orthodoxy: Method and Piety* (Brill Academic Publishers,

2009), 14쪽 각주 63을 보라. 거기 보면, 조엘 비키(Joel Beeke)가 못마땅하게 여기지만, '네덜란드 제2차 종교개혁'(Dutch Second Reformation)이란 용어가 학자들 사이에서 점점 많이 받아들여지는 번역어가 되고 있다고 소개한다.

82 김남준, 『개혁주의 중생론 연구─J. Calvin과 Petrus Van Mastricht를 중심으로』(안양: 열린교회출판부, 2009), 16.

83 같은 책, 17.

84 Neele, *Petrus Van Mastricht*, 11.

85 *The Works of Jonathan Edwards*, vol. 16, Yale, 1998, p. 217. [참고로, Yale판 에드워즈 전집은 전체를 무료로 볼 수 있다. http://edwards.yale.edu/]

86 마스트리히트는 연구서가 아직 많지 않다. 국내에서는 유일하게 김남준, 『개혁주의 중생론 연구─J. Calvin과 Petrus Van Mastricht를 중심으로』(안양: 열린교회출판부, 2009)라는 논문이 있다. 외국 자료도 역시 드물기는 마찬가지다. 최근에 나온 아래의 두 책이 대표적이다. Aza Goudriaan, *Reformed Orthodoxy and Philosophy, 1625-1750: Gisbertus Voetius, Petrus van Mastricht, and Anthonius Driessen* (Brill Academic Publishers, 2006); Adriaan C. Neele, *Petrus Van Mastricht (1630-1706): Reformed Orthodoxy: Method and Piety* (Brill Academic Publishers, 2009). 하우드리안(위트레흐트 대학교수, 역사신학)의 책은 마스트리히트의 철학적 측면을 주로 다루었다. 네일러(예일 대학교수, 역사신학)의 책은 『이론-실천 신학』에 집중하면서, 마스트리히트의 신학을 볼 때 '네덜란드의 더 진전한 종교개혁'은 교리와 생활 모두 관심을 가졌음을 잘 알 수 있다고 논증한다. 그 외의 참고 서적에 대해서는 네일러의 책, 3쪽 각주 3을 보라. 마스트리히트가 쓴 책 중 한 권이 영어로 번역되어 있다. Peter Van Mastricht, *A Treatise on Regeneration* (Soli Deo Gloria Ministries, 2002). 이 책은 절판되었다가, Soli Deo Gloria에서 다시 출판되었다. 사실 이 책은 『이론-실천 신학』의 한 부분인데, 1769년 익명의 번역자에 의해 영어로 번역된 것이다(김남준, 14). 출판은 1770년에 된 것으로 되어 있다(Neele, 294). 타드 레스터(Todd Rester, 칼빈신학교, 역사신학 박사과정)가 마스트리히트의 주저, 『이론-실천 신학』을 라틴어 원전에서 영어로 번역 중이다. 이 책은 네덜란드어로는 이미 예전(1749-1753)에 번역되었다. 그리고 2003년에 화란의 출판사(F. N. Snoek)에서 재출판했다. 이 책이 영어로 출판되면, 아마도 영어권에서 마스트리히트에 대한 연구가 활발하게 일어날 것이며, 아울러 17세기 신학에 대한 연구에도 좀 더 박차가 가해질 것으로 예상된다.

87 이것은 종교개혁자들의 신학적 성경 읽기의 전통을 신학적으로 풀어낸 것이다. 나는 이것을 '개혁주의적 렉치오 디비나'(lectio divina reformata)라고 부른다. 이러한 '개혁주의적 경건한 성경 읽기'가 오늘날 신학 연구와 목회 현장에 적용된다면, 큰 유익을 끼칠 것이다. 20세기 초반의 네덜란드 개혁파 신학자인 헤르만 바빙크도, 큰 틀에서 보면, 위와 같은 방식으로 신학을 전개하고 있다.

88 J. 다우마, 『개혁주의 윤리학』 신원하 옮김(서울: 기독교문서선교회, 2003), 68-69.

89 성경 전체를 다루면서 분량이 적절한 주석으로는 한국기독학생회출판부 성경배경주석이 좋다. 존 월튼, 빅터 매튜스, 마크 샤발라스, 크레이그 키너, 『한국기독학생회출판부 성경배경주석-신·구약 합본』, 신현기 옮김(서울: 한국기독학생회출판부, 2010). 아울러, 구약에 대한 다양한 질문들을 명쾌하게 해설하고 있는 아래 책을 보라. 신득일, 『101가지 구약 Q&A』, 1, 2(서울: 기독교문서선교회, 2015, 2018)

90 이를 위해서는 그레이엄 골즈워디의 책들(『복음과 하나님의 나라』, 『복음과 하나님의 계획』)이 도움이 많이 된다. 황창기, 『예수님, 교회 그리고 나』(2005년 개정판)도 추천한다. 이 책의 개정판 271쪽을 보면 그리스도 중심적 성경 해석과 그리스도 완결적 성경 해석의 차이를 설명한다. 그리스도 완결적 성경 해석은 신약의 저자들의 관점에서 성경을 읽는 것이다. 그리스도 중심적 성경 해석이란 모든 성경을 그리스도의 인격과 사역 중심으로 성경을 해석하는 것이며, 구약에서 신약의 방향으로 성경을 이해하는 것이다. 반면, 그리스도 완결적 성경 해석이란 예수 그리스도의 죽으심과 부활하심으로써 하나님의 구속의 목표가 달성되고 완결되었다고 보는 입장에서 구약성경을 보는 관점이다.

91 J. 다우마, 『개혁주의 윤리학』 신원하 옮김(서울: 기독교문서선교회, 2003), 84-91.

92 아래 문헌을 참조하라. 크리스토퍼 라이트, 『현대를 위한 구약 윤리(개정판)』, 김재영 옮김(서울: 한국기독학생회출판부, 2006); 폴 코판, 『구약 윤리학』, 이신열 옮김(서울: 기독교문서선교회, 2017); 리처드 헤이스, 『신약의 윤리적 비전』, 유승원 옮김(서울: 한국기독학생회출판부, 2002). Christopher J. H. Wright, "The Ethical Authority of the Old Testament: A Survey of Approaches," *Tyndale Bulletin* 43, no. 1 (May 1992): 101-120; Walter C. Jr. Kaiser, "New Approaches to Old Testament Ethics," *Journal of the Evangelical Theological Society* 35, no. 3 (September 1992): 289-297.

93 리처드 헤이스, 『신약의 윤리적 비전』, 유승원 옮김(서울: 한국기독학생회출판부, 2002), 329-330.

94 J. 다우마, 『개혁주의 윤리학』 신원하 옮김(서울: 기독교문서선교회, 2003), 81.

95 Calvin, *Institutes*, IV.xx. 14-16 (OS 5.486-489). Thomas Aquinas, *Summa Theologica*, rev. ed., vols. 1-5 (reprint; Allen TX: Christian Classics, 1981 [1920]), la2ae, 2:1031-1036.

96 알렉산드리아의 필로(약 기원전 25-약 기원후 50)는 유대인 철학자이다. 그는 모세를 가리켜서 왕, 선지자, 제사장이라는 3중직을 가진 이로 묘사한다. Philo of Alexandria, *The Works of Philo: Complete and Unabridged* (Peabody, MA: Hendrickson, 1995), 491(#3): "(3) and it is on these subjects that I now been constrained to choose to enlarge; for I conceive that all these things have fitly been united in him, inasmuch as in accordance with the providential will of God he was both a king and a lawgiver, and a high priest and a prophet, and because in each office he displayed the most eminent wisdom and virtue." Philo of Alexandria, *The Works of Philo*, 517(#292): "(292) Such was the life and such was the death of the king,

and lawgiver, and high priest, and prophet, Moses, as it is recorded in the sacred scriptures." 하지만, 필로가 메시아(그리스도)를 가리켜 삼중직을 가진 자라고 말한 곳은 없는 것 같다.

97　J. 다우마, 『개혁주의 윤리학』 신원하 옮김(서울: 기독교문서선교회, 2003), 113-114.

98　같은 책, 115.

99　같은 책, 117-118.

100　같은 책, 121.

101　'하나님 나라'라는 주제로 성경 전체를 해설하려는 시도는 현대의 많은 성경학자 사이에서 비판 받고 있는 실정이다. 그 틀이 개별 본문을 너무 단순화시킨다고 보기 때문이다. 그러나 나는 오히려 개별 본문을 전체적 관점에서 보지 못하는 성경학자들이 더 큰 문제라고 생각한다. 크리스토퍼 라이트의 견해도 시릴 로드(Cyril Rodd)에 의해서 비판 받았다. 임의적인 틀을 구약성경에 억지로 부과하고 있다고 로드는 비판했다. 그러나 나는 오히려 이런 틀이 구약성경을 보다 종합적으로 이해하는 데 도움이 된다고 판단한다.

102　크리스토퍼 라이트, 『현대를 위한 구약 윤리(전면 확대개정판)』, 김재영 옮김(서울: 한국기독학생회출판부, 2015), 25-61.

103　같은 책, 63-102.

104　같은 책, 제2부 전체를 참조하라.

105　반 담의 아주 자세한 분석을 참조하라. 김헌수, 코넬리스 반 담, 윈스턴 후이징아, 『성경에서 가르치는 집사와 장로』(서울: 성약출판사, 2013), 40-51.

106　아래와 같이 솔로몬이 자신의 왕권을 위해 기도했던 시편 72편의 기도를 보면 이 사실을 알 수 있다. (시편 72편) [1] 하나님이여 주의 판단력을 왕에게 주시고 주의 공의를 왕의 아들에게 주소서. [2] 그가 주의 백성을 공의로 재판하며 주의 가난한 자를 정의로 재판하리니 [3] 의로 말미암아 산들이 백성에게 평강을 주며 작은 산들도 그리하리로다. [4] 그가 가난한 백성의 억울함을 풀어 주며 궁핍한 자의 자손을 구원하며 압박하는 자를 꺾으리로다. [12] 그는 궁핍한 자가 부르짖을 때에 건지며 도움이 없는 가난한 자도 건지며 [13] 그는 가난한 자와 궁핍한 자를 불쌍히 여기며 궁핍한 자의 생명을 구원하며 [14] 그들의 생명을 압박과 강포에서 구원하리니 그들의 피가 그의 눈 앞에서 존귀히 여김을 받으리로다.

107　김헌수, 코넬리스 반 담, 윈스턴 후이징아, 『성경에서 가르치는 집사와 장로』(서울: 성약출판사, 2013), 63(반 담).

108　토지를 영구히 팔지 말 것은 토지는 다 내 것임이니라. 너희는 거류민이요 동거하는 자로서 나와 함께 있느니라(레 25:23).

109　우병훈, "헤시오도스의 디케(DIKH) 개념과 고대 근동의 정의 개념 비교 연구," 「서양고전학연구」 24 (2005): 1-29 참조. 라이트, 『현대를 위한 구약 윤리(전면 확대개정판)』, 356도 이를 인정한다.

110　모든 나라 가운데서 이르기를 여호와께서 다스리시니 세계가 군게 서고 흔들리지 않으리

라. 그가 만민을 공평하게 심판하시리라 할지로다(시 96:10).

111 크리스토퍼 라이트, 『현대를 위한 구약 윤리(전면 확대개정판)』, 김재영 옮김(서울: 한국기독학생회출판부, 2015), 356.

112 같은 책, 368.

113 같은 책, 370.

114 내가 율법이나 선지자를 폐하러 온 줄로 생각하지 말라. 폐하러 온 것이 아니요 완전하게 하려 함이라(마 5:17).

115 Karl Barth, *Dogmatics in Outline* (New York: Harper & Row, 1959), 88; William Werpehowski, *Karl Barth and Christian Ethics: Living in Truth, Barth Studies* (Surrey: Ashgate, 2014), xi에서 재인용.

116 Barth, *Dogmatics in Outline*, 91.

117 수많은 잡족과 양과 소와 심히 많은 가축이 그들과 함께 하였으며(출 12:38).

118 크리스토퍼 라이트, 『현대를 위한 구약 윤리(전면 확대개정판)』, 김재영 옮김(서울: 한국기독학생회출판부, 2015), 459.

119 이러므로 남자가 부모를 떠나 그의 아내와 합하여 둘이 한 몸을 이룰지로다(창 2:24).
말씀하시기를 그러므로 사람이 그 부모를 떠나서 아내에게 합하여 그 둘이 한 몸이 될지니라 하신 것을 읽지 못하였느냐. 그런즉 이제 둘이 아니요 한 몸이니 그러므로 하나님이 짝지어 주신 것을 사람이 나누지 못할지니라 하시니(마 19:5-6).
　　　이러므로 사람이 그 부모를 떠나서 그 둘이 한 몸이 될지니라. 이러한즉 이제 둘이 아니요 한 몸이니 그러므로 하나님이 짝지어 주신 것을 사람이 나누지 못할지니라 하시더라(막 10:7-9).

120 크리스토퍼 라이트, 『현대를 위한 구약 윤리(전면 확대개정판)』, 김재영 옮김(서울: 한국기독학생회출판부, 2015), 459, 461. 아래에서도 일부다처제가 지닌 신학적 의미를 잘 설명한다. 폴 코판, 『구약 윤리학』, 이신열 옮김(서울: 기독교문서선교회, 2017), 제11장.

121 사람이 아내를 맞이하여 데려온 후에 그에게 수치되는 일이 있음을 발견하고 그를 기뻐하지 아니하면 이혼 증서를 써서 그의 손에 주고 그를 자기 집에서 내보낼 것이요 그 여자는 그의 집에서 나가서 다른 사람의 아내가 되려니와 그의 둘째 남편도 그를 미워하여 이혼 증서를 써서 그의 손에 주고 그를 자기 집에서 내보냈거나 또는 그를 아내로 맞이한 둘째 남편이 죽었다 하자 그 여자는 이미 몸을 더럽혔은즉 그를 내보낸 전남편이 그를 다시 아내로 맞이하지 말지니 이 일은 여호와 앞에 가증한 것이라. 너는 네 하나님 여호와께서 네게 기업으로 주시는 땅을 범죄하게 하지 말지니라(신명기 24:1-4).

122 이에 대해서는 크리스토퍼 라이트, 『현대를 위한 구약 윤리(전면 확대개정판)』, 김재영 옮김(서울: 한국기독학생회출판부, 2015), 461-463을 참조하라. 리차드 헤스의 지적처럼, 여성에 대한 이러한 보호 차원의 율례들은 고대 근동에서 어떤 평행도 존재하지 않는다. Richard S. Hess, "Leviticus," in *The Expositor's Bible Commentary: Genesis-Leviticus* (Revised Edition), ed. Tremper Longman III and David E. Garland, vol. 1 (Grand

Rapids, MI: Zondervan, 2008), 713; 폴 코판, 『구약 윤리학』, 이신열 옮김(서울: 기독교문서
선교회, 2017), 169도 보라.

123 윌리엄 헨드릭슨, 『마태복음(상)』, 김만풍 옮김(서울: 아가페출판사, 1984), 459.

124 이에 대해서는 크리스토퍼 라이트, 『현대를 위한 구약 윤리(전면 확대개정판)』, 김재영 옮김
(서울: 한국기독학생회출판부, 2015), 474.

125 하나님이 오른손으로 예수를 높이시매 그가 약속하신 성령을 아버지께 받아서 너희가 보
고 듣는 이것을 부어 주셨느니라(행 2:33). 이는 그리스도 예수 안에서 아브라함의 복이
이방인에게 미치게 하고 또 우리로 하여금 믿음으로 말미암아 성령의 약속을 받게 하려
함이라(갈 3:14). 그 안에서 너희도 진리의 말씀 곧 너희의 구원의 복음을 듣고 그 안에서
또한 믿어 약속의 성령으로 인치심을 받았으니(엡 1:13). 베드로가 이르되, 너희가 회개하
여 각각 예수 그리스도의 이름으로 세례를 받고 죄 사함을 받으라. 그리하면 성령의 선물
을 받으리니(행 2:38).

126 물론, 마 10:8의 원래 문맥에서는 복음과 은사를 거저 받았으니 거저 나눠 주어야 한다는
뜻이다. 하지만 '적용적 측면'에서 본다면, 이 말씀의 윤리적 차원에서 적용할 수 있다. 예
수 그리스도의 생애를 구원론적이자 윤리적으로 파악하는 관점으로 아래 글을 보라. 김진
혁, 『질문하는 신학』(서울: 복 있는 사람, 2019), 제14장(특히 319-20쪽).

127 예수께서 이르시되, 네 마음을 다하고 목숨을 다하고 뜻을 다하여 주 너의 하나님을 사랑
하라 하셨으니 이것이 크고 첫째 되는 계명이요 둘째도 그와 같으니 네 이웃을 네 자신
같이 사랑하라 하셨으니 이 두 계명이 온 율법과 선지자의 강령이니라(마 22:37-40).

128 사랑은 이웃에게 악을 행하지 아니하나니 그러므로 사랑은 율법의 완성이니라(롬 13:10).

129 J. A. T. Robinson, *Honest to God*, 1963, 105ff.

130 존 스토트, 『로마서 강해』, 정옥배 옮김(서울: 한국기독학생회출판부, 1996), 467.

131 누구든지 자기 친족 특히 자기 가족을 돌보지 아니하면 믿음을 배반한 자요 불신자보다
더 악한 자니라(딤전 5:8). 경건에 형제 우애를, 형제 우애에 사랑을 더하라(벧후 1:7). 베드
로후서 1:1-11에 대한 필자의 설교를 참조하라.

132 나는 이 몸의 비유가 아담 기독론에서 연유한 것이 아닌가 추정한다. 토머스 슈라이너,
『BECNT 베이커 신약성경 주석, 로마서』, 배용덕 옮김(서울: 부흥과개혁사, 2012), 774에
서는 그 기원에 대해서는 정확히 알 수 없다며 넘어간다.

133 같은 책, 770, 775. 이하의 은사에 대한 설명은 이 책 778-781을 참조했으나 내 생각을
덧붙였다.

134 분사가 명령의 의미를 가지는 것이 히브리어에서 연유했다고 하는 설이 있는데 슈라이너
는 동의하지 않는다. 그러나 여기 나오는 분사들이 명령의 의미를 지닌 것은 분명하다고
한다. 같은 책, 784.

135 같은 책, 784.

136 사도행전의 과부 구제 사역과 바울 일행을 환대한 사람들의 예를 보라. Joshua W. Jipp,
Divine Visitations and Hospitality to Strangers in Luke-Acts: An Interpretation

of the Malta Episode in Acts 28:1-10, Supplements to Novum Testamentum, v. 153 (Leiden: Brill, 2013) 참조.

137 존 스토트, 『에베소서 강해: 하나님의 새로운 사회』, 정옥배 옮김(서울: 한국기독학생회출판부, 2011), 223.

138 같은 책, 222를 참조하여 확장시켰다.

139 같은 책, 225-236를 참조하되, 나의 설명을 많이 넣었다.

140 길성남, 『에베소서 어떻게 읽을 것인가』(서울: 한국성서유니온, 2005), 339.

141 사람이 성내는 것이 하나님의 의를 이루지 못함이라(약 1:20).

142 길성남, 『에베소서 어떻게 읽을 것인가』(서울: 한국성서유니온, 2005), 343.

143 예수께서 대답하여 이르시되, 악하고 음란한 세대가 표적을 구하나 선지자 요나의 표적 밖에는 보일 표적이 없느니라(마 12:39). 악하고 음란한 세대가 표적을 구하나 요나의 표적 밖에는 보여 줄 표적이 없느니라 하시고 그들을 떠나 가시니라(마 16:4).

144 모든 사람은 결혼을 귀히 여기고 침소를 더럽히지 않게 하라. 음행하는 자들과 간음하는 자들을 하나님이 심판하시리라(히 13:4).

145 마이클 J. 고먼, 『삶으로 담아내는 십자가』, 박규태 옮김(서울: 새물결플러스, 2010)을 보라.

146 중세 시대에 '빛에 대한 교리'가 많이 발전한 것을 보려면 아래 논문을 보라. 이무영, "로베르투스 그로세테스테와 빛 이론의 전회," 「중세철학」 제23호(2017.12.31.), 141-205. 로베르투스 그로세테스테(Robertus Grosseteste, 약 1168-1253)는 영국 중세철학자이다. 그의 작품 『빛에 대하여』(De Luce)는 12세기 영국의 철학, 수학, 자연학 등을 결집시킨 걸작으로 평가된다.

147 Bibleworks에서 조사하고, EDNT의 해당 항목을 참조했다.

148 고든 D. 피, 『성령: 하나님의 능력 주시는 임재』, 박규태 옮김(서울: 새물결플러스, 2013), 하권, 459n196. 세례의 신학적 의미에 대해서는 김진혁, 『질문하는 신학』(서울: 복 있는 사람, 2019), 664-665를 보라.

149 박영돈, 『성령 충만, 실패한 이들을 위한 은혜』(서울: SFC출판부, 2008), 42에서 재인용. 성령 충만에 대한 부분은 내가 신대원 시절에 들었던 박영돈 교수의 강의를 많이 떠올려서 기록했다.

150 "[오직 성령으로] 충만함을 받으라"라는 헬라어 동사는 수동 명령형을 사용했다.

151 고든 D. 피, 『성령: 하나님의 능력 주시는 임재』, 박규태 옮김(서울: 새물결플러스, 2013), 하권, 2:456-458을 보라.

152 같은 책, 2:458: "[성령 충만에 대한] 이 명령문은 단지 긴 자락의 한 매듭에 불과한 것이 아니라, 오히려 다른 모든 것을 풀어낼 수 있는 중요한 실마리다." 성령 충만의 실천적 의미에 대해서는 아래를 참조하라. 이찬수, 『아이덴티티: 예수 안에 있는 자』(서울: 규장, 2017), 제8장과 이찬수, 『에클레시아: 부르심을 받은 자들』(서울: 규장, 2017), 제11장.

153 성령은 아름다우신 분이며 우리를 아름답게 하시는 분이다("the Spirit is both beautiful and beautifier")라는 말은 패트릭 쉘리(Petrick Sherry)가 한 말이다.

2장 주요 신학자들의 윤리학

1 이상의 작품목록과 연대에 대해서는 Allan D. Fitzgerald, ed.*Augustine through the Ages: An Encyclopedia* (Grand Rapids, MI: Eerdmans, 1999), xliii-xlix를 보라.

2 이하의 내용은 쉴라바흐(G. W. Schlabach)와 여러 사람이 함께 작성한 아래 글에서 많은 도움을 받았다. 하지만 전반적으로 다른 내용들을 많이 보충했다. 따라서 아래 글에서는 쉴라바흐의 글이 아주 독창적으로 말하는 부분만을 각주로 달고, 아우구스티누스 학자들이 흔히 동의하는 내용에 대해서는 일일이 각주를 달지 않겠다. Gerald W. Schlabach et al., "Ethics," in Fitzgerald, ed.,*Augustine through the Ages*, 320-330.

3 Wolf-Dieter Hauschild, *Lehrbuch der Kirchen- und Dogmengeschichte*, vol. 1, Alte Kirche und Mittelalter, 2nd ed. (Gütersloh: Gütersloher Verlagshaus, 2000), 229. 이 역사서는 1판(1995년)과 2판(2000년)은 하우쉴트가 썼으나 그의 사후(死後) 드레콜이 개정하여 새로운 판을 2016년에 내놓았다. Wolf-Dieter Hauschild and Volker Henning Drecoll, *Lehrbuch der Kirchen- und Dogmengeschichte*, vol. 1, Alte Kirche und Mittelalter, 2nd ed. (Gütersloh: Gütersloher Verlagshaus, 2016). 나는 드레콜의 개정판을 선호하지만 때때로 하우쉴트가 썼던 판의 명문(名文)들과 통찰력들이 사라진 곳들이 있어서, 이전판(2000년도판)을 사용하기도 한다.

4 Hauschild, *Lehrbuch der Kirchen- und Dogmengeschichte*, 2nd ed., 1:231.

5 아우구스티누스, 『고백록』, 성염 옮김(파주: 경세원, 2016), 304-305.

6 Hauschild, *Lehrbuch der Kirchen- und Dogmengeschichte*, 2nd ed., 1:224.

7 심지어 정통 기독교로 개종한 이후에도 여전히 마니교의 영향이 나타난다고 주장하는 학자들이 있다. 대표적으로 요한네스 판 오르트(Johannes van Oort)가 그러하다. 아래 책에 실린 글들을 보라. Jacob Albert Van den Berg, ed., *"In Search of Truth": Augustine, Manichaeism and Other Gnosticism: Studies for Johannes Van Oort at Sixty* (Leiden: Brill, 2011).

8 아우구스티누스, 『신국론』, V.10.2: "Male autem vivitur, si de Deo non bene creditur."

9 이 부분에서 기술된 내용은 나의 개인적인 의견으로서, 내가 아우구스티누스의 작품을 읽으면서 발견하게 된 것이다. 하지만 나는 아우구스티누스의 윤리를 제대로 이해하기 위해서는 이런 이중성을 인식하는 것이 중요하다는 것을 시간이 흐를수록 강하게 느끼고 있다. 이 글의 뒷부분에서 나와 유사한 의견을 가지고 있는 학자 몇 명을 소개한다. 하지만 나의 입장은 그들의 입장과도 다르며, 그들의 입장에 영향을 받아서 형성된 것도 아니다. 보다 최근에 제임스 스미스는 아우구스티누스를 해석하여 정치신학을 전개했는데, 이 글에서 제시된 것과 매우 비슷한 관점으로 아우구스티누스를 해석하고 있다. 제임스 스미스, 『왕을 기다리며』, 박세혁 옮김(서울: 한국기독학생회출판부, 2019), 354를 보라.

10 Cicero, *De republica*, 1.25.39.

11 참고로, 니체, 푸코, 데리다의 정치 철학은 트라시마코스의 정의(正義) 개념을 각자 다른

방식으로 전유 혹은 응용한 것이라고 볼 수 있다.

12 Hauschild, *Lehrbuch der Kirchen- und Dogmengeschichte*, 2nd ed., 1:254; John Langan, "Political Ethics," in Allan D. Fitzgerald, ed., *Augustine through the Ages*, 325-326.

13 물론 루터의 후기 사상이 가지는 보수적인 성격에 대해서는 여러 학자가 지적하는 바이다. 자세한 논의는 우병훈, 『처음 만나는 루터』(서울: 한국기독학생회출판부, 2017), 제7장에 나타난 "두 왕국 이론의 변화"에 대한 설명을 참조하라.

14 이에 대해서는 Raymond Canning, "Uti/frui," in Fitzgerald, ed., *Augustine through the Ages*, 859-861; 아우구스티누스, 『기독교적 가르침에 대하여(De doctrina Christiana)』, 제1권; Volker Henning Drecoll, *Augustin Handbuch* (Tübingen: Mohr Siebeck, 2007), 359-360(Johannes van Oort의 저술 부분), 428-434(Johann Kreuzer의 저술 부분)을 참조하라.

15 아우구스티누스, 『편지』, 167.4.15(*Patrologia Latina*, 38:1222-1223). 에티엔느 질송, 『아우구스티누스 사상의 이해』, 김태규 옮김(서울: 성균관대학교출판부, 2010), 269에서 재인용. "욕망(쿠피디타스)"을 더 넓게 정의하여 신학적으로 탐구한 사례는 아래를 보라. 김진혁, 『질문하는 신학』(서울: 복 있는 사람, 2019), 제19장(욕망론).

16 아우구스티누스, 『창세기 문자적 해설(De Genesi ad Litteram)』, 11.15.20.

17 한나 아렌트, 『사랑 개념과 성 아우구스티누스』, 서유경 옮김(서울: 텍스트, 2013), 97에서 재인용.

18 아렌트는 "누가 나의 이웃인가?"라는 질문에 아우구스티누스가 항상 "모든 사람(Omnis homo)"이라고 대답했다고 한다. 아렌트, 『사랑 개념과 성 아우구스티누스』, 96. 이를 증거해 줄 수 있는 아우구스티누스의 작품들은 다음과 같다. 『시편 주해』, 15.5, 25.2; 『여든세 가지 다양한 질문』, 53.4; 『산상수훈』, 1.19.59; 『삼위일체론』, 8.6.9.

19 아우구스티누스의 이러한 현실적 조언은 타자의 얼굴을 신의 현현으로 보는 레비나스의 윤리보다도 더욱 실현가능하다.

20 한나 아렌트, 『사랑 개념과 성 아우구스티누스』, 서유경 옮김(서울: 텍스트, 2013), 93-97에서 아렌트는 아우구스티누스의 사상이 가진 급진성은 정통 기독교가 요구하는 것보다 더 엄격할 때도 있음을 지적한다.

21 같은 책, 167. 아렌트는 아우구스티누스의 『갈라디아서 해설(Expositio epistulae ad Galatas)』, 45를 전거로 든다.

22 이에 대한 탁월한 논의는 Mary T. Clark, "Spirituality," in Fitzgerald, ed., *Augustine through the Ages*, 814-815를 보라.

23 아우구스티누스의 사상에 있어서 "세계→자아→하나님"으로의 사유의 이동에 대해서는 아래에 약간씩 설명되어 있다. Wayne J. Hankey, "Mind," in Fitzgerald, ed., *Augustine through the Ages*, 563; Robert Crouse, "Knowledge," in Fitzgerald, ed., *Augustine through the Ages*, 486; 나는 이러한 흐름을 그의 윤리에서도 발견하였다.

메리 클락에 따르면, 아우구스티누스는 이러한 사상적 순환을 플로티노스에게서 배웠으며 그것을 보다 성경적으로 발전시켰다(『고백록』7.10.16; 9.10.23-24). Clark, "Spirituality," in Fitzgerald, ed., *Augustine through the Ages*, 814. 이것을 정치신학적 관점에서 탁월하게 설명한 것으로 아래 문헌을 보라. 제임스 스미스, 『왕을 기다리며』, 박세혁 옮김(서울: 한국기독학생회출판부, 2019), "결론: 하나님의 도성과 우리가 살고 있는 도성".

24 Ludwig Wittgenstein, *Philosophical Investigations*, ed. P. M. S. Hacker and Joachim Schulte, 4th ed. (Oxford: Wiley-Blackwell, 2009), 4-5.

25 Patrick Bearsley, "Augustine and Wittgenstein on Language," *Philosophy* 58, no. 224 (1983): 229-236; 1 A. Kenny, "The Ghost of the Tractatus," *Understanding Wittgenstein*, Royal Institute of Philosophy Lectures, 7, 1972/73, G. Vesey ed. (London: Macmillan, 1974); James Wetzel, "Wittgenstein's Augustine: The Inauguration of the Later Philosophy," in *Augustine and Philosophy*, ed. Phillip Cary, John Doody, and Kim Paffenroth (Lanham, MD: Lexington Books, 2010), 제11장.

26 Bearsley, "Augustine and Wittgenstein on Language," 236: "To accuse Augustine of a simplistic view of language because he always sought to explain the meaning of a word in terms of what it signified would be like accusing Wittgenstein of a simplistic view of language because he always sought to explain the meaning of a word in terms of its use."

27 Bearsley, "Augustine and Wittgenstein on Language," 236. 이에 대한 토론은 Erika Kidd, "In the Beginning Wittgenstein Reads Augustine," in *Augustine and Wittgenstein*, ed. Kim Paffenroth, Alexander R. Eodice, and John Doody (Lanham, MD: Rowman & Littlefield, 2018), 37-56을 보라.

28 Bearsley, "Augustine and Wittgenstein on Language," 236. 비어슬리는 할레트(Hallett)를 인용하여 비트겐슈타인이 아우구스티누스의 『고백록』외에는 읽은 책이 없다고 본다. G. Hallett, SJ, *A Companion to Wittgenstein's "Philosophical Investigations"* (Ithaca: Cornell University Press, 1977), 761을 참조하라.

29 비트겐슈타인의 학생이자 친구였던 맬콤이 남긴 전기를 보면 비트겐슈타인이 얼마나 아우구스티누스를 존경했는지 알 수 있다. Norman Malcolm, *Wittgenstein: A Memoir*, 2nd ed. (Oxford: Clarendon Press, 2001), 59-60: "he [=Wittgenstein] revered the writings of St. Augustine. He told me he decided to begin his *Investigations* with a quotation from the latter's *Confessions*, not because he could not find the conception expressed in that quotation stated as well by other philosophers, but because the conception must be important if so great a mind held it."

30 sermo나 그것의 복수형인 sermones라는 용어 외에도 enarratione, tractatus 등의 용어도 그의 설교를 지칭하기 위해 사용되는 용어이다. 아우구스티누스의 설교론에 대해서는 아래의 문헌들을 참조하라. George Lawless, "Preaching," ed. Allan

D. Fitzgerald, *Augustine through the Ages: An Encyclopedia* (Grand Rapids, MI: Eerdmans, 1999), 675-677을 참조하라. G. Lawless, "Augustine of Hippo as Preacher," in *Saint Augustine as Bishop: A Book of Essays*, ed. Fannie LeMoine and Christopher Kleinhenz (New York and London, 1994), 13-37; G. Lawless, "Augustine of Hippo (354-430)," in *Concise Encyclopedia of Preaching*, ed. W. H. Willimon and R. Lischer (Louisville, 1995), 19-22; Van der Meer, 1961, 405-467; P.-P. Verbracken, "Lire aujourd'hui les Sermons de saint Augustin. A l'Occasion du XVIe Centenaire de sa Conversion," *NRTh* 109 (1987): 829-839, ET, "Saint Augustine's Sermons: Why and How to Read Them Today," *Augustinian Heritage* 33 (1987): 105-116; Peter T. Sanlon, *Augustine's Theology of Preaching* (Minneapolis: Fortress Press, 2014).

31 이에 대해서는 Paul R. Kolbet, *Augustine and the Cure of Souls: Revising a Classical Ideal*, 1 edition (Notre Dame, Ind: University of Notre Dame Press, 2009), Part Three를 보라.

32 이것은 내가 아우구스티누스의 설교론을 연구하면서 발견한 것을 내가 만든 문장 으로 표현한 것이다. 이에 대해서는 아래의 연구들을 참조하라. Karla Pollmann, "Hermeneutical Presuppositions," ed. Fitzgerald, *Augustine through the Ages*, 426-429(특히 426-427을 보라); Sanlon, *Augustine's Theology of Preaching*, 66-67; Rowan Williams, "Language, Reality and Desire in Augustine's *De Doctrina*" *Literature and Theology* 3 (1989): 138-150.

33 Sanlon, *Augustine's Theology of Preaching*, 67: "he [=Augustine] believed that the way for listeners to learn divine truth was to be drawn into the Scriptures by a preacher who shares his own experience of that same reality."

34 Ibid., 76.

35 Ibid., 73-74.

36 Sanlon, *Augustine's Theology of Preaching*, 74-75. 아우구스티누스의 설교 270.1; 298.5; 261.2; 278.11를 참조하라. 여러 작품에서 아우구스티누스는 그리스도를 "스 승" 혹은 "내적 스승"이라고 부른다. 『교사론』 10.32-35, 14.46; 『기독교적 가르침』, praef. 8.16-17; 『고백록』, 13.31.46을 보라. 그리고 Karla Pollmann, "Hermeneutical Presuppositions," ed. Fitzgerald, *Augustine through the Ages*, 426도 보라.

37 아우구스티누스의 해석학에 대해서는 아래 글을 참조하였다. Karla Pollmann, "Hermeneutical Presuppositions," in Fitzgerald, ed., *Augustine through the Ages*, 426-429.

38 Pollmann, "Hermeneutical Presuppositions," 428.

39 『고백록』, 13.24.36: "예컨대 성경과 목소리가 하나같이 '태초에 하나님이 천지를 창조하 시니라'라고 하는 구절이 다양하게 이해되는 현상 역시 오류의 허위에서 기인하지 않고

여러 가지 참된 인식 때문이지 않던가?" 이 부분에서 나는 "세계의 기원에 대한 현대의 다양한 이론이 상존하는 이유도 참된 인식들의 차이 때문이 아닐까?"라고 생각하게 되었다.

40 아우구스티누스, 『결혼의 유익(De bono coniugali)』, 1.1.

41 한나 아렌트, 『사랑 개념과 성 아우구스티누스』, 서유경 옮김(서울: 텍스트, 2013), 177.

42 아우구스티누스, 『마니교도 파우스투스 반박(Contra Faustum Manichaeum)』, 22.30; 22.47.

43 아우구스티누스, 『입문자 교리교육』, 19.33.

44 여기에서 말하는 '비자연적' 성관계란 예를 들어 항문성교나 구강성교, 질외사정과 같은 경우를 뜻한다. 고대 로마에서 이런 성행위는 일차적으로는 동성애와 관련된 것으로 여겨졌다.

45 한나 아렌트, 『사랑 개념과 성 아우구스티누스』, 서유경 옮김(서울: 텍스트, 2013), 제3부를 보라.

46 Augustine, De Bono Coniugali, De Sancta Virginitate, ed. P. G. Walsh (Oxford: Clarendon Press, 2001), p. 14: "Coniugalis enim concubitus generandi gratia non habet culpam; concupiscentiae uero satiandae, sed tamen cum coniuge, propter tori fidem uenialem habet culpam; adulterium uero siue fornicatio letalem habet culpam."

47 아우구스티누스는 결혼에 대해 바울 사도가 인간들의 연약성 때문에 "친절을 따라 양보했다"고 적고 있다. 아래 라틴어 인용에서 밑줄 친 부분을 보라. Augustine, De bono coniugali, Corpus Scriptorum Ecclesiasticorum Latinorum (=CSEL) 41, p. 195: "eis non secundum imperium praecepit, sed secundum ueniam concedit apostolus, ut etiam praeter causam procreandi sibi misceantur, etsi eos praui mores ad talem concubitum inpellunt, nuptiae tamen ab adulterio seu fornicatione defendunt."

48 에티엔느 질송, 『아우구스티누스 사상의 이해』, 김태규 옮김(서울: 성균관대학교출판부, 2010), 336.

49 아리스토텔레스, 『정치학』, 1253a("ὁ ἄνθρωπος φύσει πολιτικὸν ζῷον").

50 이 부분은 아래의 두 글을 참조하였으나, 여러 가지 면에서 수정하여 전개했다. John Langan, S.J., "Political Ethics," in Fitzgerald, ed., Augustine through the Ages, 325-326; Robert A. Markus, "Social Ethics," in Fitzgerald, ed., Augustine through the Ages, 326-327.

51 이 부분은 Langan, S.J., "Political Ethics," 325-326을 참조했다.

52 이 부분은 아래 글의 도움을 많이 받았다. Frederick H. Russell, "War," in Fitzgerald, ed., Augustine through the Ages, 875-876.

53 이하의 내용은 Robert Dodaro, "Lying and War," in Fitzgerald, ed., Augustine through the Ages, 328-329를 참조했다.

54 나는 너희에게 이르노니 악한 자를 대적하지 말라. 누구든지 네 오른편 뺨을 치거든 왼편

도 돌려 대며(마 5:39). 너의 이 뺨을 치는 자에게 저 뺨도 돌려대며 네 겉옷을 빼앗는 자에게 속옷도 거절하지 말라(눅 6:29).

55 Augustine of Hippo, *Letters (131-164)*, ed. Roy Joseph Deferrari, trans. Wilfrid Parsons, vol. 20, The Fathers of the Church (Washington, DC: The Catholic University of America Press, 1953), p. 47.

56 Dodaro, "Lying and War," in Fitzgerald, ed., *Augustine through the Ages*, 328-329. 이런 관점에서 구약의 가나안 정복 전쟁을 설명한 예는 아래 책을 보라. 폴 코판,『구약 윤리학』, 이신열 옮김(서울: 기독교문서선교회, 2017), 제15-17장.

57 Augustine of Hippo, *Letters* (131-164), ed. Roy Joseph Deferrari, trans. Wilfrid Parsons, p. 49: "How, then, can you expect me to exaggerate the great misfortunes brought on by an immorality carried aloft by its successful onset, when they themselves, though taking a more moderate view, saw that loss of poverty at Rome, rather than of wealth, was a subject of mourning? For, by the former their purity of morals was preserved, but by the latter a dread wickedness, worse than any enemy, invaded, not the walls of the city, but the minds of the citizens."

58 우병훈,『처음 만나는 루터』(서울: 한국기독학생회출판부, 2017), 201-210을 보라.

59 이 부분은 아래 글의 도움을 많이 받았다. Frederick H. Russell, "War," in Fitzgerald, ed., *Augustine through the Ages*, 875-876. 전쟁과 정치에 대한 현대의 논의들에 대해서는 아래 책을 보라. 신원하,『전쟁과 정치: 정의와 평화를 향한 기독교 윤리』(서울: 대한기독교서회, 2003).

60 Russell, "War," 875에서 아래와 같은 아우구스티누스의 작품들을 제시한다.『설교』302.16.15;『주님의 산상설교(De sermone Domini in monte)』1.19.59; 1.20.63;『마니교도 파우스투스 반박』22.76.79;『편지』47.5; 138.2.13-15; 189.4.

61 Russell, "War," 875에서 아래와 같은 작품들을 제시한다.『마니교도 파우스투스 반박』22.70;『자유의지론』1.5.12.34;『편지』47.5.

62 Jae-Eun Park, "Lacking Love or Conveying Love? The Fundamental Roots of the Donatists and Augustine's Nuanced Treatment of Them," *Reformed Theological Review*, 72.2 (Aug 2013): 103-121에서 박재은은 도나투스파를 대하는 아우구스티누스의 기본 태도는 '사랑'에 있었다고 주장한다.

63 Russell, "War," in Fitzgerald, ed., *Augustine through the Ages*, 876을 보라. 참고로,『도나투스파 계도』는『편지』185와 동일하다. 폴 코판,『구약 윤리학』, 이신열 옮김(서울: 기독교문서선교회, 2017), 438에서는 구약 성경에서의 여호와의 전쟁과 이슬람의 지하드의 차이를 도표로 비교하고 있다. 핵심은 신의 사랑의 대상이 구약에서는 열방을 포함하는 반면에, 지하드의 경우에는 알라를 사랑하는 자에게만 제한된다는 점이다.

64 Dodaro, "Lying and War," in Fitzgerald, ed., *Augustine through the Ages*, 329를 보라.

65 『거짓말에 관하여』는 394/395년에 나온 작품이며,『거짓말 반박』은 420년경에 나온 작품이다.

66 이하에서 괄호 안의 숫자는『기독교강요』의 권, 장, 절을 나타낸다. 이하의 내용은 존 칼빈,『기독교강요』, 김종흡, 신복윤, 이종성, 한철하 옮김(서울: 생명의말씀사, 1986)에서 인용한 것이다. 첫 부분은 약간 수정하였으나, 그 이후로는 거의 그대로 실었다.

67 거기에 대로가 있어 그 길을 거룩한 길이라. 일컫는 바 되리니 깨끗하지 못한 자는 지나가지 못하겠고 오직 구속함을 입은 자들을 위하여 있게 될 것이라. 우매한 행인은 그 길로 다니지 못할 것이며(사 35:8).

68 『기독교강요』, 3권 8장에서 '십자가를 지는 것을 자기부정의 일부'로 제시하는 것을 참조하라.

69 아우구스티누스,『고백록』, 7.20.26.

70 『개혁교의학』, 2:342, 505, 665, 692. "하나님의 형상"이 지닌 신학적이고, 윤리적인 함의에 대해서는 아래 글을 보라. 김진혁,『질문하는 신학』(서울: 복 있는 사람, 2019), 제17장(특히 386-387쪽).

71 『기독교강요』 3권 9장에 나오는 '내세에 대한 명상'도 참조하라.

72 장호광,『일상속에서 만나는 칼빈신학』(용인: 킹덤북스, 2017), 111,

73 모든 사람에게 구원을 주시는 하나님의 은혜가 나타나 우리를 양육하시되 경건하지 않은 것과 이 세상 정욕을 다 버리고 신중함과 의로움과 경건함으로 이 세상에 살고 복스러운 소망과 우리의 크신 하나님 구주 예수 그리스도의 영광이 나타나심을 기다리게 하셨으니 그가 우리를 대신하여 자신을 주심은 모든 불법에서 우리를 속량하시고 우리를 깨끗하게 하사 선한 일을 열심히 하는 자기 백성이 되게 하려 하심이라(딛 2:11-14).

74 플라톤,『국가』 4권 433a; 아리스토텔레스,『니코마코스 윤리학』 1131; 키케로,『신들의 본성에 관하여(De natura deorum)』 III, 38; 키케로,『최고선악론(De finibus bonorum et malorum)』 V, 67; 키케로,『법률론(De legibus)』 1, 6 19; 키케로,『의무론(De officiis)』 I, 15; 유스티니아누스 편찬,『법학제요(Institutiones)』 1,1,3-4; 아우구스티누스,『질서론』 1.19; 2.22;『여든세 가지 다양한 질문(De diversis quaestionibus octoginta tribus)』 2; 31.1;『자유의지론』 1.27;『시편 강해』 83.11;『신국론』 19.4; 19.21; 아퀴나스,『신학대전』, II-II, q. 57, a. 4.

75 장호광,『일상속에서 만나는 칼빈신학』(용인: 킹덤북스, 2017), 199.

76 오직 선을 행함과 서로 나누어 주기를 잊지 말라. 하나님은 이같은 제사를 기뻐하시느니라(히 13:16).

77 귄터 하스, '윤리와 교회 권징', 헤르만 셀더하위스,『칼빈 핸드북』, 김귀탁 옮김(서울: 부흥과개혁사, 2013), 654-658.

78 칼뱅의 갈 5:24 주석과 벧전 4:1에 대한 주석을 보라.

79 칼뱅의 벧전 4:12-13에 대한 주석을 보라.

80 칼뱅의 창 1:26-28 주석과 시 8:5, 딤전 4:5에 대한 주석을 보라.

81 빙그렌의 책은 루터의 직업소명설 연구 분야에서는 하나의 고전이 되었다. Gustaf Wingren, *Luthers Lehre vom Beruf*, Forschungen zur Geschichte und Lehre des Protestantismus 3 (München: Kaiser, 1952); 영역은 Gustav Wingren, *Luther on Vocation* (Philadelphia: Muhlenberg Press, 1957)이다. 그러나 케네쓰 하겐은 빙그렌이 루터의 직업소명설을 너무 '창조와 율법'의 관점에서만 보려고 한 나머지, '복음적 관점'은 약화되어 버렸다고 적절하게 비판한다. Kenneth George Hagen, "A Critique of Wingren on Luther on Vocation," *Lutheran Quarterly* 16, no. 3 (2002): 249-273. 이하에서 영어판 루터 전집은 LW로, 바이마르(Weimar)판 루터 전집은 WA로 약칭한다. 그리고 별다른 표시가 없는 한, 이 글에서 루터의 작품을 독일어, 라틴어, 영어로부터 우리말로 번역한 것은 모두 필자의 것이다. 이하에 나오는 루터의 직업소명설에 대한 내용은 아래 논문을 약간 수정해서 실은 것이다. 우병훈, "루터의 소명론 및 직업윤리와 그 현대적 의의," 「한국개혁신학」 제 57권(2018): 72-132.

82 이하에 나오는 루터의 사회 윤리 비판 내용은 Andreas Pawlas, *Die Lutherische Berufs- und Wirtschaftsethik: eine Einführung* (Neukirchen-Vluyn: Neukirchener, 2000), 1-3에서 소개된 문헌들을 바탕으로 필자가 더 확대시킨 것이다.

83 Ernst Troeltsch, *Gesammelte Schriften*, vol. 1, Die Soziallehren Der Christlichen Kirchen Und Gruppen (Aalen: Scientia-Verlag, 1965[1922]), 597; Max Weber, *Gesammelte Aufsätze Zur Religionssoziologie* I, 9. (Tübingen: UTB, 1920), 28; Georg Wünsch, *Evangelische Wirtschaftsethik* (Tübingen: Mohr, 1927), 6, 717.

84 Karl Barth, *Eine Schweizer Stimme: 1938-1945* (Zollikon-Zürich: Evangelische Verlagsanstalt, 1945), 121 (바르트가 화란 목사 꼬이만[Kooyman]에게 보낸 편지). 반면에 Robert Kolb, *Martin Luther: Confessor of the Faith* (Oxford: Oxford University Press, 2009), 185에서는 파울 알트하우스를 인용하면서 루터의 경제 윤리와 정치신학에서는 '마키아벨리적인 자율성'은 허락되지 않는다고 주장한다. Paul Althaus, *The Ethics of Martin Luther*, trans. Robert C. Schultz (Philadelphia: Fortress Press, 1972), 111을 참조하라.

85 그럼에도 불구하고 근래까지도 여전히 유통되고 있는 주장 중의 하나이다. 대표적으로 아래 책에서는 루터를 히틀러의 영적인 조상으로 묘사한다. Peter F. Wiener, *Martin Luther: Hitler's Spiritual Ancestor* (Austin, TX: Broukal, 1985). 보다 엄밀한 역사적 분석은 H. Lehmann, "Katastrophe und Kontinuität: die Diskussion über Martin Luthers historische Bedeutung in den ersten Jahren nach dem Zweiten Weltkrieg," in *Geschichte in Wissenschaft und Unterricht* (1974), 129-149를 참조하라.

86 Wolfhart Pannenberg, *Anthropologie in theologischer Perspektive* (Göttingen: Vandenhoeck & Ruprecht, 1983), 12.

87 Pannenberg, *Anthropologie in theologischer Perspektive*, 12. 필자가 보기에 판넨

베르크는 자신의 주장을 강화하기 위해 루터파 윤리를 너무 평가절하한 감이 있다. 루터파 신학자인 그가 칼뱅주의 신학을 이렇게 좋게 평가하는 것은 일종의 자책성 발언으로 볼 수도 있겠지만, 자신의 책에서 루터를 여러 번 인용하면서 논의를 전개시켜 가는 것을 보면 일종의 비일관성을 보인 것이라고도 할 수 있겠다. 루터와 루터파를 구분하여 이해하면 판넨베르크의 표현을 보다 잘 이해할 수 있을 것이다. 한편, 칼뱅주의 전통과 사회적 삶에 대한 판넨베르크의 평가는 아주 정당하다고 볼 수 있으나, 아우구스티누스에 대한 그의 평가('개인주의적 신앙'에 주로 머물렀다는 주장)는 다시 고려되어야 마땅하다. 아우구스티누스의 사회 윤리에 대해서는 필자의 아래 논문을 보라. B. Hoon Woo, "Pilgrim's Progress in Society: Augustine's Political Thought in the City of God," *Political Theology* 16, no. 5 (2015): 421-441. "아우구스티누스의 교리의 두드러진 특징은 항상 도덕적 삶을 사회적 삶 안에 내포된 것으로서 고려하는 것이다(C'est un trait remarquable de la doctrine de saint Augustin, qu'elle considère toujours la vie morale comme impliquée dans une vie sociale)"라고 말한 질송의 평가가 더 옳다. Etienne Gilson, *Introduction à l'étude de Saint Augustin*, 3. éd. (Paris: Librairie philosophique J. Vrin, 1949), 225; 질송, 『아우구스티누스 사상의 이해』 336(번역을 약간 수정함).

88 반면에 직업소명론에 있어서 루터와 칼뱅 사이의 연속성에 대해서는 아래 논문을 보라. 윤종훈, "청교도의 직업 소명론에 관한 고찰," 「한국개혁신학」 제56권(2017): 154-158, 176.

89 대표적으로 아래의 작품들이 있다. Miroslav Volf, "On Human Work: An Evaluation of the Key Ideas of the Encyclical Laborem Exercens," *Scottish Journal of Theology* 37, no. 1 (1984): 65-79; Miroslav Volf, "Human Work, Divine Spirit, and New Creation: Toward a Pneumatological Understanding of Work," *Pneuma* 9, no. 2 (September 1987): 173-193; Miroslav Volf, "Arbeit und Charisma: zu einer Theologie der Arbeit," *Zeitschrift für Evangelische Ethik* 31, no. 4 (October 1987): 411-433; Miroslav Volf, *Work in the Spirit: Toward a Theology of Work* (New York: Oxford University Press, 1991). 이 중에서 1987년에 나온 논문과 1991년에 나온 책이 가장 핵심적으로 볼프의 생각을 담고 있다. 이하에는 작품들을 중심으로 풀어 나가되 필요한 경우 볼프의 다른 문헌들도 참조하고자 한다.

90 Miroslav Volf, *Zukunft der Arbeit - Arbeit der Zukunft: der Arbeitsbegriff bei Karl Marx und seine theologische Wertung*, Fundamentaltheologische Studien 14 (München: Kaiser, 1988).

91 Volf, "Human Work, Divine Spirit, and New Creation," 179-183.

92 대표적으로 Günter Meckenstock, *Wirtschaftsethik*. De-Gruyter-Studienbuch (Berlin: de Gruyter, 1997), 104에서는 "루터의 종교개혁 신학의 사회적 영향은 매우 컸고, 엄청난 도덕적 방향 재정립을 요구했다(Die sozialen Wirkungen der reformatorischen Theologie Luthers waren groß und erforderten gewaltige moralische Umorientierungen)"고

주장하고 있다.

93 Volf, "Human Work, Divine Spirit, and New Creation," 173.

94 Ibid., 174.

95 Ibid., 175.

96 Ibid., 179.

97 Ibid., 176-177. 볼프가 자신의 논문에서 카이퍼를 인용하는 리처드 마우를 언급하면서 끝낸 것은 의미심장하다(앞 논문, 189, 193n80).

98 Ibid., 185-189.

99 Ibid., 179.

100 따라서 볼프의 논문을 다 읽고 나면 그가 창조론적 관점에서 '일'을 보는 것에 대해 신학적으로 타당하며 일에 대한 책임성 있는 성경적인 신학을 구성할 수 있다고 말한 것(앞 논문, 179)은 상당히 퇴색되고 만다.

101 루터의 직업소명설이 칭의론에 근거해 있다는 주장은 많은 학자들이 중요하게 다루는 측면이다. Pawlas, *Die Lutherische Berufs- und Wirtschaftsethik*, 49-60, 86-90; Hans-Jürgen Prien, *Luthers Wirtschaftsethik* (Göttingen: Vandenhoeck & Ruprecht, 1992), 141-145; Hans Ruh, "Labor. V. Theology and Social Ethics," in Hans Betz et al., eds., *Religion Past & Present: Encyclopedia of Theology and Religion*, 4th ed., English ed., vol. 7 (Leiden: Boston: Brill, 2010), 274-276(특히 274). 파블라스(Pawlas)는 종교개혁이 윤리학에서 신학적 인간론에 있어서 새로운 근거를 제공했다고 주장한다(앞 책, 50n201). 마르틴 호네커는 종교개혁의 칭의론이 사랑의 실천을 더욱 힘 있게 하였고, 따라서 윤리학이 자유를 취할 수 있게 되었다고 주장했다. Martin Honecker, *Einführung in die Theologische Ethik: Grundlagen und Grundbegriffe*, De-Gruyter-Lehrbuch (Berlin: de Gruyter, 1990), 288(Pawlas, 앞 책, 49-50n201에서 재인용). 칭의의 열매들에 대해서는 아래 책의 마지막 장을 보라. 박영돈, 『톰 라이트 칭의론 다시 읽기: 바울은 칭의에 대해 정말로 무엇을 말했는가?』(서울: 한국기독학생회출판부, 2016).

102 Volf, "Human Work, Divine Spirit, and New Creation," 179.

103 Volf, "Human Work, Divine Spirit, and New Creation," 179n39. 볼프는 루터의 작품 WA 34/2,306,11을 인용한다. Volf, *Work in the Spirit*, 105도 보라.

104 WA 10/1,308. Volf, "Human Work, Divine Spirit, and New Creation," 180n41; Volf, *Work in the Spirit*, 106.

105 Volf, "Human Work, Divine Spirit, and New Creation," 180.

106 Ibid., 180. WA 15,372. 루터는 종종 인간의 일에 대하여 "이것은 우리 주 하나님의 가면들이다. 그 가면 아래 하나님은 당신을 감추고 모든 일을 하신다"라고 주장하였다(WA 31/1,436,7-11[1532년]; WA 23,8,36f). 물론 하나님은 "그들 없이도 행하실 수 있고 또한 행하신다"(WA 17/2,192,28-30). 하나님께 우리의 손 말고 다른 손이 없다는 말은 아닌 것이다. 하지만 믿음 가운데 일하는 인간은 '창조자의 동역자'라고 루터는 생각했다. 이런 사

상에 대하여는 한스-마르틴 바르트, 『마르틴 루터의 신학』, 정병식, 홍지훈 옮김(서울: 대한기독교서회, 2015), 278-280, 595-596, 671을 보라. 베른하르트 로제, 『마틴 루터의 신학: 역사적이며 조직신학적으로 본 루터 신학』, 정병식 옮김(한국신학연구소, 2002), 338-339도 보라.

107 '소외 현상'에 관한 자세한 논의는 Volf, *Work in the Spirit*, 158-201을 보라.

108 여기에서 볼프는 칼뱅도 동일한 견해를 갖고 있다고 본다. 그는 J. Calvin, *Institutes of the Christian Religion*, J. T. McNeil ed. (Philadelphia: The Westminster Press, 1977), 724-725, 989 등을 전거로 제시한다. Volf, "Human Work, Divine Spirit, and New Creation," 각주 24, 37, 47 등을 보라. 그러나 Volf, *Work in the Spirit*, 105에서 볼프는 칼뱅은 중요한 점에서 루터와 다른 생각을 전개했다고 지적한다.

109 Volf, "Human Work, Divine Spirit, and New Creation," 181; Volf, *Work in the Spirit*, 107. W. F. Taylor, "The Principles of Scientific Management", in *Scientific Management* (New York: Harper & Row, 1947), 125에서 말하는 "단순 자동화, 목석같은 인간" 개념을 볼프는 지적한다.

110 Volf, "Human Work, Divine Spirit, and New Creation," 181; Volf, *Work in the Spirit*, 107-108. J. Moltmann, "The Right to Meaningful Work," *On Human Dignity*, Political Theology and Ethics (Philadelphia: Fortress Press, 1984), 43.

111 하나님의 오른손과 왼손의 비유는 루터의 두 왕국 사상에 대해 설명하기 위해 현대 학자들이 만든 것이다. Paul Althaus, (*Die Ethik Martin Luthers*) (Gütersloh: Gütersloher Verlagshaus, 1965), 62 참조. 하지만 루터 자신은 "하나님의 왼편 왕국"과 같은 개념을 사용한 적이 없다. 한스-마르틴 바르트, 『마르틴 루터의 신학』, 정병식, 홍지훈 옮김(서울: 대한기독교서회, 2015), 제10장을 보라(특히 582쪽).

112 Volf, "Human Work, Divine Spirit, and New Creation," 181; Volf, *Work in the Spirit*, 108.

113 Volf, "Human Work, Divine Spirit, and New Creation," 181-182, 188 등에서 볼프는 이 표현을 자주 사용한다.

114 Volf, "Human Work, Divine Spirit, and New Creation," 182; Volf, *Work in the Spirit*, 108. 볼프의 이러한 비판이 전혀 타당하지 않음을 아래에서 보게 될 것이다. 만일 루터가 한 사람이 다른 직업을 가질 수도 있음을 정말 거부했다면 왜 그는 그의 아버지의 직업을 이어받아 농부나 광부가 되지 않았을까? 그리고 왜 그는 교육의 중요성을 강조했을까? 이에 대해서는 종교개혁기념 한국개혁신학회 국제학술대회(2015.10.10.)에서 발표한 한스 슈바르츠(Hans Schwarz), "마르틴 루터의 직업이해의 중요성"이라는 논문을 참조하라(특히 57-58쪽).

115 Volf, "Human Work, Divine Spirit, and New Creation," 182; Volf, *Work in the Spirit*, 109.

116 Volf, "Human Work, Divine Spirit, and New Creation," 182; WA 34/2,307. 볼프

는 또한 G. Wünsch, *Evangelische Wirtschaftsethik* (Tübingen: Mohr, 1927), 579도 인용한다. 1991년 책에서 볼프는 한 가지를 덧붙였는데, 루터파 사회 윤리에서 일이란 소득을 얻는 수단으로만 여겨진다고 지적한다(Volf, Work in the Spirit, 109). 하지만 이는 루터와 다른 생각이라고 볼프 스스로 밝히고 있으므로, 이 글에서는 다루지 않겠다.

117 Volf, "Human Work, Divine Spirit, and New Creation," 182.

118 Ibid., 183.

119 Ibid., 183에서. F. Wagner, "Berufung, III: Dogmatisch," *Theologische Realenzyklopädi*, 5:711.

120 루터의 직업소명설이 성령론적 차원을 포함하고 있다는 것을 아래에 나오는 루터의 설교 (요 14:17)에서 보게 될 것이다. 볼프는 안타깝게도 이러한 점을 놓치고 있다.

121 이하의 내용은 Pawlas, *Die Lutherische Berufs- und Wirtschaftsethik*, 38-42를 주로 참조하되 구체적인 전거들을 보충하였다.

122 이에 대한 자세한 논의는 Th. Siegfried, "Beruf II. Christentum und Beruf," *in Religion in Geschichte und Gegenwart* I2:931을 보라. 이하에서 이 사전은 RGG로 약칭함.

123 헬라어 본문에서 사역(私譯)했다. 본문은 『열두 사도들의 가르침: 디다케』, 정양모 옮김(왜관: 분도출판사, 1993), 86에 실린 것을 참조했다.

124 알렉산드리아의 클레멘트(MPG 8:215)나 크리소스토무스(MPG 61:156)의 작품들을 보라. Pawlas, *Die Lutherische Berufs- und Wirtschaftsethik*, 38n120에서 재인용.

125 대(大) 바실리우스, 『수도규칙』 37장 1-2절. Alfons Heilmann and Heinrich Kraft, eds., *Texte der Kirchenväter*, vol. 3 (München: Kösel-Verlag, 1964), 233. 이 책은 주제에 따라 중요한 교부 작품들을 발췌하여 묶은 책이다.

126 Heilmann and Kraft, eds., *Texte der Kirchenväter*, 3:234-239에 실린 암브로시우스, 테오도레투스, 퀴루스 등의 작품을 보라.

127 Heilmann and Kraft, eds., *Texte der Kirchenväter*, 3:224-225, 241-242에 실린 크리소스토무스의 『창세기 설교』 중 5장과 11장에 대한 설교를 보라.

128 이에 대한 설명은 이상규, 『초기 기독교와 로마사회』(서울: SFC, 2016), 362, 390-398을 보라.

129 대표적으로 크리소스토무스의 『데살로니가전서 설교』 6.1과 『빌립보서 주석』 13.3-4를 보라. Heilmann and Kraft, eds., *Texte der Kirchenväter*, 3:496 이하 참조. 이상의 교부에 대한 내용들은 Pawlas, *Die Lutherische Berufs- und Wirtschaftsethik*, 38-39를 보라.

130 아래 문헌들을 참조하라. William M. Johnston, ed., *Encyclopedia of Monasticism*, 2 vols. (Chicago: Fitzroy Dearborn, 2000), 1:337-341 ("Critiques of Western Christian Monasticism"); 칼 수소 프랑크, 『기독교 수도원의 역사』, 최형걸 역(서울: 은성, 1997).

131 F. Lau, "Beruf III. Christentum und Beruf," in RGG II3:1077. Pawlas, *Die*

Lutherische Berufs- und Wirtschaftsethik, 39에서 재인용.

132 "아시시의 프란체스코의 증언" 제5항을 보라. H. Geist, "Arbeit. Die Entscheidung eines Wortwertes durch Luther," in *Lutherjahrbuch* (1931), 92에서 재인용.

133 Geist, "Arbeit. Die Entscheidung eines Wortwertes durch Luther," 94-95.

134 Karl Holl, "Die Geschichte des Wortes Beruf," in *Gesammelte Aufsätze zur Kirchengeschichte*, vol. 3 (Der Westen) (Darmstadt: Wissenschaftliche Buchgesellschaft, 1965), 202. 이 작품은 Ernst-Moritz-Arndt-Universität Greifswald에서 1928년 판의 본문으로 제공한다. http://www.digitale-bibliothek-mv.de/viewer/image/PPN767839226/7/#topDocAnchor (2017.9.6. 접속)

135 토마스 아퀴나스, 『대이교도대전(Contra gentiles)』 III c 134를 보라.

136 토마스 아퀴나스, 『신학대전(Summa Theologiae)』 II-II, q 187 a 3 참조. Ruh, "Labor. V. Theology and Social Ethics," 274; Pawlas, *Die Lutherische Berufs- und Wirtschaftsethik*, 41.

137 M. Riedel, "Arbeit," in Hermann Krings, Hans Michael Baumgartner, and Christoph Wild, eds., *Handbuch philosophischer Grundbegriffe*, vol. 1 (Das Absolute-Gesellschaft) (München: Kösel-Verlag, 1973), 131.

138 아퀴나스, 『신학대전(Summa Theologiae)』 II-II, q 182 a 1과 2.

139 Geist, "Arbeit. Die Entscheidung eines Wortwertes durch Luther," 99-100; Holl, "Die Geschichte des Wortes Beruf," 206-207.

140 Geist, "Arbeit. Die Entscheidung eines Wortwertes durch Luther," 97; Holl, "Die Geschichte des Wortes Beruf," 206-207.

141 LW 28:42-47(고전 7:20-24에 대한 주석[1523년]).

142 LW 43:89, 91.

143 LW 28:92(고전 15:8에 대한 주석[1534년]); LW 23:323(요 8:12에 대한 설교[1537년경]).

144 LW 45:100-101(『세속 정부에 대하여, 어느 정도까지 그 권위에 순종해야 하는가(1523년)』); LW 46:131(『군인들도 역시 구원 받을 수 있는가(1526년)』).

145 LW 28:301(디모데전서 3:13에 대한 주석[1527-1528년]); LW 49:207-208(1528년 8월 15일에 라자루스 슈펭글러[Lazarus Spengler]에게 쓴 편지).

146 LW 26:76-77(대(大) 『갈라디아서 주석(1535년)』, 갈 1:19에 대한 주석).

147 LW 23:204(요 6:71에 대한 설교[1530년경]): "That is the way to lead a Christian life and to live in a Christian vocation."

148 Martin Luther, *Luther's Works*, Vol. 44: The Christian in Society I, ed. Jaroslav Jan Pelikan, Hilton C. Oswald, and Helmut T. Lehmann, vol. 44 (Philadelphia: Fortress Press, 1999), 25.

149 LW 44:26.

150 Wingren, *Luther on Vocation*, 117-123.

151 『독일 귀족들에게』(An den christlichen Adel deutscher Nation; 8월, 독일어로 작성), 『교회의 바벨론 포로』(De captivitate babylonica ecclesiae praeludium; 10월, 라틴어로 작성), 『그리스 도인의 자유』(Von der Freiheit eines Christenmenschen; 11월, 독일어로 작성)이다. 이 세 작 품에 대해서는 아래 졸고를 보라. 우병훈, "루터의 만인 제사장직 교리의 의미와 현대적 의의," 「신학논단」 제87집(2017): 209-235(특히 213-222).

152 LW 36:106-117.

153 LW 45:100-101.

154 LW 46:131.

155 LW 28:42-47.

156 Wingren, *Luther on Vocation*, 2.

157 이것은 아래의 '루터의 두 왕국론과 직업 윤리' 항목에서 보다 구체적으로 다룰 것이다.

158 아래에 나오는 고전 15:8에 대한 주석(1534년)과 그 설명을 보라.

159 집사의 직분을 잘한 자들은 아름다운 지위와 그리스도 예수 안에 있는 믿음에 큰 담력을 얻느니라(딤전 3:13).

160 LW 28:301.

161 앞에서 볼프가 몰트만을 인용하여 루터를 비판한 대목(둘째 비판)을 상기해 보라. 그들은 루터가 외적 소명을 영적 소명과 동일시해 버림으로써, 외적 소명이 영적 소명보다 더 상 위 자리를 차지하고 그것을 흡수해 버렸다고 비판했다.

162 라자루스 슈펭글러는 뉘른베르크(Nürnberg)의 관원이었다. 그는 법적으로 훈련을 받은 법률 고문으로서, 시의회와 시장(市長) 사이의 연락관 역할을 했다. 그는 뉘른베르크에서 일어나는 사건들에 큰 영향력을 행사할 수 있었는데, 자신의 그런 지위를 이용하여 종교 개혁을 적극적으로 지지했다. LW 48:184 참조.

163 LW 49:207.

164 LW 49:207-208(볼드체는 필자의 것).

165 앞에서 볼프가 비판했던 첫째 비판을 생각해 보라. 그는 루터가 단순한 일이 주는 소외 현 상을 고려하지 않았다고 비판했다.

166 볼프의 셋째 비판은 루터의 소명론이 영혼 없는 단순한 일도 하나님을 섬기는 것이 되게 끔 하여, 비인간적인 일을 도리어 귀하게 생각하도록 만드는 병폐를 낳는다고 한다. 하지 만 루터의 소명론은 그런 차원을 뛰어넘는다. 사회의 구조악 개선과 관련해서는 교육과 구제에 대한 루터의 다른 작품이 대답을 줄 것이다.

167 위의 인용에서 '권세자들'에 대한 언급과 '이웃을 섬김'에 대한 언급은 이러한 확대 해석 을 정당화시킨다.

168 루터의 소명론은 루터의 사상들 가운데 가장 명확하고 가장 일관성 있게 전개된 사상 중 하나다. 한 예로, 루터의 '만인 제사장직 교리'나 '교회는 숨어있음'의 개념은 시간을 지 나면서 철회되거나 강조점을 달리하게 되었다. 하지만 소명론은 그렇지 않다. Gustaf Wingren, *The Christian's Calling. Luther on Vocation*, trans. Carl C. Rasmussen

(London: Oliver & Boyd, 1958), 40, 65-66에서도 역시 루터의 소명론은 전체적인 일관
성을 가진 사상이라고 주장한다. William J. Wright, *Martin Luther's Understanding
of God's Two Kingdoms: A Response to the Challenge of Skepticism*, ed. Richard
A. Muller, Texts and Studies in Reformation and Post-Reformation Thought
(Grand Rapids, MI: Baker Academic, 2010), 15에서 재인용.

169 LW 13:65.

170 LW 13:65.

171 LW 13:66.

172 LW 13:66.

173 우병훈, "루터의 만인 제사장직 교리의 의미와 현대적 의의," 224-227을 참조.

174 LW 28:92.

175 이 강의는 원래 1531년에 루터가 행한 것이다. 루터의 대(大)『갈라디아서 주석』이 가지
는 중요성에 대해서 존 페스코는 "루터의 갈라디아서 주석은 루터파 안에서 규범적이
며 고백서적 지위를 갖고 있다"라고 주장한다. John V. Fesko, "Luther on Union with
Christ," *Scottish Bulletin of Evangelical Theology* 28, no. 2 (Autumn 2010): 162.

176 LW 26:76-77.

177 LW 6:262("각 사람은 자신의 소명을 수행하고, 십계명에 명령된 의무들을 주의 깊게 수행하십시
오.").

178 각각 자기의 일을 살피라 그리하면 자랑할 것이 자기에게는 있어도 남에게는 있지 아니
하리니(갈 6:4).

179 LW 27:119-120.

180 이런 내용은 아래에서 보게 될 것처럼 창세기 17:9에 대한 주석에서도 동일하게 나오는
내용이다.

181 LW 22:ix.

182 LW 22:371.

183 LW 22:372.

184 LW 23:342.

185 LW 12:256(시 45:8 주석[1532년]).

186 LW 23:134, 135("clerical vocation"; 요 6:54 설교[1530년경]); LW 43:89, 91 ("religious
vocation"); LW 30:71("a spiritual vocation"; 벧전 2:12 주석[1522년]).

187 LW 23:134(요 6:54 설교).

188 LW 23:137(요 6:54 설교).

189 LW 23:204(요 6:71 설교).

190 LW 23:204(요 6:71 설교). 이것은 결혼에 대한 루터의 생각과 관련된다. 아래 논문은 루
터의 결혼관을 잘 다뤄주고 있다. 헤르만 셀더하위스, "결혼의 개혁: 오늘을 위한 메시
지",「갱신과 부흥」 18 (2016): 36-57.

191 LW 23:323(요 8:12 설교).

192 LW 23:324(요 8:12 설교).

193 LW 23:352(요 8:19 설교).

194 LW 24:240(요 15:7 설교).

195 이것은 루터의 소명으로서의 직업관을 비판하면서, 성령론적 차원에서 직업을 이해해야 한다는 볼프의 비판이 문제가 있음을 보여준다. 소명으로서 직업을 보았던 루터가 결코 성령론적 차원을 무시하지는 않았기 때문이다.

196 LW 24:130(요 14:17 설교; 볼드체는 필자의 것).

197 Carl R. Trueman, *Luther on the Christian Life: Cross and Freedom* (Wheaton, IL: Crossway, 2015), 111-112, 167-168.

198 Elmer L. Towns, "Martin Luther on Sanctification," *Bibliotheca Sacra* 126, no. 502 (April 1969), 116.

199 LW 27:221(1519년, 갈 2:16 주석).

200 WA 2,560,28; LW 27:326(1519년, 갈 5:1 주석). 루터에게 '율법의 제3용도'가 있느냐 없느냐 하는 것은 학계의 토론 주제다. 엥겔브레히트는 루터가 '율법의 제3용도'라는 단어를 별로 사용하지 않았지만 그럼에도 불구하고 루터의 작품에 '율법의 제3용도'가 내용적으로 나타난다는 것을 자세한 문헌 고증을 통해 보여주었다. Edwards Engelbrecht, *Friends of the Law: Luther's Use of the Law for the Christian Life* (Concordia Publishing House, 2011). 하지만 웽걸트(Timothy J. Wengert)나 콜브(Robert A. Kolb)와 같은 루터 학자들은 여전히 "루터에게는 율법의 제3용법이 없다"고 주장한다. 확실한 것은 루터가 '율법의 제3용도'라는 용어를 분명하게 옹호하면서 쓴 적이 없다는 사실이다. '율법의 제3용도'라는 말은 루터파에서는 1527년에 나온 멜란히톤의 『골로새서 주석』에 처음으로 언급된다. 사실상 루터는 당시 로마교회의 율법주의와 공로주의와 대결하면서 '율법의 제3용도'를 적극적으로 말하기는 어려웠을 것이다. 따라서 루터 학계의 일반적인 합의는 루터는 '율법의 제3용도'를 분명히 말하지는 않았다는 것이며, 그럼에도 불구하고 율법이 가진 선한 기능에 대해 루터가 가르치긴 했다는 것이다. Pawlas, *Die Lutherische Berufs- und Wirtschaftsethik*, 90-91; Prien, *Luthers Wirtschaftsethik*, 170-75를 보라.

201 루터의 창세기 강의에 대해서는 우병훈, "참된 교회의 감춰져 있음—루터 교회론의 한 측면," 「한국개혁신학」 제55권(2017): 89-98을 참조.

202 LW 13:75.

203 LW 1:ix. 연도는 학자들 사이에 이견이 있다. 1535-1538년에 행한 창세기 1-17장 강의는 WA 42에, 1538-1542년에 행한 창세기 18-30장 강의는 WA 43에, 1543-1545년에 행한 창세기 31-50장 강의는 WA 44에 실려 있다. 루터의 창세기 마지막 강의는 1545년 11월 17일에 있었다(LW 6:x).

204 LW 2:89-90. 연도에 대해서는 LW 1:ix 참조.

205 위에서 언급했던 갈라디아서 2:14 주석(LW 26:117[율법을 경청하는 것과 소명을 따르는 일을 나란히 둠])과 창세기 35:10(LW 6:262[소명에 충실하는 것과 십계명을 지키는 것이 나란히 등장함])에 대한 주석을 상기해 보라. 한편, 십계명은 개신교 윤리에서 매우 중요한 자리를 차지한다. 우병훈, "공공신학 교육을 위한 교본으로서 웨스트민스터 대교리문답," 「개혁논총」 제39권(2016): 73-111(특히 95-106쪽)을 보라.

206 장호광, 『일상속에서 만나는 칼빈신학』(용인: 킹덤북스, 2017), 207.

207 LW 4:104.

208 LW 4:103-104.

209 LW 3:62.

210 LW 4:23-24.

211 반율법주의자들과 논쟁의 맥락에서 루터는 자신이 "나이 먹고, 학식이 있음"에도 불구하고 "아이처럼 매일같이 십계명을 문자 그대로 소리 내어 읽고 있다"고 말했다(WA 50,470,27[1539년]; 한스-마르틴 바르트, 『마르틴 루터의 신학』 630에서 재인용). 루터는 그 이전의 전통처럼 십계명이 자연법과 상응하고 있음을 확신했다. 루터는 십계명은 "우리 삶의 거울이다. 거기서 우리의 실수를 본다"라고 적었다(WA 24,14,28f).

212 자로슬라브 펠리칸에 따르면 연대와 관련해서 우리가 확실히 아는 것은 루터는 1539년 3-4월에 창세기 19장을 강의하고 있었다는 것뿐이다. 그래서 펠리칸은 창세기 15-20장 사이의 강의의 연대를 확정 짓는 것은 힘들다고 한다(LW 3:x).

213 LW 3:128.

214 이런 표현은 루터의 소명론은 한 사람이 다른 사람을 섬기는 가운데 하나님을 섬기게 된다는 것을 가르친다. Ruh, "Labor. V. Theology and Social Ethics," 274 참조.

215 LW 3:128.

216 LW 3:128. 루터가 인용한 시인은 호라티우스이다(Horace, Epistles, I, 14, 43).

217 LW 3:131.

218 실제로 미로슬라브 볼프는 그런 식으로 이해하여, 루터의 직업 윤리가 매우 보수적이며 사회의 구조악에 대한 개혁에 도움이 안 된다고 본다(앞의 셋째 비판). 그는 루터가 영적 소명을 외적 소명과 묶어버림으로써 직업과 사회 구조에 대한 보수적 견해를 가지게 되었다며 비판한다(앞의 넷째 비판).

219 한스 쉬바르츠, "마르틴 루터의 직업이해의 중요성," 57-58을 보라.

220 LW 3:128-129.

221 이런 표현 속에서 "단순히 묵상적 삶은 활동적 삶보다 더욱 좋다(Vita contemplativa simpliciter melior est quam vita activa)"라고 주장했던 아퀴나스의 노동관이 무너진다. 아퀴나스, 『신학대전(Summa Theologiae)』 II-II, q 182 a 1과 2 참조. 한스 루흐는 종교개혁 신학에서 묵상적 삶과 활동적 삶 모두가 인간 활동의 존엄성에 기여한다고 적절하게 지적한다. Ruh, "Labor. V. Theology and Social Ethics," 274.

222 LW 3:129-130. 사람의 배정 이면에 있는 하나님의 배정을 생각하는 것이 루터 소명론

의 중요한 측면이다.

223 LW 3:130. 오늘날처럼 SNS가 발달한 세상에서 사람들은 다른 사람을 엿보면서 더욱 불행감을 느낀다. 그리고 그들보다 더 나아 보이는 삶을 과시하기 위해 SNS를 한다. 자크 라캉이 말한 것처럼, 오늘날 사람들은 타자의 욕망의 포로가 되어 있다. 루터가 경계했던 바의 극대화된 모습이다. Adrian Johnston, "Jacques Lacan," *The Stanford Encyclopedia of Philosophy* (Winter 2016 Edition), Edward N. Zalta (ed.), 〈https://plato.stanford.edu/archives/win2016/entries/lacan/〉. (2017.9.9. 접속)

224 LW 6:105-106(창 32:8 주석[1542년 혹은 1543년]).

225 루터는 1545년 1월 17일 벤제스라우스 링크(Wenzeslaus Link)에게 쓴 편지에서 "나는 창세기 끝부분 즉 45장에 거의 다가갔네"라고 적고 있다(LW 7:ix).

226 Rudolf Hermann, *Luthers Theologie: Gesammelte und nachgelassene Werke*, ed. H. Beintker, vol. 1 (Berlin, 1967), 24.

227 베른하르트 로제, 『마틴 루터의 신학: 역사적이며 조직신학적으로 본 루터 신학』, 정병식 옮김(한국신학연구소, 2002), 359-360.

228 WA 40/3,335. "저 조항[즉 칭의론]이 교회와 모든 신앙의 태양 자체이며 낮이며 빛이다 (Ipse sol, dies, lux Ecclesiae et omnis fiduciae iste articulus)."

229 WA 40/3,352,3(".....quia isto articulo stante stat Ecclesia, ruente ruit Ecclesia"). LW 11:459 참조.

230 WA 39/1,205,2. Pawlas, *Die Lutherische Berufs- und Wirtschaftsethik*, 86 참조.

231 Ruh, "Labor. V. Theology and Social Ethics," 274.

232 LW 49:207(라자루스 슈펭글러에게 보낸 편지, 1528년 8월 15일자). 편지의 다른 부분은 독일어로 되어 있는데, 루터는 이 문장을 라틴어로 작성하여 강조했다.

233 루터의 소명설과 칭의론의 관계는 밀접하다.

234 WA 38,205,28-31.

235 보다 자세한 설명은 우병훈, "루터의 성화론: 그의 『갈라디아서 주석(1535)』을 중심으로"의 2.4 항목을 보라.

236 이 작품은 LW 31:327-377에 실려 있고, 원본은 WA 7,42-49에 나와 있다.

237 LW 31:371.

238 WA 7,30과 38.

239 Wright, *Martin Luther's Understanding of God's Two Kingdoms*, 168.

240 Pawlas, *Die Lutherische Berufs- und Wirtschaftsethik*, 88-89.

241 베른하르트 로제, 『마틴 루터의 신학: 역사적이며 조직신학적으로 본 루터 신학』, 정병식 옮김(한국신학연구소, 2002), 441.

242 Jürgen Moltmann, *Anfänge der dialektischen Theologie*, vol. 1 (München: C. Kaiser, 1962), 152-165(특히 154-156).

243 베른하르트 로제, 『마틴 루터의 신학: 역사적이며 조직신학적으로 본 루터 신학』, 정병식

옮김(한국신학연구소, 2002), 224.

244 한스-마르틴 바르트, 『마르틴 루터의 신학: 비평적 평가』, 정병식, 홍지훈 옮김(서울: 대한 기독교서회, 2015), 34에서 재인용.

245 Heinrich Bornkamm, *Luthers Lehre von den zwei Reichen im Zusammenhang seiner Theologie*, 3rd ed. (Gütersloh: Gerd Mohn, 1969), 15; 베른하르트 로제, 『마틴 루터의 신학: 역사적이며 조직신학적으로 본 루터 신학』, 정병식 옮김(한국신학연구소, 2002), 446에서 재인용.

246 Prien, *Luthers Wirtschaftethik*, 164; Pawlas, *Die Lutherische Berufs- und Wirtschaftsethik*, 67-69 참조.

247 베른하르트 로제, 『마틴 루터의 신학: 역사적이며 조직신학적으로 본 루터 신학』, 정병식 옮김(한국신학연구소, 2002), 451-454에서도 이를 강조하고 있다. 로제는 루터의 두 왕국 이론도 역시 '두 왕국론'(통치 영역)과 '두 정부론'(통치 방식)으로 나누어서 이해해야 함을 강조한다.

248 한스 쉬바르즈, "마르틴 루터의 직업 이해의 중요성", 한국개혁신학회 정기 학술대회(국제 학술대회, 2015.10.10) 논문집, 58.

249 한스-마르틴 바르트, 『마르틴 루터의 신학: 비평적 평가』, 정병식, 홍지훈 옮김(서울: 대한 기독교서회, 2015), 582.

250 한스 쉬바르즈, "마르틴 루터의 직업 이해의 중요성", 한국개혁신학회 정기 학술대회(국제 학술대회, 2015.10.10) 논문집, 57.

251 WA 15,30; 헤르만 셀더하위스, 『루터, 루터를 말하다』, 신호섭 옮김(서울: 세움북스, 2016), 343에서 재인용.

252 한스 쉬바르즈, "마르틴 루터의 직업 이해의 중요성", 한국개혁신학회 정기 학술대회(국제 학술대회, 2015.10.10) 논문집, 55 참조.

253 Albrecht Peters, *Gesetz und Evangelium* (Gütersloh: Gütersloher Verlagshaus, 1981), 23-24. 이 단락은 한스-마르틴 바르트, 『마르틴 루터의 신학: 비평적 평가』, 정병식, 홍지훈 옮김(서울: 대한기독교서회, 2015), 318-348을 많이 참조했다. 하지만 바르트는 율법과 복음의 이해와 루터의 직업 윤리가 어떤 영향 관계가 있는지 전혀 다루지 않았다. 그 부분 은 Pawlas, *Die Lutherische Berufs- und Wirtschaftsethik*, 90-92를 참조했다.

254 WA 7,502,34-35.

255 WA 36,9,28f.

256 한스-마르틴 바르트, 『마르틴 루터의 신학: 비평적 평가』, 정병식, 홍지훈 옮김(서울: 대한 기독교서회, 2015), 323.

257 WA 36,29,32-38.

258 Pawlas, *Die Lutherische Berufs- und Wirtschaftsethik*, 90.

259 Wright, *Martin Luther's Understanding of God's Two Kingdoms*, 127-129, 142. 루터는 십계명 첫 번째 돌판과 두 번째 돌판 모두 하나님께서 이방인들의 마음에 새겨놓

으셨다고 보았다(WA 56,199-200[LW 25:180-181]; WA 44,549[LW 7:336]). 하지만 그들이 우상숭배를 함으로써 십계명 첫 번째 돌판을 거부했다고 주장한다. 그래서 이방인들은 비록 양심에 자연법이 새겨져 있어도 우상숭배에 빠짐으로 말미암아 구원을 받을 수 없는 것이다. 그리고 루터는 하나님을 믿지 않는 위정자들도 역시 십계명의 두 번째 돌판을 반드시 지켜야 한다고 주장했다(WA 51,557-558; LW 41:248).

260 한스-마르틴 바르트, 『마르틴 루터의 신학: 비평적 평가』, 정병식, 홍지훈 옮김(서울: 대한기독교서회, 2015), 324.

261 Pawlas, *Die Lutherische Berufs- und Wirtschaftsethik*, 90-91; 우병훈, "칼빈의 모세 언약 이해-존 페스코와 코넬리스 베네마의 논쟁에 비추어서-", 「칼빈연구」 제13집 (2016): 9-45(특히 31-32).

262 WA 11,250,26-29; WA 40/1,479ff.

263 WA 40/1,479,17-26. 한스-마르틴 바르트, 『마르틴 루터의 신학: 비평적 평가』, 정병식, 홍지훈 옮김(서울: 대한기독교서회, 2015), 327에서 재인용.

264 이같이 율법이 우리를 그리스도께로 인도하는 초등교사가 되어 우리로 하여금 믿음으로 말미암아 의롭다 함을 얻게 하려 함이라(갈 3:24).

265 한스-마르틴 바르트, 『마르틴 루터의 신학: 비평적 평가』, 정병식, 홍지훈 옮김(서울: 대한기독교서회, 2015), 328.

266 같은 책, 329.

267 WA 10/1/1,508.20-509.4.

268 Peters, *Gesetz und Evangelium*, 35.

269 WA 10/3,338,9-10.

270 한스-마르틴 바르트, 『마르틴 루터의 신학: 비평적 평가』, 정병식, 홍지훈 옮김(서울: 대한기독교서회, 2015), 331.

271 Unser Glaube, 554. 한스-마르틴 바르트, 『마르틴 루터의 신학: 비평적 평가』, 정병식, 홍지훈 옮김(서울: 대한기독교서회, 2015), 332에서 중인.

272 WA 56,272.17f: "……Sed simul peccator et Iustus; peccator re vera, Sed Iustus ex reputatione et promissione Dei certa." 반대 순서로는 WA 2, 497,13에서 "Simul ergo iustus, simul peccator."라고 나타난다. 한스-마르틴 바르트, 『마르틴 루터의 신학: 비평적 평가』, 정병식, 홍지훈 옮김(서울: 대한기독교서회, 2015), 387n116에서 중인.

273 한스-마르틴 바르트, 『마르틴 루터의 신학: 비평적 평가』, 정병식, 홍지훈 옮김(서울: 대한기독교서회, 2015), 407.

274 WA 56,486,7: "proficere, hoc est semper a novo incipere." 루터는 "발전한다는 것은 항상 시작하는 것 외에 다른 것이 아니다(proficere est nihil aliud, nisi semper incipere)"라고도 했다(WA 56,239,26ff). 이런 의미에서 한스-마르틴 바르트는 그리스도인 된다는 것은 계속해서 초심을 갖는 것이라고 말한다. 한스-마르틴 바르트, 『마르틴 루터의 신학: 비평적 평가』, 정병식, 홍지훈 옮김(서울: 대한기독교서회, 2015), 390.

275 WA 56,486,10.

276 아우구스티누스가 "하나님을 사랑하라. 그리고 네가 원하는 것을 하라(dilige [Deum], et quod vis fac)"라고 말한 것을 기억할 수 있다(MPL 35:2033[요일 4:14 강해]). 루터에게 하나님 사랑은 복음을 듣고 믿는 것에서부터 시작하는 것이라고 한스-마르틴 바르트, 『마르틴 루터의 신학: 비평적 평가』, 정병식, 홍지훈 옮김(서울: 대한기독교서회, 2015), 336에서 적절하게 지적한다.

277 LW 1:75.

278 LW 12:134-135.

279 베른하르트 로제, 『마틴 루터의 신학: 역사적이며 조직신학적으로 본 루터 신학』, 정병식 옮김(서울: 한국신학연구소, 2002), 338-339, 341.

280 같은 책, 332-333.

281 같은 책, 343-345.

282 그렇게 보자면 루터의 직업 윤리는 신칼뱅주의보다는 그리스도 중심적이며, 밴드루넨의 두 왕국 이론보다는 적극적인 셈이다. 보다 자세한 논의는 우병훈 외 공저, 『SFC 영역운동의 방향과 실천』(SFC 총동문회 영역운동본부, 2016), 40-69("삼위 하나님의 교회와 영역운동")를 보라.

283 "외적 소명을 찾는 윤리(ethica ad vocationem externam)"와 "외적 소명 안에 머무는 윤리(ethica in vocatione externa)"라는 용어는 필자가 만든 것이다. 여기에는 "전쟁 개시 정당성(jus ad bellum)"과 "전쟁 수행 정당성(jus in bello)"을 구분하였던 아우구스티누스의 정당전쟁론에서 힌트를 얻었다.

284 오스 기니스는 영적 소명을 1차 소명으로, 외적 소명을 2차 소명으로 부른다. 오스 기니스, 『소명』, 홍병룡 옮김(서울: 한국기독학생회출판부, 2006), 53.

285 WA 31/1,436,7-11(1532년), WA 23,8,36f을 보라. 또한 다음을 참조하라. Max J. Suda, *Die Ethik Martin Luthers* (Göttingen: Vandenhoeck & Ruprecht, 2006), 199("우리는 의롭게 하는 신앙 가운데에서 우리 전체 인생이 소명임을 인식한다. 말하라. 소명으로부터 우리는 창조하시는 하나님과 함께 일한다."); 한스-마르틴 바르트, 『마르틴 루터의 신학: 비평적 평가』, 정병식, 홍지훈 옮김(서울: 대한기독교서회, 2015), 596에서 중인.

286 한스-마르틴 바르트, 『마르틴 루터의 신학: 비평적 평가』, 정병식, 홍지훈 옮김(서울: 대한기독교서회, 2015), 597과 거기에서 인용된 WA 10/1/2,376,14-18[1526년]을 보라.

287 WA B 5, 317,40(1530). WA B는 바이마르 전집의 서간집 묶음인 *Briefwechsel*(Weimar, 1930년-)을 가리킨다.

288 이정규, 『야근하는 당신에게』(서울: 좋은씨앗, 2017)를 참조하라. 또한 직업소명과 한국사회를 다룬 글로 아래를 보라. 박영돈, 『시대 묵상』(서울: 한국기독학생회출판부, 2017), 219-220.

3장 철학적 윤리학과 기독교 윤리학

1 존 M. 프레임, 『기독교 윤리학』, 이경직, 김진운, 박성관, 박예일, 이진영 옮김(서울: 개혁주의신학사, 2015), 제6, 7, 8장을 참조하라.

2 같은 책, 111-117.

3 Friedrich Nietzsche, *Werke. Kritische Gesamtausgabe* [=KGW], eds. Giorgio Colli and Mazzino Montinari (Berlin: Walter de Gruyter, 1967-), V 1 4[285], 500쪽. 백승영, 『니체, 디오니소스적 긍정의 철학』(서울: 책세상, 2005)에서 재인용.

4 Friedrich Wilhelm Nietzsche, *The Antichrist*, ed. Oscar Levy, trans. Anthony M. Ludovici, The Complete Works of Friedrich Nietzsche; vol. 16 (New York: Gordon Press, 1974), §39.

5 예를 들어 Georg Brandes (1889.1.4.), Peter Gast (1889.1.4.), Umberto I (1889.1월) 등에게 보낸 편지에서 그렇게 펜명을 남겼다.

6 Eugen Biser, *Nietzsche für Christen: eine Herausforderung*, 1. Aufl. (Leutesdorf: Johannes-Verlag, 2000), 54, 68.

7 말테 호센펠더 지음, 볼프강 뢰트 엮음, 『헬레니즘 철학사』, 조규홍 옮김(파주: 한길사, 2011), 51.

8 같은 책, 242-243쪽 참조.

9 존 M. 프레임, 『기독교 윤리학』, 이경직, 김진운, 박성관, 박예일, 이진영 옮김(서울: 개혁주의신학사, 2015), 179, 183(존 듀이가 쾌락 계산법의 불가능성을 증명함).

10 마이클 샌델, 『정의란 무엇인가』, 이창신 옮김(파주: 김영사, 2010), 181, 183에서 재인용.

11 같은 책, 182에서 재인용.

12 같은 책, 184.

13 같은 책, 183-186.

14 F. 카울바하, 『칸트 비판철학의 형성과정과 체계』, 백종현 옮김(서울: 서광사, 1992), 187.

15 칸트와 기독교의 관련성에 대해서는 아래 책들을 참조하라. J. E Hare, *The Moral Gap: Kantian Ethics, Human Limits, and God's Assistance* (Oxford: Clarendon Press, 1996); Stephen Palmquist, *Kant's Critical Religion* (Burlington, VT: Ashgate, 2000); Stephen Palmquist and Chris L. Firestone, eds., *Kant and the New Philosophy of Religion*, Indiana Series in the Philosophy of Religion (Bloomington: Indiana University Press, 2006).

16 존 M. 프레임, 『기독교 윤리학』, 이경직, 김진운, 박성관, 박예일, 이진영 옮김(서울: 개혁주의신학사, 2015), 79-81. 그가 참조했던 반 틸의 책은 아래와 같다. Cornelius Van Til, *Christian Theistic Ethics* (The Presbyterian and Reformed Publishing Company: Phillipsburg, NJ, 1980), 제1장: "All ethics then deals with these three questions: (a) What is the motive of human action? (b) What is the standard of human action? (c)

What is the end or purpose of human action?"

17   J. 다우마, 『개혁주의 윤리학』 신원하 옮김(서울: 기독교문서선교회, 2003), 234.

18   헤르만 바빙크, 『개혁교의학』, 박태현 옮김(서울: 부흥과개혁사, 2011), 4권 300쪽[#482].

19   레비나스 윤리에 대한 국내외 학자의 연구들은 아래와 같은 문헌들이 있다. 강영안, 『타인의 얼굴-레비나스의 철학』(서울: 문학과지성사, 2005); 강영안, 김정현, 김혜령, 문성원, 서용순, 손영창, 『레비나스 철학의 맥락들』(서울: 그린비출판사, 2017); 윤대선, 『레비나스의 타자물음과 현대철학』(서울: 문예출판사, 2018); 김도형, 『레비나스와 정치적인 것』(서울: 그린비, 2018); 최상욱, 『하이데거 vs 레비나스』(서울: 세창출판사, 2019); 박남희, 『레비나스, 그는 누구인가』(서울: 세창출판사, 2019); Claire Elise Katz and Lara Trout, eds., Emmanuel Levinas: Levinas, Phenomenology and His Critics, vol. 1, Routledge Critical Assessments of Leading Philosophers (London: Routledge, 2005); Claire Elise Katz and Lara Trout, eds., Emmanuel Levinas: Levinas and the History of Philosophy, vol. 2, Routledge Critical Assessments of Leading Philosophers (London: Routledge, 2005); Claire Elise Katz and Lara Trout, eds., Emmanuel Levinas: Levinas and the Question of Religion, vol. 3, Routledge Critical Assessments of Leading Philosophers (London: Routledge, 2005); Claire Elise Katz and Lara Trout, eds., Emmanuel Levinas: Beyond Levinas, vol. 4, Routledge Critical Assessments of Leading Philosophers (London: Routledge, 2005). 이하의 글에서 레비나스를 소개하는 부분은 아래 문헌과 웹사이트에 실린 글의 도움을 받았다. Simon Critchley and Robert Bernasconi, eds., The Cambridge Companion to Levinas (Cambridge: Cambridge University Press, 2002), 1-32; Bergo, Bettina, "Emmanuel Levinas," The Stanford Encyclopedia of Philosophy (Fall 2017 Edition), Edward N. Zalta (ed.), URL = ⟨https://plato.stanford.edu/archives/fall2017/entries/levinas/⟩. (2019.5.18. 접속)

20   Simon Critchley and Robert Bernasconi, eds., The Cambridge Companion to Levinas (Cambridge: Cambridge University Press, 2002), 2에서 재인용.

21   Emmanuel Levinas, Totality and Infinity: an Essay on Exteriority, trans. Alphonso Lingis (Pittsburgh: Duquesne University Press, 1969 [1961]), 251.

22   Emmanuel Levinas, "Enigma and Phenomenon," in Emmanuel Levinas: Basic Philosophical Writings, A. Peperzak, S. Critchley and R. Bernasconi eds. (Bloomington: Indiana University Press, 1996), 65-77.

23   Simon Critchley and Robert Bernasconi, eds., The Cambridge Companion to Levinas (Cambridge: Cambridge University Press, 2002), 16.

24   Ibid., 22.

25   Robert Bernasconi, "Who Is My Neighbor? Who Is the Other?: Questioning "the Generosity of Western Thought," in Emmanuel Levinas, ed. Claire Elise Katz and Lara Trout, 1 vols., Routledge Critical Assessments of Leading Philosophers

(London: Routledge, 2005), 7.

26 이 점은 리처드 헤이스를 기념하여 쓴 논문집 *The Word Leaps the Gap: Essays on Scripture and Theology in Honor of Richard B. Hays*에 실린 N. T. Wright의 논문, "Faith, Virtue, Justification, and the Journey to Freedom"에서 부각되고 있다.

27 Bernasconi, "Who Is My Neighbor? Who Is the Other?," 10.

28 Ibid., 10.

29 Ibid., 9.

30 Ibid., 14-15를 보라.

31 Paul Ricoeur, "The Socius and the Neighbor," *History and Truth*, 89-109. 정의의 문제에 대한 리쾨르의 더 깊은 탐구들은 아래의 책을 보라. Paul Ricoeur, *The Just*, trans. David Pellauer (Chicago: University of Chicago Press, 2000); Paul Ricoeur, *Reflections on the Just*, trans. David Pellauer (Chicago: University of Chicago Press, 2007); Paul Ricoeur, *The Course of Recognition*, trans. David Pellauer (Cambridge, MA: Harvard University Press, 2005).

32 엠마누엘 레비나스, 『윤리와 무한: 필립 네모와의 대화』, 양명수 옮김(서울: 다산글방, 2005), 28.

33 아래 문헌을 참조했다. William Schweiker, *Power, Value, and Conviction: Theological Ethics in the Postmodern Age* (Cleveland, Ohio: Pilgrim Press, 1998), Chap. 1. 한역: 윌리엄 슈바이커, 『포스트모던 시대의 기독교 윤리: 힘, 가치 그리고 확신』, 문시영 옮김(서울: 살림출판사, 2003), 1장 "하나의 세계, 다양한 도덕"

34 신학자들의 대표적인 5가지 윤리적 유형에 대해서는 리처드 헤이드, 『신약의 윤리적 비전』, 유승원 옮김(서울: 한국기독학생회출판부, 2002), 제12장을 참조.

35 Reinhold Niebuhr, *An Interpretation of Christian Ethics* (New York: Seabury, 1979 [1935]), 62; 리처드 헤이드, 『신약의 윤리적 비전』, 유승원 옮김(서울: 한국기독학생회출판부, 2002), 344에서 재인용.

36 Niebuhr, *An Interpretation of Christian Ethics*, 71; 리처드 헤이드, 『신약의 윤리적 비전』, 유승원 옮김(서울: 한국기독학생회출판부, 2002), 344에서 재인용. 한편, 바르트는 『로마서 주석』에서 '죄'가 '불가능한 가능성'이라고 말한 바 있다.

37 리처드 헤이드, 『신약의 윤리적 비전』, 유승원 옮김(서울: 한국기독학생회출판부, 2002), 342.

38 같은 책, 344.

39 같은 책, 342.

40 같은 책, 350-351.

41 Peter van Inwagen, "Genesis and Evolution," *God, Knowledge and Mystery: Essays in Philosophical Theology* (Ithaca and London: Cornell University Press, 1995), 128-162. 밴 인와겐은 창세기 1-3장에 대한 문자주의적 해석도 옳지 않고, 고등비평적인 해석도 옳지 않다고 본다. 또한 그는 다윈의 이론 즉 생물이 점진적으로 진화되었다는

설도 받아들이지 않고, 스티븐 굴드의 단속평형설 즉 생물이 특정 상황에서 갑작스럽게 진화하여 새로운 종들이 출현했다는 주장도 받아들이지 않는다. 그리하여 그는 지적설계론에 가까운 입장을 편다(앞 책, 151쪽 이하).

42 Gunton, *The Triune Creator - A Historical and Systematic Study* (Grand Rapids, MI: Eerdmans, 1998), 11-12를 참조하라. 이 내용은 건튼의 도움을 받아 내가 확대시킨 관점이다.

43 Michael B. Roberts, "Darwin's Doubts about Design-The Darwin-Gray Correspondence of 1860," *Science and Christian Belief*, 9 (1997), 113-127에서는 다윈이 기독교 신앙적으로 고민했던 것은 진화 자체보다는 악의 문제였다고 지적한다. Gunton, *The Triune Creator*, 189n17에서 재인용.

44 Gunton, *The Triune Creator*, 190. 그래서 콜린 건튼은 보다 나은 형태의 "자연에 대한 신학(theology of nature)"을 확립하기를 원한다(앞 책, 190-192). 죄로 인해서 자연에 무질서가 들어왔는데, 그것을 극복하고 창조의 완성을 위해서 예수 그리스도의 십자가, 교회의 사역, 성령의 역사가 필요하다는 주장이다.

45 한편, 건튼은 아우구스티누스가 진화론과 조화되는 사상을 가진 풍유론자들을 미리 예견했다고 주장한다. Augustine, *Against the Manichees*, 23ff에 대한 다음과 같은 설명을 보라. Gunton, *The Triune Creator*, 77n27: "In this, Augustine anticipates those allegorisers who seek to show that the six days can be made consistent with a kind of evolutionary picture." Augustine, *Gen ad Litt* 23ff에 대해서도 건튼은 같은 설명을 제시했다. Colin E. Gunton, "Between Allegory and Myth: The Spiritualising of Genesis," in Colin E. Gunton, ed., *The Doctrine of Creation* (London: T&T Clark International, 2004[1997]), 47-62(특히 56n29).

46 양승훈, 『생명의 기원과 외계생명체』(서울: SFC, 2011), 제3강("생명의 기원과 화학진화") 참조.

47 관련된 책으로는 아래를 보라. 스티븐 C. 마이어, 『다윈의 의문: 동물 생명의 폭발적 기원과 지적설계의 증거』, 윤성승, 이재신, 이종수, 조두진 옮김(용인: 겨울나무, 2015).

48 한국교회탐구센터 편저, 『지질학과 기독교 신앙』, 36-37에 나오는 양승훈의 설명 참조.

49 동물의 도덕적의 문제에 대해서는 아래 책들을 보라. Angus Taylor, *Animals & Ethics: An Overview of the Philosophical Debate*, ed. John W. Burbidge (Buffalo: Broadview Press, 2009), 특히 제3장; Andrew Linzey and Clair Linzey, eds., *The Palgrave Handbook of Practical Animal Ethics*, The Palgrave Macmillan Animal Ethics Series (London: Palgrave Macmillan UK, 2018).

50 "인간중심주의(Anthropocentrism)"를 극복하고, "동물을 포함하는 종말(Animal-Inclusive Eschaton)"에 대해 다루고 있는 논의는 R. McLaughlin, *Christian Theology and the Status of Animals: The Dominant Tradition and Its Alternatives* (London: Palgrave Macmillan UK, 2014), 제4-6장을 보라. 이외에도 "The Palgrave Macmillan Animal

Ethics Series"에서는 이 주제에 대한 수십 권의 책을 발간하고 있다. 특히 앤드루 린지 (Andrew Linzey)는 동물신학, 동물복음에 대해 활발하게 논의한다. 전통신학적 입장에서 다 수용할 수는 없겠지만, 생태계의 오염과 인간의 폭력 및 탐욕으로 인해 수많은 생물이 멸종당하고 있는 이 시대 반드시 주목해야 한 연구이다. Andrew Linzey, *Animal Theology* (Urbana: University of Illinois Press, 1995); Andrew Linzey, *The Link Between Animal Abuse and Human Violence* (Brighton, England: Sussex Academic Press, 2009).

51 Alvin Plantinga and Michael Tooley, *Knowledge of God* (Malden, MA: Blackwell Pub., 2008)를 보라.

52 http://rationalwiki.org/wiki/Metaphysical_naturalism에서도 그렇게 말한다.

53 C. S. 루이스, 『기적』, 이종태 옮김(서울: 홍성사, 2008), 46-49를 보라(인용문은 49에서 발췌하였으나, 부분적으로 번역을 약간 수정함).

54 사랑에 대한 깊은 논의는 J. 다우마, 『개혁주의 윤리학』 신원하 옮김(서울: 기독교문서선교회, 2003), 제7장을 보라.

55 코넬리스 반 담, 『성경에서 가르치는 장로』, 김헌수, 양태진 옮김(서울: 성약출판사, 2012), 129.

56 Henry Stob, "The Dialectic of Love and Justice," in Stob, *Ethical Reflections: Essays on Moral Themes* (Grand Rapids, MI: Eerdmans, 1978), 140.

57 Luther, WA, 2:477-478: "Postquam enim Christus advenit, legis opera sic abrogavit, ut indifferenter ea habent possint, non autem amplius cogant."; WA, 2:479: "Igitur Christianus verus⋯⋯ad omnia prorsus indifferens est, faciens et omittens, sicut ad manum sese res vel obtulerit vel abstulerit⋯⋯quod si ex charitate facit, optime facit, sin ex necessitate aut timore urgente, non christianiter sed humaniter facit." Pannenberg, *Systematic Theology*, 3:91에서 재인용.

58 그리스도 예수 안에서는 할례나 무할례나 효력이 없으되 사랑으로써 역사하는 믿음뿐이니라(갈 5:6).
    너희의 믿음의 역사와 사랑의 수고와 우리 주 예수 그리스도에 대한 소망의 인내를 우리 하나님 아버지 앞에서 끊임없이 기억함이니(살전 1:3).

59 보다 깊은 논의는 아래 글을 참조하라. Woo, B. Hoon. "Pannenberg's Understanding of the Natural Law." *Studies in Christian Ethics* 25, no. 3 (2012): 363-364.

60 Nicholas Wolterstorff, *Justice in Love* (Grand Rapids, MI: Eerdmans, 2011); 니콜라스 월터스토프, 『정의와 평화가 입맞출 때까지』, 홍병룡 옮김(서울: 한국기독학생회출판부, 2007). '사랑의 이중 계명'을 사회 정치적으로 적용하는 예를 이미 아우구스티누스의 정치신학에서 볼 수 있다. 아래 글을 참조하라. Woo, "Pilgrim's Progress in Society: Augustine's Political Thought in the City of God," 436.

61 사랑에 대한 보다 깊은 논의는 스탠리 그렌츠, 『기독교 윤리학의 토대와 흐름』, 신원하

옮김(한국기독학생회출판부, 2001), 325-350(제8장 '포괄적 사랑')을 참조하라. 하지만 그 렌츠는 사회적 삼위일체를 너무 인간관계에 쉽게 적용해 버리는 단점이 있다(앞 책, 281, 309, 327쪽 등을 참조). 전통적 개혁파 신학자들은 삼위내적 관계를 피조물과의 관계 혹은 피조물 상호관계에 직접 적용하는 것을 피했다. 예를 들어 토마스 굿윈(1600-1680)은 하나님과 피조물 사이의 관계는 삼위내적 관계에 비하면 "보다 하위적인 연합관계 (a lower union)"라고 말했다. Thomas Goodwin, *The Works of Thomas Goodwin* (Edinburgh: James Nichol, 1861-1866), 9:132 ("A Discourse of Election"). 이에 대해서는 B. Hoon Woo, "The Pactum Salutis in the Theologies of Witsius, Owen, Dickson, Goodwin, and Cocceius" (Ph.D. diss., Calvin Theological Seminary, 2014), 297쪽과 7.1.2 를 보라.

62 J. 다우마, 『개혁주의 윤리학』 신원하 옮김(서울: 기독교문서선교회, 2003), 171.

63 이 논의는 같은 책, 제10장을 보라.

64 이웃을 구하기 위해, 즉 이웃을 사랑하라는 계명 때문에 거짓말을 할 수 있다. 그것을 '봉사의 거짓말'(mendacium officiosum)이라고 부른다. 즉 다른 사람을 섬기기 위해서 사용하는 거짓말이라는 의미이다. 위급한 상황에서 거짓말이 이웃이나 우리 자신을 구하는 유일한 수단이 될 수 있기 때문이다. J. 다우마, 『개혁주의 윤리학』 신원하 옮김(서울: 기독교문서선교회, 2003), 197.

65 이하의 분류는 같은 책, 218 참조.

66 같은 책, 220-221에서 거의 그대로 인용했다.

67 이 글을 작성하는 데 있어서 웨스트민스터 신앙고백서 제16장 7절을 참조했다. "중생 받지 못한 자들의 행위가 그 자체로는 하나님께서 명령하신 일일 수도 있고, 자신과 남에게 유익할 수도 있을 것이다. 그렇지만 그 행위가 믿음으로 깨끗해진 마음에서 나오지 않으며, **말씀을 따라 올바른 방식으로 행해지지도 않으며 올바른 궁극 목적인 하나님의 영광을 위하여 행한 것도 아니다.** 그러므로 그 행위는 죄스러운 것이요 하나님을 기쁘시게 할 수 없으며 하나님에게 은혜를 받게 하지도 못한다. 그러함에도 그들이 선행을 소홀히 행하면 더 죄스러운 일이요 하나님을 노하시게 한다." (진한 글씨체는 필자가 표시한 것임)

68 아우구스티누스가 『고백록』(1.4.4)에서 말하듯이 신자는 하나님으로부터 받은 것으로 하나님을 섬기게 된다. 루터파 신학자 오스발트 바이어는 칸트가 말하듯이 정언명령 (categorical imperative)이 있다면 정언은사(categorical gift)가 미리 전제되어야 한다고 말했다. 바이어에 대한 내용은 아래에서 인용함. R. Michael Allen, *ET101 Law and Gospel: The Basis of Christian Ethics*, Logos Mobile Education (Bellingham, WA: Lexham Press, 2016), Segment 14.

69 헤르만 바빙크, 존 볼트 엮음, 『개혁파 교의학: 단권 축약본』, 김찬영, 장호준 옮김(서울: 새물 결플러스, 2015), 822(번역을 약간 수정함).

4장 기독교 사회윤리

1   Christopher J. H. Wright, "The Ethical Authority of the Old Testament: A Survey of Approaches," *Tyndale Bulletin* 43, no. 1 (May 1992): 113.

2   지금부터 괄호 안의 숫자는 특별한 언급이 없는 한, 『기독교강요』(1559년 최종판)의 권, 장, 절을 뜻한다.

3   초판 『기독교강요』가 비록 교리문답의 의도를 가지고 있다고 하더라도, 그 결과적 작품은 기존의 교리문답서와는 달랐다고 멀러는 적절하게 지적한다. Richard A. Muller, *The Unaccommodated Calvin: Studies in the Foundation of a Theological Tradition* (New York: Oxford University Press, 2000), 27.

4   『신앙핸드북』에서 아우구스티누스는 사도신경과 주기도문은 직접 설명하고 있으나 십계명을 하나씩 다루지는 않는다.

5   Muller, *The Unaccommodated Calvin*, 24, 28-38.

6   물론 이러한 재세례파에 칼뱅의 평가가 항상 옳다고 볼 수는 없다. 재세례파 가운데 다양한 분파들이 있었기 때문이다. 하지만 적어도 슐라이트하임 고백서에서 대변되는 재세례파의 중론(衆論)을 보면 그런 극단적인 사람들이 상당수 있었음을 부인할 수 없다. 아래 글을 참조하라. 우병훈, "'교회와 국가의 관계'에 대한 신학적 견해들 (1)", 「개혁신앙」, 제13호(2015년 7·8월), 58-60.

7   칼뱅의 두 왕국론에 대한 가장 자세한 논의는 아래의 박사논문에서 찾을 수 있다. Matthew J. Tuininga, "Christ's Two Kingdoms: Calvin's Political Theology and the Public Engagement of the Church" (Ph.D. diss., Emory University, 2014).

8   자세한 논의는 우병훈, "'교회와 국가의 관계'에 대한 신학적 견해들 (2)", 「개혁신앙」, 제14호(2015년 9·10월), 48-49를 참조하라.

9   Beveridge의 영어 번역에는 'true piety'라고 오역함. John Calvin, *Institutes of the Christian Religion*, vol. 3, tr. Henry Beveridge (Edinburgh: The Calvin Translation Society, 1845), 521.

10 한글 번역에는 "정부에는 세 부분이 있다"라고 하여 오해를 일으키게 한다. 정부의 세 부분이 아니라, 정부를 제대로 다루기 위한 주제가 세 가지이다.

11 이처럼 법을 중심으로 정부에 대해 기술하는 것은 칼뱅이 법학 박사임을 여실히 보여주는 대목이다.

12 이 점은 그리스도인이 관원(官員)이 되는 것을 반대했던 일부 재세례파를 의식한 설명이다(4.20.7도 참조).

13 현대의 재세례파의 경우 정부의 직책을 맡는 것에 대한 의견이 다르다는 것을 아래 글에서 설명하였다. "교회와 국가의 관계'에 대한 신학적 견해들 (1)", 59.

14 나로 말미암아 왕들이 치리하며 방백들이 공의를 세우며 나로 말미암아 재상과 존귀한 자 곧 모든 의로운 재판관들이 다스리느니라(잠 8:15-16). 잠언은 공공신학적 가르침을

많이 베풀어 주고 있다. 한 예로 지혜란 주제로 환경 문제를 다룬 아래 글을 참조하라.

Richard Davis, "The Politics of Public Wisdom—Proverbs 1:20-33", http://www.politicaltheology.com/blog/the-politics-of-public-wisdom-proverbs-120-33/ (2015.10.2. 접속) 그러나 잠언의 공공신학을 다루는 책이나 글은 그리 많지가 않다. 필자가 찾은 것은 아래의 문헌 정도다. Lechion Peter Kimilike, *Poverty in the Book of Proverbs: An African Transformational Hermeneutic of Proverbs on Poverty, Bible and Theology in Africa* (New York: P. Lang, 2008); Jean-Jacques Lavoie, "Politique et philosophie religieuse selon Proverbes 25,2-7," *Theoforum* 42, no. 3 (2011): 313-344.

15 그런 점에서 칼뱅이 이 장에서 주로 염두에 두었던 것을 모든 정부 관리가 신자였던 제네바 시였다고 생각하는 것은 잘못이다. 사실 제네바 시 관리들조차 모두 그렇게 성경적이고 독실한 그리스도인이었던 것은 아니었다. 칼뱅의 경험이 그의 글쓰기에 반영되어 있었겠지만, 그는 가급적 보편성을 가질 수 있는 일반적인 공공신학을 전개하고 있다.

16 존 파이퍼는 민주주의를 왕정에 비해 옹호하면서 C. S. 루이스의 말을 다음과 같이 인용했다. "아리스토텔레스는 어떤 사람들은 다만 노예가 되기에 적합하다고 말했다. 나는 그를 반대하지 않는다. 하지만 나는 노예제는 반대하는데, 그 어떤 사람도 주인이 되기에는 적합하지 않다고 생각하기 때문이다." John Piper, *Sermons from John Piper* (2000-2014) (Minneapolis, MN: Desiring God, 2014), 2005년 성탄절 설교. 파이퍼는 이 땅의 왕은 모두 유한하며 악하기에 왕정을 옹호할 수 없다고 한다. 비록 그가 선호한 정치 형태와 칼뱅이 선호한 것은 다르지만, 인간의 타락성을 염두에 두고 정치 형태를 선택하고자 했다는 점에서 그는 칼뱅과 유사한 사고방식을 따랐다고 볼 수 있다. 한편, 그는 루이스의 글의 출처를 아래와 같이 밝혔다. C. S. Lewis, "Equality," in *Present Concerns: Essays by C. S. Lewis*, in Wayne Martindale and Jerry Root, eds., *The Quotable C. S. Lewis* (Wheaton, Illinois: Tyndale House Publishers, Inc., 1989), pp. 152-153에서 재인용. 칼뱅과 그 후예들이 교회의 정치 구조를 제시할 때, (물론 성경에서 그 모범을 찾았지만) 어떤 한 사람이나 소수의 무리에게 권력이 집중되는 것을 최대한 막으려는 의도가 있었음을 알 수 있다. 아래 글을 참조하라. Paul Wells, "Church Government in French Churches in the 17th Century," 「갱신과 부흥」 17 (2016): 122-149.

17 칼뱅이 구약 이스라엘을 보는 관점은 우선 그것이 교회라는 것이고, 또한 그것이 국가의 형태를 가졌다는 것이다. 다시 말해서, 칼뱅에게 구약의 이스라엘은 국가 형태를 가진 교회였다. 따라서 구약 이스라엘을 보면서, 교회에 대해 배울 수 있지만, 또한 국가에 대해서도 배울 수 있다. 물론 교회와 국가가 분리된 신약 시대 이후의 관점에서 보자면, 구약 이스라엘에 대한 기록들을 그대로 교회의 삶과 일대일 대응시키거나, 혹은 시민적 생활과 일대일 시켜서는 안 된다. 특히 이스라엘과 교회를 일치시키고, 구약의 이방 나라와 오늘날 세속 국가를 동치시키는 식의 주해는 여러 문제점을 가진 해석 방식이다. 구약 이스라엘을 교회 혹은 국가와 관련해서 해석할 때는 세심한 주의와 면밀한 일관성이 요구된다.

18 많은 종교개혁자와 그 이후의 많은 개혁신학자는 십계명이 신자(信者)와 불신자(不信者) 모두에게 주어진 도덕법이라고 생각했다. Stephen John Grabill, *Rediscovering the Natural Law in Reformed Theological Ethics* (Grand Rapids: Eerdmans, 2006), 89-90, 146; David C. Steinmetz, "The Reformation and the Ten Commandments," *Interpretation: A Journal of Bible and Theology* 43, no. 3 (July 1989): 260-261 참조.

19 아브라함 카이퍼 역시 『칼뱅주의 강연』의 제3강 '정치' 편에서 국가와 종교의 밀접한 관련성을 다루었다. 대제국을 이룬 국가치고 종교를 소홀히 했던 국가는 없었다. 오히려 많은 권력자들이 종교를 통하여 자신의 권력을 유지하는 것이 동서고금을 막론하고 자주 발견되는 사례들이다. Abraham Kuyper, *Calvinism: Six Lectures Delivered in the Theological Seminary at Princeton* (New York; Chicago; Toronto: Fleming H. Revell Company, 1899), 98.

20 이러한 왕의 직분을 집사직과 연결한 반 담의 견해를 참조하라. 김헌수, 코넬리스 반 담, 윈스턴 후이징아, 『성경에서 가르치는 집사와 장로』(서울: 성약출판사, 2013), 63(반 담의 글). 이에 대한 논의는 우병훈, 『삼위 하나님의 교회와 직분』(2020, 출간예정), 6장 "집사직의 역사와 자격과 사역"을 참조하라.

21 한편 현대 학자들은 이 둘을 거의 동의어로 보기도 한다. M. Weinfeld, "Justice and Righteousness'-mišpāṭ ûṣedāqâ-The Expression and Its Meaning," in H. G. Reventlow, ed., *Justice and Righteousness* (Sheffield 1992), 229, 232-233. 물론 칼뱅이 여기서 정의와 공평의 엄밀한 의미를 규정하려는 의도는 없다.

22 롬 13:4에 "하나님의 사역자(헬라어, '테우 디아코노스')"라는 표현이 두 번 반복되고 있다.

23 자제와 인도적 정신은 "전쟁 개시 정당성(jus ad bellum)"과 "전쟁 수행 정당성(jus in bello)" 모두에 해당된다. 자세한 논의는 신원하, 『전쟁과 정치: 정의와 평화를 향한 기독교윤리』(서울: 대한기독교서회, 2003)를 참조하라.

24 이처럼 '사랑의 이중 계명'을 사회 정치적으로 적용하는 예를 이미 아우구스티누스의 정치신학에서 볼 수 있다. 아래 글을 참조하라. B. Hoon Woo, "Pilgrim's Progress in Society: Augustine's Political Thought in the City of God," *Political Theology* 16, no. 5 (2015): 436. 헨리 스토브 역시 "현행법의 적절한 적용을 위해서 사랑이 필요하다"라고 주장했다. Henry Stob, "The Dialectic of Love and Justice," in Stob, *Ethical Reflections: Essays on Moral Themes* (Grand Rapids, MI: Eerdmans, 1978), 140. 판넨베르크의 정치신학에 있어서 법과 사랑의 관련성에 대해서는 아래 글을 참조하라. Woo, B. Hoon. "Pannenberg's Understanding of the Natural Law." *Studies in Christian Ethics* 25, no. 3 (2012): 363-364. 정의와 사랑의 문제를 깊이 천착한 월터스토프의 작품들도 빼놓을 수 없다. Nicholas Wolterstorff, *Justice in Love* (Grand Rapids, MI: Eerdmans, 2011); 니콜라스 월터스토프, 『정의와 평화가 입맞출 때까지』, 홍병룡 옮김(서울: 한국기독학생회출판부, 2007).

25 칼뱅은 모세오경의 주석을 쓸 때, 거기에 나오는 모든 율법을 십계명의 각 항목에 배치

했다. 이처럼 모든 율법을 십계명에 따라 분류하는 전통은 필로에게까지 거슬러 올라간다. Raymond Andrew Blacketer, *The School of God: Pedagogy and Rhetoric in Calvin's Interpretation of Deuteronomy* (Springer, 2005), 135.

26 Cicero, De legibus, III.ii: "magistratum esse legem loquentem, legem autem mutum magistratum(집권자는 말하는 법이요, 법은 침묵하는 집권자이다)."

27 법학박사로서 법에 대한 깊은 지식을 오히려 드러내는 말이다. 법을 온전히 다룬다는 것은 탁월한 사상가들에게도 쉬운 일이 아니다. 그래서 플라톤은 그의 작품들 중에 가장 긴 작품인 『법률』을 말년에야 썼던 것이다. 실제로 칼뱅이 이하에서 법에 대해 다루는 글은 아주 정교하다(특히 4.20.16).

28 칼뱅은 구약성경의 재판법에 따라 신정정치를 구현하려는 것을 거부했다. 존 칼빈, 『기독교강요』, 김종흡, 신복윤, 이종성, 한철하 옮김(서울: 생명의말씀사, 1986), 612n36.

29 이렇게 율법을 세 가지 종류로 나누는 전통은 아퀴나스, 『신학대전』 I-II, q.99, a.4에 나온다. 멜란히톤, 『신학총론(Loci communes; 공통논제들)』(1521), ed. Engelland, p. 46에도 나온다.

30 칼뱅이 말하는 "난잡한 성행위(promiscuos coitus)"에는 동성애도 역시 포함되어 있다. 칼뱅은 『로마서 주석』의 로마서 1:26에 대한 주석에서 동성애자를 가리켜 "그들은 자연의 전체 질서를 역전시키기 때문에, 짐승보다 더 못나게 전락하게 됐다"라며 비판하고 있다. John Calvin, *Commentary on the Epistle of Paul the Apostle to the Romans*, trans. John Owen (Bellingham, WA: Logos Bible Software, 2010), 79. 동성애에 대한 연구로 아래 논문을 보라. 우병훈, "동성애에 대한 독일개신교 신학자들의 이해 차이: 'EKD Texte 57'과 볼프하르트 판넨베르크를 비교하여," 「한국개혁신학」 제62권(2019):10-69.

31 『기독교강요』의 영역판 John Calvin, *Institutes of the Christian Religion*, ed. John T. McNeill, trans. Ford Lewis Battles (Louisville, KY: Westminster John Knox Press, 2011), 1504에서는 4권 20장 16절의 제목을 "Unity and diversity of laws"라고 붙이고, 아래의 한글 번역 역시 그렇게 붙였지만, 이 단락의 참주제를 파악하지 못한 것이다. '법의 단일성과 다양성'이 아니라, "'법의 제정'과 그 원리가 되는 '공정성'의 차이점"이 참주제이다.

32 존 칼빈, 『기독교강요』, 김종흡, 신복윤, 이종성, 한철하 옮김(서울: 생명의말씀사, 1986), 3:614에서는 '자연법칙'이라고 번역하고 있으나, '자연법'으로 수정되어야 한다. '자연법칙'은 물리적 법칙들을 가리키는 반면, '자연법'은 모든 사람의 마음에 하나님께서 새겨 두신 보편적 도덕법을 가리키며 이성에 의해 즉각적으로 분별할 수 있는 양심의 법이다. Richard A. Muller, *Dictionary of Latin and Greek Theological Terms: Drawn Principally from Protestant Scholastic Theology*, 2nd ed. (Grand Rapids, MI: Baker, 2017), 197 ('lex naturalis' 항목).

33 16-17세기 종교개혁자들은 대체로 '자연법'의 존재를 믿었다. 아래 책을 보라. Stephen John Grabill, *Rediscovering the Natural Law in Reformed Theological Ethics* (Grand Rapids: Eerdmans, 2006).

34 아래 글을 참조하라. 우병훈, "'교회와 국가의 관계'에 대한 신학적 견해들 (1)", 『개혁신앙』, 제13호(2015년 7·8월), 56-57.

35 재세례파의 대표적 고백서인 슐라이트하임 고백서(1527), 4항을 칼뱅은 염두에 둔 것 같다.

36 어쩌면 여기서 칼뱅은 세르베투스를 생각하고 있었을지도 모른다.

37 존 칼빈, 『기독교강요』, 김종흡, 신복윤, 이종성, 한철하 옮김(서울: 생명의말씀사, 1986), 623-624에서는 악한 집권자들을 인정하지 않는 것이 마치 칼뱅의 견해인 양 오해될 수 있도록 번역했다. 하지만 그렇지 않다. 칼뱅은 악한 집권자들을 배척하는 사람들의 통념을 소개할 뿐이다.

38 칼뱅은 그 예로, 고대 스파르타의 왕들에 대립한 감독관, 로마 집정관들에 대한 호민관, 아테네의 원로원에 대립한 지방장관 그리고 칼뱅 당대의 각국 국회가 중요 회의를 열 때 행사하는 권한 같은 것을 들고 있다.

39 이것이 『기독교강요』의 마지막에 나오는 말이다.

40 공공신학의 정의에 대해서는 *International Journal of Public Theology*의 홈페이지에서 가져왔다. 이하의 글은 아래 논문을 약간 수정해서 실은 것이다. 우병훈, "공공신학 교육을 위한 교본으로서 웨스트민스터 대교리문답," 『개혁논총』 제39권(2016): 73-111.

41 대표적으로 아우구스티누스의 『신국론』은 서양 기독교에서 공공신학의 발전에 지대한 영향을 미쳤다. 『신국론』에 나타난 공공신학을 정리한 것은 아래 논문을 보라. B. Hoon Woo, "Pilgrim's Progress in Society: Augustine's Political Thought in the *City of God*," *Political Theology* 16, no. 5 (2015): 421-441. 아우구스티누스의 신학에 근거하여 공공신학을 포괄적으로 발전시킨 예는 Charles T. Mathewes, *A Theology of Public Life* (Cambridge: Cambridge University Press, 2007)에서 볼 수 있다.

42 공적 영역과 관련하여 선지서의 대표적인 가르침은 미가서 6:10-16을 들 수 있다. 예수님은 마가복음 10:32-45; 12:13-17 등에서 성도의 사회적 삶에 관하여 가르치셨다. 바울의 로마서 13장은 공공신학에 중요한 가르침을 준다. 디모데전서 2:1-4, 디도서 3:1-2, 베드로전서 2:11-17 등도 공공신학의 토대가 될 수 있다.

43 유럽의 위르겐 몰트만, 도로테 죌레, 슬라보예 지젝을 비롯하여, 미국의 라인홀드 니버, 리처드 니버, 스탠리 하우어워스, 존 요더, 데이빗 트루, 쥬딧 버틀러, 윌리엄 카바노, 데이빗 홀랜바흐, 미로슬라브 볼프, 맥스 스택하우스 등이 공공신학에서 자주 등장하는 이름들이다. 이 중에서 맥스 스택하우스는 프린스턴신학교의 아브라함 카이퍼 센터의 초대 디렉터였으며, 네덜란드 개혁주의의 유산에 근거한 공공신학을 정립하는 일에 여러모로 기여했다. 맥스 L. 스택하우스, 『(글로벌시대의 공공신학) 세계화와 은총』, 이상훈 옮김(성남: 북코리아, 2013)의 131-184(Part 3)를 보면, 공공신학의 정의와 방법론에 대해 잘 기술하고 있다.

44 김동춘, "기독교사회형성론의 관점에서 본 기독교정치," 『복음과 윤리』 제10권(2013): 99-139에서는 우리나라의 공공신학의 주된 흐름을 몇 가지로 정리하고 있다. 우리나라에서 공공신학을 논한 책들은 아래와 같은 것이 있다. 새세대교회윤리연구소, 『공공신학이란 무엇인가?』(서울: 북코리아, 2007); 새세대교회윤리연구소, 『공공신학, 어떻게 실천할

것인가?』(서울: 북코리아, 2008); 임성빈 외, 『공공신학』(서울: 예영커뮤니케이션, 2009); 이형 기, 『공적 신학과 공적 교회』(경기: 킹덤북스, 2010); 이승구, 『광장의 신학』(수원: 합신대학원 출판부, 2010). 특히 마지막 책의 1장과 2장은 개혁주의 신학에서 공공신학을 논할 때의 기본자세를 잘 제시하고 있다.

45 Jordan J. Ballor and Stephen J. Grabill, "Editors' Introduction," in *Common Grace: God's Gifts for a Fallen World: The Historical Section*, ed. Jordan J. Ballor, Melvin Flikkema, and Stephen J. Grabill, trans. Nelson D. Kloosterman and Ed M. van der Maas, vol. 1, Abraham Kuyper Collected Works in Public Theology (Bellingham, WA: Lexham Press; Acton Institute, 2015), xiii.

46 밴 딕스호른에 따르면, '소교리문답', '대교리문답'이이라는 명칭은 당시 영국 국교회에 서 사용되던 공동기도서(The Book of Common Prayer) 안에 있던 '소교리문답'과 국교회 가 특별하게 재가(裁可)했던 알렉산더 노웰(Alexander Nowell)의 『교리문답(A Catechism)』 (London: John Daye, 1575)을 흉내 낸 것이라 한다. Chad B. Van Dixhoorn, "Reforming the Reformation: Theological Debate At the Westminster Assembly 1643-1652" (Ph.D. diss. University of Cambridge, 2015), 77n74. 대교리문답은 1647년 10월 22일에 작성이 끝나서 곧 출간되었다(앞 책, 76-77).

47 칼뱅에 대해서는 아래 논문을 보라. Richard J. Mouw, "Calvin's Legacy for Public Theology," *Political Theology* 10, no. 3 (July 2009): 431-446. 루터, 멜란히톤, 츠 빙글리에 대해서는 아래 논문을 보라. Mark A. Noll, "The Earliest Protestants and the Reformation of Education," *The Westminster Theological Journal* 43, no. 1 (September 1980): 97-131.

48 조엘 비키, 마크 존스, 『청교도 신학의 모든 것』, 김귀탁 옮김(서울: 부흥과개혁사, 2015), 제 52장; 마이클 맥클리먼드, 제럴드 맥더모트, 『한 권으로 읽는 조나단 에드워즈 신학』, 임 요한 옮김(서울: 부흥과개혁사, 2015), 제32장 참조.

49 루터의 교리문답서의 순서도 이러한데, 루터의 교리문답은 개혁파 교리문답서들에 영향 을 많이 미쳤을 것이다. 교리문답들이 십계명, 사도신경, 주기도문의 해설을 담게 된 전통 은 (내가 추정하건대) 『믿음, 소망, 사랑에 관하여』라는 별명을 가진 아우구스티누스의 『신 앙핸드북(Enchiridion)』에 기인할 것이다. 아우구스티누스가 다룬 믿음 부분이 사도신경 해설로, 소망 부분이 주기도문 해설로, 사랑 부분이 십계명 해설로 점차 발전되어 교리문 답서에까지 그 영향을 드러낸 것이다. 실제로 『신앙핸드북』에서 아우구스티누스는 십계 명을 하나씩 다루지는 않으나 사도신경과 주기도문은 설명하고 있다. 웨스트민스터 신조 들은 사도신경을 직접적으로 다루지는 않는다. 딕스호른에 따르면 그 이유는, 사도신경 이 성경적이기는 하지만 십계명이나 주기도문처럼 성경 자체에서 취한 것이 아니라 판 단했기 때문이다(Van Dixhoorn, "Reforming the Reformation," 238-239, 256; Chad B. Van Dixhoorn, "The Making of the Westminster Larger Catechism," p.5[The Apostles' Creed] 이 글은 원래 Chad B. Van Dixhoorn, *New Horizons in the Orthodox Presbyterian Church* 21:9

[October, 2000], 16-17에 짧은 형태로 실린 글을 확장한 것이며, Van Dixhoorn, "The Making of the Westminster Larger Catechism." Reformation & Revival 10, no. 2 (2001): 97-113에 있고, 아래 사이트에서 구할 수 있다. www.the-highway.com/larger-catechism_Dixhoorn.html [접속: 2016.1.7]). 그러나 자세히 살펴보면 웨스트민스터 신조들도 사실상 사도신경의 내용들을 모두 다 담고 있음을 알 수 있다. 한편, 칼뱅의 『기독교강요』 역시 교리문답적 요소가 있기에 이렇게 십계명, 사도신경, 주기도문의 해설을 담고 있다. 물론 『기독교강요』는 기존의 교리문답서와는 여러 면에서 다른 특징을 지녔다. Richard A. Muller, *The Unaccommodated Calvin: Studies in the Foundation of a Theological Tradition* (New York: Oxford University Press, 2000), 27.

50 신조에서 공공신학 혹은 정치신학을 읽어낸 경우를 다룬 문헌들은 아래와 같다. Rolf Ahlers, "The Confession of Altona as Political Theology," *Lutheran Theological Seminary Bulletin* 63, no. 4 (September 1983): 3-30; Charles Villa-Vicencio, "The Protestant Quest for a Political Theology: Augsburg, Barmen and Ottawa," *Journal of Theology for Southern Africa* 47 (June 1984): 47-58; Eberhard Busch, *Drawn to Freedom: Christian Faith Today in Conversation with the Heidelberg Catechism* (Grand Rapids, MI: Eerdmans, 2010).

51 독일어 원전에서 필자 사역(私譯). 바르트는 1항을 서술하기 앞서서 요한복음 10:1,9; 14:6를 인용한다. 바르멘 신학선언은 바르트 외에도 루터파 신학자 두 사람(토마스 브라이트, 한스 아스무센)이 함께 작성하였다. 그러나 바르트가 가장 큰 기여를 했다. 두 신학자가 피곤해서 자는 동안 바르트가 혼자 대부분 이 신학선언을 작성하였고 그것을 그들의 큰 수정 없이 발표했기에 "루터파는 자고 있었고 개혁파는 깨어 있었다"라는 말이 돌게 된 것이다. 에버하르트 부쉬, 『칼 바르트 전기』, 손성현 옮김(서울: 복있는사람, 2014), 421 참조.

52 K. Barth, *Die christliche Lehre nach dem Heidelberger Kathechismus* (München: Kaiser 1949), 20; 이상은, "카를 바르트와 하이델베르크 요리문답." 「한국개혁신학」, 제50권(2016), 200에서 재인용. 보다 자세한 논의는 아래 문헌들을 보라. W. Niesel, "Karl Barth und der Heidelberger Katechismus," in ed. E. Wolf, C. Kirschbaum, and R. Frey, *Antwort: Karl Barth zum 70. Geburtstag am 10. Mai 1956* (Zürich: Zollikon 1956), 156-163; Villa-Vicencio, "The Protestant Quest for a Political Theology: Augsburg, Barmen and Ottawa," 47-58.

53 H. Reichel, *Theologie als Bekenntnis. Karl Barths kontextuelle Lektüre des Heidelberger Katechismus* (Göttingen: Vandenhoeck & Ruprecht 2015).

54 카이퍼의 하이델베르크 교리문답 설교문의 수기(手記) 원고의 사진을 프린스턴 신학교의 카이퍼 센터에서 무료로 제공하고 있다. http://kuyper.ptsem.edu에서 쉽게 검색할 수 있다.

55 Abraham Kuyper, *E voto Dordraceno: toelichting op den Heidelbergschen catechismus*, 4 vols. (Kampen: Kok, 1892), 2:46, 127. 카이퍼 전기로는 James D.

Bratt, *Abraham Kuyper: Modern Calvinist, Christian Democrat* (Grand Rapids: Eerdmans, 2013)을 참조하라. 브랫은 카이퍼의 정치적 성향은 미국 정치로 보자면 공화당도 민주당도 아닌 제3의 길을 가는 것이었다고 주장했다. 예를 들어, 경제 영역에서 정부의 역할을 줄이고자 한 점은 공화당적 입장에 가깝지만, 기독교 사립학교를 적극 지원하는 데 있어서는 민주당에 가까웠다는 것이다.

56 웨스트민스터 대교리문답의 형성과 특징에 대해서는 아래의 글이 잘 정리하고 있다. 밴 딕스호른은 웨스트민스터 회의의 역사와 웨스트민스터 신조의 형성과 내용에 대한 세계적인 전문가이다. Van Dixhoorn, "The Making of the Westminster Larger Catechism."

57 원래 웨스트민스터 총회는 '39개 신조'(The Thirty-nine Articles)라는 것을 만들었지만 스스로 만족하지 못했고 결국 폐기되었다(그 본문은 *The shorter catechism of the Westminster Assembly of divines: being a facsimile of the first edition, which was ordered to be printed by the House of Commons, 25th November*, 1647 [London: Presbyterian Church of England, 1897], 21-26에서 볼 수 있다). 청소년과 성인을 동시에 겨냥하는 하나의 교리문답서를 만들기는 힘들다는 것을 깨달은 것이다. 그래서 웨스트민스터 총회 참석자들은 리처드 바인(Richard Vine)의 제안을 따라서 청소년을 위해서는 소교리문답을, 성인을 위해서는 대교리문답을 만들게 되었다. 이상의 내용에 대해서 Van Dixhoorn, "Reforming the Reformation," 76을 보라.

58 특히 십계명 해설 부분을 보면 이 사실을 잘 확인할 수 있다.

59 W. Robert Godfrey, "The Westminster Larger Catechism," in *To Glorify and Enjoy God: A Commemoration of the Westminster Assembly*, eds., John L. Carson and David W. Hall (Edinburgh: Banner of Truth, 1994), 134-138; Van Dixhoorn, "The Making of the Westminster Larger Catechism," 6(The Church)에서 재인용.

60 웨스트민스터 대교리문답 십계명 해설 부분(98-148문답)의 작성에 참여한 이들은 에드워드 콜벳(Edward Corbet, 1601/1603-1658년), 조지 깁스(George Gibbs, 약 1590-1654년), 사무엘 깁슨(Samuel Gibson, 약 1580년 출생), 윌리엄 굿(William Good, 1600년 출생), 윌리엄 가우지(William Gouge, 1575-1653년), 스탠리 고워(Stanley Gower, 약 1600년 세례, 1660년 사망), 윌리엄 그린힐(William Greenhill, 1597/8-1671년), 조슈아 호일(Joshua Hoyle, 1588년 세례, 1654년 사망), 존 메이날드(John Maynard, 1600-1665년), 니콜라스 프로펫(Nicholas Prophet, 약 1599-1669년), 아더 샐러웨이(Arthur Sallaway, 1601년 출생), 헨리 스쿠더(Henry Scudder, 1652년 사망), 오바댜 세지위크(Obadiah Sedgwick, 1599/1600-1658년), 시드락 심슨(Sidrach Simpson, 약 1600-1655년), 피터 스미스(Peter Smith, 1586-1653년), 윌리엄 스트롱(William Strong, 1654년 사망) 등이다. 그 외에도 존 그린(John Greene, 1639-1647년에 활발하게 활동), 앤드루 페른(Andrew Perne, c. 1595-1654)도 웨스트민스터 대교리문답 작성에 기여했다. 이 목록과 이들의 간략한 생애와 기여에 대해서는 아래

책을 보라. Chad B. Van Dixhoorn, *The Minutes and Papers of the Westminster Assembly 1643-1652*, vol. 1 (Oxford: Oxford University Press, 2012), 115-139.

61 Van Dixhoorn, "The Making of the Westminster Larger Catechism," Introduction. 그 작품은 Thomas Ridgley, *A Body of Divinity······Being the Substance of Lectures on the Assembly's Larger Catechism* (London, 1731-1733; 1814; Edinburgh, 1845; New York: R. Carter, 1855)이다. 리즐리의 작품 외에 보스(J. G. Vos)가 "Blue Banner Faith and Life"라는 잡지에 기고한 글들을 윌리암슨이 모아 2002년에 출간한 대교리문답 주석집이 있다. 우리말로도 아래와 같이 번역되어 있다. J. G. 보스, G. I. 윌리암슨, 『웨스트민스터 대요리문답 강해』, 류근상, 신호섭, 옮김(크리스찬출판사, 2007). 유해무, 『헌법해설: 웨스트민스터 신앙고백서, 대소교리문답서』(서울: 대한예수교장로회 총회출판국, 2015)에서 웨스트민스터 신앙고백서와 대소교리문답서를 묶어서 함께 해설하고 있다.

62 John R. Bower, *The Larger Catechism: A Critical Text and Introduction*, Principal Documents of the Westminster Assembly (Grand Rapids, MI: Reformation Heritage Books, 2010).

63 이 글에서 인용되는 웨스트민스터 신조 및 대소교리문답은 『대한예수교장로회 고신총회 헌법』(대한예수교장로회 총회출판국, 2011), 37-220에 실린 것을 주로 사용하되, 인용된 성경 구절들은 뺐다. 또한 필요한 경우에는 1648년판 원문을 참조하여 수정했다. 사실 『대한예수교장로회 고신총회 헌법(2011)』은 어떤 판본을 기준으로 했는지 명기하지 않고 있으며, 특별히 성경 구절 인용이 여러 면에서 1648년판과 다르며 왜 다른지 밝히지 않는 문제가 있다. 이는 조속히 수정되어야 할 것이다. 왜냐하면 웨스트민스터 회의 참석자들은 인용 성구(聖句)들로부터 신조와 교리문답의 풍성한 내용들을 역으로 추정하도록 의도했기 때문이다. 최초의 인용 성구들을 그대로 보존하는 것이 가장 좋다. 초기 근대(16-17세기) 개혁파 신학자들이 성경 주석에서 교리를 도출하는 네 단계의 과정([1] 가장 직접적인 구절을 상세히 주석하고, [2] 이때 중요한 신학 개념들을 찾고, [3] 그 개념들과 관련한 구절들을 다시 찾아 간단히 주석하고, [4] 첫째와 셋째 단계의 주석을 종합하여 교리를 형성함)에 대해서는 아래 글들을 보라. B. Hoon Woo, "The *Pactum Salutis* in the Theologies of Witsius, Owen, Dickson, Goodwin, and Cocceius" (Ph.D. diss. Calvin Theological Seminary, 2015), 2.2, 2.3; B. Hoon Woo, *The Promise of the Trinity: The Covenant of Redemptionin the Theologies of Witsius, Owen, Dickson, Goodwin, and Cocceius* (Göttingen: Vandenhoeck& Ruprecht, 2018), 38-76; 우병훈, "개혁신학에서의 구속언약", 「re」 통권25(2015년 3월호): 7-10. 초기 근대의 개혁신학의 통일성은 이러한 주석방법론의 통일성에 크게 근거하고 있다.

64 이하에서 웨스트민스터 신조 및 대소교리문답은 각각 약어로, '웨', '대', '소'로 표현한다. 가령, '대1'은 대교리문답 제1문을 가리킨다.

65 만물을 목적과 인과관계로 파악하는 것은 아리스토텔레스적 사고에 기인하는 바가 크다.

또한 키케로의 『최고선악론』에서는 목적들의 위계질서를 말하고 있다. 청교도들의 사고에 이런 요소가 깊이 배어 있었다고 볼 수 있다. 그러나 군이 이런 그리스-로마적인 문헌들을 언급하지 않더라도 상식적으로 이해할 수 있는 생각이다. 조나단 에드워즈의 『참된미덕의 본질』에도 이렇게 목적론적 사고와 목적들의 위계질서에 대한 사상이 기본적으로 깔려 있음을 발견한다. 에드워즈에 따르면, 인생에서 가장 중요한 문제는 하나님과 연합되었는가 하는 것이다. 하나님과 연합되어 그 사랑이 동기와 모범이 된 미덕만이 참된 미덕의 본질을 갖춘 것이다. 조지 마즈던, 『조나단 에드워즈 평전』, 한동수 옮김(서울: 부흥과개혁사, 2006), 681 참조.

66 Ridgley, *A Body of Divinity* (1855), 1:4. 리즐리는 하나님을 영화롭게 하는 것이 최상위 목적이고, 그분을 영원토록 온전히 즐거워하는 것은 최상위 목적이긴 하지만 하나님을 영화롭게 하는 수단이 되는 것이라 한다.

67 '즐김(혹은 향유)'이란 라틴어로 'frui'라고 한다. 아우구스티누스는 인간이 다른 높은 목적을 위해 뭔가를 사용하고 누리는 것을 "이용하는 것(uti)"이라고 했고, 그 자체의 목적을 위해 뭔가를 누리는 것을 "즐기는 것 혹은 향유하는 것(frui)"라고 했다. Raymond Canning, "Uti/frui," ed. Allan D. Fitzgerald, *Augustine through the Ages: An Encyclopedia* (Grand Rapids, MI: Eerdmans, 1999), 859-861; 아우구스티누스, 『기독교적 가르침에 대하여(De doctrina Christiana)』 제1권 참조.

68 리즐리는 하나님을 영화롭게 하는 것은 하나님의 온전한 속성을 찬양하며 그것을 다른 사람들에게 전파하는 것이라고 넓게 규정한 뒤에 보다 구체적으로 아래의 8가지를 구체적으로 제시한다. 하나님을 영화롭게 하는 것이란, (1) 죄를 고백하는 것, (2) 하나님을 다른 어떤 것보다 사랑하고 기뻐하는 것, (3) 하나님을 믿고 신뢰하는 것, (4) 하나님 명예에 대해 뜨거운 열정을 갖는 것, (5) 우리가 가진 재능을 개발하여 열매를 맺는 것(요 15:8), (6) 하나님 앞에서 겸손하고 감사하며 기쁘게 행하는 것, (7) 천상의 마음을 가지고 하나님과 함께 거하기를 좋아하는 것, (8) 하나님께서 원하시는 뜻에 온전히 복종하는 것이다. Ridgley, *A Body of Divinity* (1855), 1:4-5.

69 요일 4:20에서는 "누구든지 하나님을 사랑하노라 하고 그 형제를 미워하면 이는 거짓말하는 자니 보는 바 그 형제를 사랑하지 아니하는 자는 보지 못하는 바 하나님을 사랑할 수 없느니라"라고 되어 있는데, '형제'를 사람 일반으로 확대시킨다고 해서 이 말씀을 곡해하는 것은 아닐 것이다(롬 13:9-10, 갈 5:14, 약 2:8도 참조).

70 이에 대해서는 헤르만 바빙크, 『개혁교의학』, 박태현 옮김(서울: 부흥과개혁사, 2011), 제2권, 제31장 '공유적 속성들'; 리처드 멀러, 『하나님의 본질과 속성』, 김용훈 옮김(서울: 부흥과개혁사, 2014), 3.3을 참조하라.

71 조엘 비키, 마크 존스, 『청교도 신학의 모든 것』, 김귀탁 옮김(서울: 부흥과개혁사, 2015), 제19장(364, 368쪽 등) 참조.

72 유해무, 『헌법해설: 웨스트민스터 신앙고백서, 대소교리문답서』, 196 참조.

73 Carl R. Trueman, *The Creedal Imperative* (Wheaton, IL: Crossway, 2012), 33.

74 Busch, *Drawn to Freedom*, 8: "This vitality of God is not simply identical with the changing demands of the times, through political and social circumstances, through scientific knowledge and economic conditions."

75 Richard A. Muller, *Dictionary of Latin and Greek Theological Terms: Drawn Principally from Protestant Scholastic Theology*, 2nd ed. (Grand Rapids, MI: Baker, 2017), 206("lumen naturae"). 라틴어 '나투라'(natura)는 본성이나 자연을 모두 뜻한다. 그래서 성염은 아우구스티누스 작품들을 번역하면서 natura를 '자연본성'(自然本性)이라는 역어(譯語)로 옮기고 있다. 아우구스티누스, 『신국론』, 제1-10권, 성염 옮김(서울: 분도출판사, 2004), 487(4.23.4), 552n58(5.9.4) 등 참조.

76 이에 대해서는 아래 작품이 역사적으로 잘 추적하여 증명하였다. Stephen John Grabill, *Rediscovering the Natural Law in Reformed Theological Ethics* (Grand Rapids: Eerdmans, 2006).

77 아래 문헌들을 참조하라. B. Hoon Woo, "Pannenberg's Understanding of the Natural Law," *Studies in Christian Ethics* 25, no. 3 (2012): 348-351; Wolfhart Pannenberg, *Systematic Theology*, trans. G. W. Bromiley, vol. 1 (Grand Rapids: Eerdmans, 1991), 108; Wolfhart Pannenberg, *Systematic Theology*, trans. G. W. Bromiley, vol. 2 (Grand Rapids: Eerdmans, 1994), 62-63, 177, 342; Wolfhart Pannenberg, *Systematic Theology*, trans. G. W. Bromiley, vol. 3 (Grand Rapids: Eerdmans, 1998), 62, 70-96, 566; Wolfhart Pannenberg, "On the Theology of Law," in Ethics, trans. Keith Crim (London: Westminster Press, 1981), 23-56; Wolfhart Pannenberg, "Toward a Theology of Law," *Anglican Theological Review* 55, no. 4 (1973): 395-420.

78 James T. Bretzke SJ, "Natural Law," ed. Joel B. Green, *Dictionary of Scripture and Ethics* (Grand Rapids, MI: Baker Academic, 2011), 544에 실린 아래와 같은 예들이 자연법에 근거하여 윤리학과 공공신학을 발전시킨 예들이다. J. Bretzke, *A Morally Complex World: Engaging Contemporary Moral Theology* (Liturgical Press, 2004); M. Cromartie, ed. *A Preserving Grace: Protestants, Catholics, and the Natural Law* (Eerdmans, 1996); M. Crowe, *The Changing Profile of Natural Law* (Martinus Nihoff, 1977); C. Curran and R. McCormick, eds., *Natural Law and Theology* (Paulist Press, 1991); J. Fuchs, *Moral Demands and Personal Obligations*, trans. B. McNeil (Georgetown University Press, 1993); J. Gustafson, *Protestant and Roman Catholic Ethics: Prospects for Rapprochement* (University of Chicago Press, 1978); J. Porter, *Natural and Divine Law: Reclaiming the Tradition for Christian Ethics* (Eerdmans, 1999); C. Traina, *Feminist Ethics and Natural Law: The End of the Anathemas* (Georgetown University Press, 1999).

79 김영종, 우병훈, 윤은수, 하성만, 『기독교 교리와 윤리』(서울: 생명의양식, 2019), 제11장 "성

경과 공공윤리"를 참조하라.

80 강영안 교수는 그리스도인 학자의 의무를 참된 것을 발견하고, 세상 학문의 거짓된 부분을 폭로하는 일이라고 말한 바 있다(아볼로 포럼, IVF 복음주의연구소 주최, 2009.1.30). 특히 그는 "자연주의, 반실재론, 상대주의는 오늘 우리가 대단히 신중하게 검토하고 비판해야 할 현대의 학문적 이데올로기라고 할 수 있다"라고 주장한다. 강영안, "한국 기독교 철학의 요청과 과제", 「신앙과 학문」(2000년 봄호), 23.

81 웨스트민스터 총회에서 교회론에 대한 논의를 연구한 논문으로 다음을 보라. 김재윤, "'두 세 사람이 내 이름으로⋯⋯'(마18:20)에 나타난 교회론적 함의: 웨스트민스터 총회에서의 교회정치 논의를 중심으로," 「개혁논총」 제24권(2012): 115-151.

82 그렇다고 해서 삼위 하나님의 페리코레시스적 상호침투와 공재를 인간 공동체가 구현해 낼 수 있는 것은 결코 아니다. 하지만 그리스도께서 주시는 은혜를 통해서 인간들 사이의 특별한 교제를 하나님 안에서 누릴 수 있는 것은 성경이 가르치는 신앙의 신비이다 (요 17:21, 엡 4:13도 참조). Woo, "*The Pactum Salutis* in the Theologies of Witsius, Owen, Dickson, Goodwin, and Cocceius," 274; Thomas Goodwin, *The Works of Thomas Goodwin*, vol. 4 (Edinburgh: James Nichol, 1863), 405 ("The Knowledge of God the Father, and His Son Jesus Christ") 참조

83 '종말'은 예수님의 초림(初臨)부터 재림(再臨) 사이의 기간이며, 종말의 끝은 예수님의 재림과 신천신지(新天新地)의 도래이다.

84 행위언약-은혜언약 양분 구도 외에도 16-17세기에는 성경에 나오는 언약들을 분류하거나 명명(命名)하는 방식이 매우 다양했다.

85 타락 전 아담에게 주신 말씀들을 언약이라고 보지 않는 경우도 있지만 여러 학자는 호세아 6:7을 들어서 아담에게 주신 말씀들을 언약이라고 본다. 비록 호 6:7의 '아담'을 장소명으로 보는 학자들이 주류이지만, 아래의 학자들은 설득력 있게 '아담'을 태초의 아담으로 본다. 기동연, 『창조부터 바벨까지』(서울: 생명의양식, 2009), 81-82; Leon J. Wood, "Hosea," in *The Expositor's Bible Commentary: Daniel and the Minor Prophets*, ed. Frank E. Gaebelein, vol. 7 (Grand Rapids, MI: Zondervan Publishing House, 1986), 195. 한편, Duane A. Garrett, Hosea, Joel, vol. 19A, The New American Commentary(Nashville: Broadman & Holman Publishers, 1997), 163에서는 호 6:7의 '아담'을 사람 이름이자 장소명으로 본다. 자세한 논의는 아래 글을 보라. B. B. Warfield, "Hosea VI.7: Adam or Man?" in *Selected Shorter Writings of Benjamin B. Warfield* (2 vols.; Nutley, NJ: Presbyterian and Reformed, 1970), 1:116-129; David B. McWilliams, "The Covenant Theology of the Westminster Confession of Faith and Recent Criticism," in *Westminster Theological Journal* 53, no. 1 (1991): 119.

86 문20 | 창조된 본래의 상태에 있던 사람에 대한 하나님의 섭리는 무엇이었습니까? 답 | 창조된 본래의 상태에 있던 사람에 대한 하나님의 섭리는, 그를 낙원에 두시고 그것을 관리하게 하시고 땅에서 나는 모든 열매를 자유로이 먹게 하신 것입니다(창 2:8, 15,

16), 그리고 모든 피조물을 그의 통치 아래 두시고(창 1:28), 그를 돕기 위해 결혼을 제정하시고(창 2:18), 하나님 자신과 교제하게 하신 것입니다(창 1:27, 28; 3:8). 또한 안식일을 제정하시고(창 2:3), 인격적이며 완전하고 항구적인 복종을 조건으로(롬 5:14, 고전 15:22, 47, 호 6:7, 눅 10:25-28, 갈 3:12, 롬 10:5, 갈 3:10, 12) 생명나무를 보증으로 삼아(창 2:9, 16, 17) 사람과 더불어 생명의 언약을 맺으시고, 선악을 알게 하는 나무 열매를 먹는 것은 사망의 고통이라는 형벌로써 금하신 것입니다(창 2:17). 참고로, 안식일의 신학을 탁월하게 전개한 연구로 다음을 보라. 김진혁, 『질문하는 신학』(서울: 복 있는 사람, 2019), 제36장 (안식일).

87 김영종, 우병훈, 윤은수, 하성만, 『기독교 교리와 윤리』(서울: 생명의 양식, 2019), 제10장 환경윤리에 대한 토론을 보라. 아울러, 송영목, 『시대공부』(서울: 생명의양식, 2017), "자연 재해와 환경 문제"라는 글도 보라.

88 이것을 보통 카이퍼와 바빙크의 신칼뱅주의를 따르는 진영에서는 "문화적 사명(cultural mandate)"이라고 부른다. 그런데 아이러니하게도 "문화적 사명"이라는 말은 신칼뱅주의를 비판했던 클라스 스킬더가 조어(造語)한 말이라고 여러 학자(예를 들어 고재수, 리처드 마우 등)는 추측한다. 아래 문헌들을 보라. N. H. Gootjes, "Schilder on Christ and Culture," in *Always Obedient: Essays on the Teachings of Dr. Klaas Schilder*, ed.J. Geertsema, (Phillipsburg, NJ: Presbyterian and Reformed, 1995), 35; Richard J. Mouw, "Klaas Schilder as Public Theologian," *Calvin Theological Journal* 38, no. 2 (November 2003): 286.

89 대교리문답 십계명 해설편(98-148문답)을 작성한 16명 이상의 신학자 명단에 대해서는 각주 60번을 참조하라. 기독교 종파(宗派)마다 다른 십계명의 분류법에 대해서는 유해무, 『헌법해설: 웨스트민스터 신앙고백서, 대소교리문답서』, 200을 참조하라. 아울러, 아래 책을 보라. 손재익, 『십계명 언약의 10가지 말씀: 해설서』(서울: 디다스코, 2016).

90 바쁜 삶이 우리의 삶에 미치는 악영향에 대해서는 케빈 드영, 『미친 듯이 바쁜』, 김희정 옮김(서울: 부흥과개혁사, 2013)을 참조하라.

91 공공의 영역 가운데 정의뿐 아니라 사랑이 함께 작용할 수 있다는 것을 여러 학자는 주장한다. 헨리 스토브는 "현행법의 적절한 적용을 위해서 사랑이 필요하다"라고 주장했다. Henry Stob, "The Dialectic of Love and Justice," in Stob, *Ethical Reflections: Essays on Moral Themes* (Grand Rapids, MI: Eerdmans, 1978), 140. 판넨베르크의 정치신학에 있어서 법과 사랑의 관련성에 대해서는 아래 글을 참조하라. Woo, "Pannenberg's Understanding of the Natural Law." 363-364. 정의와 사랑의 문제를 깊이 천착한 월터스토프의 작품들도 빼놓을 수 없다. Nicholas Wolterstorff, *Justice in Love* (Grand Rapids, MI: Eerdmans, 2011); 니콜라스 월터스토프, 『정의와 평화가 입맞출 때까지』, 홍병룡 옮김(서울: 한국기독학생회출판부, 2007). '사랑의 이중 계명'을 사회 정치적으로 적용하는 예를 이미 아우구스티누스의 정치신학에서 볼 수 있다. 아래 글을 참조하라. Woo, "Pilgrim's Progress in Society: Augustine's Political Thought in the

City of God," 436.

92 대127 답 | 아랫사람들은 윗사람들을 마음과 말과 행동에 있어서 마땅한 경의로 존중해야 합니다. 그들을 위한 기도와 감사로, 그들의 덕과 은혜를 본받음으로, 그들의 옳은 명령과 조언에 즐거이 순종함과, 그들의 교정에 기꺼이 순복함으로 경의를 표해야 합니다. 그들의 계급과 지위의 성격에 따라 그들의 인격과 권위에 충성하며, 그것을 변호하고 지지하며, 그들의 연약함을 짊어지고 사랑으로 덮어줌으로써 그들이 그들 자신과 그들의 다스림에 영예가 되게 해야 합니다.

대128 답 | 아랫사람들이 윗사람들에게 범하는 죄는 그들에게 요구된 의무를 소홀히 함과, 그들의 올바른 권고와 명령과 교정에 대하여 그들의 인격과 지위를 시기하고 경멸하며 거스르는 것입니다. 그와 함께 저주하고 조롱하는 것과, 그들과 그들의 다스림에 치욕과 불명예가 되는 모든 완고하고 불미스러운 행태들입니다.

대129 답 | 윗사람들의 의무는 그들이 하나님께로부터 받은 권세와 그들이 서 있는 관계에 따라서 그들의 아랫사람들을 사랑하고, 위하여 기도하며, 축복하는 것입니다. 또한 그들을 가르치고 권고하며 훈계하고, 잘하는 자들을 격려하고 칭찬하며 상주고, 잘못하는 자들을 부끄럽게 하고 책망하며 징계해야 합니다. 그들을 보호하며 그들을 위해 영육 간에 필요한 모든 것을 공급해 주어야 합니다. 그리고 신중하며 지혜롭고 거룩하며 모범적인 태도로 하나님께 영광이 돌아가고 자신에게 영예가 되어, 하나님께서 그들에게 위임하신 권위를 보존하는 것입니다.

대130 답 | 윗사람들의 죄는 그들에게 요구된 의무를 소홀히 하는 것 외에, 그들 자신과 그들의 영광, 안일, 유익, 또는 기쁨을 지나치게 추구하는 것입니다. 옳지 못한 일이나 아랫사람의 힘에 부치는 일을 하라고 명하며, 악한 일을 권하고 격려하며 좋아하게 하고, 선한 일을 만류하고 저지하며 부끄러워하게 하는 것입니다. 그들을 부당하게 징계하며, 오류와 시험과 위험에 그들이 부주의하게 노출되고 방치되게 하며, 그들을 노하도록 격동케 하는 것입니다. 또는 어떤 형태로든 그들을 욕되게 하거나, 부당하고 경솔하며 가혹하고 부주의한 행위로 그들의 권위를 깎아내리는 일입니다.

대131 답 | 동등한 사람들 사이의 의무는 서로의 존엄성과 가치를 인정하고 서로를 먼저 존중하며 서로 다른 이의 은사와 잘됨을 자기 자신의 잘됨처럼 기뻐하는 것입니다.

대132 답 | 동등한 사람들 사이의 죄는 요구된 의무를 소홀히 하는 것 외에, 서로의 가치를 평가절하하며 서로의 은사를 시기하고, 피차 잘됨과 번영을 속상해하며, 서로 남보다 우월함을 찬탈하려는 것입니다.

93 유해무, 『헌법해설: 웨스트민스터 신앙고백서, 대소교리문답서』, 215. 같은 곳에서 유해무 교수는 대소교리문답의 5계명 해설이 광범위하고도 구체적이라고 하면서, '아름다운 해설'이라는 찬사를 보낸다.

94 존 M. 프레임, 『기독교 윤리학』, 이경직, 김진운, 박성관, 박예일, 이진영 옮김(서울: 개혁주의신학사, 2015), 제31–34장을 참조하라. 또한, 권리와 자유에 대한 이론과 근대 연방법 이론에 중요한 기초를 놓았던, 개혁파 정치사상가 요한네스 알투지우스(1557–1638)도 역

시 십계명을 당대의 사회와 국가 생활과 관련해서 아주 포괄적으로 해석하고 있음을 알게 된다. 존 위티 주니어, 『권리와 자유의 역사』, 정두메 옮김(서울: 한국기독학생회출판부, 2015), 264-65, 286-89쪽을 참조하라.

95 김영종, 우병훈, 윤은수, 하성만, 『기독교 교리와 윤리』(서울: 생명의 양식, 2019), 제7장 "결혼과 가정"은 이 주제를 제5계명의 관점에서 다룬다. 그리고 신원하, 『시대의 분별과 윤리적 선택』(서울: SFC, 2004), 제1장을 보라.

96 자살에 대한 보다 심도 있는 논의는 김영종, 우병훈, 윤은수, 하성만, 『기독교 교리와 윤리』(서울: 생명의 양식, 2019) , 153-158을 보라.

97 교회의 직분자들은 중독에 빠져서는 안 된다. 아래 구절을 참조하라. 이와 같이 집사들도 정중하고 일구이언을 하지 아니하고 술에 인박히지 아니하고 더러운 이를 탐하지 아니하고(딤전 3:8). 아울러, 탐욕, 탐식, 정욕 등을 다루는 아래 책을 참조하라. 신원하, 『죽음에 이르는 7가지 죄』(서울: 한국기독학생회출판부, 2012), 제5, 6, 7장.

98 Arthur F. Holmes, *Ethics: Approaching Moral Decisions* (Downers Grove: InterVarsity Press, 1994), 101.

99 Holmes, *Ethics*, 102.

100 철학자 매튜 크래머(Matthew H. Kramer)는 사형제도가 자유민주사회에서 도덕적 원리와 "정화적 원리(purgative rationale)"에 따라 시행 가능하지만 그럼에도 불구하고 사형 집행에 대한 유예 기간을 두어야 한다고 주장한다. Matthew H. Kramer, *Ethics of Capital Punishment: A Philosophical Investigation of Evil and Its Consequences* (Oxford: Oxford University Press, Incorporated, 2011), 326-327. 사형제도에 대한 아래의 논의를 보라. 이상원, 『기독교 윤리학』(서울: 총신대학교출판부, 2010), 제9장.

101 김영종, 우병훈, 윤은수, 하성만, 『기독교 교리와 윤리』(서울: 생명의 양식, 2019), 제9장을 참조하라.

102 하이델베르크 교리문답의 경우(110, 111문답)도 마찬가지이다. Busch, *Drawn to Freedom*, 315 참조.

103 대교리문답은 불필요하거나 부당하거나 너무 잦은 소송에 대해서 여러 차례 금지한다.

104 플라톤, 『국가』 4권 433a; 아리스토텔레스, 『니코마코스 윤리학』 1131; 키케로, 『신들의 본성에 관하여』 III, 38; 키케로, 『최고선악론』 V, 67; 키케로, 『법률론』 1, 6 19; 키케로, 『의무론』 I, 15; 유스티니아누스 편찬, 『법학제요』 1.1,3-4; 아퀴나스, 『신학대전』 II-II, q. 57, a. 4; 칼뱅, 『기독교강요』 3.7.3 등을 참조하라. 아우구스티누스가 정의(正義; justice)를 "모든 이에게 각자의 몫을 주는 것"으로 정의하는 것은 아래 작품들에 다양하게 나온다. 『질서론』 1.19; 2.22; 『여든세 가지 다양한 질문(*De diversis quaestionibus octoginta tribus*)』 2; 31.1; 『자유의지론』 1.27; 『시편 강해』 83.11; 『신국론』 19.4; 19.21 등을 보라. 아울러 아우구스티누스와 아퀴나스의 정의론에 대해서는 아래의 논의들을 참조하라. Robert Dodaro, "Justice," in Fitzgerald ed., *Augustine through the Ages*, 481-483; Svensson Manfred & David VanDrunen, *Aquinas Among the Protestants*

(Hoboken, NJ: John Wiley & Sons, 2018), 제14장을 보라.

105 김영종, 우병훈, 윤은수, 하성만, 『기독교 교리와 윤리』(서울: 생명의 양식, 2019), 제10장 "성경과 경제윤리"를 참조하라. 그리고 신원하, 『시대의 분별과 윤리적 선택』(서울: SFC, 2004), 제5장을 보라.

106 교회의 직분자들에 대한 규례를 담고 있는 디모데전서 3장에서도 2('감독'), 8('집사'), 11 절에서 언어에 대해 거듭 언급하고 있다.

맺음말

1 Hans-Richard Reuter, "Ethik im Rahmen evangelischer Theologie," in *Handbuch der Evangelischen Ethik*, eds. Wolfgang Huber et al. (München: C.H. Beck, 2015), 20-24를 부분적으로 참조했다.

찾아보기